JN417918

낭만주의의 명령,
세계를 낭만화하라

The Romantic Imperative : The Concept of Early German Romanticism

철학의 정원 05
낭만주의의 명령, 세계를 낭만화하라: 초기 독일낭만주의 연구

초판1쇄 펴냄 2011년 3월 5일
초판4쇄 펴냄 2023년 2월 1일

지은이 프레더릭 바이저
옮긴이 김주휘
펴낸이 유재건
펴낸곳 (주)그린비출판사
주소 서울시 마포구 와우산로 180, 4층
대표전화 02-702-2717 | **팩스** 02-703-0272
홈페이지 www.greenbee.co.kr
원고투고 및 문의 editor@greenbee.co.kr

편집 이진희, 구세주, 송예진, 김아영 | **디자인** 권희원, 이은솔
마케팅 육소연 | **물류유통** 유재영 | **경영관리** 유수진

ISBN 978-89-7682-354-0 93100

낭만주의의 명령, 세계를 낭만화하라

초기 독일낭만주의 연구

프레더릭 바이저 지음 | 김주휘 옮김

그린비

서문

이 에세이들은 1797년에서 1802년 사이에 꽃피었던, 초기낭만주의[1]로 알려진 초기 독일낭만주의 시기의 여러 측면들을 정의하고 설명하려는 시도이다. 이것들은 영어권의 독자들을 낯선 영토로 안내하려는 시도로서 본질적으로 소개의 성격을 갖는다. 보다 정확히 말하면 나의 목적은 초기 독일낭만주의의 배후에 있는 철학——그것의 인식론·형이상학·윤리학·정치학——을 소개하고, 그것과 당대의 문학·비평·미학의 관련성을 보여주는 것이다. 초기낭만주의의 문학·비평·미학은 언제나 관심과 주목을 받아 왔지만, 그것의 형이상학·인식론·윤리학은 그렇지 않았다. 하지만 우리는 후자를 통해서만 전자를 이해할 수 있다.

소개를 목적으로 하기 때문에 처음 네 편의 에세이는 초기낭만주의의

1) 낭만주의는 보통 세 개의 시기, 즉 1797년부터 1802년까지 예나를 중심으로 형성된 초기낭만주의(Frühromantik), 하이델베르크와 베를린을 중심으로 한 1815년까지의 절정기낭만주의(Hochromantik), 마지막으로 1830년까지의 후기낭만주의(Spätromantik)로 나뉜다. 이 책의 분석 대상은 독일낭만주의의 최초 형성기에 해당하는 초기낭만주의로 한정된다. 바이저가 보여 주려는 것처럼 초기낭만주의는 보다 철학적·이론적이었으며 정치적으로 개혁적이었다. 후기로 갈수록 낭만주의는 지방적·목가적·보수적으로 되었다. 흔히 낭만주의의 특징이라고 알려진 것들은 낭만주의 후기의 성격을 부당하게 일반화한 것이다.—옮긴이

의 고유한 목적과 이상을 규정하려고 시도한다. 그 운동의 '본질'을 규정하려는 시도들—독일인들이 낭만주의의 본질규정 혹은 개념규정이라 불렀던 것—이 한때, 특히 독일의 연구 전통에서 매우 흔했다. 오늘날에는 역사적 유명론이 힘을 얻으면서 그런 연구들은 상당히 유행이 지난 것으로 여겨진다. 하지만 이 에세이들에서 나의 목적은 낭만주의 일반은 고사하고, 초기낭만주의의 '개념' 혹은 '본질'을 규정하는 것이 아니다. 마치 이 용어들이 현상의 아래나 혹은 너머에 존재하는 일종의 원형이나 불변의 지적 패턴을 의미하는 것처럼 말이다. 나는 단지 특정 시간과 장소에서 특정 그룹의 사상가들 사이에 존재하는 몇몇 공통된 목적과 특성들을 발견하는 것을 임무로 삼았다. 가장 회의적인 유명론자라 할지라도 그러한 경험적 일반화를 추방할 수는 없을 것이다. 개별적인 나무들이 아무리 독특하다 할지라도 우리는 숲을 개관할 필요가 있다.

이 에세이들의 주된 비판적 취지는 초기낭만주의에 대한 포스트모더니즘적 해석들—특히 폴 드 만Paul de Man, 만프레트 프랑크Manfred Frank, 아이자이어 벌린Isaiah Berlin, 에른스트 벨러Ernst Behler, 필립 라쿠-라바르트Philippe Lacoue-Labarthe와 장-뤽 낭시Jean-Luc Nancy의 저작들—을 향한다. 나는 이 학자들로부터 많은 것을 배웠지만 그들의 초기낭만주의 해석이 일면적이고 시대착오적이라 믿는다. 그것은 저 시기를 본질적으로 포스트모더니즘의 예기豫期로 이해하고 오늘날의 관심을 떠넘긴다. 하지만 포스트모더니즘과의 유사성에도 불구하고 초기낭만주의는 독특한 역사적 현상이며 18세기의 매우 중요한 부분이다. 2장부터 5장까지의 에세이들은 포스트모더니즘적 해석의 균형을 잡고 초기낭만주의의 이성적 차원을 회복시키려는 시도들이다.

초기낭만주의를 이해하는 데 있어 중요한 쟁점은 그것과 독일의 계몽Aufklärung의 복잡하고 애매한 관계이다. 순수하게 역사기록학적인 쟁점으로 보이겠지만 이것은 초기낭만주의의 정체성을 규정하는 데에서 결정적이다. 사실 이것은 포스트모더니즘적 해석을 떠받치는 쟁점이다. 포스트모더니즘적 해석은 때로 무의식적으로 초기낭만주의를 계몽에 대한 반동으로 간주하는 오래된 해석을 부활시킨다. 이러한 이유에서 3~5장의 에세이들은 이 쟁점을 다룬다.

어떤 에세이, 특히 1~2장은 초기낭만주의를 본질적으로 문학적·비평적·미학적 운동으로 간주하는, 여전히 지배적인 문학적 접근에 대한 대응으로 쓰였다. 매우 오랫동안 이 접근은 문학적인 부분이 문화적이고 철학적인 전체를 지배하도록 방치했다. 하지만 낭만주의 문학은 보다 넓은 지적이고 문화적인 운동의 한 부분일 뿐이었으며 낭만주의 철학, 특히 그것의 인식론, 형이상학, 윤리학과 정치학의 빛을 통해서만 이해될 수 있다. 낭만주의자들이 미학적인 것에 명예의 자리를 주고 진리에의 안내자로서 철학에 비해 우월성을 부여했다면, 이는 오로지 매우 인식론적이고 형이상학적인 이유에서였다. 문학적 접근의 편협성에 대해서는 강력한 항의의 목소리들—그 가운데에는 루돌프 하임Rudolf Haym, 발터 벤야민Walter Benjamin, 오스카어 발첼Oskar Walzel, 파울 클루크혼Paul Kluckhohn이 있다—이 있어 왔다. 그러나 이들의 항의는 지배적인 관행에 거의 영향을 미치지 못했다. 문학적 스콜라주의의 시대가 지나갔다고 생각해서는 결코 안 된다. 최근에는 초기낭만주의에 대한 일급 학자들 중 하나인 에른스트 벨러가 다시 문학적 접근을 주창했다. 학자들은 계속해서 단지 한 표현, 즉 낭만시romantische Poesie의 용례와 기원만을 분석함으로써 낭만주의의 본질에 도달하려 시도한다(1장을 보라). 최악의 것은 포스트모더니스트 연구자들의 관행으로, 초기낭만주의의 문학적 스타일의 특징에서 그것에 대한 광범위한 일반화로 나아가는 것이다(2장을 보라).

초기낭만주의에 대한 나의 접근은 그것의 도덕적·정치적 가치들의 중요성과 이 가치들이 초기낭만주의의 미학과 종교에서 갖는 지배적 역할을 강조한다. 그래서 2장과 3장, 6장은 초기낭만주의가 본질적으로 비정치적이라는 여전히 통상적인 견해에 반대하여 쓰였다. 나는 낭만주의 미학의 정치적 차원을 강조함으로써 낭만주의자들이 공공연하게 정치 활동에 개입했다거나, 더욱이 정치적 영역 위에 군림하는 도덕적·미학적 영역으로 도피하는 데서 그들의 정치가 나왔다고 주장하려는 것이 아니다. 이러한 견해들은 어느 것도 1790년대 낭만주의자들이 처했던 정치적 상황의 독특함을 포착하지 못한다. 당시에는 보다 공공연하게 정견들을 발표할 수 있었지만, 아래로부터의 조직적 정치 활동은 여전히 금지되어 있었다. 초기낭만주의에서 윤리적이고 정치적인 것이 중요했다는 것은 낭만주의자들이 미학적이고 종교적인 것을 윤리적이고 정치적인 목적에 종속시켰음을 의미한다. 그들은 최고선the highest good을 미학적 관조가 아니라 인간의 자기-실현, 인류의 발전으로 정의했다. 플라톤과 아리스토텔레스 못지않게 그들은 사회와 국가 안에서만 이 이상을 실현할 수 있다고 주장했다. 이 윤리적이고 정치적인 가치들은 낭만주의 의제agenda에서 결정적인 역할을 했다. 그것들은 낭만주의의 미학과 역사철학 그리고 자연철학의 궁극적인 목표였다.

나의 방법은 기본적으로 해석학적이고 역사적이며, 낭만주의자 자신들이 옹호하고 실천했던 접근법이다. 이는 내가 낭만주의자들을 그들 자신의 목적과 역사적 맥락에 따라 내부에서 해석하고자 한다는 것을 의미한다. 가능한 한 나는 낯선 용어를 괄호치고 낭만주의자들을 그들의 역사적인 개별성 안에서 재구성하려고 노력했다. 이것은 내가 낭만주의자들을 현대와 관련이 없는 역사적 현상으로 보기 때문이 아니라—사실은 바로 그 반대이다—우리 시대의 관심사들이 존재하는 많은 방식과, 그들이 이 관심사들과 연루되는 많은 방식이 존재하기 때문이다. 나는 현대적 관점 하나를 과거에 투입함으로써 관련성을 예단豫斷하는 것이 철학사가의 임무라고 생각하지 않는다. 낭만주의자들의 관련성이 그들의 텍스트 안으로 읽혀 들어가서는 안 된다. 오히려 그것은 역사적 재구성 작업 이후에 텍스트로부터 추론되어야 한다. 여기서 나의 근본 임무는 역사적 재구성이었다.

초기낭만주의에 대한 나의 접근은 주로 루돌프 하임의 훌륭한 책 『낭만파』*Die romantische Schule*에서 영감을 받았다. 나는 하임의 독창적인 프로젝트의 연속으로 나의 작업을 이해한다. 하임은 처음으로 초기낭만주의의 기원에 대한 세부적 연구의 필요성을 강조했고, 처음으로 정치적이고 문화적인 편견들을 괄호 안에 넣을 것을 주장했으며, 처음으로 그것을 역사적 연구의 주제로 만들었다. 비교해 보면 하인리히 하이네Heinrich Heine와 헤르만 헤트너Hermann Hettner, 게오르크 게르비누스Georg Gervinus의 선행 시도들은 아마추어적이었고, 하임이 극복하고자 했던 정치적 편견들로 인해 결함을 가지고 있었다. 하임은 초기낭만주의에서 철학이 갖는 근본적 중요성을 전적으로 인정했고, 그것의 학제적multidisciplinary 성격을 온전하게 다루는 전체론적 접근을 시도했다. 그는 낭만주의자들에 대해 계속 비판적이었지만 자료에 대한 공감적 재구성 이후에 그것을 비판했다. 분명히 하임의 많은 주장은 이제 시대에 뒤떨어진 것이 되었다. 그의 해석 가운데 일부는 지나치게 단순하다. 그리고 하임은 자신이 요구했던 공정성을 결코 완전하게 실천하지 못했다. 하지만 공정성, 역사적 깊이, 공감적 재구성과 전체론에 대한 그의 관심은 [『낭만파』가 출판된] 1870년에 그랬던 것처럼 지금도 여전히 타당하다. 근본적인 측면에서 하임은 오늘날의 작업이 여전히 부응해야 하는 기준을 제시한다.

초기낭만주의에 대한 나의 작업 일부는 예전에, 보다 정확하게는 『루틀리지 철학사전』*Routledge Encyclopedia of Philosophy*의 '낭만주의' 항

목(8권 348~352쪽), 나의 책 『계몽, 혁명 그리고 낭만주의』*Enlightenment, Revolution, and Romanticism*에서 낭만주의 정치이론을 논하는 9~11장, 또한 나의 『독일낭만주의자들의 초기 정치적 저술들』*The Early Political Writings of the German Romantics*의 「서론」, 마지막으로 『독일관념론』*German Idealism*에서 낭만주의 형이상학과 인식론을 다루는 네 개의 장(3부 1~4장)에 실렸다. 여기에 수록된 일부 에세이는 나의 앞선 작업에 근거하면서도 그것을 다듬고 개선한 것이다. 다른 에세이들은 새로운 영역을 다룬다.

과거 10년간 다양한 기회에 열 개의 에세이들이 쓰였다. 대부분의 에세이는 이 책에 처음 수록되었다. 몇 편은 예전에 출판되기도 했지만 거의 전부가 이 책을 위해 많은 수정을 거쳤다. 1장은 사우스 스톡홀름 대학교(스웨덴 스톡홀름 소재)에서 비교문학 프로그램의 발족을 기념한 2000년 2월의 강의를 위해 쓰였다. 2장의 초기 원고는 시카고 대학교의 피시바인 과학사 센터Fishbein Center for the History of Science에서의 강의를 위해 쓰였다. 수정된 원고가 「독일 초기낭만주의」라는 제목으로 『철학, 예술, 과학: 하인리히 쿠츠너 기념논문집』*Philosophie, Kunst und Wissenschaft: Gedenkschrift für Heinrich Kutzner*(Königshausen & Neumann, 2001)의 38~52쪽에 실려 출판되었다(독일어로). 그후 이 에세이는 많이 수정되었고 여기에 실린 것은 사실상 새로운 글이다. 많은 수정을 거친 3장은 제임스 슈미트James Schmidt가 편집한 『계몽이란 무엇인가?』*What is Enlightenment?*(University of California Press, 1996)의 317~329쪽에 실렸다. 4장은 1999년 4월 드루 대학교Drew University에서 열린 슐라이어마허 학술대회를 위해 쓰였으며 출판되지는 않았다. 5장은 이 책에서 처음 발표되는 것이다. 그것은 『사상사 저널』*Journal of the History of Ideas*에 수록되도록 받아들여졌지만 출판되지 않았다. 6장은 원래 아멜리에 로티Amélie Rorty가 편집한 『철학자들의 교육론』*Philosophers on Education*(Routledge,

1998)의 284~289쪽에 실렸고, 이 책을 위해 수정을 거쳤다. 7장은 비록 5~8절의 초기 원고가 나의 『독일관념론』의 슐레겔에 대한 장에 나오기는 하지만 여기에 처음 수록된 것이다. 이 장은 나의 앞선 책 『계몽, 혁명 그리고 낭만주의』의 245~263쪽으로부터 슐레겔의 철학적 발전을 재고하려는 시도이다. 8장은 원래 니콜라스 콤프리디스Nikolas Kompridis가 편집한 『철학적 낭만주의』*Philosophical Romanticism*(Routledge, 2006)라는 제목의 책을 위해 쓰였다. 9장의 초기 원고는 여러 곳에서 강의용으로 제공되었다(1999년 5월 셰필드 대학교, 1999년 9월 애리조나 대학교, 2000년 2월 스톡홀름 대학교, 2000년 11월 디브너 과학기술사 연구소, 그리고 2001년 7월에 열린 초기 독일낭만주의에 대한 NEH[2] 컨퍼런스). 이 에세이는 『디브너 연구소 과학기술사 연구』*Dibner Institute Studies in the History of Science and Technology*의 과학사와 과학철학에 대한 시리즈 가운데 한 부분으로 출판될 것이다. 10장은 2001년 10월 보스턴 대학교에서의 종교철학에 대한 강의 시리즈를 위해 쓰였으며 출판되지는 않았다.

이 에세이들은 개별적으로 작성되었기 때문에 그것들 간에 다소 겹침과 중복이 존재한다. 나는 많은 독자들이 이것들을 독립적으로 읽고 싶어 할 것으로 기대하여, 모든 중복되는 단락들을 제거하지 않았다. 순차적으로 읽고자 하는 독자들에게는 인내심과 관용을 구한다.

나의 초기낭만주의 연구는 옥스퍼드의 학생 시절로 거슬러 올라간다. 그때 처음으로 나는 셸링과 노발리스의 마법에 걸렸다. 그들이 초기낭만주의라 불리는 더 넓은 지적 운동의 일부라는 사실도 알지 못한 채였다. 당시에 철학자가 옥스퍼드에서 초기낭만주의를 연구한다는 것은 기

2) 미국의 '국립인문재단'(National Endowment for the Humanities)의 약자. 미국에서 인문학의 연구와 교육, 공공 프로그램의 지원을 위한 1965년의 '국가 인문·예술지원법'(National Foundation on the Arts and the Humanities Act)에 의해 설립되었다. 워싱턴 소재. —옮긴이

이하고 외로운 일이었다. 지금도 그렇지만 그때의 옥스퍼드는 스콜라주의의 보루였고 초기낭만주의는, 만약 그것이 무언가라면, 바로 스콜라주의의 부정이었다. 기억에 남는 한 모임에서 아이자이어 벌린이 나의 노력을 격려해 주었다. 그와 함께하는 데서 혜택을 누릴 기회를 더 많이 가졌더라면 좋았을 것이다.

나의 초기낭만주의 연구는 여러 해에 걸쳐 많은 이들의 작업에서 도움을 받았는데, 그들 가운데 단지 일부만을 여기에서 말할 수 있다. 나는 칼 아메릭스, 미셸 샤울리, 만프레트 프랑크, 폴 프랭크스, 마이클 프리드먼, 찰스 루이스, 마이클 모건, 빌 래시, 로버트 리처즈 그리고 사이먼 셰이퍼로부터 많은 것을 배웠다. 또한 2000년 11월 디브너 연구소의 모임과 2001년 여름 콜로라도 주 포트 콜린스에서 열린 NEH 여름학교의 많은 참석자들에게 감사드린다. 그들의 훌륭한 정신과 날카로운 위트가 초기낭만주의에 대한 내 견해의 많은 부분을 명확히 하도록 격려해 주었다. 마지막으로 하지만 특히 미셸 샤울리, 이언 밸푸어 그리고 최종 원고를 논평해 준 익명의 논평자에게 특별히 감사드린다. 내가 그들의 많은 제안과 비판들을 잘 받아들였기를 바랄 뿐이다.

차례

| 일러두기 |

1 이 책은 Frederick C. Beiser의 *The Romantic Imperative: The Concept of Early German Romanticism*(2003)을 완역한 것이다.

2 본문의 주석은 모두 각주로 표시되어 있다. 옮긴이 주는 끝에 '—옮긴이'라고 표시했으며, 표시가 없는 것은 모두 지은이 주이다.

3 독자의 이해를 돕기 위해 옮긴이가 본문에 추가한 내용은 대괄호([ ])로 표시했다.

4 단행본·장편소설·정기간행물에는 겹낫표(『 』)를, 논문·단편소설 등에는 낫표(「 」)를 사용했다.

5 외국 인명이나 지명, 작품명은 2002년 국립국어원에서 펴낸 외래어표기법에 따라 표기했다.

6 주석에 자주 등장하는 철학자들의 전집 서지사항은 전집의 권수와 쪽수만을 간략히 표시했다(예: *KA* I, p. 25). 주석에서 사용된 전집의 약어와 서지사항은 다음과 같다.

AA Kant, Immanuel., *Gesammelte Schriften, Akademie Ausgabe*, eds. Königlich Preussische Akademie der Wissenschaften zu Berlin et al., Berlin: de Gruyter, 1902~. *Kritik der reinen Vernunft*(KrV)의 모든 인용은 1판과 2판의 것이며, 각각 'A'와 'B'로 명기한다.

EPW *The Early Political Writings of the German Romantics*, ed. and trans. Frederick C. Beiser, Cambridge: Cambridge University Press, 1996.

HKA Hardenberg, Friedrich Von., *Novalis Schriften, Kritische Ausgabe*, eds. Richard Samuel et al., Stuttgart: Kohlhammer, 1960~1988.

GSA Hölderlin, Friedrich., *Sämtliche Werke, Große Stuttgarter Ausgabe*, ed. Friedrich Beißner, Stuttgart: Kohlhammer, 1946~1962.

GW Hegel, Georg Wilhelm Friedrich., *Gesammelte Werke*, ed. Nordrhein-Westfälischen Akademie der Wissenschaften, Hamburg: Meiner, 1989~.

KA Schlegel, Friedrich., *Kritische Friedrich Schlegel Ausgabe*, eds. Ernst Behler et al., München: Schöningh, 1958~2006.

KGA Schleiermacher, Friedrich Daniel., *Kritische Gesamtausgabe*, eds. Günter Meckenstock et al., Berlin: de Gruyter, 1984~2006.

NA Schiller, Friedrich., *Werke, Nationalausgabe*, eds. Lieselotte Blumenthal et al., Weimar: Nachfolger, 1943~1967.

SKA Schelling, Friedrich Wilhelm Joseph., *Schelling Historisch-Kritische Ausgabe*, eds. Hans-Michael Baumgartner et al., Stuttgart: Frommann-Holzboog, 1976~.

낭만주의의 명령, 세계를 낭만화하라

초기 독일낭만주의 연구

The Romantic Imperative

낭만주의의 명령은 모든 시 예술의 융합을 요구한다.
모든 자연과 학문은 예술이 되어야 한다. 예술은 자연이, 그리고 학문이 되어야 한다.
명령: 시는 윤리적으로 되어야 하고 모든 윤리는 시적으로 되어야 한다.

프리드리히 슐레겔의 1797~1798년 노트에서

서론_낭만주의, 과거와 현재

한 세기가 넘도록 영어권에서 초기 독일낭만주의의 철학은 소홀하게 다루어져 왔다. 그리고 이제 그것에 대한 관심이 커지고 있음을 보여 주는 징표들이 나타나고 있다.[1] 1990년 이래로 여러 권의 영어 저서들이 초기 낭만주의의 제 측면을 다루었으며,[2] 같은 주제의 프랑스와 독일 저서들

---

1) 영어권에서 낭만주의자들을 중요하게 다룬 몇 안 되는 철학자들 가운데 하나는 조사이어 로이스(Josiah Royce)이다. 그는 영향력을 가졌던 책, *The Spirit of modern philosophy: An Essay in the Form of Lectures*, Boston: Houghton & Mifflin, 1892, pp. 164~189에서 낭만주의에 한 장을 할애했다. 그는 실러에게 지속적으로 관심을 가져 왔기 때문에, 이는 단지 지나가는 형식적 예우가 아니었다. 주목받지 못한 그의 초기 논문을 보라. "Schillers Ethical Studies", *Journal of Speculative Philosophy* 12, 1878, pp. 373~392.

2) Theodore Ziolkowski, *German Romanticism and Its Institutions*, Princeton: Princeton University Press, 1990; Andrew Bowie, *Aesthetics and Subjectivity: From Kant to Nietzsche*, Manchester: Manchester University Press, 1990; Gerald Izenberg, *Impossible Individuality: Romanticism, Revolution, and the Origins of Modern Selfhood, 1787~1802*, Princeton: Princeton University Press, 1992를 보라. 이 책의 처음 두 부분은 슐레겔과 슐라이어마허를 다룬다. 그리고 Richard Eldridge, *The Persistence of Romanticism: Essays in Philosophy and Literature*, Cambridge: Cambridge University Press, 2001도 보라. 이 책의 전반부는 '칸트 이후 낭만주의'를 다룬다. Azade Seyhan, *Representation and Its Discontents: The Critical Legacy of German Romanticism*, Berkeley: University of California Press, 1992; Julia A. Lamm, *The Living God: Schleiermacher's Theological Appropriation of Spinoza*, University Park: Pennsylvania State University Press, 1996; Charles Larmore, *The Romantic Legacy*,

이 번역되었고,[3] 낭만주의 작품들도 출판되었다.[4] 마지막으로 하나 더 말해 두자면 2001년 NEH 여름학교가 초기낭만주의의 철학적 측면들을 중심 주제로 다루었다.[5] 서서히 그러나 분명히 초기 독일낭만주의가 문학적일 뿐만 아니라 철학적인 운동이었다는 데 합의가 모아지고 있다.

초기낭만주의의 철학을 경시해 온 이유는 다양하다. 우선 강력한 정치적 이유들이 있었다. 제2차 세계대전 이후 자유주의자들과 맑스주의자들은 낭만주의를 파시즘의 이데올로기로 의심했다. 많은 나치 당원이 그것을 당의 이데올로기로 받아들였기 때문이다. 학술적 이유도 존재했다. 낭만주의는 대개 문학·비평 운동으로 이해되기 때문에, 특히 문학 비평가들과 문학사가들이 그것을 전유했다. 철학적 이유들도 없지 않다. 영

New York: Columbia University Press, 1996을 보라. 낭만주의에 대해 증대되는 관심을 보여 주는 또 하나의 징표는 헨리 하디가 아이자이어 벌린의 *The Roots of Romanticism*, ed. Henry Hardy, Princeton: Princeton University Press, 1999를 출판한 것이다. 하지만 이 책의 근간이 된 강의가 원래 1965년에 행해졌음은 주목할 만하다. 벌린은 제2차 세계대전 이후의 황폐한 지적 환경에서 낭만주의의 지적·철학적 중요성을 주장한 극소수의 학자들 중 하나로 여겨질 만하다. 다른 많은 측면에서처럼 여기서도 그는 황무지의 목소리였다.

3) Philippe Lacoue-Labarthe and Jean-Luc Nancy, *L'Absolu Littérataire: Théorie de la littérature du romantisme allemand*, trans. Philip Barnard and Cheryl Lester, Albany: SUNY Press, 1988을 보라. 엘리자베스 밀란 자이베르트(Elizabeth Millán Zaibert)는 만프레트 프랑크의 *Unendliche Annäherung: Die Anfänge der philosophischen Frühromantik*을 부분적으로 번역했다. *The Philosophical Foundations of Early German Romanticism*, Albany: SUNY Press, 2004를 보라.

4) 마거릿 스톨자(Margaret Stoljar)의 노발리스 번역, *Philosophical Writings*, Albany: SUNY Press, 1997; Jochen Schulte-Sasse et al., *Theory as Practice*, Minneapolis: University of Minnesota Press, 1997의 번역들; 토머스 파우(Thomas Pfau)의 횔덜린 번역, *Essays and Letters on Theory*, Albany: SUNY Press, 1988; *Idealism and the Endgame of Theory: Three Essays*, Albany: SUNY Press, 1994에서 셸링의 에세이들; 앤드루 보위(Andrew Bowie)의 슐라이어마허 번역, *Hermeneutics and Criticism: And Other Writings*, Cambridge: Cambridge University Press, 1998; 나의 책 *The Early Political Writings of the German Romantics*, Cambridge: Cambridge University Press, 1996을 보라.

5) 칼 아메릭스와 제인 넬러(Jane Kneller)가 조직한 학교가 콜로라도 주의 포트 콜린스(Fort Collins)에서 2001년 6월 26일부터 7월 30일까지 열렸다.

어권에서 분석철학의 성장은 철학을 하는 다른 방식에 대한 회의와 불관용으로 이어졌다. 마지막으로 연구상의 이유가 존재한다. 독일낭만주의 철학에 관한 가장 중요한 자료의 일부가 제2차 세계대전 이후에야 출판되었다. 노발리스와 프리드리히 횔덜린, 프리드리히 슐레겔의 단편들은 1960년대에야 비평본이 출간되었다. 예전에도 이 자료들의 일부를 구할 수는 있었지만 믿을 만한 판본이나 비평본은 아니었다.

초기 독일낭만주의의 철학을 소홀히 해온 이유가 무엇이든, 그것에 대한 관심이 새로워진 것은 매우 때늦다. 이러한 관심의 부활은 부분적으로는 초기낭만주의의 역사적 중요성을 점차 — 때로 불평을 하면서도 — 인정하게 된 데 기인한다. 그것의 역사적 중요성은 여러 요소들에 담겨 있다. 첫째, 초기낭만주의자들은 기계론적 자연 개념, 정신과 육체의 이원론, 확실한 제일 원리에 대한 토대주의적 믿음 그리고 자기를 조명하는 주체와 같은 데카르트적 유산의 주요 측면과 단절했다. 둘째, 그들은 계몽 이성주의의 여러 근본 가정들, 즉 비역사적인 이성, 비판의 고전적인 기준들 그리고 자명한 제일 원리가 존재할 가능성을 의심했다. 셋째, 그들은 사실상 철학의 모든 분야에서 혁신을 가져왔다. 형이상학에서는 계몽의 기계론적 패러다임과 경쟁하는 유기체적 자연 개념을 발전시켰고, 윤리학에서는 칸트와 피히테 윤리학의 형식주의에 대한 반동으로 사랑과 개인성을 중요시했다. 그리고 미학에서는 고전주의의 기준과 가치들을 약화시키고, 대신 텍스트의 맥락과 개별성을 존중하는 새로운 비평 방법을 발전시켰다. 마지막으로 정치학에서는 근대 계약론의 개인주의를 문제 삼고, 플라톤과 아리스토텔레스의 고전적 공동체주의 전통을 부활시켰다. 사실 아노미anomie와 원자주의atomism 그리고 소외alienation 같은 근대 시민사회가 갖는 근본적인 문제들을 처음으로 발견하고 주제적으로 다룬 이들이 바로 낭만주의자들이었다.

역사적인 중요성과는 별개로 낭만주의 철학의 목표와 문제들 가운데 많은 부분은 오늘날에도 여전히 살아 있다. 초기낭만주의자들은 많은 현대 철학자들처럼 비판을 존중하면서도 회의주의를 벗어나는 인식론, 토대주의의 실패를 인정하면서도 상대주의에 굴복하지 않는 인식론을 추구했다. 심리철학에서 그들이 목표로 했던 것도 오늘날과의 관련성을 잃지 않았다. 낭만주의자들은 자연주의naturalism이되 환원주의적 유물론이 아닌 것, 이원론과 기계론의 양극단 사이의 중도中道를 추구했다. 그들의 정치철학의 주요 문제는 오늘날에도 여전히 핵심적인 쟁점이다. 공동체의 요구와 개인적 자유의 요구를 화해시키는 것이 어떻게 가능한가? 마지막으로 미학에서 그들이 목표로 했던 것은 여전히 우리도 바라는 바이다. 독재적인 고전주의와 무정부주의적인 주관주의의 양극단을 어떻게 피할 것인가? 이 목표와 문제들이 친숙하게 들린다면, 그것은 우리가 적지 않게는 낭만주의적 유산의 상속자들이기 때문이다.

이 모든 것은 초기 독일낭만주의 철학을 자세히 연구해야 할 충분한 이유가 되지만, 이것이 낭만주의 르네상스의 유일한 이유는 아니다. 저 르네상스의 주요 원천은 아마도 초기낭만주의와 포스트모더니즘의 유사성이 점차 인식된 데 있을 것이다. 많은 이들에게 초기낭만주의자들은 포스트모더니즘이라는 용어가 생기기 이전에 이미 포스트모더니스트들이었다. 그들은 포스트모더니스트들처럼 토대주의, 비판의 보편적 기준, 완결적 체계 그리고 자기를 조명하는 주체의 가능성에 회의적이었다. 그들은 푸코보다 몇 세기 앞서 성적 자유를 주창했고, 성적 고정관념들을 비판했으며, 개인적 자유를 옹호했다. 그들은 또한 해석학을 발전시킨 선구자들이었고 역사주의 문학 비평을 만들었다. 많은 학자들이 반토대주의와 역사주의, 해석학이 20세기 ―― 하이데거, 비트겐슈타인, 가다머 혹은 듀이와 같은 사상가들에게서 ―― 가 아니라, 18세기 말 계몽에 대한 초기

낭만주의 세대의 반작용에 기원을 두고 있음을 인정하기 시작했다.

하지만 우리는 초기낭만주의의 현대적 관련성에도 불구하고 시대착오를 피하기 위해 주의해야 하며, 그것의 역사적 개별성을 이해하려고 노력해야 한다. 초기낭만주의자들이 몇 가지 측면에서 우리의 동시대인이라 하더라도, 다른 측면에서는 전혀 그렇지 않기 때문이다. 사실 그들은 여전히 18세기의 아이들, 계몽의 자식들이었다. 결정적인 측면에서 그들은 포스트모더니즘과 매우 거리가 멀었다. 첫째, 그들은 그들의 플라톤주의, 유일한 보편적 이성에 대한 믿음, 자연과 역사에서 모습을 드러내는 원형들, 관념들 혹은 형상들에 대한 믿음에서 달랐다. 초기낭만주의자들에게서 진리와 가치가 개인이 결정할 문제였다고 주장하는 것은 횔덜린, 셸링, 슐라이어마허, 프리드리히 슐레겔과 노발리스에게 미친 플라톤주의의 심대한 영향을 설명하지 못한다.[6] 낭만주의자들은 개인성에 커다란 중요성을 부여하면서도 모두에게 똑같이 적용되는 근본적인 도덕법칙 혹은 자연법칙이 존재한다는 주장을 결코 멈추지 않았다.[7] 둘째, 낭만주의자들은 통일성과 전체성을 향한 그들의 노력과 열망 그리고 근대적 삶의 근본적인 분열들을 극복해야 한다는 요구에서도 포스트모더니즘과 거리가 멀다. 낭만주의자들은 차이를 인정하고 진정으로 환호했지만, 국가와 사회 그리고 자연의 더 넓은 전체 안에서 그것을 재통합하기 위해 노력해야 한다고도 믿었다. [반면] 포스트모더니즘은 적어도 분명하게

6) 이 책의 4장 「초기낭만주의와 플라톤주의 전통」을 보라.

7) 이는 슐라이어마허의 경우 특히 그러하다. 그는 프리드리히 슐레겔보다 훨씬 더 윤리학에서의 개인주의를 옹호했다. 가장 중요하고 또 유일하게 출판된 윤리학 관련 저서인 1803년 *Grundlinien einer Kritik der bisherigen Sittenlehre*에서 슐라이어마허는 개인주의와 이성의 보편성을 모두 옹호한다. 그는 계속해서 윤리학이 체계적이고 엄밀한 학문이 되어야 한다고 주장한다. Friedrich Daniel Schleiermacher, *Schleiermachers Werke* I, eds. Otto Braun and Johannes Bauer, Leipzig: Meiner, 1928, pp. 247~252를 보라.

이 분열들이 기정사실이며 그것을 극복하기 위해 노력하는 것은 소용없다는 주장에서 시작한다. 셋째, 낭만주의자들은 종교적이었고, 심지어 신비주의적이었다. 그들의 종교는 유신론적theistic 혹은 이신론적deistic이 아닌 범신론적pantheistic 토대를 가지기는 했지만, 그들은 세계를 대하는 종교적 태도의 여러 결정적인 측면들을 전혀 잃어버리지 않았다. 사실은 이 태도를 부활시키는 것이 프리드리히 슐레겔, 노발리스, 셸링과 슐라이어마허의 의식적인 목적이었다. 이는 근대 세계를 위해 그들이 새로운 종교적 신화와 『성서』를 요구했다는 사실에서 명백하게 드러난다. 그러나 포스트모더니즘에 절대적인 것을 위한 자리가 있는가?

초기낭만주의와 포스트모더니즘의 이런 차이들에도 불구하고 초기낭만주의의 철학에 대한 근래의 해석에서 지배적인 조류는 포스트모더니즘적이었다. 나는 주로 드 만, 아차데 자이한Azade Seyhan, 앨리스 커즈니어Alice Kuzniar, 라쿠-라바르트, 낭시, 프랑크[8]와 포스트모더니즘이라

8) 네카어(Neckar) 강에서 오논다가(Onondaga) 호수에 이르는 긴 제방에서 나는 만프레트 프랑크가 자신이 그런 무리 안에 놓인 것에 항의하는 울부짖음을 들을 수 있다. 누구도 그만큼 열정과 교양 그리고 지성을 가지고 포스트모더니즘 철학의 제 측면을 논하지 않았다. 특히 그의 *Die Unbintergehbarkeit von Individualität: Reflexion über Subjekt, Person und Individuum aus Anlaß ihrer 'postmodernen' Toterklärung*, Frankfurt: Suhrkamp, 1986을 보라. 여기서 그는 해체의 과잉에 대한 해독제로 낭만주의의 해석학과 개인성을 옹호한다(pp. 116~131). 그럼에도 불구하고 나는 부분적으로 그의 항의에 귀를 막는다. 왜냐하면 전체적으로 그는 초기낭만주의자들을 원조 포스트모더니스트로 이해하며, 포스트모더니즘으로 귀결되는 이성 비판의 전통 안에 그들을 위치시키기 때문이다. 그의 "Zwei jahrhunderte Rationalitätskritik und ihre 'postmoderne' Überbietung", *Die Unvollendete Vernunft: Moderne versus Postmoderne*, eds. Dietmar Kamper and Willem van Reijen, Frankfurt: Suhrkamp, 1987, pp. 99~121, 특히 p. 106을 보라. 보다 중요하게는, 노발리스와 횔덜린, 셸링에 대한 그의 해석의 특징은 다음을 끊임없이 주장하는 데 있었다. 즉 이성성의 근거가 이성성을 초월하는 어떤 것을 전제로 한다는 테제를 이 사상가들이 긍정한다는 것이다. 이러한 테제는 초기낭만주의자들이 속했던 플라톤적 전통에 완전히 상반된다. 초기낭만주의자들이 그런 견해를 가졌다고 주장함으로써 프랑크는 그들을 포스트모더니스트들의 진영에 확고하게 위치시켰다. 하이데거와 데리다가 바로 그런 테제를 주장함으로써 크게 성공했으므로, 초기낭만주의자들은 이들의 대변자가 되는 편이 나을

는 용어가 생기기 이전에 이미 일종의 포스트모더니스트였던 아이자이어 벌린의 저작들을 염두에 두고 있다.[9] 약간의 유보와 함께 초기낭만주의 연구의 원로인 에른스트 벨러를 이 리스트에 추가해야 한다.[10] 이들은 종종 서로 견해가 다르고 또 언제나 그렇게 명시적인 것은 아니지만 다음의 두 측면을 함께한다. 즉 그들은 초기낭만주의를 반이성주의로 이해하고, 그것과 포스트모더니즘적인 관심의 유사성을 강조한다. 이러한 해석에는 중요한 진리의 요소가 있다. 몇몇 결정적인 측면에서 초기낭만주의자들은 계몽의 유산에 반작용했기 때문이다. 그러나 우리는 포스트모더니스트들이 그들의 주장을 너무 멀리 밀고 나갔고, 그래서 일면적이고 시대착오적으로 되었다고 말해야만 한다. 다른 중요한 측면들에서 초기낭만주의자들은 계몽의 유산을 계속 이어 갔고, 심지어는 그것을 급진적으로 만들었기 때문이다. 그들은 자기-절제와 비판 그리고 체계성의 필요와 가치에 대한 믿음을 결코 잃지 않았다. 그리고 바람직한 문화Bildung,[11] 진보의 가능성, 인류가 완전해질 수 있다는 생각, 심지어는 지상에서 신

지도 모른다. 이렇게 해서 프랑크는 자신의 동맹군을 적에게 넘겨 주게 되었다. 프랑크의 초기낭만주의 해석에 대한 나의 비판에 관해서는 이 책의 4장 「초기낭만주의와 플라톤주의 전통」과 5장 「예술의 주권」을 보라.

9) Berlin, *The Roots of Romanticism*; Seyhan, *Representation and Its Discontents*; Paul de Man, *Blindness and Insight: Essays in the Rhetoric of Contemporary Criticism*, Minneapolis: University of Minnesota Press, 1983; *The Rhetoric of Romanticism*, New York: Columbia University Press, 1984; Alice Kuzniar, *Delayed Endings: Nonclosure in Novalis and Hölderlin*, Athens: University of Georgia Press, 1987; Phillipe Lacoue-Labarthe and Jean-Luc Nancy, *L'Absolu Littérataire*; Manfred Frank, *Einführung in die frühromantische Ästhetik: Vorlesungen*, Frankfurt: Suhrkamp, 1989를 보라.

10) *Irony and the Discourse of Modernity*, Seattle: University of Washington Press, 1990, pp. 37~73에서 에른스트 벨러는 프리드리히 슐레겔의 아이러니 개념을 본질적으로 근대적인 것으로 이해한다. 그러나 그는 또한 슐레겔의 해석학과 포스트모더니즘의 유사성을 강조했다. 그의 "Friedrich Schlegels Theorie des Verstehens: Hermenutik oder Dekonstruktion?", *Die Aktualität der Frühromantik*, eds. Ernst Behler and Jochen Hörisch, Paderborn: Schöningh, 1987, pp. 141~160, 특히 157, 159를 보라.

의 왕국을 창조할 수 있다는 믿음을 계속 간직했다. 그들은 이 이상을 실제로 성취할 것이라고 믿을 만큼 순진하지는 않았지만, 끊임없는 노력을 통해 그것에 다가갈 수 있다고 주장했다.

"철학은 체계를 가져야 하지만 가질 수 없다"는 프리드리히 슐레겔의 유명한 경구에서 이성주의적 해석과 반이성주의적 해석의 양극단 사이에서 중도를 찾아야 할 필요성이 분명해진다.[12] 낭만적 아이러니는 저 딜레마의 양편을 아우르려는 노력, 체계에 도달할 수 없다는 자기-비판적 의식과 체계를 결합시키려는 항상적인 노력에서 시작한다. 포스트모더니스트들은 낭만주의자들이 왜 체계를 가질 수 없다고 생각하는지를 강조하면서 체계를 향해 영원히 노력해야 한다는 낭만주의의 요구를 축소하여 말한다.[13] 사실은 바로 이 요구가 프리드리히 슐레겔과 슐라이어마허, 셸링, 노발리스로 하여금 그들 자신의 체계를 구축하도록 추동했던 것이다.[14] 분명 그들의 노력은 단지 스케치나 초안에 불과했고, 하나뿐인

---

11) 독일어 Bildung은 '형성하다', '만들다'의 의미를 갖는 동사 bilden에서 나왔다. 맥락에 따라 인격형성 과정으로서의 '교육'이나 그 결과로서의 '교양', '문화' 등으로 번역된다. 영어나 한국어에는 이 용어가 갖는 다양한 의미를 한꺼번에 포섭하는 단어가 존재하지 않는다. 이 책에서는 원저자가 명시적으로 '교육'으로 번역하는 경우를 제외하고는 이를 '문화'로 번역하는 것이 가장 적절하다고 여겨 그렇게 했다. 하지만 독자들은 '문화'라는 용어에 언제나 인격형성의 과정과 결과의 의미가 함께 동반된다는 점에 유념하기 바란다. 이 책 63쪽과 6장 「초기 독일낭만주의에서 문화 개념」을 참조하라. — 옮긴이

12) Friedrich Schlegel, *Athenäumsfragment* no. 53, *KA* II, p. 173.

13) 폴 드 만의 "The Rhetoric of Temporality", *Blindness and Insight*, pp. 187~229에서 이것이 가장 명백하게 드러난다. 드 만은 슐레겔이 아이러니를 "어떤 종합에도 이르지 않는 끝없는 과정"으로 간주한다고 주장한다. 그리고 페테르 손디(Péter Szondi)가 아이러니를 회복된 통일성을 향한 운동으로 간주한다고 비판한다(pp. 219~229). 그은 아이러니가 어떤 궁극적 종합 혹은 유기체적 전체성도 허락하지 않는다고 보는 데에서 옳다. 그러나 이는 그가 암시하는 것처럼 아이러니가 반체계적임을 의미하지는 않는다. 목표(end)의 결여가 목적(goal)의 결여를 가져오지는 않는다. 전체성과 체계성은 규제적 이상, 우리가 도달할 수 없지만 그것에 다가가기 위해 노력해야 하는 이상으로 남아 있다. 초기낭만주의자들이 체계성을 규제적 이상으로 채택했다는 것은 Manfred Frank, *Unendliche Annäherung*, pp. 502, 617, 715의 핵심 교훈이다. 드 만에 대해서는 1장의 주 7과 2장의 주 21을 보라.

체계를 완벽하게 설명하는 것은 가능하지 않다는 깨달음하에 쓰였다. 하지만 그것은 분명 낭만주의자들이 영원히 단편들만을 써야 한다는 원칙을 갖고 있었던 것은 아님을 보여 준다.[15]

언뜻 보면 확실한 토대와 완결적 체계, 오류 불가능한 비판의 기준에 대한 낭만주의자들의 회의주의가 어떻게 그들의 플라톤주의 및 이성주의와 손잡을 수 있었는지 이해하기가 어렵다. 하지만 이 어려움은 우리 자신의 제한된 역사적 지평을 보여 줄 뿐이다. 이 지평은 초기 근대 이성주의 — 보다 정확하게는 데카르트, 라이프니츠, 말브랑슈, 스피노자 철학 — 의 유산에서 나왔으며, 이들의 이성주의는 체계와 제일 원리들에서 표현되었다. 그러나 플라톤적 전통에서는 회의주의가 때로 이성주의와 손잡는다. 많은 플라톤주의자들은 세계가 원리상 가지적intelligible이라고 믿었지만, 우리의 유한한 인간 지성이 흐릿한 거울을 통해서가 아니고는 영원한 형상들을 파악할 수 있다고 생각하지 않았다. 그들은 소크라테스처럼 순수 존재의 영역이 있다는 것과 함께, 현자는 자신이 아무것도 알지 못한다는 사실을 안다고 주장했다. 이 질서를 파악하는 우리의 능력에 대한 회의주의를 세계 자체의 비합리성에 대한 긍정과 혼동하는 것은 잘못이다. 낭만주의자들은 실재의 비합리성을 긍정한 쇼펜하우어와 니

---

14) 예를 들어 슐레겔의 1800년 *Vorlesungen über die Transzendentalphilosophie*, *KA* XII, pp. 1~105; 셸링의 1799년 *Ersten Entwurf eines Systems der Naturphilosophie*, *Sämtliche Werke* III, ed. K. F. A. Schelling, Stuttgart: Cotta, 1856~1861, pp. 269~326; 노발리스의 1798~1799년 *Das allgemeine Brouillon: Materialien zur Enzyklopädistik*, *HKA* III, pp. 242~478을 보라. 이것은 그의 *Enzyclopädie*의 자료가 되었다. 그리고 슐라이어마허의 1812~1813년 *Ethik*, *Werke* II, eds. Otto Braun and Johannes Bauer, Leipzig: Meiner, 1928, pp. 245~420을 보라.

15) 게르하르트 노이만(Gerhard Neumann)은 초기낭만주의의 경구들에 대한 경탄할 만한 연구에서 그들의 경구를 그 의도에 있어 반체계적인 것으로 이해해선 안 된다고 주장했다. 그의 *Ideenparadiese: Untersuchungen zur Aphoristik von Lichtenberg, Novalis, Friedrich Schlegel und Goethe*, München: Fink, 1976, pp. 17, 281~288을 보라.

체적 의미에서 디오니소스의 선교사들이 결코 아니었다.[16] 프리드리히 슐레겔이 세계에 대한 완전한 이해 가능성을 의심했을 때, 그는 세계의 내재적 비합리성을 긍정한 것이 아니라, 단순히 우리에게, 우리의 유한한 인간 이성에게 그것이 이해 가능하지 않다고 말한 것이다.[17] 그는 초기낭만주의에 대한 포스트모더니즘적인 해석의 핵심 인물이다. 하지만 그는 플라톤이 자기 철학의 주된 영감이었다고 고백하고, 참된 철학은 관념론이라고 주장했다. 그리고 관념론을 플라톤적으로 정의했다.[18]

물론 초기낭만주의의 개별성, 그것과 포스트모더니즘의 근본적인 차이들이 몇몇 근본적인 유사성들을 보지 못하게 해서는 안 된다. 그러나 철학사가의 주된 목적은 무엇보다도 초기낭만주의의 개별성을 재구성하는 것, 자체의 맥락과 고유한 이상에 따라 그것을 내부로부터 이해하는 것이 되어야 한다. 분명 이러한 목적 역시 우리가 다가갈 수는 있지만 결코 도달할 수 없는 또 하나의 무한한 이상일 뿐이다. 하지만 위에서 언급된 모든 이유 때문에 나는 그것을 향한 노력이 매우 가치 있다고 생각한다. 여기에 있는 열 개의 에세이들은 그러한 방향의 노력들이다.

---

16) *Der philosophische Diskurs der Moderne*, Frankfurt: Suhrkamp, 1985, pp. 110~115에서 위르겐 하버마스(Jürgen Habermas)는 낭만주의자들, 특히 프리드리히 슐레겔이 니체의 디오니소스의 선구라고 주장했다. 최근의 몇몇 연구는 니체의 관념들 가운데 얼마나 많은 부분이 초기낭만주의에 뿌리를 두고 있는지를 강조한다. 예를 들어 Seyhan, *Representation and Its Discontents*, pp. 136~151; Behler, "Nietzsche und die frühromantische Schule", *Nietzsche-Studien* 7, 1978, pp. 59~96을 보라. 그러나 벨러는 슐레겔과 니체가 비극에 대해 매우 다른 관념을 가지고 있었으며, 슐레겔이 디오니소스적인 것에 대한 니체의 이해를 공유하지 않을 것이라고 올바르게 지적한다(pp. 72~77). 분명 디오니소스는 낭만주의자들에게 중요한 인물이었지만, 그들은 니체적 의미로 그를 해석하지는 않았다. 초기낭만주의에서 디오니소스적 상징의 역할에 대해서는 Manfred Frank, *Der Kommende Gott*, Frankfurt: Suhrkamp, 1982, pp. 12~19, 245~360을 보라.

17) Ernst Behler, *Confrontations: Derrida, Heidegger, Nietzsche*, Stanford: Stanford University Press, 1991, p. 148과는 다르게 말이다.

18) 슐레겔의 철학에 대한 플라톤적 해석의 필요에 대해서는 이 책의 4장과 나의 *German Idealism*, Cambridge: Harvard University Press, 2002, pp. 435~437, 454~461을 보라.

1장_'낭만시'의 의미

1. 목표와 회의

1923년 아서 러브조이Arthur Lovejoy는 "낭만주의는 문학사와 비평[계]의 스캔들이다"라고 말했다. 그는 학자들이 계속해서 낭만주의의 의미에 대해 완전히 상충하는 설명들을 내어놓고 있기 때문에 그처럼 모호한 개념은 포기하는 편이 낫다고 주장한다. 한 학자가 낭만주의의 정신 혹은 본질로 간주하는 것을 다른 학자는 정확하게 그것의 반대로 이해한다. 이 문제는 하나의 텍스트에 대해 상반된 해석들이 존재할 뿐만 아니라, 먼저 어떤 텍스트가 낭만적인 것으로 간주되어야 하는가에 대해 동의가 이루어지지 않는 데서도 발생한다고 러브조이는 지적한다. 러브조이는 이런 무정부 상태를 치유하기 위해 단수의 '낭만주의'가 아니라 복수의 '낭만주의들'에 대해 말할 것을 제안했다.[1)]

러브조이가 이처럼 도발적인 글을 쓴 이후, 그에게 답하려는 몇 가지 주목할 만한 시도들이 있었다. 어떤 학자들은 낭만주의의 외견상 모순적

1) Arthur Lovejoy, "On the Discrimination of Romanticisms", *Publications of the Modern Language Association of America* 39, 1924, pp. 229~253. Reprinted in Lovejoy, *Essays in the History of Ideas*, New York: Capricorn, 1960, pp. 228~253.

인 측면들의 배후에서 공통의 특징을 찾아내려 시도했다.[2] 다른 이들은 다양한 유럽 국가들에서 '낭만적'이라는 용어 사용의 배후에 있는 보편적 패턴을 찾아냈다.[3] 이러한 작업의 많은 부분은 낭만주의의 여러 측면을 밝혀내고 조명했지만 이것이 우리를 얼마나 멀리 나아가게 할지는 의문이다. 문제는 이 공통의 특징과 보편적 패턴이 너무 일반적이고 빈약해서 낭만주의들 가운데의 하나, 즉 특정한 지적 맥락 안에서 작업하는 사상가들의 특정한 목적, 이상, 믿음들을 이해하는 데 도움이 되지 않는다는 것이다. 더 큰 문제는 저러한 일반화들은 몇 개의 반례에 의해서도 쉽게 반박되기 때문에 매우 허약하다는 것이다. 이런 이유들 때문에 아직은 러브조이의 충고를 따르는 것이 신중한 입장이 될 것이다.

그래서 러브조이의 생각에 따라 나는 낭만주의 일반에 대한 주장을 제쳐 두고, 대신 낭만주의들 가운데의 하나에 초점을 맞추려 한다. 나는 18세기 후반과 19세기 초 독일의 지적 삶의 한 짧은 시기, 독일어로는 초기낭만주의Frühromantik, 영어로는 초기 독일낭만주의early German romanticism로 알려져 있는 시기를 탐구할 것이다. 학자들은 초기낭만주의의 대략적 시기에 대해 일반적으로 동의한다. 그것은 1797년 여름에 시작되어 1801년 여름에 저물었다.[4] 또한 이 운동의 핵심 인물에 대해서도 커다란 이견이 존재하지 않는다. 그들은 빌헬름 바켄로더Wilhelm Wackenroder, 프리드리히 셸링, 프리드리히 슐라이어마허, 프리드리히 슐

---

2) 예를 들어 Isaiah Berlin, *The Roots of Romanticism*, ed. Henry Hardy, Princeton: Princeton University Press, 1999, pp. 18~20, 134를 보라.

3) 이 측면에서 가장 주목할 만한 것은 René Wellek, "The Concept of Romanticism", *Concepts of Criticism*, ed. Stephen G. Nichols, New Haven: Yale University Press, 1963, pp. 129~221이다.

4) 독일낭만주의의 시기 구분에 대해서는 Paul Kluckhohn, *Das Ideengut der deutschen Romantik*, 3rd ed., Tübingen: Niemeyer, 1953, pp. 8~9; Ernst Behler, *Frühromantik*, Berlin: de Gruyter, 1992, pp. 9~29를 보라.

레겔과 그의 형 아우구스트 빌헬름 슐레겔August Wilhelm Schlegel, 루트비히 티크Ludwig Tieck, 그리고 필명인 '노발리스'로 더 잘 알려진 프리드리히 폰 하르덴베르크Friedrich von Hardenberg이다.

오늘 나는 초기낭만주의에 대해 매우 기본적인 질문 하나를 던지겠다. 초기낭만주의자들이 '낭만시'romantische Poesie로 의미한 것은 무엇인가? 분명 이것은 쉬운 물음이 아니다. 이에 대해 완전히 답하기 위해서는 여러 권의 책이 필요할 것이다. 프리드리히 슐레겔 자신이 그의 형에게 낭만시로 의미하는 바를 적절하게 설명하는 데에는 125쪽이 소요될 것이기 때문에 그렇게 할 수 없다고 경고했다.[5] 매우 어렵고 정의하기 힘든 이 구절의 의미에 대해 여기서 감히 완전한 설명 같은 것을 제공하는 척하지 않겠다. 그것의 어원에 관한 모든 질문을 제쳐 둘 것이고, 철학적인 도대에 대한 논의도 유보할 것이다. 내가 지금 하려는 것은 이 구절의 의미에 대해 매우 기본적인 질문 하나를 던지는 것이다. 즉 그것은 어디에 적용되는가? 혹은 간단히 말하자면 초기낭만주의자들이 낭만시에 대해 말할 때 그들은 무엇을 염두에 두고 있었는가?

내가 낭만시 개념을 검토하기로 한 것은 이 개념이 아직도 초기 독일 낭만주의라는 신비로운 마법의 세계로 들어가는 최고의 출발점을 제공하기 때문이다. 이것이 초기낭만주의자 본인들에게도 중추적인 개념이었음은 의심할 수 없다. 그것은 그들이 가진 기본적인 관심과 이상의 많은 것을 표현하거나 전제했다. 때로 그들은 과거의 사유와 자신들의 사유를 구별하기 위해 이 개념을 사용했다. 하지만 이 개념이 그들에게 갖는 중요성에도 불구하고, 초기낭만주의자들이 그것으로 자신들을 정의하지

5) 프리드리히 슐레겔이 형인 아우구스트 슐레겔에게 보낸 1797년 12월 1일자 편지를 보라. *KA* XXIV, 53.

는 않았다는 사실을 지적해 두어야 한다. 그들은 결코 자신들을 낭만주의자 혹은 낭만파라고 부르지 않았다. 이 용어는 1805년에 처음으로 후기낭만주의 그룹에 적용되어 불렸으며, 그때에는 풍자적으로만 사용되었다. 그리고 1820년대에 이르러서야 오늘날의 의미에 더 가까운 중립적 함축을 갖게 되었다.[6] 그러나 낭만주의자들이 자신들을 낭만주의자로 정의하지 않았다는 사실을 인지하는 한, 그들을 낭만주의자라고 부르는 일종의 시대착오는 크게 심각한 잘못이 아니다. 사실 낭만시 개념은 초기낭만주의자들에게 매우 중요한 개념이었기 때문에 그것에 따라 이름을 붙이는 것은 충분히 정당화될 수 있다.

물론 초기낭만주의자들에게 낭만시 개념이 갖는 중요성은 오래전부터 알려져 있었다. 이 개념은 저명한 여러 학자들에게서 집중적인 연구 주제가 되어 왔다. 그러한 학자들 가운데에는 루돌프 하임, 아서 러브조이, 한스 아이히너Hans Eichner, 그리고 에른스트 벨러가 포함된다. 따라서 내가 왜 이 개념을 다시 고찰하려고 하는지에 대해 질문이 제기될 수 있다. 나의 주된 이유는 전통적인 그리고 여전히 지배적인 초기 독일낭만주의 개념을 재검토하고자 한다는 것이다. 전통적인 관념에 따르면 초기낭만주의는 본질적으로 문학·비평 운동이었으며, 신고전주의 문학과 비평에 대한 반작용으로서 새로운 형식의 문학과 비평을 발전시키는 것이 그것의 주요한 목적이었다.[7] 이 해석은 낭만시 개념을 초기낭만주의의 핵심

---

6) Behler, *Frühromantik*, pp. 22~23.

7) 이 해석은 궁극적으로 하이네로 거슬러 올라간다. 그는 *Die romantische Schule*(1835)에서 낭만주의는 "중세시의 부활일 뿐"이라고 주장했다. *Sämtliche Schriften* V, eds. Klaus Briegleb et al., Frankfurt: Ullstein, 1981, p. 361을 보라. 하이네의 해석은 가장 저명한 19세기 문학사가인 헤트너와 게르비누스에 의해 강화되었다. Hermann Hettner, *Die romantische Schule in ihrem inneren Zusammenhange mit Göthe und Schiller*, Braunschweig: Vieweg & Sohn, 1850, p. 37; Georg G. Gervinus, *Geschichte der poetischen Nationalliteratur der Deutschen* III, Leipzig: Engelmann, 1844, pp.

이자 토대로 간주하고, 이 개념이 새로운 종류의 문학과 비평 이상을 지칭하지 않는다고 가정한다.

나는 지금 여기서 나의 입장을 드러내어 전통적 해석이 하나의 재앙이라고 생각하고 있음을 고백하겠다. 전통적 해석의 커다란 문제는 그것이 초기낭만주의 연구에 매우 해로운 두 가지 결과를 가져온 학문적 노동 분업을 정당화했다는 것이다. 첫째, 대부분의 철학자들은 초기낭만주의의

589~599를 보라. 보다 전체론적인 접근과 낭만주의 철학·학문·역사의 중요성을 강조했던 Rudolf Haym, *Die romantische Schule*, Berlin: Gaertner, 1870에도 불구하고 문학적 해석은 지속되고 있다. 사실 최근에는 라쿠-라바르트와 낭시가 그들의 대중적이고 영향력을 가진 책, *L'Absolu litteraire*, trans. Phillip Barnard and Cheryl Lester, Albany: SUNY Press, 1988, pp. 3, 5, 12~13에서 그것을 복귀시켰다. 그들은 낭만주의를 거의 문학의 절대화로 정의한다. 그리고 명시적으로 자신들의 연구 대상이 '문학의 문제'라고 주장한다. 그들은 낭만주의가 문학일 뿐 아니라 문학이론이기도 하다고 주장하지만(p. 12), 여전히 그것을 본질적으로는 "이 절대적인 문학적 작용"(그것이 무엇이든)으로 이해한다. 이는 초기낭만주의 연구에 있어서 한 걸음 후퇴이다.

더 놀라운 것은 보다 최근에 에른스트 벨러도 *German Romantic Literary Theory*, Cambridge: Cambridge University Press, 1993에서 문학적 해석을 부활시켰다는 사실이다. 초기낭만주의자들의 철학에 대한 소중한 작업에도 불구하고 그는 문학적 해석에서 진정으로 빠져나오지 못했다. 그래서 그는 초기낭만주의자들의 주요 관심이 시와 문학에 있었다고(p. 8), 그리고 그들이 철학에 대해 단지 아마추어적 관심만을 갖고 있었다고(p. 5) 주장한다. 슐레겔 형제는 주로 시 이론에 관심이 있었으며, 그들에게 철학은 단지 주변적인 중요성을 가졌다는 것이다(p. 73). 벨러의 문학적 접근은 그의 제자 중 하나인 아차데 자이한에 의해 다시 확인되었다. 그는 초기낭만주의자들의 임무가 "문학의 비판적 토대를 확립하는 것"이었다고 주장한다. *Representation and Its Discontents: The Critical Legacy of German Romanticism*, Berkeley: University of California Press, 1992, p. 2를 보라.

문학적 접근의 한계와 편협성은 드 만의 작업에서 가장 분명하게 드러난다. 그는 낭만주의 문학 스타일의 특징을 낭만주의의 일반적 세계관의 증거로 간주한다. 슐레겔의 형이상학·인식론·윤리학·정치학을 그의 스타일을 이해하는 기반으로 보는 것이 아니라, 바로 그 정반대를 한다. 예를 들어 그는 "주체와 객체의 변증법적 관계는 더 이상 낭만적 사유의 핵심적 진술이 아니"며, 그것은 "이 변증법이 전적으로 알레고리적 기호들의 체계 내에 존재하는 시간적 관계 안에 놓여 있기 때문"이라고 주장한다. 그의 "The Rhetoric of Temporality", *Blindness and Insight*, Minneapolis: University of Minnesota Press, 1983, p. 208을 보라. 나는 여기서 드 만이 "주체와 객체의 변증법적 관계"로 의미하는 바에 대해 논평하지는 않겠다. 낭만주의 인식론과 형이상학에 대한 그의 진술들은 너무 모호하고 맥락을 벗어나 있어서 아무런 가치를 갖지 못한다. 낭만주의를 유기체론적·전체론적으로 접근하는 데 대한 드 만의 비판은 낭만주의의 자연철학과 사회이론, 정치이론을 무시해야만 가능하다.

의 주요 관심이 문학의 영역에 속한다고 생각하기 때문에 이 주제를 무시한다. 둘째, 이 주제는 문학 연구가들의 거의 독점적인 전유물이 되어 왔는데, 이들은 초기낭만주의의 진정한 토대가 되는 근본적인 형이상학적·인식론적·윤리적·정치적 관념들에 충분히 주의를 기울이지 않는다. 그 결과 철학자들은 지적 지평을 좁히게 되었고, 문학 연구가들은 자신들의 주제에 대해 매우 아마추어적인 이해를 갖게 되었다.

비록 초기낭만주의에 대한 표준적인 문학적 관념이 이처럼 애석한 결과를 가져왔다고 생각하지만, 이에 근거해서 나의 주장을 펼치지는 않을 것이다. 나는 표준적 해석을 지지한다고 여겨지는 바로 그 텍스트들을 재검토함으로써 표준적 해석 자체의 근거로 그것을 비판하고자 한다. 이 해석은 그것이 설명하고자 하는 주 개념인 낭만시를 제대로 이해하지 못한다는 것이 나의 주된 불만이다. 전통적 해석에 맞서 나는 이 개념의 의미에 대한 두 개의 테제를 제안하겠다. 첫째, 낭만시는 단지 문학뿐만이 아니라 모든 예술과 학문에 적용된다. 이 개념은 조각과 음악, 그림에 모두 적용되기 때문에 그것의 의미를 문학 작품에만 한정시킬 이유가 전혀 없다. 둘째, 낭만시는 예술과 학문뿐만이 아니라 인간, 자연 그리고 국가를 가리킨다. 초기낭만주의 미학의 목적은 진실로 세계 자체를 낭만화romanticize하는 것이었고, 따라서 인간, 사회 그리고 국가도 예술 작품이 될 수 있었다.

나의 해석에 따르면 낭만시는 문학이나 비평의 한 형식이 아니라 낭만주의자들의 일반적인 미학적 이상을 가리킨다. 이 이상은 진정으로 혁명적이었다. 그것은 우리가 문학과 비평뿐만이 아니라 모든 예술과 학문도 변화시킬 것을 요구했다. 그리고 예술과 삶 사이의 장벽을 무너뜨려 세계 자체가 '낭만화'되도록 해야 한다고 주장했다.[8]

2. 표준적 해석

예기豫期는 여기까지 하기로 하자. 공정성을 위해 표준적 해석을 비판하기에 앞서 그것을 조금 더 자세히 설명해 보겠다. 이 작업은 표준적 해석의 한계를 보여 줄 것이다.

표준적 해석에 따르면 초기낭만주의자들의 핵심적 목표는 새로운 낭만주의 문학과 비평을 창조하는 것이었다. 그들은 17세기와 18세기 신고전주의 문학과 비평에 대한 반작용으로 그것을 발전시켰다. 이 신고전주의 문학은 두 가지 형태를 띨 수 있었다. 즉 18세기 초 프랑스와 독일의 신고전주의 전통을 가리키거나, 18세기 후반 괴테와 실러, 포스Johann Heinrich Voß의 신고전주의를 지칭할 수 있었다. 이것은 낭만주의자들에 대한 반작용으로 정식화되었다. 보통 낭만주의와 고전주의의 대조는 낭만주의자들 대對 후기 괴테와 실러의 문학적 가치들에 적용된다.

신고전주의와의 대조가 어느 것이든, 표준적 해석의 근본적인 전제는 낭만시라는 표현이 문학의 어떤 형식을 지칭한다는 것이다. 남겨진 유일한 문제는 그것이 어떤 형식인가, 혹은 정확하게 말하면 어떻게 그것을 특징지어야 하는가이다.

이 전제의 배후에 있는 가정들을 정확하게 이해하는 것이 중요하다. 포에지Poesie[9]라는 용어가 불러일으키는 연상과 달리 이 표현은 시poetry

---

8) 그런 해석에는 실제로 전혀 새로운 것이 없다고 반박할 수 있을 것이다. 낭만주의자들이 낭만시를 그처럼 넓은 의미에서 사용했다는 것은 일반적으로 인정되어 왔기 때문이다. 나는 기꺼이 이 점을 인정한다. 하지만 나는 내 해석의 독창성을 주장하는 것이 아니다. 이를 다시 주장하는 유일한 이유는 그 용어의 넓은 의미에 대한 일반적 승인에도 불구하고, 문학 연구가들이 여전히 그것을 무시하고 있으며 낭만시를 보다 좁은 문학적인 의미에서 이해하고 있기 때문이다. 이는 특히 2절에서 분명해질 것이다. 거기에서 나는 낭만시의 의미를 둘러싼 고전적인 논쟁의 당사자들이 모두 그 용어가 엄격하게 문학적인 의미를 갖는다고 전제하고 있음을 보여 줄 것이다.

만을, 즉 운문 형식의 문학만을 지칭한다고 가정되지 않는다. 누구나 낭만주의자들이 산문 작품에 대해서도 낭만시라는 표현을 사용했다고 인정한다. 또한 이 표현이 서정시, 서사시 혹은 전원시와 같은 시나 산문의 특정한 장르나 스타일을 가리킨다고 가정되지도 않는다. 왜냐하면 누구나 낭만시가 스타일들의 혼합 혹은 종합을 가리킨다는 것, 많은 장르를 하나로 결합할 수 있는 작품을 가리킨다는 것에도 동의하기 때문이다. 반면 이 해석이 가정하는 것은, 스타일에 있어서 얼마나 절충적이든 그리고 산문이든 운문이든 포에지라는 용어 ─ 이는 유類에 해당하며, 낭만시는 그것의 한 종種이다 ─ 가 언어의 문학적 사용을 지칭한다는 것이다.

이러한 해석을 뒷받침하는 증거들이 존재한다. 비록 그 증거들의 대부분이 프리드리히 슐레겔의 초기 저작들, 특히 대략 초기 신고전주의 단계에 해당하는 1795년과 1797년 사이에 쓰인 것들에 포함되어 있지만 말이다. 당시 슐레겔은 주로 시, 특히 서정시와 서사시, 풍자시와 같은 운문의 다양한 형식들을 가리키는 데에 포에지라는 용어를 사용했다. 그러나 그 용어를 이처럼 좁은 의미에서만 배타적으로 사용한 것은 아니다. 그는 산문으로 쓰인 작품에도 포에지라는 용어를 적용했다. 예를 들면 그는 헤르더가 초기 근대문학의 소설들을 포에지로 간주하지 않은 것을 이상하다고 여겼다. 산문으로 쓰이기는 했지만 이 작품들은 슐레겔에게 여전히 '산문시'poetry in prose였다.[10] 포에지에 대한 슐레겔의 명시적인 정의는 이 용어가 언어의 문학적 사용을, 말로 이루어진 미학적 창작물을 가리킨다

9) 흔히 영어로는 시(poetry)로 번역되기 때문에 좁은 의미의 시로 이해되기 쉽지만, 바이저가 보여 주려는 것처럼 낭만주의자들은 포에지(Poesie)를 문학뿐만 아니라 모든 형태의 예술과 학문, 즉 모든 형태의 창조적 활동과 그 산물을 가리키는 매우 포괄적인 개념으로 사용한다. 이 장의 4절을 참조하라. ─ 옮긴이

10) Schlegel, no. 4, *KA* XVI, p. 89. "모든 산문은 시적이다. …… 만약 산문을 [시와] 철저하게 대립시킨다면, 단지 논리적인 것만이 원래 산문이다."

는 [표준적 해석의] 가정을 확인해 주는 듯하다. 그의 정의에 따르면 "시는 아름다움을 주요한 혹은 이차적인 목적으로 하는 언어의 사용이다."[11] 슐레겔은 또한 시를 다른 예술들과 주의 깊게 구별한다. 초기 단편들 가운데 하나에서 그는 음악, 조각과 더불어 시를 세 가지 예술 형식들 중의 하나로 만든다.[12] 이 세 가지 예술 형식들을 구분하는 것은 서로 다른 매개media이다. 음악의 매개는 운동이며 조각의 매개는 몸이지만 시의 매개는 언어이다. 요약해 말하자면, 청년 슐레겔에게 시는 예술들 가운데 하나일 뿐이다. 그것은 언어를 매개로 하는 예술이며 미의 창조를 목적으로 한다. 이는 낭만시가 문학의 특정한 형식을 가리킨다는 표준적 해석의 중대한 가정을 확증해 주는 듯하다.

그러나 중대한 질문이 아직 남아 있다. 슐레겔은 1797년 초 신고전주의를 비리고 낭만시 개념을 발전시킬 때도 계속해서 포에지라는 용어를 이 의미로 사용했는가? 표준적 해석의 암묵적인 가정은 슐레겔이 초기 낭만주의 정의의 고전적 준거인 『아테네움 프라그멘트』*Athenäumsfragment* 116번에서 낭만시 선언문을 쓸 때도 초기의 포에지 개념을 고수했다는 것이다. 훗날 슐레겔이 포에지 개념의 의미를 확장하여 1800년에는 사실상 모든 형태의 예술에, 그리고 자연 자체에까지 그것을 적용했다는 것은 인정된다. 그러나 1798년까지는 그가 여전히 본질적으로 초기의 의미에서 그 개념을 사용했다고 가정된다. 운문이든 산문이든 포에지는 어떤 문학적인 창작물을 가리킨다는 것이 거의 당연한 사실로 받아들여진다. 학자들을 가르는 유일한 문제는 낭만시가 어떤 종류의 문학적 창작물인가 하는 것이었다.

---

11) Schlegel, *Über das Studium der griechischen Poesie*, *KA* I, p. 206을 보라. 또한 "Von der Schönheit in der Dichtkunst" no. 7, *KA* XVI, p. 7도 참조하라.
12) Schlegel, "Von der Schönheit in der Dichtkunst III", no. 54, 같은 책, p. 13.

이 가정이 지속되었다는 것은 『아테네움 프라그멘트』 116번에서 낭만시의 정확한 의미를 둘러싼 유명한 논쟁에서 명확하게 드러난다. 루돌프 하임이 권위 있는 저서 『낭만파』에서 대뜸 프리드리히 슐레겔의 낭만시가 본질적으로 근대소설을 가리키며 괴테의 『빌헬름 마이스터의 수업시대』*Wilhelm Meisters Lehrjahre*가 그 전형이라고 주장한 것이 논쟁의 시발점이 되었다.[13] 하임에 따르면 낭만시는 로만포에지Romanpoesie에 다름 아니며, 여기에서 로만Roman은 독일어 어원에 따르면 소설der Roman을 가리킨다. 자신의 주장을 입증하기 위해서 하임은 『아테네움 프라그멘트』 116번에서의 낭만시에 대한 설명과 슐레겔이 『빌헬름 마이스터의 수업시대』를 칭송하는 서평에서 그것의 특징으로 간주한 것 사이에 놀라운 유사성이 있음을 지적한다.

하임의 설명은 매우 단순하여 그럴듯해 보이지만, 아서 러브조이는 1916년에 쓴 유명한 논문에서 그 설명이 매우 기본적인 몇 가지 사실들을 설명하지 못한다고 맹렬하게 공격했다.[14] 하임에 반대하여 러브조이는 슐레겔의 낭만시가 근대소설과 그 어떤 본질적인 연관성도 갖지 않는다고 주장했다. 슐레겔에게 낭만적 작가의 전형은 셰익스피어였는데, 그것은 물론 그가 극작가였기 때문이다. 그리고 러브조이는 슐레겔이 "기사들의 로망스"와 "중세와 초기 근대문학"을 지칭하기 위해서 '낭만적'이라는 용어를 사용했다는 것을 지적한다. 그것의 주요한 전형은 단테와 세르반테스 그리고 셰익스피어였다. 분명 이 작가들은 근대적 의미의 소설가가 아니었다.

---

13) Rudolf Haym, *Die romantische Schule*, pp. 248~260.

14) Arthur Lovejoy, "On the Meaning of 'Romantic' in Early German Romanticism", *Modern Language Notes* 31, 1916, pp. 385~396. Reprinted in Lovejoy, *Essays in the History of Ideas*, New York: Capricorn, 1960, pp. 183~206.

1956년 한스 아이히너는 두 주장의 요점을 흡수하고 교정하는 이론을 발전시킴으로써 러브조이와 하임의 논쟁을 해결하려 했다.[15] 아이히너는 선행 연구자들이 이용할 수 없었던 자료, 즉 근래에 발견된 슐레겔의 문학노트를 입수함으로써 그들에 비해 더 큰 권위를 주장할 수 있었다. 그는 이 새로운 자료에 근거하여 한 가지 점에서는 최종적으로 하임이 옳았다고 주장한다. 사실 낭만시는 소설을 의미한다. 하지만 하임은 소설을 괴테의 『빌헬름 마이스터의 수업시대』나 헨리 필딩Henry Fielding과 새뮤얼 리처드슨Samuel Richardson의 근대 산문 소설들과 동일시함으로써 길을 잃어버렸다. 로만[소설]은 근대의 산문 내러티브일 뿐만 아니라, 러브조이가 주장한 것처럼 중세와 초기 근대의 로망스romance이기도 했다. 하임의 주장과는 달리 그런 로망스는 많은 형식을 취할 수 있었다. 그것은 운문이 될 수도, 드라마가 될 수도 있었다.

이 논쟁은 각별하게 시사적이며 가히 고전적이라고 불릴 만하다. 만약 이 논쟁이 실제로 일어나지 않았다면 일부러 만들어 내기라도 했어야 할 것이다. 하지만 여기에서 이 논쟁에 포함된 다양한 입장들을 평가하는 것이 나의 목적은 아니다. 나는 단순한 한 가지 사실을 지적하기 위해 논쟁의 앙상한 뼈대를 기술했다. 즉 하임, 러브조이, 아이히너는 모두 낭만시가 문학의 어떤 형식을 지칭한다고 가정했다. 그들 사이의 유일한 접점은 이 문학의 정확한 형식과 관련되었다. 그들은 낭만시라는 표현에서 포에지라는 용어가 언어의 문학적 사용을 의미한다는 근저의 가정에 대해서는 결코 의문을 제기하지 않았다. 하지만 내가 지금 질문하고자 하는 것이 바로 저 가정이다.

---

15) Hans Eichner, "Friedrich Schlegel's Theory of Romantic Poetry", *Publications of the Modern Language Association of America* 71, 1956, pp. 1018~1041.

3. 낭만주의의 길을 따라

프리드리히 슐레겔의 낭만시 개념의 발전 과정, 특히 1796년 여름부터 1797년 후반까지 그의 문학노트와 철학노트에 나타나는 진화 과정을 자세히 검토한다면, 곧 이 개념이 단지 문학의 한 형식을 가리킬 수 없다는 사실이 분명해진다. 문학은 분명 낭만시의 주요한 형식 가운데 하나이지만, 결코 배타적 형식은 아니다. 오히려 슐레겔이 이제 저 개념을 확장하고 일반화함으로써, 매개가 무엇이든 그리고 언어로 쓰였든 아니든, 그것은 모든 창조적 활동을 위한 그의 이상이 된다.

슐레겔이 낭만시 개념을 일반화해 가는 주요 단계들, 최초의 문학적 개념에서 보다 넓은 미학적 의미로 확대해 가는 과정의 주요 단계들을 간략하게 고찰해 보자. 점진적인 일반화의 네 단계가 있는데, 이것들은 연대기적이라기보다는 논리적으로 구별된다. 슐레겔의 문학노트와 철학노트 가운데 1798년 봄 『아테네움 프라그멘트』를 쓰기 최소한 몇 개월 전인 1796년부터 1797년 후반 사이에 쓰인 단편들에서 이 단계들을 모두 발견할 수 있다.

첫번째 단계는 초기 근대문학의 뚜렷한 특징 가운데 하나를 일반화하는 데서 나왔다. 슐레겔에게 고전문학과 대조적으로 초기 근대문학이 갖는 특징 가운데 하나는 광범위하게 다양한 스타일 혹은 장르를 포괄하는 절충적eclectic 성격에 있다. 고전문학 작품은 하나의 장르에 국한되지만—그래서 이를테면 시는 서정시, 풍자시 혹은 서사시일 수 있다—초기 근대문학 작품은 그 안에 이 모든 장르들을 포함할 수 있다. 슐레겔은 그의 초기 신고전주의적 시기에 초기 근대문학의 이런 특징을 그것이 가진 최악의 속성들 가운데 하나로 보았다. 그것은 독자를 즐겁게 하겠다는 욕구 이외에 다른 어떤 근거도 갖지 않는 순전한 혼돈으로 보였기 때문이다.[16] 하지만 1796년 즈음에 슐레겔은 자신의 신고전주의에 대해 의문을 품기 시작했다. 고전주의 예술의 우월성에 대한 그의 믿음이 무너지면서 그는 근대에 그것을 되살리는 것이 과연 적절한지에 대해 다시 생각했다. 근대는 고전적 고대classical antiquity와는 매우 다른 요구와 가치들을 갖고 있기 때문이다. 슐레겔은 이제 근대문학의 몇몇 특징적인 성격들을 제대로 평가하기 시작했고, 그것들이 시대에 보다 부합한다고 여겼다. 근대문학의 거대한 악인 절충적 성격은 이제 위대한 미덕이 되었다. 스타일의 혼합은 근대를 특징짓는, 전체성을 향한 부단한 노력striving과 통일성을 향한 영원한 열망longing의 증거였다. 슐레겔은 고대 세계의 전체성과 통일성을 재창조하는 것이 근대의 임무라고 믿었다. 하지만 이제 모두의 자유와 평등을 제공하도록, 보다 정교하고 자기-의식적인 차원에서 그렇게 해야만 했다.[17] 한때 자연이 고대 그리스인들에게 주었던 자신과 타인 그리고 자연과의 통일성을 근대인들은 자유로운 행동을 통해 회복해야만 했다. 근대문학은 많은 스타일들을 창조적으로 사용함으로써 이처럼 전체성과 총체성을 다시 획득하고자 하는 노력을 표현했다.

초기 근대문학의 이런 특징은 곧 슐레겔에게서 낭만시를 정의하는 성격이 되었다.[18] 그러나 일단 이 단계를 취하자, 슐레겔은 이미 낭만시 개념을 엄격하게 문학적인 의미에서 추상시키는 결정적인 첫걸음을 내디딘 셈이 되었다. 만약 스타일들의 혼합이 낭만시의 핵심이라면 이 개념은 더 이상 운문이든 산문이든 문학의 특정한 스타일이나 장르를 지칭할 수 없기 때문이다. 특정한 스타일은 낭만시 안에 포함될 것이므로 낭만시

---

16) Schlegel, *Über das Studium der griechischen Poesie*, *KA* I, pp. 219~222를 보라.

17) 특히 슐레겔의 초기 에세이 "Vom Wert des Studiums der Griechen und Römer", 같은 책, pp. 621~642와 *Über das Studium der griechischen Poesie*, 같은 책, pp. 232~233을 보라.

18) No. 38, *KA* XVI, p. 102; no. 55, 같은 책, p. 90; no. 781, 같은 책, p. 152. 또한 no. 65, *KA* XVIII, p. 24도 보라.

는 하나의 특정한 스타일 자체가 될 수 없다. 그리고 모든 스타일들을 결합하는 단일한 형식 혹은 방법이 존재하지도 않는다. 슐레겔은 작가의 창조성과 상상력에 따라 스타일들이 모든 종류의 방식으로 결합될 수 있고 또 결합되어야 한다고 주장했기 때문이다.

낭만시를 절충적 성격으로 정의하는 일반화의 첫번째 단계에서는 낭만시가 아직 문학의 한 형식임을 인정할 수 있다. 분명 그것은 매우 절충적인 문학 형식이지만, 언어를 매개로 한다는 점에서 여전히 문학이다. 하지만 슐레겔의 두번째 단계는 언어의 문턱을 완전히 넘어선 곳으로 그를 인도한다. 만약 낭만시가 본질적으로 절충적이고 모든 방식의 스타일과 담론으로 구성된다면, 문헌학자가 엄격하게 스타일의 특징에 따라 그것을 특징짓고 분류하는 것은 소용이 없어진다. 매우 많은 스타일과 그것들을 결합하는 매우 많은 방식들이 존재하여, 순수하게 언어적인 분류는 전혀 유용하지 않게 될 것이다. 그렇다면 낭만시를 기술하는 유일한 방법은 그것의 일반적인 미학적·도덕적 성격들에 의거해야 한다.

슐레겔은 그의 노트에서 분명히 낭만주의 작품들을 바로 이런 측면에서 특징짓고 분류하기 시작한다. 그는 작품들을 그것이 윤리적인가 혹은 정치적인가 같은 도덕적 성격으로 정의하거나 상상적인가, 모방적인가 그리고 감상적인가 같은 미학적 성격으로 정의한다. 낭만주의 문학 형식들 사이의 구분은 이제 이 성격들 중 어느 것이 지배적인가에 따라 종류kind가 아닌 정도degree의 구분이 된다.[19] 슐레겔은 그의 노트에서 낭만주의 작품을 많은 다른 성격으로 특징짓지만, 세 가지 일반적 성격, 즉 공상fantasy, 모방mimesis 그리고 감상성sentimentality이 그것을 정의한다고 결론 내리는 듯하다.[20] 낭만주의 작품은 작가의 상상력이 그의 너머에 있는

---

19) Schlegel, no. 699, *KA* XVI, p. 144; nos. 754~755, 같은 책, p. 150을 보라.

어떠한 법칙도 알지 못하고 재료들을 자유롭게 결합한다는 점에서 공상적이어야 한다. 그것은 시대 전체의 초상을 포함하거나 삶의 풍부함을 재생산해야 한다는 점에서 모방적이어야 한다. 그리고 감정을 표현한다는 의미에서가 아니라 사랑의 정신을 드러낸다는 의미에서 감상적이어야 한다. 분명 이 성격은 너무 일반적이어서 어떤 문학 장르에도 적용될 수 있었다. 하지만 지금 이해해야 하는 결정적인 점은 그것들을 문학에만 한정시킬 이유가 없다는 것이다.

실제로 이것이 슐레겔의 세번째 단계이다. 낭만시를 언어적인 성격이 아니라 미학적인 성격으로 특징짓기 시작하면서 그는 사실상 모든 예술에 이 개념을 적용할 준비가 되었다. 문학만이 공상적·감상적·모방적이어야 할 이유가 없기 때문이다. 이 동일한 일반적 성격들이 조각, 음악 혹은 그림을 특징지을 수도 있다는 것은 명백하다. 슐레겔의 초기 문학 노트들은 그가 바로 이 행보를 취했음을 분명하게 보여 준다. 그는 낭만적인 것the romantic의 개념을 다른 예술들, 특히 음악과 조각, 그림에 적용하기 시작했다. 그는 심지어 의상과 춤에까지 그것을 적용했다. 이를테면 이를 드러내는 다음의 단편에서 그는 이렇게 말했다. "오페라는 낭만적으로 되어야 한다. 음악과 그림이 이미 그러하기 때문이다. 근대의 춤 예술은 아마도 낭만적 공상과 고전적 조각의 혼합일 것이다. 우리는 이 점에서 고대인들을 능가해야 한다. 심지어 근대의 의상조차 낭만적인 것으로 향하는 경향을 갖는다."[21)]

언뜻 보기에 슐레겔이 다른 예술들을 낭만적이라고 묘사한 것은 의미가 아니라 외연상의 것으로, 안정된 확신이 아니라 예의 바른 제스처로

---

20) 예를 들어 no. 739, 같은 책, p. 148을 보라. 또한 *Gespräch über die Poesie*, *KA* II, pp. 333~334에서의 낭만적인 것에 대한 슐레겔의 나중의 설명도 보라.

21) no. 42, *KA* XVI, p.118; nos. 500~501, 같은 책, p.126을 보라.

보일 수 있다. 초기의 글에서 그는 운문이라는 좁은 의미에서의 포에지가 모든 예술들 가운데 최고라고 썼기 때문이다.[22] 젊은 시절의 이상이 고전시의 빙켈만이 되는 것이었던 슐레겔에게서 이는 당연히 기대할 수 있는 바이다. 하지만 흥미로운 사실은 슐레겔이 1797년에는 이미 이 신념을 버렸다는 것이다. 쇼펜하우어와 니체를 예기하면서 그는 이제 음악이 "예술들 가운데 최고"이며 진정 "근대를 위한 예술"이라고 주장했다.[23] 곧 이유들을 설명하겠지만 『아테네움』*Athenaüm*의 일반적인 미학 프로그램에서는 다른 예술들이 핵심적 역할을 부여받았음을 인정하는 것이 중요하다. 저 저널의 세 권 가운데 가장 긴 논문이 시각예술에 바쳐졌다는 사실은 매우 주목할 만하다.[24]

슐레겔의 네번째 단계는 낭만시 개념을 학문들로 확장한 것이다. 이 단계는 부분적으로는 두번째 단계에서 나왔다. 만약 낭만적인 것이 일반적인 미학적 성격으로 결정된다면, 그것을 예술에만 한정시킬 이유가 없을 것이다. 학문이 미학적으로 설명된다면, 동일한 개념이 학문들에도 적용될 수 있을 것이다. 학문이 보다 서술적인discursive 언어를 사용해야 한다는 것은 중요하지 않았다. 학문은 이 스타일을 다른 스타일들과 결합할 수 있고, 그리하여 낭만주의 예술의 또 다른 종류가 될 것이기 때문이다. 이는 학문의 시적 설명poetic exposition으로서 사실 모든 자연철학의 이상이었다. 또한 슐레겔의 네번째 단계는 예술과 학문이 그가 초기에 종종 가정했던 것보다 훨씬 더 많은 공통점을 갖는다는 인식의 증대에서도 도출된다.[25] 부분적으로는 예나 시기의 토대주의 철학에 대한 비판으로 인

22) 단편 "Von der Schönheit in der Dichtkunst III" no. 54, *KA* XVI, p. 13을 보라.

23) Schlegel, no. 120, 같은 책, p. 213; no. 43, 같은 책, p. 258을 보라.

24) 이것은 카롤리네 슐레겔과 아우구스트 슐레겔의 논문 "Die Gemählde", *Athenäum* II, Berlin: Frölich, 1799, pp. 39~151이다.

해 그는 철학, 문헌학, 윤리학과 미학이 엄격하게 학문적이 될 수 있다는 생각을 그만두었다. 이 생각은 모든 명제들이 유일하고 근본적인 제일 원리로부터 도출되어 오류 불가능한 체계 안에 놓이는 것을 의미한다. 그러나 학문의 고전적인 이상이 실현 가능하지 않은 것으로 여겨질수록, 전통적인 학문 분과들은 더욱더 예술과 유사한 것으로 보였다.

학문들의 정확한 인식론적 지위가 무엇이든 낭만주의적 기획에서 그것을 배제하는 것은 매우 인위적이고 자의적으로 보였다. 특히 학문이 문학에서 발견되는 것과 동일한 전체성의 추구와 통일성의 열망을 보여주고 있을 때에 말이다. 이 추구와 열망이 그것의 이상에 더 가까이 다가가려면, 진정으로 낭만적인 작품은 정녕 학문과 예술의 종합이 되어야 할 것이다. 그래서 슐레겔은 그의 노트에서 학문은 그것이 예술인 한에서 완선해지며, 예술은 그것이 학문인 한에서 완전해진다고 선언한다.[26] 그는 학문과 예술의 그러한 종합을 이미 과거의 신화에서 그리고 이제 낭만시의 한 모델이 된 『성서』에서 보았다.[27] 근대인의 과제는 고대 신화에서 발견되는 예술과 학문의 통일성을 회복하는 것이었다. 다른 말로 하자면 그것은 새로운 신화를 창조하는 것, 새로운 『성서』를 쓰는 것이었다.

이 단계들을 모두 종합하면 낭만시 개념이 문학의 한 특정 형식이 아님은 말할 것도 없고, 단지 문학에만 적용되는 것도 아님을 분명하게 알 수 있다. 오히려 그것은 문학적이든 예술적이든 혹은 학문적이든, 모든 창조적 작업을 가리킨다. 슐레겔은 그의 노트에서 바로 이런 일반적 결론

---

25) 1798년에 이르면 슐레겔은 문헌학이 엄격한 학문이 될 수 있다는 믿음을 버리고, 대신 그것을 하나의 예술로 파악한다. 단편 "Zur Philologie I" no. 2, *KA* XVI, p. 13과 "Zur Philologie II" no. 48, 같은 책, p. 39를 보라.

26) No. 313, 같은 책, p. 110; no. 586, 같은 책, p. 134를 보라. 또한 *Kritische Fragmente* no. 115, *KA* II, p. 161과 *Philosophische Lehrjahre* no. 632, *KA* XVIII, p. 82도 보라.

27) No. 423, *KA* XVI, p. 120; no. 330, 같은 책, p. 112를 보라.

을 이끌어낸다. "정신의 모든 작업들은 낭만화해야 하며, 낭만적인 것에 가능한 한 접근해야 한다."[28] 독일어에서 로만[소설]der Roman과 낭만적인 것das romantische의 언어적 근친성에 주목하며 그는 이제 모든 작품이 로만[소설]Romane이 되어야 한다고 주장한다.[29]

4. 포에지 개념

1797년 슐레겔의 노트에 반영된 이 모든 발전들은 마침내 『아테네움』, 그 중에서 특히 1800년 『포에지에 대한 대화』*Gespräch über die Poesie*에서 전적으로 명확해지고 의식적으로 되었다. 여기서 슐레겔은 분명하게 문학의 어떤 장르나 형식으로 낭만적인 것을 기술할 수 없다고 결론 내린다. 대신 그는 일반적인 미학적 성격으로 그것을 설명해야 한다고 주장한다. 그가 말하듯이 낭만적인 것은 문학의 "한 종류"가 아니라 "한 요소"이다.[30]

보다 중요하게는, 명시적으로 시적인 것the poetic을 인간 존재 안의 창조적 힘 그리고 사실상 자연 그 자체 안의 생산적 원리와 동일시함으로써 슐레겔은 의도적으로 포에지의 좁은 문학적 의미를 깨뜨린다.[31] 분명 문학적 형식으로서의 시는 이러한 힘의 최고의 현현이자 가장 미묘하고 세련된 산물이지만, 여전히 수많은 현현들 가운데 단지 하나일 뿐이다. 문학이 시의 유일한 형식이라고 가정하는 것은 단순히 부분을 전체로 착각하는 것이다. 슐레겔은 이제 시적 원리가 모든 예술 안에서, 소설과 시뿐

---

28) Schlegel, no. 606, *KA* XVI, p. 136을 보라.

29) No. 106, 같은 책, p. 590; no. 590, 같은 책, p. 134; no. 982, 같은 책, p. 167을 보라. 또한 *Philosophische Lehrjahre* no. 740, *KA* XVIII, p. 91도 보라.

30) *KA* II, p. 335를 보라.

31) 같은 책, pp. 284~285를 보라. 슐레겔은 포에지가 모두의 안에 있으며, 그들의 "가장 고유한 본질"과 "가장 내적인 힘" 그리고 정녕 "눈에 보이지 않는 인간의 근원적 힘"이라고 말한다.

만 아니라 조각, 건축, 드라마, 교향악과 그림의 창조 안에서도 작용하고 있음을 분명히 한다. 사실 인간의 창조성의 어떤 산물도, 최소한 그것이 아름다운 한에서는 시적이다.

포에지라는 용어를 이처럼 넓은 의미로 사용할 때 슐레겔이 의도적으로 그리고 의식적으로 일상적 어법에서 벗어나 있음을 의심할 수 없다. 『포에지에 대한 대화』의 한 대화에서 등장인물 아멜리아는 이 용어에 그처럼 넓은 의미를 부여하는 것에 무척 회의적이다.[32] 그녀는 다소 신랄하게 논평한다. "만약 그렇게 되면 머지않아 [모든 것이] 하나씩 하나씩 시로 변형되고 말 거예요." 그리고 질문한다. "그렇다면 모든 것이 시poetry인가요?" 아멜리아의 질문에 답하면서 로타리오는 시를 모든 예술과 학문으로 확장시킨다. "언어를 통해 기능하는 모든 예술과 학문분과는 그 자체로 예술로서 행해질 때 …… 시로 나타납니다." 하지만 그때 루도비코가 최종적으로 말한다. "그리고 언어를 통해 본성을 드러내지 않는 모든 예술과 학문분과는 보이지 않는 정신을 가지고 있는데, 그것이 시입니다." 그는 언어의 너머로까지 한계를 밀고 나간다. 루도비코의 말을 진지하게 받아들인다면 포에지는 문학 작품뿐만 아니라 언어적 창작물을 가리킬 필요조차 없다.

지금 슐레겔의 포에지 용어 사용이 괴벽스럽고 제멋대로인 것처럼 여겨진다면, 그가 사실은 저 용어의 고전적인 의미로 돌아가고 있을 뿐임을 상기하는 것이 중요하다. 시적인 것poiētikós은 원래 무언가를 만들거나 창조하는 것을 의미했다.[33] 이 의미는 플라톤과 아리스토텔레스에게서 나타나는데, 이들은 학문 분류에서 이 개념에 핵심적인 역할을 부여했

---

32) 같은 책, p. 304.

33) Johannes Hoffmeister, *Wörterbuch der philosophische Begriffe*, Hamburg: Meiner, 1955, p. 476.

다. 디오게네스 라에르티우스Diogenes Laërtius에 의하면 플라톤은 학문을 세 종류—이론적인 것(기하학과 천문학), 실천적인 것(정치학과 플루트 연주), 그리고 시적인 것(건축과 조선)—로 구분했다.[34] 이론적인 것은 관조적이고 실천적인 것은 어떤 임무를 수행하지만, 시적인 것은 창조적이거나 생산적이다. 그것의 임무는, 아름다운 조각이든 선박이든, 사물을 창조하는 것이다.

저 용어를 넓은 의미에서 사용한 이가 프리드리히 슐레겔만이 아니었음에 주목해야 한다. 아우구스트 빌헬름 슐레겔, 셸링과 노발리스의 글에서도 완전히 동일하지는 않지만 유사한 의미가 나타난다. 아우구스트 빌헬름은 "가장 넓은 의미에서 시는 아름다움을 창조하고 그것을 시각적 혹은 청각적으로 제시하는 능력"이라고 선언한다.[35] 셸링은 빈번하게 고전적인 의미에서 이 용어를 사용한다. 그것에 따르면 시는 "실재하는 어떤 것의 직접적인 생산 혹은 창조 …… 즉자대자적 발명"을 의미한다.[36] 그러나 그는 이 용어에 보다 전문적인 형이상학적 의미를 부여하기도 한다. 즉 그것은 천재가 보편적이고 이상적인 것을 특수하고 실재적인 어떤 것으로 만듦으로써 자신 안의 신적인 것the divine을 드러내는 창조적 행위이다. 노발리스에게도 포에지는 매우 일반적인 의미를 갖는다. 그것은 "우리의 기관들organs의 자유롭고 능동적이고 창조적인 이용"을 뜻한다.[37] 때로 시는 자신의 내적 법칙에 따라 성장하는 유기체적 존재를

---

34) Diogenes Laërtius, *Lives of and Opinions of Eminent Philosophers* III, pp. 83~85. 동일한 분류가 Aristotle, *Metaphysics* VI, I, 1025b 25에 나타난다.

35) August Wilhelm Schlegel, *Vorlesungen über dramatische Kunst und Literatur*, *Sämtliche Werke* V, ed. E. Böcking, Leipzig: Weidmann, 1846, p. 5. 또한 *Vorlesungen über schöne Literatur und Kunst*도 보라. 여기서 포에지는 "자유롭게 창조하는 공상의 작용"으로 정의된다. *Vorlesungen über Ästhetik* I, p. 186을 보라.

36) Schelling, *Philsophie der Kunst* §§63~64, *Sämtliche Werke* V, ed. K. F. A. Schelling, Stuttgart: Cotta, 1856~1861, pp. 460~461.

지칭한다.[38] 하지만 "초월적 건강함transcendental health을 형성하는 위대한 예술"을 가리킬 수도 있다. 여기서 인간은 모든 것을 하나의 아름다운 전체로 지각하는 능력을 발전시킨다.[39]

표준적 해석을 옹호하는 몇몇 사람들은 프리드리히 슐레겔이 『아테네움 프라그멘트』를 쓸 때에는 그가 『포에지에 대한 대화』에서 포에지에 부여한 넓은 의미가 아직 정착되지 않았다고 주장해 왔다.[40] 하지만 나는 슐레겔의 초기 지적 발전에 대해 앞서 제공한 설명으로부터 이것이 사실이 아님이 분명해졌다고 생각한다. 노트가 보여 주는 증언은 분명하고 압도적이다. 이미 1797년에 슐레겔은 낭만시 개념을 모든 예술과 학문으로 확장했으며, 자연 그 자체 안의 포에지에 대해서도 말하기 시작했다.[41] 그가 『아테네움 프라그멘트』에서 말한 것은 거의 일 년 전에 시작되었던 오랜 발진의 최종 결론일 뿐이다. 슐레겔의 유명한 『아테네움 프라그멘트』 116번을 다시 검토한다면 이 점이 분명해지리라고 생각한다. 이제 이 단편의 기원과 맥락에 대해 무언가 알게 되었으므로 그것을 새롭게 조명하여 다시 읽을 수 있다.

---

37) Novalis, *Fragmente und Studien*(1799~1800) no. 56, *HKA* III, p. 563. 또한 no. 36, *HKA* II, p. 534도 보라. "시를 짓는 것은 출산하는 것이다."

38) Novalis, no. 35, *HKA* III, p. 560. 또한 no. 45, *HKA* II, p. 390을 보라. "실천적임과 시적임은 같은 것이어야 하는가—그리고 후자는 동종으로서 단지 절대적으로 실천적임을 의미하는가?"

39) No. 21, *HKA* III, p. 558; no. 507, 같은 책, p. 639.

40) Ernst Behler, "Friedrich Schlegels Theorie der Universalpoesie", *Jahrbuch der deutschen Schillergesellschaft* 1, 1957, pp. 211~252를 보라. 벨러는 슐레겔이 『아테네움 프라그멘트』 116번에서 자신의 프로젝트를 좁은 의미의 포에지로 한정하지만 나중에는 모든 예술과 학문으로 확장한다고 주장한다(p. 211). 그러나 또한 슐레겔의 노트로부터 그가 아테네움 시기가 시작되는 1798년에 이미 넓은 의미에서의 프로젝트를 발전시켰다는 증거를 제시함으로써 자신에게 반(反)하기도 한다(pp. 223~225).

41) 슐레겔은 초월시(Transcendentalpoesie)에 대해 쓰고 있다. 이것은 모두의 안에 있는 창조적인 힘이며, 문학은 그것의 한 현현일 뿐이다. No. 560, *KA* XVI, p. 131; no. 704, 같은 책, p. 144; no. 1050, 같은 책, p. 172를 보라.

슐레겔이 『아테네움 프라그멘트』 116번에서 낭만시에 대해 쓸 때 단지 문학 작품 혹은 진정으로 어떤 활동의 산물을 말하고 있지 않다는 것은 너무나 명백하여 오히려 간과하기가 쉽다. 오히려 그는 창조적 활동, 어떤 것이 생산되는 과정에 대해 말하고 있다. 이는 모든 낭만적 작품의 가장 본질적 특징이 "그것의 생성becoming"이라는 그의 유명한 말이 갖는 취지의 일부이다. 그것은 결코 완결적이지 않고 영원히 자기를 새롭게 창조하기 위해 스스로를 파괴한다. 더 나아가 슐레겔이 시나 소설을 쓰는 것처럼 특정한 종류의 활동만이 아니라 창조적 활동 일반에 대해 말하고 있다는 것 역시 명백하다. 그가 이 활동에 부여하는 특징들은 매우 일반적이어서 모든 형태의 창조적 활동에 적용될 수 있기 때문이다. 그가 낭만시에 부여하는 몇 가지 주요한 특징들을 고려해 보자. 낭만시는 무언가를 창조할 때조차도 자기-비판의 능력을 결코 잃지 않는다. 낭만시는 대상에 전적으로 함몰되지만 또한 대상과 자신의 활동으로부터 물러서는 능력을 갖고 있다. 낭만시는 제약의 필요성을 알지만 스스로 부과한 것들 이외에는 인정하지 않는다. 낭만시는 그것의 본질이 바로 '생성'에 있기 때문에 결코 종국에 이르지 않는다. 기타 등등. 분명 이런 속성들은 조각가, 화가, 음악가 혹은 과학자의 창조적 활동에도 적용된다. 그러므로 시인, 작가 혹은 극작가에게만 그것을 한정할 이유가 없다. 그런데 이것은 이 단편에서 슐레겔의 낭만시 설명이 갖는 함의일 뿐만 아니라 그것의 의도이기도 하다. 그에 앞선 『비판적 프라그멘트』*Kritische Fragmente*에서[42] 슐레겔은 이미 아이러니irony의 본질로서 이 속성들을 강조했었기 때문이다. 그는 진리를 알고 완전성을 획득하고자 노력하는 모든 사상가가 취해

42) 특히 Schlegel, no. 108, *KA* II, p. 160; no. 37, 같은 책, p. 151을 보라. 그리고 no. 42, 같은 책, p. 152도 보라.

야 할 적절한 태도로 이것들을 추천했다.

『아테네움 프라그멘트』 116번을 이렇게 읽는 것은 너무나 당연하다. 표준적 해석을 전개하는 학자들도 그것을 받아들일 것이다. 그렇다면 이러한 증거 앞에서 그들은 왜 계속해서 자신들의 해석이 확립된 진리인 것처럼 내세우는 것일까? 학문적 노동 분업의 힘으로 이를 설명하는 것은 매우 그럴듯하지만, 결코 그것이 전부는 아니다. 궁극적으로 문제의 원천은 슐레겔 자신에게 있다. 그 자신도 바로 이 문제에 대해 혼동되어 있었다. 그의 낭만시 개념이 모호하다는 사실을 이해하는 것이 중요하다.[43] 낭만시는 슐레겔의 철학적인 이상을 가리킬 수 있고, 규범적인 개념일 수 있다. 이때 그것은 모든 예술과 학문에 적용된다. 하지만 낭만시는 역사적인 개념일 수도 있다. 이때 그것은 고전적 형식과 대조되는 초기 근대의 문학 형식을 가리킨다. 슐레겔은 처음에 이 용어를 초기 근대문학이 갖는 스타일상의 몇 가지 측면을 지칭하기 위해 역사적 의미에서 사용했다. 하지만 나중에 그는 그것을 일반화하여 모든 예술과 학문의 규범적 개념으로 만들었다. 하지만 슐레겔이 보다 넓고 규범적인 의미에서 그 개념을 사용하기 시작했을 때에도 원래의 역사적 개념이 잔재해 있었다. 이 개념을 모든 인간적 창조성의 일반적 이상으로 만든 후에도, 슐레겔 본인이 초기 근대문학을 지칭하고 그것을 신고전주의와 구별하기 위해 이 개념을 사용하곤 했다. 훨씬 뒤에 고전적 고대의 작품들에 낭만적 성격을 부여하기 시작할 때까지 그는 혼동에서 벗어나지 못했다. 그래서 나는 표준적 해석의 옹호자들을 용서하려 한다. 그들은 슐레겔 자신의 혼동이 만들어 낸 피해자들이기 때문이다.

---

43) 한스 아이히너가 이러한 애매성을 처음으로 지적했다. "Schlegel's Theory of Romantic Poetry", pp. 1037~1038.

5. 세계를 낭만화하기

초기낭만주의자들이 낭만시에 부여한 매우 넓은 의미를 보았으므로 이제 그들의 미학적 혁명이 표준적 해석의 철학에서 꿈꾸었던 어떤 것보다도 훨씬 더 야심적이고 급진적이었음이 분명해졌을 것이다. 초기낭만주의자들은 단순히 신고전주의 문학과 비평을 대체할 새로운 낭만적 문학과 비평을 원한 것이 아니다. 그들은 모든 예술과 학문을 낭만화하여 낭만적 회화, 낭만적 조각, 낭만적 음악이 있기를, 그리고 낭만적 예술뿐만 아니라 낭만적 학문이 있기를 원했다. 더 나아가 이 모든 예술과 학문들은 하나의 예술 작품 안에서 종합되어야 했다. 그렇다면 그것이야말로 근대의 신화mythology가 될 것이다.

만약 이것이 어리석을 정도로 야심적이거나 비상식적인 것으로 보인다면, 사실 이것은 단지 시작에 불과하다고 경고해야겠다. 초기낭만주의자들의 미학적 혁명은 훨씬 더 급진적이어서 예술과 학문의 개혁을 위한 모든 계획을 훨씬 넘어섰다. 그것은 세계 자체를 낭만화하여 개인, 사회 그리고 국가가 모두 예술 작품이 되게 하는 것을 궁극적인 목표로 했기 때문이다. 세계를 낭만화하는 것은 우리의 삶을 소설이나 시로 만드는 것을 의미했으며, 그리하여 우리의 삶은 파편화된 근대 세계에서 잃어버린 의미와 신비, 마법을 되찾게 될 것이었다. 초기낭만주의자들은 우리 모두가 내면의 깊은 곳에서는 예술가임을 열렬히 믿었으며, 낭만주의적 기획의 목적은 우리 안에서 잠자고 있는 예술가적 재능을 일깨워 각자가 자신의 삶을 아름다운 전체로 만들게 하는 것이었다. 따라서 초기낭만주의자들의 핵심적인 목표는 예술을 책과 연주회장, 박물관으로 한정시키고 세계를 매우 추한 곳으로 만들어 버린 예술과 삶 사이의 장벽을 깨부수는 것이었다.

세계 자체를 낭만화한다는 이 급진적 기획은 슐레겔의 몇몇 초기 저작에서 매우 명시적으로 나타난다. 심지어 그의 초기 신고전주의적 에세이에서도 이미 이 기획의 맹아들이 명백하게 드러난다. 거기서 슐레겔은 고대 세계에서는 예술과 삶이 하나였다는 빙켈만의 견해를 승인하기 때문이다.[44] 초기 노트에서 슐레겔은 매우 분명하게 고대 세계에 존재했던 삶과 예술의 통일로 돌아가야 한다고 주장한다. 1797년에 쓴 주목할 만한 단편들에서 슐레겔은 칸트의 정언명령을 변용하여 소위 "낭만주의의 명령"der romantische Imperativ을 선언한다. 낭만주의의 명령은 모든 자연과 학문이 예술이 되어야 하며, 예술은 자연과 학문이 되어야 한다고 요구한다.[45] 나아가 사회가 시적으로 그리고 시가 사회적으로 되며, 도덕이 시적으로 그리고 시가 도덕적으로 될 것을 요구한다.[46] 나중에 슐레겔이 말하듯 시와 삶 사이에 계약 같은 것이 존재하여, 시는 살아 있는lively 것이 되고 삶은 시가 되어야 한다.[47] 이 모든 요구들은 슐레겔이 다른 곳에서 "천재의 명령"genialischer Imperativ이라고 부르는 것, 즉 근대적 삶의 분열들을 극복하고 문화의 통일성을 회복해야 한다는 요구에서 나온다.[48]

이 급진적 기획은 이후 프리드리히 슐레겔의 『비판적 프라그멘트』와 『아테네움 프라그멘트』에서도 완벽하게 분명히 나타난다. 『비판적 프라그멘트』 78번에서 슐레겔은 각 개인의 삶이 소설이 되어야 한다는 낭만주의의 주제에 대해 말한다. "도야되어cultivated 있고 스스로를 도야하는cultivate 개인은 내적 자아 안에 소설을 품고 있다. 그러나 그가 그것을 반드시 표현하고 글로 써야만 하는 것은 아니다."[49] 예술과 삶 사이의 장

44) Schlegel, "Über die Grenzen des Schönen", *KA* I, pp. 36~37을 보라.
45) No. 586, *KA* XVI, p. 134를 보라.
46) Nos. 617~618, 같은 책, p. 137을 보라.
47) No. 27, 같은 책, p. 206을 보라.
48) No. 79, 같은 책, pp. 91~92를 보라.

벽을 무너뜨리려는 야심은 『아테네움 프라그멘트』 116번에서 완전히 분명해진다. 초기의 노트를 떠올리게 하는 한 단락에서 슐레겔은 낭만시의 목적이 "시를 사회적이고 살아 있는 것으로 만들 뿐만 아니라 사회와 삶을 시적으로 만드는 것"이라고 말한다. 계속되는 설명에 의하면 낭만시는 시적인 모든 것을 망라한다. 그래서 "예술의 거대한 체계"뿐만 아니라 "창조적인 아이가 순박한 노래에서 내뱉는 한숨과 키스"까지도 포함한다.[50] 하지만 모든 것을 가장 잘 드러내 주는 진술은 『아테네움 프라그멘트』 168번에 있다. 여기서 슐레겔은 다음의 질문을 던진다. "시인에게 어떤 철학이 남아 있는가?" 그의 대답은 분명하다. "자유와 자유에 대한 믿음에서 기원하는 저 창조적인 철학이 있다. 그것은 인간의 정신이 어떻게 모든 사물들에 자신의 법칙을 부과하는지 그리고 어떻게 세계가 그것의 예술 작품인지를 보여 준다."[51]

슐레겔과 마찬가지로 노발리스도 급진적인 미학적 이상을 품었다. 사실 "세계는 낭만화되어야 한다"The world must be romanticized는 놀라운 문장을 통해 처음으로 급진적 낭만주의를 선언한 것은 노발리스였다. 세계를 낭만화하는 것은 세계에 그것의 의미와 마법, 신비를 되돌려 주는 것이다. 우리는 근대 문화의 성장과 함께 그것을 잃어버렸다. 노발리스는 무언가를 낭만화한다는 것의 의미를 매우 분명하게 정의했다. "내가 평범한 것에 고귀한 의미를, 관례적인 것에 신비로운 외관을, 알려진 것에 미지의 것이 갖는 위엄을, 유한한 것에 무한자의 환상을 줄 때 나는 그것을 낭만화하고 있다."[52] 우리의 삶을 이런 방식으로 낭만화하는 것은 삶

---

49) *KA* II, p. 156. 또한 no. 89, 같은 책, p. 158도 보라. 보다 앞선 버전이 문학노트에 나타난다. No. 576, *KA* XVI, p. 133.

50) *KA* II, p. 182.

51) 같은 책, p. 192.

52) Novalis, *Vorarbeiten zu verschiedenen Fragmentsammlungen* no. 105, *HKA* II, p. 645.

을 하나의 소설로 만드는 것이라고 그는 설명했다. 우리의 삶은 하나의 미학적인 전체가 될 것이다. 거기에서 모든 것은 각자의 자리를 갖고 특별한 의미를 띠게 될 것이다. 다른 단편에서 그는 이렇게 설명한다. "우리 삶의 모든 우연적 사건들은 그것으로부터 우리가 원하는 것을 만들어 낼 수 있는 재료들이다. 정신이 풍요로운 자는 누구라도 자신의 삶으로부터 많은 것을 만들어 낸다. 철저하게 정신적인 사람에게는 모든 만남, 모든 사건이 …… 끝없는 소설의 시작이 될 것이다."[53)]

노발리스는 그의 미학적 이상에 도덕적 의미와 함께 정치적 의미를 부여했다. 개인들뿐만 아니라 국가 역시 예술 작품이 되어야 했다. 그래서 노발리스는 자신의 정치적 이상을 "시적 국가"라고 부른다. 이 이상을 지배하는 은유는 삶이 곧 무대라는 것이다.[54)] 통치자는 감독, 시민들은 배우 그리고 그들의 배역은 법과 관습이다.

6. 급진적 기획의 동기

마침내 우리는 초기낭만주의자들이 낭만시 개념에 부여한 매우 일반적인 의미를 정식화할 수 있게 되었다. 이 개념은 단순히 문학의 어떤 새로운 형식을 의미하는 것이 아니라 낭만주의자들의 거대한 미학적 이상을 나타냈다. 즉 모든 예술과 학문 그리고 사실상 삶의 모든 측면을 예술의 요구에 따라 변화시키는 것이다. 때로 낭만시는 미학적 생산의 활동을, 그 대상이 아름다운 한에서 인간의 모든 창조성을 가리킨다. 그 자체로 낭만

53) Novalis, *Vermischte Bemerkungen* no. 65, *HKA* II, pp. 436~438. 또한 *Fragmente und Studien* no. 513, *HKA* III, pp. 558도 보라.

54) Novalis, *Glauben und Liebe: Oder der König und die Königin* no. 39, *HKA* II, pp. 497~498.

시는 세계를 낭만화하는 활동, 어떤 것이 소설이나 시의 마법과 의미, 신비를 갖게 만드는 활동을 가리킨다. 하지만 이 용어는 또한 저 행동의 목적 혹은 목표, 즉 하나의 소설이 된 세계를 지칭할 수도 있다.

이처럼 거대한 이상은 낭만주의자들을 터무니없이 이상주의적으로, 감히 말하자면 지나치게 '낭만적'으로 보이게 할 것이다. 그러나 그들이 낭만시를 단지 하나의 이상으로, 우리가 다가갈 수는 있지만 결코 완전히 획득할 수는 없는 목적으로 간주했다는 사실에 주목해야 한다. 이 지상에서 우리 운명의 몫은 이 목적을 성취하려는 영원한 노력과 열망이라는 것을 그들은 잘 알고 있었다.

여전히 남는 질문이 있다. 왜 낭만주의자들은 낭만시 개념을 그토록 넓은 의미에서 사용했을까? 왜 그들은 포에지를 좁은 문학적 의미로부터 확장하여 인간의 모든 창조성에 적용시켰을까? 여기서 나는 이러한 움직임의 철학적·도덕적 기반을 살짝 건드릴 수 있을 뿐이다. 현재로서는 적어도 두 가지의 이유가 있었다고 말하는 것으로 충분한데, 두 가지 이유 모두 설득력이 있다.

첫째, 포에지라는 용어를 문학적 창조성뿐만 아니라 모든 예술적 창조성에, 사실상 자연 자체의 창조성에 적용한 것은 1797년 무렵 슐레겔과 셸링, 노발리스에게 매우 중요했던 한 가지, 즉 자연과 예술 사이의 연속성을 강조해 주었다. 그들은 인간의 창조성의 모든 형식들이 그저 자연 자체가 가진 창조성의 외양, 현현, 발전일 뿐임을 강조하고자 했다. 초기 낭만주의자들에게 예술가의 창조성과 능산적 자연natura naturans의 생산적 힘 사이에는 종류가 아니라 정도의 차이만이 존재했다. 저 힘은 모든 사물들의 배후에 있는 보편적인 힘 혹은 에너지, 헤르더가 "모든 힘들의 원천적 힘"die Urkraft aller Kräfte이라고 불렀던 것이다. 예술가의 창조성은 단지 모든 자연에 걸쳐 작용하는 동일한 근본적이고 유기체적인 힘이 최고로 조직, 현현, 발전된 것이었다. 하지만 이 이론이 그들에게 중요했던 이유는, 이 이론으로 예술을 일반적인 형이상학적 맥락 안에 위치시켰을 뿐 아니라 미학적 생산의 진리를 보증했기 때문이다. 만약 예술가가 창조하는 것이 또한 자연이 그를 통해 창조하는 것이라면, 그의 행동은 자연 자체를 드러내고 현현하거나 표현하는 것이 된다. 그것은 진정 자연의 자기-계시self-revelation이다. 그래서 셸링의 유명한 주장처럼 예술은 진리 자체의 기관이자 기준이 된다.[55)]

둘째, 포에지라는 용어를 문학 작품뿐만 아니라 모든 형태의 미학적 생산에 적용하는 것은 낭만주의자들의 근본적인 목적 ―문화Bildung, 인류의 교육, 모든 인간의 능력을 하나의 전체로 발전시키는 것 ―을 성취하는 데 필수적이었다. 의심할 바 없이 초기낭만주의자들은 문학과 비평에서의 자신들의 모든 노력을 이 거대한 이상을 향한 것으로 보았다. 그들은 공동 저널 『아테네움』의 「서문」에서 문화에의 충성을 서약한다.[56)] 슐레겔은 문화만이 최고선이라고 선언하며, 노발리스는 문화의 장려를 지상에서의 자기 임무로 삼는다.[57)] 문화는 인간의 모든 능력, 특히 인간 존재로서의 능력과 개인의 고유한 능력을 완전히 발전시키는 것을 의미한다. 이러한 목적을 고려할 때 낭만주의적 기획을 문학으로만 한정하는 것은 과도하게 편협한 처사임이 분명하다. 모든 예술은 나름의 방식으로 인간의 다면적 발전에 기여하기 때문에 그처럼 중요한 대의를 위해서는 모든 예술이 동원되어야 했다. 따라서 포에지라는 용어를 모든 종류의 예술, 즉 문학뿐만 아니라 그림, 조각, 드라마와 음악에 적용하는 것은 충분

---

55) Schelling, *System des transcendentalen Idealismus*, *Sämtliche Werke* III, pp. 613~629.

56) *Athenäum* III, Berlin: Frölich, 1800, p. 236을 보라. 또한 "Vorerinnerung", *Athenäum* I, Braunschweig: Vieweg, 1798, pp. iii~iv도 보라.

57) Schlegel, *Ideen* no. 37, *KA* II, p. 259; no. 65, 같은 책, p. 262를 보라. 그리고 Novalis, *Blütenstaub* no. 32, *HKA* II, p. 427을 보라.

히 이해할 만했다. 낭만주의적 기획은 미학적 교육이라는 위대한 대의를 위해 모든 예술을 징집했기 때문이다.

이 두 가지 이유는 낭만시를 일반적으로 해석하는 것이 옳음을 확인해 준다. 그것은 일반적인 철학적·도덕적 이유에서 낭만주의자들이 낭만시 개념을 원래의 문학적 영역 너머로 확장했음을 보여 준다. 그것들은 또한 초기낭만주의자들의 포에지 개념이 그것의 일반적인 철학적·역사적 맥락 안에서 깊이 있게 이해되어야 함을 증명한다. 마치 낭만시가 완전히 자립적인 학문분과의 전문 개념인 것처럼 그것에 대해 폐쇄적으로 말할 수 있다고 주장하는 것은 그것의 본질적인 목적을 약화시킨다.[58] 낭만시 개념의 배후에 있는 근본 정신은 모든 예술과 학문의 통일성을 재창조하고 예술과 삶의 통일성을 재확립한다는 점에서 전체론적이기 때문이다. 표준적 해석의 가장 큰 문제는 이러한 전체론적 개념을 부분적이고 분할적인 방식으로 다룬다는 것이다. 나는 이것이 표준적 해석에 대한 최종적 고발이 되어야 한다고 믿는다.

---

58) 나는 여기서 다시 에른스트 벨러를 문제 삼는다. "Die Poesie in der frühromantischen Theorie der Brüder Schlegel", *Athenäum: Jahrbuch für Romantik* I, 1991, pp. 13~40. 철학이 포에지에 대한 슐레겔의 관심의 주변부 가운데 하나였을 뿐이라는 그의 주장은 저 개념의 의미가 그들의 철학과 분리되어서는 이해될 수 없는 정도를 과소평가한다.

2장_초기 독일낭만주의의 성격

1. 성격규정의 임무

프리드리히 슐레겔은 하나의 문학 작품을 해석하기 위해서는 그것의 개별성, 즉 스타일과 사물을 바라보는 방식에서 독특한 혹은 특징적인 것을 이해하는 것이 필수적이라고 말한 적이 있다. 그는 일반적인 규준들을 제쳐 두고 작가 자신이 설정한 목적과 그의 상황들을 고려할 때만 한 작품을 비평할 수 있다고 주장했다. 이처럼 작가의 목표와 맥락을 이해함으로써 작품의 특징을 정의하는 해석 방법을 슐레겔은 "성격규정"Charakteristik 이라고 불렀다.

내가 지금 하고자 하는 것은 슐레겔의 방법을 바로 초기낭만주의에 적용하는 것이다. 나는 초기낭만주의로 알려진 시기, 낭만주의 운동이 처음 형성되던 때인 1796년 여름부터 1801년 여름까지 그 운동의 목적과 문제 그리고 맥락을 밝히고자 한다. 나의 목적은 초기낭만주의 세대의 몇몇 주도적인 사상가들, 특히 프리드리히 슐레겔, 아우구스트 빌헬름 슐레겔, 노발리스, 청년 헤겔, 슐라이어마허, 셸링 그리고 횔덜린의 배후에서 이들을 이끌었던 이상들과 쟁점들의 성격을 규명하는 것이다. 이들 초기낭만주의자들이 이루고자 했던 것이 무엇인지, 그리고 그들의 목적이 계몽Aufklärung과 질풍노도Sturm und Drang 같은 전후前後의 다른 사상적 운동들과 어떻게 다른지를 알고자 한다.

물론 초기낭만주의의 성격규정은 새로운 일이 아니고, 매우 저명한 여러 학자들 — 약간만 거론하자면 루돌프 하임, 파울 클루크혼, 프리츠 슈트리히, 헤르만 아우구스트 코르프, 베노 폰 비제 그리고 에른스트 벨러 — 이 이미 이 문제를 건드렸다.[1] 그래서 나는 다소 두려움을 가지면서도 이 과제를 다시 떠맡는다. 그 이유는 오늘날에도 여전히 유력하고 지배적인, 초기낭만주의에 대한 전통적 접근에 대해 내가 갖고 있는 불만 때문이다.[2] 전통적 접근은 초기낭만주의를 근본적으로 하나의 문학·비평 운동으로 간주하며, 그것의 주된 목적이 신고전주의 문학과 비평에 반대하는 새로운 낭만주의 문학과 비평을 창조하는 것이었다고 여긴다. 따라서 초기낭만주의 연구의 목적은 낭만주의 문학과 비평이 어떻게 신고전주의 문학과 비평과 다른지를 규정하는 것이 된다.

나는 이 접근에 대해 두 가지 커다란 불만을 갖는다. 첫째, 그것은 너무 편협하며 초기낭만주의의 모든 깊이와 폭을 아우르는 데에 실패한다. 거의 모든 학자들이 초기낭만주의가 문학·비평 운동이었을 뿐만 아니라 문화적이고 철학적인 운동, 사실상 문화와 철학의 거의 모든 영역을 아우

---

1) Rudolf Haym, *Die romantische Schule*, Berlin: Gaertner, 1870; Paul Kluckhohn, *Das Ideengut der deutschen Romantik*, 3rd ed., Tübingen: Niemeyer, 1953; Fritz Strich, *Deutsche Klassik und Romantik: Oder Vollendung und Unendlichkeit*, 4th ed., Bern: A. Francke, 1949; Benno von Wiese, "Zur Wesenbestimmung der frühromantischen Situation", *Zeitschrift für Deutschkunde* 42, 1928, pp. 722~729; Hermann A. Korff, "Das Wesen der Romantik", *Zeitschrift für Deutschkunde* 43, 1929, pp. 545~561을 보라. 이것들과 또 다른 논문들을 포함하는 유용한 목록으로는 *Begriffsbestimmung der Romantik*, ed. Helmut Prang, Darmstadt: Wissenschaftliche Buchgesellschaft, 1968; Ernst Behler, "Kritische Gedanken zum Begriff der europäischen Romantik", *Die europäischen Romantik*, eds. Ernst Behler et al., Frankfurt: Athenäum, 1972, pp. 7~43을 보라.

2) 1장 주 7을 보라.

를 만큼 광범위한 운동이었다는 데에 동의할 것이다. 이미 오래전에 루돌프 하임이 이를 지적했음에도 불구하고 문학 연구가들은 그것을 말로만 수긍했다.[3] 둘째, 이 접근은 초기낭만주의의 문학적이고 비평적인 차원에 과도한 중요성을 부여한다. 이 차원이 단지 전체의 한 부분에 불과함을 인정하면서도 일부 문학 연구가들은 여전히 그것을 중심적인 혹은 지배적인 부분으로 간주한다. 그들은 초기낭만주의를 본질적으로 미학적 운동, 즉 독일 예술의 부흥을 주된 목적으로 하는 운동으로 생각하기 때문에 이런 결론에 이른다. 하지만 이 추론에는 심각한 문제가 있다. 초기낭만주의를 미학적 운동으로 보는 것은 전적으로 옳지만, 미학적인 것을 문학과 비평으로만 한정하는 것은 잘못되었다. 또한 저 미학적 차원 역시 더 광범위한 미학적 전체의 한 부분에 불과했다. 더 나아가 심지어 매우 광범위한 의미에서의 미학적인 것조차, 그것을 자율적인 혹은 사실상 주권적 지위를 갖는 자족적인 영역인 것처럼 다루는 것은 잘못이다. 오히려 낭만주의 미학은 철학적 맥락과 그것의 근저에 있는 윤리적이고 정치적인 가치들에서 의미와 목적을 도출한다.

초기낭만주의에 대한 전통적인 이해를 거부하면, 그것의 성격에 대한 의문이 여전히 열려 있게 된다. 나의 연구는 이 공백을 메우려는 시도다. 내가 생각하는 초기낭만주의의 성격은 세 가지 기본 테제로 이루어진다. 첫째 테제는 낭만주의자들의 핵심적 이상이 비평적·문학적이기보다

3) Haym, *Die romantische Schule*, pp. 7, 13을 보라. 이것의 철학적·학제적 접근은 초기낭만주의 연구에 대한 그의 지속적인 공헌으로 남아 있다. 불행하게도 문학사가들은 하임의 접근법을 따르지 않았다. 그들이 초기낭만주의의 철학적 차원을 연구하고 이해하는 데 지속적으로 실패해 온 것과 관련하여, 나는 오스카어 발첼이 오래전에 말한 것을 다시 확인할 수 있을 뿐이다. "독일 문학의 철학적 사유 범위가 문학사 연구에서 단지 천덕꾸러기 역할만을 한다면(그리고 이 단계가 완전히 극복되지 않으면), 딜타이와 하임이 주었던 힌트가 거의 무시되고 있는 것이다." Oskar Walzel, *Deutsche Romantik: eine Skizze*, Leipzig: Teubner, 1908, pp. 2~3을 보라.

주로 윤리적·정치적이었다는 것이다. 궁극적으로 낭만주의자들의 윤리적·정치적 이상이 미학에 대한 낭만주의적 헌신을 인도했다는 의미에서 윤리적이고 정치적인 것이 문학적이고 비평적인 것에 비해 우위를 갖는다. 그들은 이 이상을 위해 문학과 비평 작업을 수행했다. 만약 그렇다면 우리는 낭만주의에 대한 가장 흔한 하나의 미신, 즉 낭만주의가 본질적으로 비정치적이며 사회정치적 현실에서 문학적 상상의 세계로 도피하려는 시도라는 미신을 완전히 떨쳐 버려야 한다.[4] 낭만주의자들은 문학과 비평을 위해 도덕적이고 정치적인 쟁점들을 회피한 것이 아니라, 오히려 윤리적이고 정치적인 이상에 자신들의 문학과 비평을 종속시켰다.

둘째 테제는 낭만주의자들의 윤리적이고 정치적인 이상에 대한 보다 구체적인 설명이다. 낭만주의자들이 지녔던 근본적인 윤리적 이상은 문화Bildung, 자기-실현, 모든 인간적이고 개인적인 능력들이 하나의 전체로 발전하는 것이었다. 그들의 기본적인 정치적 이상은 공동체였고, 국가에서 좋은 삶the good life을 추구하는 것이었다. 이 두 이상의 공통점은 통일성을 향한 열망, 개인의 모든 능력들을 통일시키고 개인을 타인 및 자연과 화해시키려는 시도이다. 그러므로 낭만주의적 노력의 목적은 본질

---

4) 낭만주의가 비정치적이라는 테제는 매우 오래되었다. 최초의 주창자들 가운데 하나는 헤르만 헤트너였다. *Die romantische Schule in ihrem inneren Zusammenhange mit Göthe und Schiller*, Braunschweig: Vieweg, 1850, pp. 13~15, 28~29, 41~42. 이후 그것은 흔한 해석이 되었다. 이를테면 Georg Brandes, *Die Literatur des neunzehnten Jahrhunderts in ihren Hauptströmungen*, Leipzig: Veit, 1898, pp. 351, 356; Ricarda Huch, *Ausbreitung und Verfall der Romantik*, Leipzig: Haessel, 1902, pp. 306~307; Oskar Walzel, *Deutsche Romantik*, p. 113을 보라. 발첼과 헤트너 모두 낭만주의자들의 후기 정치적 관심에 주목하면서도 초기낭만주의에는 그것이 부재하다고 주장한다. Carl Schmitt, *Politische Romantik*, 2nd ed., München: Duncker & Humblot, 1925는 단순히 이 앞선 전통을 이어갔다. 초기낭만주의에 대한 동일한 개념화가 영미권의 해석에서도 흔하다. 예를 들어 Ralph Tymms, *German Romantic Literature*, London: Metheun, 1955, pp. 1~9, 24~25, 37, 39; Lascelles Abercrombie, *Romanticism*, London: Secker & Warbarg, 1926, pp. 48~50을 보라.

적으로 전체론적이었다. 고대에 주어졌던 자신과 타인 그리고 자연과의 통일성을 이성을 통해 창조하는 것이다.

셋째 테제는 낭만주의적인 통일성의 이상이 근대 시민사회의 분열적 경향에 맞서 전체성wholeness을 재확인하고자 하는 시도였다는 것이다. 결정적인 측면에서 이 이상들은 근대에 대한 반작용이었다. 하지만 다른 측면에서 그것은 자유와 이성 그리고 진보와 같은 근대의 여러 근본 가치들을 보존하려는 시도였다. 그러므로 초기낭만주의를 근대의 완전한 승인이나 거부로 규정하는 것은 옳지 않다. 1790년대 말 독일 개혁주의가 그랬던 것처럼 [근대에 대한] 낭만주의자들의 반응은 훨씬 더 복잡하고 양면적이었다.

2. 최고선

언뜻 보기에 초기낭만주의자들의 근본 목적을 규정하는 것은 불가능해 보일 수 있다. 그들의 목적을 기술하는 데에는 많은 방법이 있는 것처럼 보인다. 그리고 그들이 너무나 다양한 가치들을 받아들였기 때문에, 그것들을 하나의 기술로 환원시킬 길이 없어 보이기도 한다. 충분히 이해할 만하지만 이러한 회의주의는 너무 성급하다. 이는 낭만주의자들의 가장 기본적인 가치와 이상을 규정할 매우 믿을 만한 방법 한 가지를 간과한다. 그것은 바로 윤리학의 근본 물음, 즉 무엇이 최고선summum bonum인가에 대한 그들의 대답을 규정하는 것이다.

이것은 적어도 아리스토텔레스까지 거슬러 올라가는 오래된 물음이다. 아리스토텔레스는 『니코마코스 윤리학』에서 최고선 개념에 대해 정확하고 영향력 있는 설명을 제공했다. 그는 최고선의 두 가지 조건을 제시했다. 첫째, 그것은 궁극적final이다. 다른 모든 선은 그것에 이르는 수단일 뿐이기 때문이다. 그리고 둘째, 그것은 완결적complete이다.[5] 다른 어떤 선을 더하더라도 그것을 개선할 수 없기 때문이다. 아리스토텔레스의 정의에 시비를 건 철학자는 거의 없었다. 대신 그들은 수세기 동안 그것의 정확한 해석을 놓고 논쟁을 벌였다. 최고선의 구체적인 의미는 고대와 중세의 윤리적 토론과 논쟁에서 실로 주요한 주제였다.

18세기 후반 독일에서도 아리스토텔레스의 질문은 여전히 살아 있었다. 질문은 종종 "인간의 소명은 무엇인가?"라는 보다 신학적인 표현으로 정식화되었다. 하지만 주된 쟁점은 동일했다. 인간의 소명, 신이 인간에게 부여한 임무는 삶의 목적, 최고선이었기 때문이다. 철학자이기를 열망하는 모든 이들은 이 문제에 대해 입장을 가져야 했다. 초기낭만주의자들도 예외가 아니었다. 슐레겔이 『초월철학에 대한 강의』에서 이 문제에 핵심적인 위치를 부여한 것, 그리고 청년 슐라이어마허가 이 문제에 관해 두 편의 에세이를 바친 것은 전혀 우연이 아니었다.[6] 훗날 슐라이어마허는 철학적 분과로서 윤리학의 부활은 이 오랜 문제로 돌아가는 데에 달려 있다고 주장하게 된다.[7]

최고선에 대한 초기낭만주의자들의 입장은 매우 분명하고 직설적이다. 프리드리히 슐레겔은 『이념들』*Ideen*에서 "최고선 그리고 모든 유용

---

5) Aristotle, *Nichomachean Ethics* I, chap. 1과 chap. 5, 1094a, 1997b.

6) Schleiermacher, "Über das höchste Gut", *KGA* I/1, pp. 81~125; "Über den Wert des Lebens", 같은 책, pp. 391~471; Schlegel, "Theil II: Theorie des Menschen", *Vorlesungen über Transzendentalphilosophie*, *KA* XII, pp. 44~90을 보라. "Theil II"는 "인간의 소명"을 규정하는 데 바쳐진다(p. 45. 또한 p. 47도 보라).

7) 그의 1827년 에세이 "Über den Begriff des höchsten Gutes. Erste Abhandlung"와 1830년 에세이 "Über den Begriff des höchsten Gutes. Zweite Anhandlung", *Schleiermachers Werke* I, eds. Otto Braun and Johannes Bauer, Leipzig: Meiner, 1928, pp. 445~494를 보라. 슐라이어마허는 *Ethik(1812~1813)*에서 최고선 개념이 윤리학의 핵심 개념이며, 의무와 덕 개념이 그것을 전제로 한다고 주장한다. 그의 *Ethik(1812~1813)*, ed. Hans-Joachim Birkner, Hamburg: Meiner, 1981, §§87~90, p. 16을 보라.

한 것의 원천은 문화Bildung"라고 적었다.[8] 노발리스도 『꽃가루』*Blütenstaub*에서 유사한 견해를 제시했다. "우리는 한 가지 사명을 가지고 있다. 우리는 이 땅의 교육Bildung을 위해 부름받았다."[9] 동일한 선상에서 횔덜린은 동생에게 자신의 가장 소중한 목적은 "문화, 인간 종의 개선"이라고 말했다.[10] 낭만주의자들은 그들의 공동 저널 『아테네움』에 기고된 모든 글들의 최상의 목적이 문화라고 여겼다. 그들은 다음과 같이 맹세했다.

> 문화의 빛을 모두 하나로 파악하고,
> 건강한 것을 병든 것으로부터 완전히 분리하기 위해,
> 우리는 자유로운 연대하에서 진실로 노력한다.[11]

독일어 용어 Bildung은 번역이 불가능한 것으로 악명 높다. 이 단어는 맥락에 따라서 교육, 문화, 발전을 의미할 수 있다. 문자 그대로는 '형성'formation을 의미하며, 잠재적·맹아적·암묵적인 것이 실제적·조직적·명시적인 어떤 것으로 발전한다는 의미를 함축한다. 때로 이 용어의 다양한 함축들이 서로 결합하여 교육적 과정이나 문화적 동화의 산물 혹은 윤리적 과정이나 자기-실현의 산물을 의미하기도 했다.

일반적인 철학적 관점에서 문화에 대한 낭만주의의 이상을 고려한다면 그것을 자기-실현 윤리학으로 기술하는 것이 가장 정확할 것이다. 아리스토텔레스의 『니코마코스 윤리학』이 그런 윤리학에 대한 고전적인 설명을 제공하는데, 거기서 최고선은 인간의 탁월함, 고유하게 인간적

---

8) Schlegel, *Ideen* no. 37, *KA* II, p. 259. 또한 no. 65, 같은 책, p. 262도 보라.
9) Novalis, *Blütenstaub* no. 32, *HKA* II, p. 427.
10) 횔덜린이 동생에게 보낸 1793년 9월의 편지를 보라(*GSA* VI, p. 92).
11) *Athenäum* III, Berlin: Frölich, 1800, p. 236. 또한 "Vorerinnerung", *Athenäum* I, Braunschweig: Vieweg 1798, pp. iii~iv도 보라.

인 덕의 발전으로 정의된다. 근본적인 측면에서 낭만주의자들은 아리스토텔레스 전통으로 돌아간다. 고전 세계에서 아리스토텔레스의 자기-실현 윤리학에 대한 주요 대안은 쾌락주의hedonism와 스토아주의였다. 쾌락주의자들은 최고선을 즐거움으로만 정의한 반면 스토아주의자들은 삶의 최고 목적을 의무의 실행 혹은 덕의 계발로만 보았다. 낭만주의자들이 매우 아리스토텔레스적인 이유에서 쾌락주의와 스토아주의에 상응하는 18세기의 두 가지 윤리학, 즉 벤담Jeremy Bentham과 엘베시우스Claude Adrien Helvétius의 경험주의 윤리학과 칸트와 피히테의 이성주의 윤리학을 거부했다는 사실은 주목할 만하다. 낭만주의자들은 칸트와 피히테의 의무 윤리학이 의무의 중요성을 과장하며, 최고선 안에 감정과 즐거움, 욕망의 자리를 내어 주지 않는다고 비판했다. 그리고 벤담과 엘베시우스가 감정과 즐거움, 욕망을 지나치게 추구하여, 즐거움만을 좇는 것이 고유한 인간적 능력의 개발을 소홀히 할 것임을 깨닫지 못했다고 질책했다.

문화에 대한 낭만주의의 이상이 갖는 가장 결정적이고 뚜렷한 특징은 그것이 전체론적이라는 것이다. 이 전체론에는 두 측면이 있었다. 첫째, 그것은 우리의 모든 고유하게 인간적인 능력의 개발을 강조했고, 인간성의 다른 측면들을 희생시키면서 한 측면을 개발하는 일면성을 거부했다. 둘째, 그것은 이 모든 능력들이 통합적이고 조화로우며 균형 잡힌 전체로 형성되어야 한다고 강조했다. 이러한 전체론에 충실하게 낭만주의자들은 우리가 이성과 함께 감성sensibility을, 지성과 함께 감정과 감각을 교육해야 한다고 주장했다. 그들은 감성 — 지각하고 느끼고 욕망하는 능력 — 이 이성 못지않게 인간적이라고 주장했다.[12] 인간으로서 우리가

---

12) 이러한 비판의 고전적 준거는 슐라이어마허의 *Vertraute Briefe über Friedrich Schlegels Lucinde*, *KGA* I/3, pp. 157~158이다. 또한 그의 *Grundlinien einer Kritik der bisherigen Sittenlehre*, *Werke* I, pp. 271~272를 보라.

감각하고 느끼는 방식은 다른 동물들과 뚜렷한 차이를 갖는다.

문화에 대한 낭만주의의 이상은 전체론적이면서도 개인주의적이었다. 다른 말로 하자면 문화는 우리 모두가 인간으로서 공유하는 고유한 인간적 능력들뿐만 아니라, 우리 각자가 독특하게 지니는 특징적인 개인적 능력들을 개발하는 데에 있다. 낭만주의자들은 개인이 자신만의 독특하고 개인적인 방식으로 그의 인간적인 능력을 실현해야 한다고 강조했다. 어떤 두 사람도 결코 똑같지 않다. 각자는 다른 모든 이들과 구별되는 특징을 갖고 있으며, 완전한 자기-실현은 보편적인 것 못지않게 이러한 특징적인 성격의 실현을 요구한다. 이 개인성의 윤리학은 프리드리히 슐레겔과 슐라이어마허의 "신적 이기주의"divine egoism 관념에서 특히 두드러진다. 이에 따르면 개인은 자신의 삶의 모든 가치들을 주관하고 그의 인성personality에 가장 적합한 것들을 선택해야 한다.[13] 개인성의 중요성을 강조함으로써 낭만주의자들은 불가피하게 때로 칸트와 피히테의 의무 윤리학과 충돌했다. 그들은 칸트가 도덕의 핵심으로 보편법칙을 강조함으로써 윤리학 안에 개인성의 공간을 남겨 두지 않았다고 주장했다. 피히테는 칸트 윤리학의 이러한 측면을 더욱 강조하여 모든 이들이 완전히 유사해져서 결국 한 사람이 되는 것이 도덕적 이상이 되어야 한다고까지 말했다.[14] 그것은 낭만주의자들에게는 지옥이었으며, 의무 윤리학의 오류를 입증하는 것reductio ad absurdum이었다.

좋음the good을 아름다움the beautiful과 등치시키는 고전적 신플라톤주의를 재확인하면서, 초기낭만주의자들은 문화에 대한 자신들의 이상

13) Schlegel, *Athenäumsfragmente* nos. 262, 406과 *Ideen* nos, 29, 60, *KA* II, pp. 210, 242, 258, 262.

14) 가장 눈에 띄게는 피히테의 1794년 *Einige Vorlesungen über die Bestimmung des Gelehrten*, *Sämtliche Werke* VI, ed. Immanuel Hermann Fichte, Berlin: Veit, 1845~1846, pp. 292, 310에서 볼 수 있다.

을 미학적으로 해석했다. 그들에게 모든 인간적이고 개인적인 능력들을 개발하는 것, 그것들을 하나의 전체로 형성하는 것은 곧 하나의 예술 작품을 창조하는 것이었다. 그래서 슐레겔과 티크, 노발리스는 개인이 자신의 삶을 하나의 소설로, 하나의 아름다운 전체로 만들어야 한다고 즐겨 말했다. 문화의 미학적 개념을 지탱하는 두 개의 유비, 자기-실현과 미의 이상을 연결시키는 두 개념이 있다. 첫째, 자기를 실현한 개인과 예술 작품은 모두 유기체적 전체이다. 여기에서는 충돌하는 힘들—이성 대 감성—이 결합하여 분리될 수 없는 하나의 통일체를 형성한다. 둘째, 자기를 실현한 개인과 예술 작품은 모두 자유를, 제약이나 외부로부터의 간섭의 부재를 보여 준다. 그것들은 모두 외적 힘들로부터 독립하여 자신의 내적 법칙들, 자신의 내적 동학을 따르는 것처럼 보이기 때문이다.

3. 낭만주의적 문화

문화는 낭만주의자들에게 매우 중요했고 18세기 후반 윤리학에서 두드러진 위치를 차지했지만, 초기낭만주의 시기에 고유하거나 특징적인 것은 아니었다. 문화 개념은 질풍노도, 계몽 그리고 고전주의 모두에 공통적인 독일 전통의 버팀목이었다. 문화의 이상은 질풍노도의 주도자들 중에서는 하만Johann Georg Hamann과 헤르더에게서 나타나고, 계몽주의자들 중에서는 볼프Christian von Wolff, 멘델스존Moses Mendelssohn, 바움가르텐Alexander Baumgarten에게서 발견된다. 그리고 고전주의자들 중 이 개념을 옹호한 사람은 빌란트Christoph Wieland, 실러, 괴테, 훔볼트Alexander von Humboldt와 빙켈만이었다. 이 사상가들은 저 이상에 대해 서로 다르고 때로 심지어 대립하는 설명들을 내놓았지만, 이런저런 형태로 모두 완전성과 자기-실현의 윤리학을 긍정했다. 심지어 문화에 대한 미학적 개념화도 오랜 전통에서 비롯된 것이었다. 빙켈만과 빌란트, 실러, 괴테는 모두 인간의 탁월성을 미학적으로 정의했고, '아름다운 영혼'이 그것을 가장 잘 보여 준다고 생각했다.[15]

낭만주의에 대해 제시되는 가장 흔한 견해들 중 하나는 낭만주의가 계몽의 편협한 지성주의에 대한 반란이며, 이성의 헤게모니에 맞선 감정의 권리에 대한 옹호라는 것이다. 그러나 감성에 대한 낭만주의자들의 옹호를 문화에 대한 그들의 이상에 고유한 것으로 간주하는 것은 잘못이다. 낭만주의자들보다 수십 년 앞선 1760년대와 1770년대에 질풍노도 혹은 감성주의Empfindsamkeit 운동이 감정의 권리를 옹호하는 전투를 수행했다. 하만, 헤르더, 뫼저Justus Möser와 렌츠Jakob Lenz가 이 전투를 이끌었고, 청년 실러와 괴테는 그것을 대중화했다. 초기낭만주의가 일어날 무렵인 1790년대 후반 질풍노도의 주도자들은 이미 자신들의 목적을 달성한 상태였기에, 윤리학과 미학에서 다시 한 번 이성적 제약의 역할을 복권시킴으로써 그들의 폭풍 같은 주장을 완화하는 것이 필요해 보였다. 바로 이것, 이성과 감성의 대등한 중요성을 강조함으로써 질풍노도의 감성과 계몽의 이성주의를 모두 교정하는 것이 낭만주의자들의 역할이었다. 전체론적인 이상에 대한 낭만주의의 헌신은 감성의 권리 못지않게 이성의 권리도 긍정되고 제한될 것을 요구했다. 하지만 전체론적인 이상에의 헌신에 있어서도, 보통 고전주의자 혹은 계몽주의자라는 이름으로 분류되는 그들의 많은 동년배나 선배들과 낭만주의자들이 어떻게 다른지를 규명하는 것은 어려운 일이다.

만약 문화 개념이 독일의 문화적 전통의 공통선이라면, 초기낭만주

15) 18세기 이 전통의 발전에 대해서는 Robert Norton, *The Beautiful Soul: Aesthetic Morality in the Eighteenth Century*, Ithaca: Cornell University Press, 1995를 보라.

의를 특징짓는 이상을 규정하기 위해서는 좀더 정확해질 필요가 있다. 우리는 그것의 유類를 발견했지만, 종차種差에 도달하기 위해 더 나아가야 한다. 이는 문화에 대한 낭만주의의 이상을 더 자세하게 고찰하는 것을 의미한다. 이 이상을 특징짓는 최소한 두 가지의 특성이 있었다.

첫째는 낭만주의자들이 자유 개념에 부여한 중심적 역할이다. 낭만주의자들은 문화가 개인의 자유로운 선택에서 나와야 하며, 그의 고유한 결정을 반영해야 한다고 주장한다. 자아는 일반적인 문화적 규범과 전통을 따르는 것이 아니라 오직 특정한 결정과 선택들을 통해서 자기를 실현한다. 따라서 문화Bildung는 기성문화culture나 국가에서 부과하는 교육이나 조절 과정의 결과일 수 없다. 이처럼 개인의 자유를 강조하는 데서 낭만주의자들은 플라톤과 아리스토텔레스의 고전적인 문화의 이상과 차이를 보이며 자신들의 근대성을 뚜렷이 드러낸다.

물론 윤리학에서 자유의 핵심적 역할은 낭만주의자들 이전부터 칸트와 피히테에 의해 강조되어 왔다. 그들은 자유가 주체성을 특징짓는 표식일 뿐만 아니라 모든 도덕적 당위의 뿌리에 있다고 주장했다. 때로 도덕적 의무는 자율성autonomy으로 표현된다. 즉 인간은 오직 자신이 보편적 법칙으로 의욕할 수 있는 원리들에 입각해서 혹은 오직 이성적 존재로서 자신에게 부과할 수 있는 원리들에 입각해서 행동해야 한다. 낭만주의자들은 자율성과 자율성이 도덕에서 맡고 있는 핵심 역할에 대한 칸트와 피히테의 강조를 의심하지 않았다. 하지만 그들은 중요한 측면에서 선배들보다 이 개념을 한 걸음 더 진전시켰다. 그들은 자율성을 도덕적일 뿐만 아니라 개인적인 것으로 해석했다. 낭만주의자들이 개인성의 가치를 강조하는 것은 때로 어떤 결정이 보편법칙하에 있기 때문이 아니라 단순히 개인적이라는 이유에서 옳을 수 있음을 의미한다. 그들은 일반적인 도덕법칙하에 놓이지는 않지만 한 인간이 삶을 이끌어 가는 궁극적 가치들과 관련된 윤리의 영역을 규정하고자 했다. 이 가치들은 사적인 결정, 개인적인 선택 이외의 다른 인가는 받지 않을 것이다. 그것들은 단순히 다른 누군가가 나를 따를 것을 전혀 기대하지 않고 내가 선택했다는 이유만으로 좋거나 나쁘며, 옳거나 그를 것이다.

낭만주의 윤리학의 두번째 특징은 그것의 모든 특징들 중 가장 낭만적인 것, 바로 사랑이다. 사랑은 낭만주의 윤리학의 근본 원리였고 칸트에게 정언명령이 그랬던 만큼 낭만주의자들에게도 중요했다. 슐라이어마허는 『독백』*Monologen*에서, 프리드리히 슐레겔은 『초월철학에 대한 강의』에서, 노발리스는 『믿음과 사랑: 혹은 왕과 왕비에 대하여』*Glauben und Liebe: Oder der König und die Königin*에서, 그리고 헤겔은 『기독교 정신과 그것의 운명』*Geist des Christentums und sein Schicksal*에서 모두 윤리학의 핵심 원리로서 사랑의 중요성을 강조한다. 낭만주의자들은 사랑의 윤리학을 근대를 특징짓는 독트린 가운데 하나로, 고전적 윤리학에서는 전혀 찾아볼 수 없는 것으로 보았다.

여기서 다시 낭만주의적인 사랑의 독트린을 그들이 생각했던 일반적인 자기-실현의 윤리학으로 이해하는 것이 매우 중요하다. 우리는 오직 사랑을 통해서만 공통의 인간성을 실현하고 고유한 개인성을 개발한다고 낭만주의자들은 종종 주장한다. 사랑을 통해 우리는 대립하는 힘들을 통일시킨다. 즉 우리의 이성과 감성을 화해시킨다. 왜냐하면 누군가를 사랑할 때 나는 성향inclination에 반해서가 아니라 성향에 따라 의무의 이성적 원리들을 따르는 행동을 하기 때문이다. 또한 사랑을 통해 나는 개인성을 완성한다. 사랑은 나의 내밀한 자아로부터, 독특한 정념과 욕망으로부터 나오며 나 자신과 타인 사이의 독특한 유대에 있기 때문이다. 낭만주의적인 사랑의 윤리학이 기독교적인 것이 아니라 보다 고전적인 뿌리를 갖는다는 사실은 주목할 만하다. 그것은 사도 바울의 아가페agape 보다 플라톤의 에로스eros와 더 많은 유사점을 갖는다. 젊은 시절 횔덜린과 슐레겔, 슐라이어마허, 노발리스는 플라톤, 그 중에서도 『향연』*Symposium*과 『파이드로스』*Phaedrus*를 열정적으로 공부했다.

4. 근대성에 대한 반동

자유와 사랑에 대한 강조와는 별도로, 문화에 대한 낭만주의의 이상에는 새로운 다른 것, 그것을 계몽과 질풍노도의 매우 유사한 이상들과 구별해 주는 것이 있다. 이는 저 이상 자체보다는 그것의 맥락, 근대 시민사회의 등장과 관련된다. 근대 시민사회에서 증대되는 여러 조류들 — 원자주의, 소외, 아노미 — 에 반대해 고전적 문화의 이상을 되살리고 재확인하는 것이 낭만주의 세대의 임무였다. 이 조류들은 대다수 초기낭만주의자들이 성년이 되던 시기인 1790년대에 특히 분명하게 나타났다. 이 조류들은 개인을 자신과 타인, 자연으로부터 분리시키는 경향을 가졌지만, 문화에 대한 낭만주의의 이상은 자신과 타인, 자연과의 통일성의 가치를 재확인했다. 낭만주의적 노력과 열망의 목적은 본질적으로 전체론적이었다. 개인은 그의 세계 안에서 다시 편안함을 느껴야 하며, 그럼으로써 [자신을] 전체로서의 사회와 자연의 일부분으로 느끼게 될 것이다.

초기낭만주의자들에게 근대성의 모든 형태들 뒤에는 궁극적으로 하나의 근본적인 병리현상이 있었다. 그들은 이 질병에 소외Entfremdung, 낯섦Entäusserung, 분열Entzweiung, 분리Trennung, 반성Reflexion과 같은 다양한 명칭을 부여했다.[16] 어떤 용어가 사용되든 그것들은 모두 자아가 지금 자신에게 반대되는 것으로 보이는 어떤 것과 하나가 되어야 하는 곤경을 가리켰다. 통일, 조화 혹은 전체성이 있어야 하는 곳에 분열과 불화, 분리가 존재한다. 그리고 더 나아가 이 분열과 불화, 분리의 원천은 인간 바깥의 어떤 낯선 힘이 아니라 자율적이며 궁극적으로 자신의 운명에 책임이 있는 인간들 자신 안에 있다고 여겨졌다. 이런 각도에서 보면 소외의 문제는 자기-노예화self-enslavement, 루소가 처음으로 『사회계약론』*Du contrat social*의 도발적인 첫 문장에서 지적했던 역설에 다름 아니다. "인간은 자유롭게 태어난다. 그러나 어디에서나 그는 사슬에 묶여 있다."

낭만주의자들이 보기에는 소외의 세 가지 형태가 존재했다. 먼저 주체 내부의 분열인데, 이것은 두 가지로 나뉘었다. 첫째는 자아가 자신의 욕망과 감정을 억압하거나 제거함으로써만 의무에 따라 행동할 수 있는 곳에서 발생하는 이성과 감성의 갈등이다. 둘째는 자아가 다른 모든 능력들을 희생하고 오직 하나의 능력만을 개발하는 곳에서 일어나는 전문화의 일면성이다. 이성과 감성의 갈등은 문화와 양식manners의 성장에서 기인한 반면, 일면성은 시민사회 안의 노동 분업으로부터 발생했다. 이 노동 분업은 단일하게 규격화된 임무의 수행을 위해 한 가지 기술만을 편협하게 발전시킬 것을 강조했다.

아노미 혹은 원자주의라고 부를 수 있는 소외의 두번째 형태는 자아와 타인들의 분열이다. 이 형태의 분열은 길드와 협동조합, 가족 같은 전통적 공동체의 쇠퇴와 각 개인이 타인의 희생하에 자기이익을 추구하도록 만드는 경쟁적 시장의 부상으로부터 발생했다. 낭만주의자들에게는 그런 사회적 소외의 전형이 바로 사회계약론이었다. 사회계약론에 따르

---

16) '반성'(reflection) 개념의 사용에 대해서는 셸링의 *Ideen zu einer Philosophe der Natur*, *Sämtliche Werke* II, ed. K. F. A. Schelling, Stuttgart: Cotta, 1856~1861, pp. 13~14를 보라. '대립'(opposition) 개념의 사용에 대해서는 헤겔의 *Differenz des Fichteschen und Schellingschen Systems der Philosophie*, *Werkausgabe* II, pp. 20, 22를 보라. '낯섦'(estrangement) 개념의 사용에 대해서는 헤겔의 예나 강의, *Jenaer Realphilosophie: Vorlesungsmanuskripte zur Philosophie der Natur und des Geistes von 1805~1806* II, ed. Johannes Hoffmeister, Hamburg: Meiner, 1967, pp. 218, 232, 237~238, 257을 보라.

면 개인은 오직 집단이 자기-이익에 부합할 때만 집단의 일원이 된다.

소외의 세번째 형태는 자아와 자연 사이의 분열이다. 이것 역시 두 가지 원천에서 나왔다. 첫째는 근대 기술의 성장이다. 이것은 자연을 더 이상 마법, 신비 혹은 아름다움을 간직하지 않은 단순한 사용 대상으로 만들어 버렸다. 둘째는 기계론적 물리학이다. 이것은 자연을 하나의 거대한 기계로 그리고 정신을 자연 안의 작은 기계 아니면 자연 바깥에 서 있는 유령으로 만들어 버렸다.

근대성의 이러한 질병들에 직면해 낭만주의자들은 전체성 혹은 통일성의 이상을 내세웠다. 소외 혹은 분열의 각 형태에는 그것에 상응하는 전체론적 이상이 존재했다. 자아 내부의 분열은 아름다운 영혼, 즉 성향에 반해서가 아니라 그것으로부터 도출된 도덕의 원리에 따라 행동하며 자신의 사유와 감정, 이성과 감성, 의식과 잠재의식을 하나의 미학적 전체 안에서 통일시키는 인간의 이상 안에서 극복될 것이다. 자아와 타인 사이의 분열은 공동체, 자유로운 교제 혹은 유기체적 국가의 이상 안에서 극복될 것이다. 여기서 각 개인은 오로지 사랑과 타인들과의 자유로운 교류를 통해서만 자신의 개인성을 발전시킬 것이다. 마지막으로 자아와 자연 사이의 분열은 생명 혹은 유기체적 자연 개념의 이상 안에서만 극복될 것이다. 자아는 이 유기체적 전체의 일부로서 자연이 자신으로부터 분리 불가능하며, 자신도 자연으로부터 분리 불가능하다는 것을 깨닫게 될 것이다.

근본적인 측면에서 낭만주의적 문화의 이상은 근대성에 대한 반동이었지만, 단지 그뿐이었다고 추론하는 것은 잘못이다. 다른 기본적인 측면에서 낭만주의적 이상은 근대성을 보존하려는 시도이기도 했다. 시민사회에 대한 낭만주의의 태도는 너무나 자주 완전한 승인 혹은 총체적인 거부 가운데 하나로 묘사되어 왔다. 마치 낭만주의자들이 근대성의 모든 형태들을 옹호했거나 아니면 반대했다는 듯이 말이다.[17] 그러나 이 두 가지 극단적 해석은 지나치게 단순하며 낭만주의자들이 지녔던 훨씬 더 복잡한 양면성을 포착하지 못한다. 사태의 진실은 초기낭만주의자들이 어떤 측면에서는 시민사회를 환영했고, 다른 측면에서는 그것을 두려워했다는 것이다. 그들은 근대성과 반근대성, 급진주의와 보수주의 사이에서 어떤 중간의 길을 찾으려 시도했다. 그들의 중도via media는 사실 1790년대 후반과 1800년대 초 독일의 온건 중도파에게 전형적이었다. 이들은 자유주의적인 이상에 따라 사회와 국가를 개혁하고자 했지만, 또한 역사적 발전에 일치하는 방식으로 개혁하고자 했다.

세 가지 근본적인 측면에서 낭만주의자들은 근대성의 편에 서 있었고 자신들을 진보의 옹호자로 여겼다. 첫째, 낭만주의자들은 계몽을 비판하면서도 이성의 비판적 능력, 특히 개인이 모든 믿음을 비판할 권리에 최대의 중요성을 두었다. 둘째, 시민사회의 결과들에 대한 모든 우려에도 불구하고 낭만주의자들은 시민사회의 자유, 특히 개인이 스스로 생각하고 자신의 모든 능력을 최대한 개발할 권리를 소중하게 여겼다. 셋째, 낭만주의 역사철학에 따르면, 고전적 그리스의 것이든 중세의 것이든 과거의 통일과 조화는 시민사회와 계몽의 도래에 의해 영원히 상실되었다. 이제 되돌아가는 것은 불가능하므로, 문제는 과거의 조화와 통일을 미래에 어떻게 더 높은 수준에서 이룰 것인가에 있었다. 고대 그리스인들에게 주어졌던 것은 이성과 노력을 통해 보다 높은 수준에서 재창조되어야 했다.

---

17) 반근대적 혹은 반동적 해석에 대해서는 Heine, *Die romantische Schule*, *Sämtliche Schriften* V, pp. 379~382; Arnold Ruge, *Geschichte der neuesten Poesie und Philosophie seit Lessing: Oder unsere Klassiker und Romantiker*, *Sämtliche Werke* I, Manheim: Grohe, 1848, pp. 8~11; Rudolf Haym, *Die romantische Schule*, p. 3을 보라. 근대적 혹은 진보적 해석에 대해서는 예컨대 Werner Krauss, "Französische Aufklärung und deutsche Romantik", *Romantikforschung seit 1945*, ed. Klaus Peter, Königstein: Athenäum, 1980, pp. 168~179, 특히 177~178을 보라.

따라서 낭만적 열망의 목적과 무한한 노력이 도달하려는 이상은 과거가 아니라 미래에 있었다. 루소가 한때 자연상태에 두었던 자신과 타인, 자연과의 평화를 낭만주의자들은 이제 미래의 이상사회로 보았다.[18]

근대성에 대해 낭만주의자들이 지녔던 태도의 모든 복잡함과 양면성을 고려할 때에만 우리는 그 세대가 직면했던 주된 도전을 제대로 평가할 수 있다. 그들의 문제는 어떻게 근대의 근본 가치들인 개인성과 비판적 합리성, 자유를 전체론적 이상 안에서 보존할 것인가였다. 그들의 도전은 어떻게 소속감과 정체성, 안정의 원천인 공동체를 가능하게 하는 사회와 국가를 형성하면서 개인의 권리도 확보할 것인가였다. 고전적 그리스의 폴리스로 돌아갈 수는 없었다. 그것은 개인의 자유를 인정하지 않았기 때문이다. 하지만 사회가 단순히 '야경' 국가에 의해 결합된, 자기-이익을 추구하는 원자들의 집합으로 분해될 때까지 전진할 수도 없었다. 상투적인 정식을 사용하자면, 낭만주의자들의 본질적인 관심은 어떻게 차이-안의-동일성identity-in-difference, 대립-안의-통일unity-in-opposition을 성취할 것인가에 있었다. 그러한 의제는 종종 헤겔의 것으로 여겨져 왔다. 마치 그것이 정치철학자로서 그를 특징짓는 미덕인 것처럼 말이다.[19] 하지만 다른 많은 측면에서처럼 여기에서도 헤겔은 단지 전형적인 한 명의 낭만주의자였을 뿐이다.

---

18) 루소에 대한 이러한 비판의 고전적 준거는 피히테의 1794년 강의들, 『학자의 사명에 관한 강의들』(*Einige Vorlesungen über die Bestimmung des Gelehrten*) 가운데 마지막 강의다. *Sämtliche Werke* VI, pp. 335~346. 횔덜린과 노발리스, 프리드리히 슐레겔에게 이 강의들은 매우 중요했다.

19) Shlomo Avineri, *Hegel's Theory of the Modern State*, Cambridge: Cambridge University Press, 1972, pp. 16n, 21~22, 33을 보라. 헤겔 정치철학의 독창성과 중요성에 대한 아비네리의 영향력 있는 평가는 낭만주의에 대한 시대착오적 개념화에 근거한다. 그것은 낭만주의를 본질적으로 그 운동의 마지막 단계 혹은 후기낭만주의(Spätromantik)와 동일시한다. 이것은 낭만주의에 대한 모든 좌익적 해석의 걸림돌이었다.

5. 포스트모더니즘과 맑스주의의 해석

초기낭만주의에 대해 나는 낭만주의의 전체론을 특별히 강조하고, 이를 근대성의 분열이 만든 상처에 대해 낭만주의가 내린 처방으로 이해한다. 물론 낭만주의 사유의 전체론적 차원을 강조하는 데는 새로울 것이 전혀 없다. 전체성을 향한 노력, 완결성에의 열망 그리고 유기체적 총체성 관념은 낭만주의를 특징짓는 것으로 자주 언급되어 왔다.[20] 하지만 최근에 이러한 성격규정은 낭만주의의 내러티브와 담론이 '비종결성'nonclosure을 추구하고 비완결적·비정합적·단편적이며 아이러니하다는 이유에서 커다란 비판을 받았다.[21] 포스트모더니스트 학자들은 초기낭만주의에 대한 낡은 전체론적 해석이 그것의 반체계적·반토대주의적·반이성주의적 요소들을 무시한다고 주장하며 그것을 명시적으로 거부했다.

하지만 이 비판은 초기낭만주의에 대한 문학적 접근의 실패를 보여주는 한 예일 뿐이다. 그것은 낭만주의자들의 전체론적 이상과 유기체적 자연에 대한 견해가 풍부하게 드러나는 형이상학과 윤리학, 정치철학을

---

20) 이를테면 Alois Stockmann, *Die deutsche Romantik: Ihre Wesenzüge und ihre ersten Vertreter*, Freiburg: Herder & Co., 1921, pp. 13~17; Oskar Walzel, "Wesenfragen deutscher Romantik", *Jahrbuch des Freien deutschen Hochstifts* 29, 1929, pp. 253~276; Adolf Grimme, *Vom Wesen der Romantik*, Braunschweig: Westermann, 1947, p. 13; René Wellek, "The Concept of Romanticism", "Romanticism Re-examined", *Concepts of Criticism*, ed. Stephen G. Nichols, New Haven: Yale University Press, 1963, pp. 165, 220; Morse Peckham, "Toward a Theory of Romanticism", *Publications of the Modern Language Association of America* 66, 1951, pp. 5~23; Lawrence Ryan, "Romanticism", *Periods of German Literature*, ed. J. M. Ritchie, London: Wolff, 1966, pp. 123~143을 보라.

21) 이를테면 Paul de Man, "The Rhetoric of Temporality", *Blindness and Insight*, 2nd ed., Minneapolis: University of Minnesota Press, 1983, pp. 187~228, 특히 220~228; Alice Kuzniar, *Delayed Endings: Nonclosure in Novalis and Hölderlin*, Athens: University of Georgia Press, 1987, pp. 1~71을 보라. 폴 드 만에 대해서는 「서론」의 주 13과 1장의 주 7을 보라.

무시하면서 낭만주의의 '담론'과 '수사'에만 초점을 맞춘다. 낭만적 글쓰기의 '비종결성'에 대한 포스트모더니스트들의 주장은 궁극적으로 체계적 정신esprit systématique과 체계의 정신esprit de systéms의 단순한 혼동에 근거한다.[22] 낭만주의자들은 체계의 정신에 반대했다. 체계는 우리의 비전을 제한하고 창조성을 질식시키며 질문을 중단시키기 때문이다. 그러나 그들은 단호하게 체계적 정신을 긍정했다. 비록 그것에 도달할 수는 없다 해도 완결적 체계는 이성의 필수적인 규제적 이상이기 때문이다. 만약 낭만적 아이러니가 정말로 완결 혹은 종결의 어떤 주장에도 반대한다면, 이는 낭만주의의 목적이 우리의 노력을 자극하고 강화하여 우리가 완결적 체계의 이상에 더 가까이 다가가도록 하는 것이기 때문이다.

나의 초기낭만주의 해석에는 다른 중요한 선례가 있다. 초기낭만주의가 사회정치적으로 이해되어야 하고 시민사회에 대한 반동이 그것의 또 다른 본질적 측면이라는 사실은 일부 맑스주의 저자들에게서——언제나 명시적인 것은 아니지만——발견되는 테제다.[23] 나는 두 측면 모두에서 그들의 해석을 지지한다. 맑스주의적 견해를 낡은 이데올로기의 유

---

22) 콩디야크(Condillac)가 처음으로 이런 구분을 했고, 프리드리히 슐레겔이 그것을 긍정했다. 그는 형에게 보낸 1793년 8월 28일자 편지와 그해 10월의 편지에서 그것의 중요성을 강조했다. *KA* XXIII, pp. 130, 143~144를 보라.

23) 맑스주의적인 해석의 고전적인 준거는 Georg Lukács, "Die Romantik als Wendung in der deutschen Literatur", *Fortschritt und Reacktion in der deutschen Literatur*, Berlin: Aufbau, 1947, pp. 51~73과 Claus Träger, "Ursprünge und Stellung der Romantik", *Weimarer Beiträge* 21, 1975, pp. 37~57이다. 두 논문 모두 *Romantikforschung seit 1945*, pp. 40~52, 304~334에 다시 실렸다. 클라우스 트레거는 근대 시민사회에 대한 낭만주의자들의 반대와 함께 그들이 계몽의 어떤 측면을 확장한 데에 주목하면서, 초기낭만주의를 단순히 반동적인 것으로 간주할 수 없다고 주장한다. 그리고 정당하게 다른 맑스주의 학자들을 비판한다(pp. 312~313, 328~329). 그럼에도 불구하고 트레거는 여전히 그 자신의 보다 제한된 버전의 반동적 해석을 발전시킨다. 그것은 초기낭만주의를 반동적 유토피아주의의 한 형태로 본다(pp. 307~308, 323). 그의 보다 미묘한 해석은 여전히 초기낭만주의와 1790년대의 다른 정치적 조류들을 구별하지 못한다.

물로 치부하며 도매금으로 넘기고 싶어 하는 이들은 목욕물과 함께 아기를 버릴 위험에 처한다. 맑스주의적 해석의 큰 강점은 초기낭만주의를 사회정치적 맥락 안에 위치시켜서 겉보기에 자율적인 예술과 종교, 형이상학의 배후에서 그것을 뒷받침하는 목적을 보게 한다는 것이다. 초기낭만주의에 대한 관례적 해석을 따르는 순간 우리는 이 장점들을 잃어버린다. 관례적 해석은 너무나 자주 초기낭만주의 문학을 모든 도덕과 정치에서 독립해 있는 어떤 독자적인sui generis 영역에 속한 것으로 본다.

여기까지 말한 후 맑스주의적 해석에도 심각한 문제가 있음을 덧붙여야 한다. 첫째, 거의 모든 맑스주의 학자들이 그런 것처럼[24] 초기낭만주의가 중세적 과거의 복원을 열망한 본질적으로 반동적인 운동이라고 가정하는 것은 큰 실수이다. 이는 초기낭만주의의 정치적 기획의 특수성을 포착하지 못한다. 그것은 의도에 있어서 본질적으로 개혁적이었으며, 1800년대 초 프로이센 개혁 운동의 선구였다.[25] 초기낭만주의의 정치를

---

24) 눈에 띄는 두 예외는 한스 마이어와 베르너 크라우스이다. 그들은 1962년 라이프치히에서 열린 컨퍼런스에서 낭만주의에 대한 루카치의 단순한 평가를 비판했다. 마이어와 크라우스는 낭만주의의 몇몇 진보적 측면들과, 그것과 계몽과의 연속성을 강조했다. Hans Mayer, "Fragen der Romantikforschung", *Zur deutschen Klassik und Romantik*, Pfüllingen: Neske, 1963, pp. 263~305; Werner Krauss, "Französische Aufklärung und deutsche Romantik", *Perspektiven und Probleme: Zur französische und deutschen Aufklarung und andere Aufsätze*, Neuwied: Luchterhand, 1965, pp. 266~284(reprinted in *Romantischforschung seit 1945*, pp. 168~179)를 보라. 그러나 마이어와 크라우스는 규칙을 입증하는 잘 알려진 예외일 뿐이다. 당에 충성스러운 이들(클라우스 함머Klaus Hammer, 헨리 포슈만Henri Poschmann, 한스-울리히 슈너헬Hans-Ulrich Schnuchel)은 컨퍼런스에 대한 보고서에서 그들의 논문을 비난했다. "Fragen der Romantikforschung", *Weimarer Beiträge* 9, 1963, pp. 173~182를 보라. 그 중에서도 마이어는 독일 파시즘의 발전 과정에서 낭만주의의 역할을 제대로 이해하지 못했다고 비난받았다. 충성스러운 이들은 낭만주의를 반동적 운동으로 보는 맑스의 개념화를 넘어설 필요가 없다고 주장했다(p. 175).

25) 이러한 실패는 낭만주의자들이 절대주의를 부활시키고 싶어 했다는 루카치의 주장에서 가장 분명하게 나타난다. "Die Romantik als Wendung in der deutschen Literatur", *Romantikforschung seit 1945*, p. 40을 보라.

1790년대와 1800년대 초 정치적 견해의 스펙트럼 안에 놓으면, 훨씬 명시적으로 반동적이었던 운동들과의 차이가 즉각 분명해진다. 낭만주의 정치는 왕권신수설과 군주의 절대권을 부활시키려 했던 할러Karl Ludwig von Haller와 행복주의자들[26]의 견해보다 훨씬 좌익적이었다.[27] 둘째, 마치 이성의 힘에 맞서 기독교의 비이성적 믿음을 회복하려 했다는 듯이, 낭만주의가 계몽에 총체적으로 반대했다고 생각하는 것은 위에 못지않은 잘못이다. 여기서 다시 맑스주의 학자들은 초기낭만주의의 특수성을 파악하는 데 실패한다. 계몽에 대한 초기낭만주의자들의 태도는 복잡하고 양면적이었다. 어떤 측면에서 그들이 계몽과 단절했다면, 다른 측면에서는 그것을 급진화했다. 여기서 문제는 초기낭만주의가 계몽을 수용한 측면과 비판한 측면을 정확하게 명시하는 것이다. 셋째, 1790년대의 맥락에서 계몽을 민주적이고 자유주의적인 가치들과 동일시하는 것은 시대착오이다. 가르베Christian Garve, 니콜라이Friedrich Nicolai와 에버하르트Johann August Eberhard 같은 베를린의 주요 계몽주의자들 일부는 계몽절대주의를 충실하게 옹호했지만, 노발리스와 프리드리히 슐레겔, 슐라이어마허는 이 독트린을 혐오했다.[28] 그렇다면 이 측면에서 계몽에 대한 낭만주의의

---

26) 그리스어 eudaimonia는 '좋은 수호정령을 갖는 것'을 의미한다. 즉 그것은 객관적으로 바람직한 삶의 상태를 뜻하며, 이와 같은 행복을 인간이 추구해야 할 최고선으로 간주하는 입장을 '행복주의'라 부른다. 흔히 아리스토텔레스가 행복주의를 대표하는 철학자로 꼽힌다. 그러나 여기서 '행복주의자들'(Eudämonisten)이란 독일 계몽주의 시대에 국가적 행복주의를 통해 절대왕정을 옹호하던 이들을 말한다. 이들은 통치자인 군주가 신민의 행복과 복지를 증대시키는 것, 즉 국가의 최대 복지를 자신의 행위의 준칙으로 삼아야 하며, 이러한 목적이 절대주의적 지배체제를 정당화한다고 여겼다. 칸트는 이러한 국가적 행복주의에 강하게 반대하면서 그것이 필연적으로 전제정치로 이어질 수밖에 없다고 경고했다. — 옮긴이

27) 초기낭만주의와 1790년대의 반동적 조류들 사이의 몇몇 차이점에 대해서는 나의 책, *Enlightenment, Revolution, and Romanticism: The Genesis of Modern German Political Thought, 1790~1800*, Cambridge, Mass.: Harvard University Press, 1992, pp. 223, 281~288을 보라.

반동은 반동적인 것이 아니라 진보적인 것으로 이해될 수 있다.

초기낭만주의를 반동적인 운동으로 간주한 점에서 맑스주의 학자들은 1840년대의 정치적 논쟁을 결코 진정으로 넘어서지 못했다. 당시 하인리히 하이네, 아르놀트 루게Arnold Ruge와 칼 맑스는 일부 후기낭만주의자들에 맞서 자신들의 진보적 이상을 방어해야만 했었다. 초기낭만주의에 대한 그들의 성격규정은 급진적 전통의 포로가 되었다. 그것은 낭만주의의 최후 대변자들 몇몇에 비추어 초기낭만주의의 모든 시기를 기술함으로써 기본적인 시대착오의 오류를 범했다.[29] 1840년대 정치 투쟁의 맥락에서는 이 오류가 이해 가능했을지 몰라도, 지금 다시 그것을 주장하는 것은 억지다. 이미 한 세기 전에 하임이 시작했지만 맑스주의자들이 추방해 버린 역사적 정신을 되살려야 할 때다. 시대와 장소의 맥락 안에서 초기낭만주의의 총체성과 개별성을 재구성해야 한다.[30]

6. 낭만주의의 정치학

근대의 몇몇 핵심 가치들과 고전적인 전체론적 이상을 화해시키려는 낭만주의자들의 시도는 그들의 사회정치적 사유에서 특히 분명하게 드러난다. 이는 그들의 국가론에 대한 간략한 설명을 통해 명확해질 것이다.

---

28) 베를린 계몽주의자들의 정치는 같은 책, pp. 309~317을 보라. 계몽절대주의에 대한 낭만주의자들의 반응은 Novalis, *Glauben und Liebe: Oder der König und die Königin* no. 36, *HKA* II, pp. 494~495; Schleiermacher, "Gedanken I" no. 102, *KGA* I/2, pp. 1~49를 보라. 이는 에버하르트의 절대주의 옹호, *Über Staatsverfassungen und ihre Verbesserung*, Berlin: Voß, 1793에 대한 비판이다.

29) 오래전인 1850년에 헤트너가 이 실수를 지적했다. 그의 *Die romantische Schule in ihrem inneren zusammenhange mit Göthe und Schiller*, pp. 2~3을 보라.

30) Haym, *Die romantische Schule*, pp. 4~5. 그러나 하임이 자신의 방법론을 엄격하게 따랐다고 말할 수는 없다. 이를테면 노발리스에 대한 그의 설명은 여전히 후기낭만주의에 대한 표준적이고 자유주의적인 반응의 흔적을 많이 보여 준다.

낭만주의에 대한 비정치적 해석과는 대조적으로, 정확하게 그것의 반대를 강조해야만 한다. 즉 낭만주의는 정치적일 수밖에 없었으며, 실제로 정치학에 명예의 자리를 부여했다. 사실 낭만주의자들은 정치적인 것의 중요성을 재확인하고, 아리스토텔레스가 한때 그렇게 했던 것처럼 정치학을 다시 한 번 "제일의 학문"으로 만든 최초의 근대 사상가들 중 일부였다.[31] 프리드리히 슐레겔은 아리스토텔레스의 생각을 따라 "정치적 판단은 모든 견해들 가운데 최고의 것"이라고 쓴다.[32]

낭만주의자들에게서 정치학의 중요성은 그들의 핵심 독트린 가운데 하나인, 개인이 오직 국가 안에서만 자기를 실현할 수 있는 사회적 존재라는 주장에서 직접 도출된다. 만약 자기-실현이 최고선이고 자기-실현이 오직 국가 안에서만 이루어질 수 있다면, 정치학이 국가에 대한 독트린으로서 매우 중요해진다. 정치학은 우리에게 어떻게 최고선을 이룰 것인가를 말해 주는 최상의 학문이 된다. 낭만주의자들은 『정치학』에서 아리스토텔레스가 제시한 "가능한 최고의 삶을 목표로 하는 평등한 자들의 공동체"라는 국가의 정의를 전폭적으로 승인했다.[33] 그래서 그들은 국가의 목적을 단지 스스로 행복을 추구하는 개인들의 권리를 보호하는 것으로 보는 근대 자유주의 국가관을 단호하게 거부했다.

낭만주의의 사회정치적 사유의 핵심은 공동체의 이상이다. 이 이상은 궁극적으로 기독교보다는 고전적 원천으로, 특히 플라톤과 아리스토텔레스로 거슬러 올라간다.[34] 낭만주의의 사회정치적 사유는 본질적으로

---

31) Aristotle, *Nichomachean Ethics* I, chap. 2, 1094a~b.

32) Schlegel, *Über das Studium der griechischen Poesie*, *KA* I, pp. 324~325를 보라.

33) Aristotle, *Politics* VII, chap. 8, 1328a; 또한 *Politics* III, chap. 9, 1280a~b도 보라.

34) 이것은 프리드리히 슐레겔, 슐라이어마허와 헤겔에게서 명백하다. 이를테면 슐레겔의 초기 에세이 "Über die Grenzen des Schönen", *KA* I, p. 42와 슐라이어마허의 *Monologen*, *KGA* I/3, pp. 32~33을 보라. 헤겔의 공동체주의의 원천에 대해서는 이 장의 주 36을 보라.

휘호 그로티우스Hugo Grotius와 홉스, 로크가 제시한 근대 개인주의 전통에 맞선 폴리스라는 고전적 이상의 부활이었다. 중세적 공동체주의 이상을 선호하게 된 것은 훗날의 일이며, 이는 1799년 노발리스의 「기독교세계 혹은 유럽」Christenheit oder Europa에서 처음 나타난다. 낭만주의적인 공동체주의 이상의 고전적 준거는 실러의 『인간의 미적 교육에 관한 편지들』*Über die ästhetische Erziehung des Menschen in einer Reihe von Briefen*에서의 첫 번째 편지, 노발리스의 『믿음과 사랑: 혹은 왕과 왕비에 대하여』, 프리드리히 슐레겔의 『초월철학에 대한 강의』, 슐라이어마허의 『독백』과 헤겔의 『인륜성의 체계』*System der Sittlichkeit*이다.[35)]

낭만주의의 공동체 이상은 최소한 두 차원, 논리적 차원과 규범적 차원에서 이해되어야 한다. 논리적 차원에서 낭만주의의 이상은 아리스토텔레스의 『정치학』에서 말하는 "국가가 부분들에 앞서는 전체"라는 진술로 돌아간다.[36)] 매우 거칠게 말하자면 이는 국가가 자족적인 개인들의 집합으로 환원될 수 없으며, 반대로 개인의 존재와 정체성이 공동체 안에서의 위치에 의존함을 의미한다. 아리스토텔레스처럼 낭만주의자들은 인간 존재의 사회적 성격을 강조하고, 인간은 사회로 인입되는 교육을 통해 정체성을 획득하며, 사회를 떠나서는 야수에 불과하거나 아니면 신이 될 뿐이라고 주장했다.

---

35) 실러의 텍스트에 대한 최고의 번역은 엘리자베스 윌킨슨(Elizabeth Wilkinson)과 레너드 윌러바이(Leonard Willoughby)의 것이다. *On the Aesthetic Education of Man in a Series of Letters*, Oxford: Clarendon Press, 1967. 노발리스, 슐라이어마허와 슐레겔 텍스트에 대한 부분적 번역으로는 나의 *The Early Political Writings of the German Romantics*, Cambridge: Cambridge University Press, 1996을 보라. 헤겔 텍스트의 번역으로는 G. W. F. Hegel, *System of Ethical Life(1802/3) and First Philosophy of Spirit(Part III of the System of Speculative Philosophy(1803/4)*, eds. and trans. Henry S. Harris and Thomas M. Knox, Albany: SUNY Press, 1979를 보라.

36) 1802년 *Über die wissenschaftliche Behandlungsarten des Naturrechts, Werkausgabe* II, p. 505에서 헤겔은 명시적으로 아리스토텔레스의 유명한 문구에 호소한다.

낭만주의자들은 아리스토텔레스로 돌아감으로써 근대 자유주의 국가 이론, 특히 국가가 자족적인 개인들의 동의에 의한 계약으로 형성된다고 주장하는 사회계약론에 이의를 제기한다. 낭만주의자들이 보기에 계약론이 지닌 문제는 자족적인 개인의 관념이 인위적이고 자의적인 추상이라는 것이다. 그가 일부분을 구성하고 있던 사회적 전체를 떠났을 때 개인은 도덕적 원리나 숙고의 능력은 고사하고 자기-이익조차 갖지 않을 것이다. 자기-이익을 갖는 다수의 개인으로부터 사회적 전체를 구상하려는 시도는 원을 사각형으로 만드는 것이라고 노발리스는 주장한다. 왜냐하면 개인들은 자기-이익이 명령할 때마다 자신을 규칙에서 면제시킬 것이기 때문이다.[37)]

규범적 차원에서 낭만주의의 공동체 이상은 자기-이익이 공동선에 비해 논리적으로도 도덕적으로도 이차적이라고 주장한다. 다른 말로 하자면 어떤 경우에 개인은 자기-이익에 반하더라도 공동선을 위해 행동해야만 한다. 개인에 대한 이 도덕적 요구는 국가의 목적에 대한 특정 견해, 즉 단지 개인의 권리를 보호할 뿐만 아니라 공동선을 보장하는 것이 국가의 목적이 되어야 한다는 입장과 밀접하게 연관되어 있다.

자유주의적 비판가들은 흔히 낭만주의자들의 공동체주의적 윤리학을 전체주의의 초기 형태로 해석한다. 공동선을 개인의 이익 앞에 둠으로써 낭만주의자들은 국가에 개인의 권리를 폐기할 이유를 제공하는 것처럼 보인다. 하지만 이 비판은 그들의 공동체주의 이상이 본질적으로 공화주의적이었음을 보지 못하기 때문에 시대착오적이다. 공동선은 가장 먼저 민중들 자신에 의해 결정되어야 했으며, 그들이 국가의 주권권력이었

37) Novalis, *Glauben und Liebe: Oder der König und die Königin* no. 36, *HKA* II, pp. 494~495와 Schleiermacher, "Gedanken I" no. 102, *KGA* I/2, p. 28.

다. 따라서 그들 스스로 부과하지 않은 어떤 법도 그들에게 부과될 수 없었다. 분명히 낭만주의자들은 때로 공공선을 위한 자기-희생의 중요성을 강조한다. 하지만 이것은 전체주의가 아니라 몽테스키외의 공화주의 전통에서 도출된 것이다. 몽테스키외는 공화국에서 덕virtue의 중요성, 공공선을 위해 자기-이익을 희생하고자 하는 의지를 강조했다.

낭만주의적인 공동체 이상의 배후에 있는 핵심 관념 혹은 지배적 은유는 유기체적 혹은 '시적' 국가 개념이다. 이 개념은 그것의 반대물인 계몽의 '기계'machine 국가와 대조될 때 가장 잘 이해된다. 기계 국가에는 두 가지 근본 특징이 있었다. 첫째, 다른 기계처럼 기계 국가는—혁명위원회든 군주든—위로부터 그리고 외부로부터 지도를 받는다. 그래서 그 운동의 원천은 그것 안에서, 즉 개별 시민들에게서 나오지 않는다. 둘째, 다시 기계와 마찬가지로 기계 국가는 추상적인 청사진, 즉 위로부터 그것에 부과된 디자인에 따라 창조된다. 유기체적 국가는 이 두 가지 특징 모두에서 기계 국가와 대조된다. 첫째, 어떤 유기체와도 마찬가지로 유기체적 국가는 자기-조직적이고self-organizing 자기-발생적인self-generating 부분들로 이루어진다. 그것의 생명은 자유로운 시민들과 자율적 집단들의 능동적 참여에서 나올 것이다. 둘째, 다시 유기체들과 마찬가지로 유기체적 국가는 시간이 지남에 따라 진화하고 지역적 상황에 적응할 것이다. 그리하여 그것의 구조는 위로부터 부과된 어떤 인위적 규약이 아니라 아래로부터 만들어진 역사적 발전과 전통의 결과물이 될 것이다.

지금까지 나는 낭만주의자들의 사회정치적 이상의 본질적으로 전체론적인 차원을 강조해 왔다. 그러나 낭만주의자들이 그들의 공동체에서 개인의 권리 역시 보존하고자 했음을 강조하는 것도 매우 중요하다. 이는 그들의 개인주의 윤리학뿐 아니라 인권과 같은 프랑스 혁명의 여러 기본 이상들에 대한 옹호에서도 분명하게 드러난다. 확실히 낭만주의자들은 급진적 공화주의자—완전한 민주주의를 그리고 모든 귀족제와 군주제의 철폐를 요구하는 좌익 자코뱅—는 아니었다. 낭만주의자들 사이에서 그런 입장은 규칙이라기보다는 예외에 속했고, 그들 중 가장 급진적이었던 프리드리히 슐레겔에게서 아주 잠깐 나타났을 뿐이다. 낭만주의자들의 정치적 이상은 군주정과 귀족정, 민주정의 종합인 혼합정에 더 가까웠다.[38] 그들의 유기체적 국가는 구조적으로 상당히 분화되어 있고 권위의 원천들은 복수적이어서 한 명의 엘리트가 권력을 독점하기보다는 언제나 많은 집단이 그것을 공유하도록 되어 있었다.

낭만주의자들의 유기체적 국가에 대한 몇 가지 흔한 오해를 피하기 위해서는 그것의 분화되고differentiated 계층화된stratified 구조를 강조하는 것이 매우 중요하다. 이 구조의 핵심적 측면은 다원주의, 즉 정치체 안에 여러 차원의 정부들뿐 아니라 중앙 통제로부터 독립된 자율적 집단들이 존재한다는 것이었다. 낭만주의자들은 신분, 지역위원회, 길드를 옹호했다. 이 측면에서 그들의 사유는 사실 보수적이었다. 중세적 과거의 낡은 조합 구조의 일부를 보존하려 했기 때문이다. 하지만 이 조합주의나 다원주의의 이면에는 중앙 권력이 갖는 힘을 제한하고, 그래서 전체주의의 위험을 최소화하려는 의도가 있었음을 지적하는 것 역시 중요하다. 낭만주의자들은 낡은 절대주의뿐 아니라 새로운 혁명 정부들에서도 그러한 위험을 보았다. 이것들은 구체제 국가들 못지않게 중앙집권적이었다.

낭만주의자들은 유기체적 국가의 조합적 혹은 다원적 구조를 통해 근대의 정치적 원을 사각형으로 만들 수 있다고, 즉 공동체와 개인적 자유를 모두 제공할 수 있다고 믿었다. 유기체적 국가는 공동체를 제공할

---

38) 혼합정체에 대한 선호는 Schlegel, *Athenäumsfragmente* nos. 81, 214, 369, *KA* II, pp. 176, 198, 232~233; Novalis, *Politische Aphorismen* nos. 66~68, *HKA* II, pp. 503~504; Hegel, *System der Sittlichkeit*, *GW* V, p. 361에서 분명하게 나타난다.

것이다. 왜냐하면 자율적 집단들이 정치적 사안에 대한 참여를 보장하고 사회적 소속의 중심을 제공할 것이기 때문이다. 또한 그것은 자유를 보장할 것이다. 왜냐하면 이 집단들은 대중적 참여를 위한 통로일 뿐만 아니라 중앙 권력에 맞서는 보루들이기 때문이다. 이 측면에서 독립적인 집단들의 역할을 강조함으로써 낭만주의자들은 보다 근대적인 다원주의 독트린, 이를테면 뒤르켐Émile Durkheim이나 콘하우저William Alan Kornhauser의 사유를 예기했다.

낭만주의자들이 보기에 독일의 절대주의 군주들과 프랑스의 자코뱅은 동일한 근본적 실수를 저질렀다. 그들은 자율적 집단들, 오랜 조합들과 길드를 폐지했다. 그래서 군주의 의지에 의해서든 아니면 어떤 혁명위원회에 의해서든 모든 것이 위로부터 지시될 수 있었다. 이로써 그들은 지배자와 개인 사이에 엄격한 대립을 만들어 냈다. 이들 사이에는 폭군이나 폭도의 지배를 제어할 어떤 것도 존재하지 않았다. 군주나 폭도의 폭정에 대한 유일한 안전판은 유기체적 국가의 분화된 구조였다.

나는 정확하게 이 맥락에서 낭만주의자들의 중세주의를 이해해야 한다고 믿는다. 이 중세주의는 본질적으로 반동적인 정서이자 독트린으로 해석되어 왔고, 사실 프리드리히 슐레겔의 후기 저작에서는 결국 그렇게 되었다. 하지만 그것이 처음 입안되었을 때 원래의 구상에서 낭만주의자들이 중세사회의 조합 구조에 매혹된 것은 그들의 절대주의 혐오 그리고 다원주의 선호와 더 크게 관련된다. 그들의 주요 목적은 전체주의와 중앙집권화에 맞서는 보루를 발견하는 것이었다.[39] 그들은 개인의 권리

---

39) 이 측면에서 낭만주의의 중세주의는 계몽에 기원을 두고 있으므로, 그것에 대한 반동으로 이해될 수 없다. 중세주의에 관한 계몽과 낭만주의의 연속성에 대해서는 Werner Krauss, "Französische Aufklärung und deutsche Romantik", *Romantischforschung seit 1945*, pp. 168~179를 보라.

를 포기하는 것이 아니라 개인에게 사회적 소속의 형식도 제공하면서 자유를 보호할 수단으로서 다원주의를 의도했던 것이다.

중세적인 전통과의 연속성이 자유의 부정이 아니라 긍정을 의미한다는 것을 누구보다 분명하게 이해한 것은 청년 헤겔이었다. 그는 1799년 『헌법론』에서 개인의 권리가 가장 강하게 긍정되고 보호된 것은 중세 시대였다고 말한다.[40] 사람들로 하여금 중세적 유산을 잊게 만든 것은 절대주의의 가차 없는 지배였다. 절대주의는 신분과 길드를 무너뜨리기 위해 할 수 있는 모든 것을 했다. 중세적 유산은 혁명 시대의 모든 소요의 궁극적 원천이었다.

7. 낭만주의의 미학

초기낭만주의에 대한 우리의 도덕적이고 정치적인 설명은 핵심적이고 강력한 그리고 부정할 수 없는 하나의 사실, 즉 초기낭만주의가 본질적으로 예술에 최상의 가치를 부여한 미학적 운동이었다는 사실 앞에서 무너지는 것 같다. 진·선·미라는 고전적 세 이상들 가운데 낭만주의자들은 미를 최고로 간주했다. 셸링과 슐레겔, 노발리스, 횔덜린이 시를 형이상학적 지식, 도덕적 선 그리고 정치적 정당성의 기본으로 삼았음은 잘 알려진 사실이다. 그러나 만약 그렇다면 도덕적·사회적·정치적인 것은 분명히 미학적인 것the aesthetic에 종속되어야 한다.

사실 미학적인 것의 우월성과 자율성이 초기낭만주의에 대한 비정치적이고 문학적인 해석의 핵심 전제였다. 낭만주의자들이 예술에 매우 큰 중요성을 부여했기 때문에, 마치 그들이 사회정치적 세계의 실재로부

---

40) Hegel, *Verfassungsschrift*, *Werkausgabe* I, pp. 533, 536을 보라.

터 도망치거나 기껏해야 예술 작품을 생산하기 위한 수단이나 '계기'로 사회정치적인 것을 이용하려 한 것처럼 보인다.[41] 사실 그들은 미학적인 것의 자율성이 모든 도덕적·정치적 목적으로부터 독립되어야 함을 인정했기 때문에, 미학적 창조성이 도덕과 정치에 의해 오염되는 것을 절대 허락할 수 없었을 것 같다.

몇 가지 매우 흔한 오해들, 특히 너무나 흔하게 볼 수 있는 미학주의와 유미주의의 혼동을 피하기 위해 낭만주의자들이 미학적인 것에 우월성을 부여한 것의 의미를 정확하게 고찰하는 것이 가장 중요하다. 미학적인 것의 우월성은 낭만주의자들이 진과 선에 비해 미를 선호했음을 의미하지 않는다. 마치 그들이 (만약 선택을 해야 했다면) 도덕적·정치적 가치 대신에 미학적 가치를 선택했을 거라든가, 마치 그들이 도덕적·지적 성질들에 비해 외양을 더 가치 있게 여길 것이라는 듯이 말이다(유미주의). 그들은 미를 도덕적·정치적으로 정의했기 때문에 이 가치들을 분리하는 것은 사실상 불가능한 일이었고, 따라서 그들에게는 다른 가치에 비해 한 가치를 선호하는 문제가 발생할 수 없다. 비록 아름다움의 단지 한 의미에서이기는 하지만, 아름다움에 대한 낭만주의자들의 설명은 분명히 그것을 이차적이고 부수적으로 만든다. 미는 조화로운 개인과 국가의 외양appearance 혹은 현현manifestation이다. 낭만주의자들은 미의 도덕적·정치적 차원 때문에 그것에 중요성을 부여한 것이지 미학적인 것 때문에 도덕적·정치적인 것에 중요성을 부여한 것이 아니다. 그 반대를 가정하는 것은 정의되는 것, 조건 지어지는 것 혹은 정초되는 것을 정의하는 것, 조건 짓는 것 혹은 정초하는 것과 단순히 혼동하는 것이다. 낭만주의자들은 미를 진과 선의 인식의 원리ratio cognoscendi — 앎의 기준 혹은 수단 — 로

41) Carl Schmitt, *Politische Romantik*, pp. 20~26을 보라.

만들었다는 의미에서만 미에 우월성을 부여했다. 그들은 미가 선과 진의 존재의 원리ratio essendi, 본질, 기반 혹은 근거라고 생각하지는 않았다.

미학적 우월성의 의미를 어떻게 해석하든, 그것이 어떻게 초기낭만주의에 대한 비정치적 해석의 증거를 제공하는지 이해하기 어렵다. 저 해석은 우리가 미학적인 것을 매우 좁게 해석할 때에만, 그래서 그것이 관례적인 의미에서 예술 작품을 가리킬 때에만 유효하다. 이 표현은 음악, 조각 혹은 회화를 뜻할 수도 있지만, 대개 시, 희곡, 소설처럼 문학의 어떤 형식을 언급하는 것으로 이해된다. 그러나 이 해석은 지나치게 편협하다. 낭만주의자들은 시, 희곡, 소설뿐만 아니라 심지어 개인, 사회 그리고 국가까지도 예술 작품으로 보았기 때문이다. 사실 그들의 목적은 예술과 삶의 경계를 깨뜨림으로써 전체 세계가 하나의 예술 작품이 되게 하는 것이었다. 만약 개인, 사회, 국가도 예술 작품이 될 수 있다면, 어떤 직접적 의미에서도 낭만주의 예술이 비정치적이며 사회정치적 세계와 관련이 없다는 테제를 유지하기는 힘들어진다.

낭만주의자들의 미학주의는 정치적 무관심이나 도피주의의 독트린이 아니다. 그것을 도덕이론과 정치이론의 일종으로, 정확하게는 유기체적 전체의 관념을 통해 미와 선을 동일시하는 전체론적 이론으로 볼 때 그것은 더 잘 이해된다. 초기낭만주의자들은 미를 도덕적·정치적 세계에서 분리시키지 않았다. 그들은 미를 바로 도덕적·정치적 가치의 시금석, 징표 혹은 기준으로 만들었기 때문이다. 만약 어떤 사람이 이성과 감성을 통일시킨다면, 그가 성향에 따라 자신의 의무를 수행한다면 그는 '우아함'grace을 소유하거나 '아름다운 영혼'이 될 것이다. 이와 유사하게 만약 국가가 모든 시민을 조화로운 공동체로 통일시킨다면 그것은 '미학적' 혹은 '시적' 국가가 될 것이다. 따라서 낭만적 미학주의는 시, 희곡, 회화와 같은 좁은 의미의 예술 작품에 대한 이론일 뿐 아니라 개인, 사회, 국가의 삶과 같은 매우 넓은 의미의 예술 작품에 대한 이론이기도 하다.

하지만 여전히 다음과 같이 질문할 수 있다. 어떻게 초기낭만주의의 이 사회정치적 차원이 예술의 자율성에 대한 믿음과 양립할 수 있는가? 초기낭만주의자들이 칸트의 미학적 자율성 독트린을 추종했음은 유명하다. 칸트의 독트린에 따르면 미학적 성질들은 도덕적 원리나 육체적 욕망과 독립적으로 가치를 갖는다. 그들은 예술이 도덕적·정치적 목적에 봉사하도록 만든 고트셰트Johann Christoph Gottsched의 공리주의 미학에 격렬하게 반대했다. 하지만 만약 그렇다면 우리는 어떻게 초기낭만주의자들에게서 윤리와 정치가 우월성을 지녔음을 주장할 수 있는가? 이는 예술의 자율성에 대한 그들의 믿음에 반하는 것처럼 보일 수 있다.

이 문제의 해결책은 명백한 역설에 있다. 낭만주의자들은 그들의 도덕적·정치적 목적에도 불구하고가 아니라, 오히려 바로 그것 때문에 예술의 자율성을 주장했다. 아이러니하게도 오로지 그것의 자율성 덕분에 예술 작품은 최고의 도덕적·정치적 가치인 자유를 표상한다. 예술 작품이 자유를 의미하는 것은 바로 그것이 자율적이기 때문이며, 혹은 다른 목적 — 도덕적이든 육체적이든 — 을 위한 수단이 아니기 때문이다.

이 역설은 실러에게서 이미 분명하게 나타나며, 그의 미학적 견해는 낭만주의자들에게 매우 큰 영향을 미쳤다.[42] 실러는 칸트의 미학적 자율성 독트린을 긍정하면서, 또한 예술이 인간의 교육에서 핵심 역할을 수행

---

42) 이를테면 실러의 "Über den Grund des Vergnügens an tragische Gegenstände", *NA* XX, pp. 133~147을 보라. 여기서 실러는 미학적 즐거움의 독자적 성격을 주장하고, 예술을 도덕적인 혹은 정치적인 목적에 종속시키는 이들을 비판한다. 하지만 그는 또한 미학적 즐거움이 예술의 드높은 사명을 감소시키는 것이 아니라 증대시킨다고 강조한다. 미학적 즐거움은 우리 능력의 자유로운 놀이에 있으며, 그러한 자유는 더 깊은 도덕적 목적에서 나오고 그것을 표상한다. 바로 그러한 즐거움 덕택에 우리는 자유의 진정한 의미와 인류가 그 자체로 목적이라는 사실을 발견한다.

해야 한다고 주장한다. 이 명백한 모순의 해결책은 예술에 대한 그의 정의에 함축되어 있다. 실러에 따르면 미의 본질은 자유의 외양에 있다. 예술 작품이 도덕적 가치를 갖는 것은 정확하게 그것이 도덕의 기반인 자유를 표상하기 때문이다.[43] 그러나 자유를 상징하기 위해 예술 작품은 자체의 완결성과 자율성, 외적 목적으로부터의 자유를 가져야 한다. 그렇다면 아이러니하게도 예술은 정확하게 그것이 특정한 도덕적 목적을 위해 이용되지 않을 때에 가장 큰 도덕적 의미를 갖는다.

낭만주의자들은 그들의 철학에서 이 명백한 긴장과 명시적으로 대결하지는 않았다. 그러나 언젠가 아우구스트 슐레겔이 도덕적이지만 형편없는 연극에 대해 "정녕 취향을 망치지 않고는 인류를 개선할 길이 없는가?"라고 논평한 것처럼, 그들의 답변은 실러가 제안한 노선을 따르고 있다.[44] 동생인 프리드리히 슐레겔과 마찬가지로 그는 언제나 도덕주의적 예술은 나쁜 예술이며, 완전히 자유로운 취향이 인류를 개선할 것이라 믿었다. 따라서 아이러니하게도 예술은 도덕적 목적을 위해 이용되지 않을 때 가장 큰 도덕적 의미를 갖게 된다. 예술의 자율성은 진정 도덕의 토대를 가지고 있다. 언젠가 프리드리히가 형에게 "내 독트린의 핵심은 인간이 최고의 목적이며, 예술은 오직 그것을 위해서만 존재해야 한다는 거야"[45]라고 썼던 것처럼 말이다. 이 단순한 진술 하나가 초기낭만주의에 대한 도덕적·정치적 해석의 구호이자 결론으로 기능할 수도 있다.

---

43) 실러가 쾨르너(Christian Gottfried Körner)에게 보낸 1793년 2월 8일자 편지를 보라. *NA* XXVI, p. 182.

44) A. W. Schlegel, *Sämtliche Werke* XI, ed. Eduard Böcking, Leipzig: Weidmann, 1846, p. 65. 실러가 아우구스트 슐레겔에게 미친 영향에 대해서는 Josef Körner, *Romantiker und Klassiker: Die Brüder Schlegel in ihre Beziehung zu Schiller und Goethe*, Berlin: Askanischer, 1924, p. 64를 보라.

45) 프리드리히 슐레겔이 아우구스트 슐레겔에게 보내는 1793년 10월 16일자 편지. *KA* XXIII, p. 143.

3장_초기낭만주의와 계몽

1. 낭만주의 대 계몽?

한 세기가 넘도록 18세기 말 독일낭만주의의 탄생을 계몽Aufklärung의 죽음으로 간주하는 것이 상식이었다.[1)] 추측컨대 낭만주의는 계몽에 대한 반동, 그것의 의식적인 반대이자 안티테제였다. 따라서 1800년대 초 낭만주의의 부상浮上은 계몽의 죽음을 공표했고, 이에 따라 계몽은 18세기의 사건이 되었다.

이러한 상식은 독일낭만주의의 적과 동지를 함께 묶어 주었다. 1830년대와 1840년대 독일의 자유주의자들과 헤겔 좌파들은 낭만주의를 계몽에 반대하는 반동적 운동으로 간주하여 비난했다.[2)] 그러나 독일의 민

1) 이 해석은 19세기에 대한 여러 표준적 문학사를 통해 확실하게 자리를 잡았다. 이를테면 Georg G. Gervinus, *Geschichte der poetischen National-literatur der Deutschen* III, Leipzig: Engelmann, 1844, pp. 589~599, 특히 594; 그리고 Hermann Hettner, *Geschichte der deutschen Literatur im Achtzehnten Jahrhundert* II, 8th ed., Berlin: Aufbau, 1979, pp. 641~642(초판은 Braunschweig: Vieweg, 1862~1870)를 보라. 또한 Gervinus, *Geschichte des neunzehnten Jahrhunderts: Seit den Wiener Verträgen* I, Leipzig: Engelmann, 1856, pp. 346~349와 Hettner, *Die romantische Schule in ihrem inneren Zusammenhange mit Göthe und Schiller*, Braunschweig: Vieweg, 1850, pp. 139~188을 보라. 낭만주의와 계몽을 대립시키는 다른 원천들에 대해서는 주 2와 3을 보라.

족주의자들과 보수주의자들은 낭만주의를 수용했는데, 이것은 19세기 말에 시작되어 1920년대와 1930년대에 최고조에 달했다. 이들이 낭만주의를 수용한 이유는 이들 역시 낭만주의가 계몽에 반대한다고 믿었기 때문이다. 그러나 이들이 보기에 계몽에 대한 반대는 악덕이 아니라 미덕이었다. 계몽이란 프랑스에서 수입되어 온 독일 정신에 적대적인 외래 이데올로기였기 때문이다.[3] 견고하게 확립된 동일한 입장들이 제2차 세계대전 이후 이번에는 파시즘에 대한 반작용으로 격화되어 다시 등장했다. 낭만주의는 파시즘 이데올로기에 본질적인 것으로 보였고, 그래서 자유주의자들과 맑스주의자들은 그것을 공격하는 데 힘을 모았다.[4]

---

2) Heinrich Heine, *Die romantische Schule, Sämtliche Schriften* V, ed. Klaus Briegleb, Frankfurt: Ullstein, 1981, pp. 379~382; Arnold Ruge, *Geschichte der neuesten Poesie und Philosophie seit Lessing: Oder unsere Klassiker und Romantiker, Sämtliche Werke* I, Manheim: Grohe, 1848, pp. 8~11; Rudolf Haym, *Die romantische Schule*, Berlin: Gaertner, 1870, p. 3을 보라.

3) 낭만주의를 민족주의적으로 이용하는 것은 Wilhelm Scherer, *Geschichte der deutschen Literatur*. 7th ed., Berlin: Weidmann, 1894, p. 633과 "Die deutsche Literaturrevolution", *Vorträge und Aufsätze zur Geschichte des geistigen Lebens in Deutschland und Österreich*, Berlin: Weidmann, 1874, p. 340에서 시작되었다. 빌헬름 딜타이(Wilhelm Dilthey)도 그것을 부추겼다. "Goethe und die dichterische Phantasie", *Erlebnis und die Dichtung*, 15th ed., Göttingen: Vandenhoeck & Ruprecht, 1970, pp. 124~125. 1920년대에는 낭만주의를 독일의 정체성과 동일시하고 계몽과 대립시키는 것이 공고해졌다. 이를테면 Alois Stockmann, *Die deutsche Romantik*, Freiburg: Herder & Co., 1921, pp. 27~28, 34, 36; Georg Mehlis, *Die deutsche Romantik*, München: Rösl & Cie, 1922 pp. 26~28; Hermann A. Korff, "Das Wesen der Romantik", *Zeitschrift für Deutschkunde* 43, 1929, pp. 545~561; Paul Kluckhohn, *Die deutsche Romantik*, Bielefeld: Velhagen & Klasing, 1924, p. 3을 보라. 국가사회주의적 해석은 민족주의적 해석을 극단으로 몰고 가서 "프랑스-유대인적 계몽"과 독일 정신을 대립시킨다. 이러한 맥락에서, 특히 Walter Linden, "Umwertung der deutschen Romantik", *Zeitschrift für Deutschkunde* 47, 1933, pp. 365~391을 보라. 린덴은 국가사회주의적 대의의 중요한 대변인이었다.

4) 자유주의적 반응에 대해서는 이를테면, Arthur Lovejoy, "The Meaning of Romanticism for the Historian of Ideas", *Journal of the History of Ideas* 2, 1941, pp. 257~278, 특히 270~278을 보라. 맑스주의적 반응에 대해서는 Georg Lukács, "Die Romantik als Wendung in der deutschen Literatur", *Fortschritt und Reacktion in der deutschen Literatur*, Berlin: Aufbau, 1947, pp. 51~73을 보라.

이차문헌들은 낭만주의가 계몽과 결별한 이유를 최소한 세 가지로 제시한다. 첫째, 그것은 계몽의 이성주의를 미학주의로 대체하려 했다. 계몽은 이성을 최고의 권위, 진리의 궁극적 기준으로 만들었지만, 낭만주의자들은 모든 개념화와 판단, 추론을 초월하는 예술의 직관과 감정에 그러한 권위를 부여했다. 그래서 낭만주의는 종종 '반이성주의' 혹은 '비이성주의'로 비판받는다. 둘째, 낭만주의자들은 계몽의 개인주의를 비판하고, 대신 개인이 집단에 종속되는 공동체의 이상을 옹호했다. 계몽주의자가 사회와 국가를 단지 개인의 행복을 보장하고 권리를 보호하는 기구로만 간주하는 경향이 있었다면, 낭만주의자들은 공동체적 삶이 목적 그 자체이며, 그것을 위해 개인이 자기-이익을 희생해야 한다고 주장했다. 셋째, 낭만주의는 본질적으로 보수적인 이데올로기였고, 교회와 국가의 분리, 종교적 관용과 개인의 자유 같은 계몽의 자유주의적 가치들과 단절했다. 그래서 프리드리히 슐레겔과 뮐러Adam Müller, 베르너Zacharias Werner 같은 일부 낭만주의 사상가들은 로마 가톨릭으로 개종했으며, 루트비히 티크와 노발리스 등 다른 이들은 가톨릭에 관심을 갖거나 그것에 공감했다.[5] 요약하면 우리는 낭만주의의 반이성주의·공동체주의·보수주의를 계몽의 이성주의·개인주의·자유주의와 대립하라는 조언을 받는다.

사상사의 많은 일반화들처럼 이러한 상식은 오해를 불러일으키기 쉬운 과도한 단순화이다. 왜냐하면, 첫째로 독일낭만주의는 여러 단계

---

5) 낭만주의자들과 로마 가톨릭의 관계를 둘러싼 그릇된 개념화에 대해서는 Allen W. Porterfield의 여전히 유용한 논문 "Some Popular Misconceptions concerning German Romanticism", *Journal of English and Germanic Philology* 15, 1916, pp. 471~511, 특히 497~501을 보라. 포터필드는 전체 낭만주의 운동을 개관한 후 다음과 같이 결론을 내린다(p. 499). "요약하자면 영혼의 도야(Seelenkultur)와 관련해, 그리고 현세적 교회(visible church)와의 제휴와 관련해 독일 가톨릭은 독일낭만주의에서 매우 사소한 역할을 수행했으며 로마 가톨릭은 전혀 커다란 역할을 하지 않았다."

를 거치고 여러 변형을 겪은 매우 변화무쌍한 운동이었기 때문이다. 그것은 보통 세 시기, 즉 1797년부터 1802년까지의 초기낭만주의Frühromantik, 1815년까지의 절정기낭만주의Hochromantik, 그리고 1830년까지의 후기낭만주의Spätromantik로 구분된다.[6] 이에 따라 낭만주의와 계몽의 관계 역시 변화를 겪었다. 일부 낭만주의자들, 특히 프리드리히 슐레겔과 뮐러가 보다 보수적으로 되었고 그래서 계몽의 일부 핵심적 가치들에 대해 보다 적대적으로 되었다는 것은 대체로 사실이다. 그러나 이 일반화는 후기낭만주의의 일부 사상가들에게만 해당되며, 낭만주의 운동의 초기 단계에는 적용되지 않는다. 따라서 낭만주의의 마지막 모습에 근거하여 낭만주의 전체를 판단하는 시대착오의 위험을 피하는 것이 매우 중요하다. 이 오류는 자유주의적 해석과 좌파적 해석의 주요 결함이었다.

이 상식은 다른 이유에서도 오해를 불러일으킨다. 독일낭만주의는 커다란 변화를 겪었고 그래서 한 시기에 참이었던 것이 반드시 다른 시기에도 참인 것은 아니다. 하지만 문제는 그것보다 훨씬 더 복잡하다. 각각의 시기 안에서, 계몽에 대한 낭만주의자들의 입장은 결코 단순하고 직선적인 거부가 아니라 훨씬 더 복잡하고 미묘한 양면성을 지녔기 때문이다. 낭만주의자들은 계몽의 비판자이기도 했지만 또한 계몽의 사도이기도 했다. 그렇다면 문제는 각각의 시기에 있어 낭만주의자들이 어떤 측면에서 계몽을 받아들였고 거부했는지를 밝히는 것이다.

이 글의 과제는 예비적이고 부분적인 방식으로나마 이 문제를 다루는 것이다. 나는 1797~1802년의 독일낭만주의 초기 형성기, 초기낭만주

---

6) 독일낭만주의의 시기 구분에 대해서는 Paul Kluckhohn, *Das Ideengut der deutschen Romantik*, 3rd ed., Tübingen: Niemeyer, 1953, pp. 8~9; Ernst Behler, *Frühromantik*, Berlin: de Gruyter, 1992, pp. 30~51을 보라. 다소 다른 시기구분으로는 Harro Segeberg, "Phasen der Romantik", *Romantik-Handbuch*, ed. Helmut Schanze, Stuttgart: Kröner, 1994, pp. 31~78을 보라.

의로 알려진 시기에 존재한 낭만주의와 계몽의 복잡한 관계를 재조명한다. 초기낭만주의는 낭만주의자들과 계몽의 관계를 이해하는 데 가장 흥미롭고 많은 것을 드러내는 시기다. 왜냐하면 바로 이 시기에 초기낭만주의자들은 18세기 후반 베를린에서 여전히 지배 이데올로기였던 계몽에 이의를 제기하고 그것에 대한 태도를 발전시켰기 때문이다. 비록 초기낭만주의에 대한 결론이 낭만주의의 후기 단계에 반드시 적용되는 것은 아니지만 여기서 우리의 목적, 즉 낭만주의의 기원이 계몽에 대한 반동이자 완전한 단절을 나타내는지 여부를 결정하는 데는 충분할 것이다.

이처럼 초기낭만주의와 계몽의 관계를 재검토하는 일에 착수하면서 나는 독창성을 주장하지 않는다. 1970년대 이후 많은 학자들이 이 관계를 재고할 것을 주장해 왔고, 그 복잡한 관계의 일부에 대한 소중한 통찰을 제공해 주었다.[7] 낡은 대당은 더 이상 유지될 수 없으며 초기낭만주의와 계몽의 관계가 정말로 양면적이고 복잡하다는 데 합의가 이루어지고 있다.[8] 하지만 이것이 문제가 해결되었음을 의미하지는 않는다. 오히려 이제야 연구해야 할 문제가 분명해졌을 뿐이다. 계몽과 초기낭만주의의 상당히 미묘하고 뒤얽혀 있으며 다면적인 관계를 정확하게 설명하기 위해서는 여전히 할 일들이 많이 남아 있기 때문이다. 다음은 그 관계의 매우 중요한 한 측면을 설명하려는 시도이다.

---

7) 예를 들어 Helmut Schanze, *Romantik und Aufklärung: Untersuchungen zu Friedrich Schlegel und Novalis*, 2nd ed., Nürenberg: Carl, 1976; Werner Krauss, "Französische Aufklärung und deutsche Romantik", *Romantischforschung seit 1945*, ed. Klaus Peter, Königstein: Athenäum, 1980, pp. 168~179; Wolfdietrich Rasch, "Zum Verhältnis der Romantik zur Aufklärung", *Romantik: Ein Literaturwissenschaftliches Studienbuch*, ed. Ernst Ribbat, Königstein: Athenäum, 1979, pp. 7~21; Ludwig Stockinger, "Die Auseinandersetzung der Romantiker mit der Aufklärung", *Romantik-Handbuch*, 2nd ed., ed. Helmut Schanze, Stuttgart: Kröner, 2003, pp. 79~106을 보라.

8) 이러한 연구 방향에 대해서는 Gerhart Hoffmeister, "Forschungsgeschichte", *Romantik-Handbuch*, 1994, pp. 177~206, 특히 178을 보라.

2. 계몽의 위기

초기낭만주의와 계몽의 관계를 이해하기 위해서는 먼저 초기낭만주의 서클의 시작, 이상, 구성원들에 대해 몇 가지 기본적인 것을 알아야 한다.

만약 독일낭만주의의 출발점을 공식적으로 지정해야 한다면 1797년을 선택하는 것이 좋을 것이다. 바로 이 해에 몇몇 젊은 시인과 철학자, 문학 비평가들이 베를린의 헨리에테 헤르츠Henriette Herz와 라헬 레빈Rahel Levin의 살롱에서 만나기 시작했고, 나중에는 1802년까지 예나에 있는 아우구스트 슐레겔의 집에서 만났다. 그들 모임의 목적은 철학과 시, 정치와 종교에 대해 솔직하고 자유롭게 토론하는 것이었다. 그들은 자신들의 최근작을 서로에게 읽어 주고, 서로를 공개적으로 비판하며, 문학 프로젝트를 함께하곤 했다. 동시대인들은 이 서클을 '새로운 분파' 혹은 '새로운 유파'라 불렀고, 그것은 훗날 역사에 '낭만주의 서클'로 알려졌다.

이 서클의 구성원들은 독일 지성사에서 유명해질 것이다. 그들은 아우구스트 슐레겔과 프리드리히 슐레겔 형제, 소설가 루트비히 티크, 자연철학자 프리드리히 요제프 셸링, 신학자 프리드리히 다니엘 슐라이어마허, 예술사가 빌헬름 하인리히 바켄로더, 그리고 '노발리스'라는 필명을 사용한 시인이자 철학자인 프리드리히 폰 하르덴베르크였다. 고독했던 비극적 인물, 프리드리히 횔덜린은 이 서클과 많은 견해를 공유했지만 주변부에 머물렀다. 의심할 바 없이 낭만주의 서클의 주도적 인물은 프리드리히 슐레겔이었다. 그는 그룹의 미학적 이상들을 처음으로 정식화했으며, 그들의 저널 『아테네움』을 창간하고 편집했다.

계몽에 대한 초기낭만주의자들의 태도를 처음 접할 때 그들의 부정적인 언급들이 즉각 우리의 주의를 끈다. 프랑스 계몽철학자들[9]이나 베를린 계몽주의자들에 대해 말할 때, 아우구스트 슐레겔과 노발리스, 슐라이어마허는 거의 변함없이 그들을 공격한다.[10] 그들은 프랑스 계몽철학자들의 쾌락주의와 유물론, 공리주의에 비판적이었다. 그것이 세계를 단순한 기계로 환원시키고, 예술과 종교 같은 삶의 고귀한 가치들의 자리를 남겨두지 않는 듯했기 때문이다. 그들은 또 베를린 계몽주의자들——특히 크리스티안 가르베, 요한 아우구스트 에버하르트, 프리드리히 니콜라이——에게 적대적이었다. 이들은 계몽절대주의에 대한 반동적인 믿음을 가졌고, 일관되게 독단적인 형이상학을 고수했으며, 상식을 궁극적인 지적 권위로 만들었기 때문이다. 칸트의 인식 비판 이후 그런 독트린들은 완전히 구시대적인 것으로 여겨졌다. 칸트는 낡은 형이상학이 유지될 수 없다는 사실과 상식에 호소하는 것의 약점을 보여 주었다. 베를린 계몽주의자들은 칸트의 인식 비판에 맞서 형이상학을 옹호하고 프랑스 혁명에 맞서 계몽절대주의를 정당화하려고 노력함으로써 그들의 퇴행성과 새로운 질서에 적응하지 못하는 무능력을 입증했을 뿐이다.

많은 수의 학자들이 이러한 비판으로부터 초기낭만주의가 계몽에 대해 화해 불가능한 적대성을 가졌다는 결론으로 나아갔다. 그러나 그러한 일반화는 마치 계몽이 프랑스 계몽철학자들의 유물론과 연로한 베를린 계몽주의자들의 절대주의와 이신론에 등치된다는 듯이 그것에 대한 지나치게 환원주의적인 견해를 전제로 하고 있다. 또한 이것은 계몽의 몇 가지 근본 가치들, 즉 스스로 생각할 권리, 자기-결정의 권리와 외부적 권위에서 독립해 자신의 능력과 개인성을 발전시킬 권리, 교육과 계몽의 가

---

9) 여기서 프랑스 계몽철학자들(philosophes)은 볼테르로 대표되는 부르주아 계몽사상가들과 더불어, 라 메트리, 디드로, 엘베시우스, 돌바크 등과 같은 18세기 급진적 유물론 철학자들을 가리킨다.—옮긴이

10) 예를 들어 A. W. Schlegel, *Vorlesungen über schöne Literatur und Kunst* II, ed. Jakob Minor, Heilbronn: Henninger, 1884, pp. 65~70; Novalis, "Christenheit oder Europa", *HKA* III, pp. 515~516; Schleiermacher, *Monologen*, *KGA* I/3, pp. 30~31을 보라.

치와 선입견·미신·무지 극복의 필요성을 고려하지 않는다.

초기낭만주의자들은 정확하게 이 근본적인 가치들과 관련하여 계몽에 충실했다. 낭만주의자들은 계몽에 대한 모든 비판에도 불구하고 적어도 계몽의 두 가지 근본 원리, 즉 급진적 비판 혹은 개인이 스스로 생각할 권리와 문화, 대중의 교육을 지지했다.[11] 1790년대, 계몽이 심각한 위기를 맞았던 바로 그 시기에 낭만주의자들은 이 믿음들을 의심한 것이 아니라 그것의 방어를 목표로 했다.

1780년대 후반 즈음에는 계몽이 외부의 적이 아니라 자체의 내적 긴장들로 인해 위험에 처했음이 분명해졌다. 이러한 내적 갈등들 가운데 가장 중요한 것은 계몽의 급진적 비판이 문화Bildung의 이상 자체를 손상시키는 것처럼 보인다는 것이었다. 문화의 이상은 어떤 명확한 도덕적·정치적·미학적 원리들에 대한 헌신을 전제로 한 반면, 계몽의 비판은 필연적으로 회의주의 혹은 니힐리즘으로 귀착되는 듯했다. 그러나 이성이 도덕·정치·취향에 대해 의심하는 것 이외에 아무것도 할 수 없다면, 어떻게 그것들에 대해 대중을 교육하는 것이 가능하겠는가?

여기서 문제는 고전적인 것이었다. 소크라테스는 『변명』에서 오직 반성적 삶만이 정의와 덕에 대해 말해 주기 때문에 살 만한 가치가 있다고 주장했다. 하지만 그는 또한 자신이 아무것도 모르기 때문에 가장 현명한 자라고 주장했다.[12] 어떻게 반성적 삶은 완전한 무지 그리고 정의와 덕에 대한 앎 모두에 이를 수 있는가? 물론 이것이 소크라테스를 고발한 멜레투스와 아니투스의 질문이었다. 18세기 후반 베를린에서는 일부 계몽 비판자들, 가장 유명하게는 하만과 야코비Friedrich Heinrich Jacobi가 바

11) 계몽에서 문화(Bildung)의 핵심적 역할에 대해서는 멘델스존의 고전적 에세이 "Über die Frage: was heisst aufklärung?", *Berlinische Monatsschrift* 4, 1784, pp. 193~200을 보라.
12) Socrates, *Apology* 38a~b와 33b를 비교하라.

로 그 질문을 다시 제기하고 있었다. 소크라테스는 계몽의 영웅이자 광신과 미신, 야만에 맞선 전투의 수호성인이었다. 그러나 계몽주의자들은 그의 심판 뒤에 있는 더 깊은 교훈을 배우는 데 실패하지 않았는가? 죽음만이 반성적 삶의 아포리아에 대한 유일한 대답이 될 수 있을 것 같았다.

3. 낭만주의적 미학주의의 맥락

초기 독일낭만주의의 가장 눈에 띄는 특징 중 하나 ― 그것의 적과 동지들이 즉각 주목하는 것 ― 는 그것이 예술에 부여한 커다란 중요성이다. 프리드리히 슐레겔, 아우구스트 슐레겔, 슐라이어마허, 셸링, 노발리스, 휠덜린은 모두 독일 문화의 부흥에 있어 예술에 근본적인 역할을 부여했다. 화가와 시인, 작곡가, 소설가는 문화 개혁의 최전선에 있었고, 인간 종의 교육자 역할로 초빙되었다. 우리는 초기낭만주의자들이 예술을 강조한 이유를 플라톤이 『국가』에서 주장했던 악명 높은 독트린의 반대로 이해함으로써 그러한 강조를 적절한 역사적 관점하에 둘 수 있다. 플라톤은 예술가들을 추방하고 싶어 했지만, 낭만주의자들은 그들에게 왕관을 씌우고자 했다. 청년 노발리스는 최고의 군주란 예술가 중의 예술가, 국가를 무대로 한 거대한 드라마의 감독이 아니면 무엇인가라고 물었다.[13]

그렇지만 대체 왜 초기낭만주의자들은 예술에 그토록 커다란 중요성을 부여한 것일까? 왜 그들은 예술을 사회적·정치적·문화적 부흥의 열쇠로 간주한 것일까? 이 질문에 대한 대답은 초기낭만주의자들과 계몽의 관계를 이해하는 데에 매우 중요하다. 미학주의는 계몽의 이상을 실행에 옮기고 해결되지 않은 문제를 푸는 그들의 방법이었기 때문이다.

---

13) Novalis, *Glauben und Liebe: Oder der König und die Königin* no. 39, *HKA* II, p. 498.

초기낭만주의자들의 미학주의는 프랑스 혁명에 대한 그들의 반응이라는 맥락에서만 이해 가능하다. 혁명은 그들에게 심대한 영향을 미쳤다. 그것은 그들의 정치의식을 낳았고, 초기의 사회적·정치적·미학적 사유의 문제틀을 구성했다. 아우구스트 슐레겔만이 처음부터 회의적이었을 뿐, 초기낭만주의자들은 프랑스 혁명을 새로운 시대의 도래로 환영했다. 그들은 구체제의 몰락에 환호했고, 특권과 억압, 부정의로부터 자유로운 새 시대를 기대했다. 티크, 노발리스, 셸링, 슐라이어마허와 프리드리히 슐레겔은 자유·평등·우애의 이상을 승인했다. 그리고 참된 인간성은 오직 공화국에서만 실현될 수 있다고 주장했다. 혁명에 대한 그들의 반응에서 가장 놀라운 점은 그들이 얼마나 오랫동안 공감을 유지했는가 하는 것이다. 많은 독일인들과 달리 그들의 충성심은 9월 대학살과 왕의 처형, 라인란트 침공, 심지어는 공포정치에도 영향을 받지 않았다.[14)]

노발리스와 셸링, 슐라이어마허, 프리드리히 슐레겔은 1798년경에야 혁명에 비판적으로 되었다. 그들은 이때부터 근대 시민사회의 이기주의와 유물론, 공리주의를 공격하기 시작했고, 혁명이 이를 조장했다고 믿었다.[15)] 또한 중우정치에 대한 두려움을 표현했으며, 어느 정도의 엘리트 지배를 주장했다. 그리고 진정한 공화국은 귀족정과 군주정, 민주정의 혼합이 되어야 한다고 믿었다. 참된 국가에서는 교육받은 이들이 교육받지 못한 자들에 대해 권력을 가져야 하기 때문이다.[16)] 그러나 이처럼 조심스

---

14) 낭만주의자들이 왕의 처형과 공포정치의 시작 이후 혁명에 대한 환상을 잃게 되었다고 보는 전통적 견해는 유지될 수 없다. 혁명에 대한 낭만주의자들의 반응에 대해서는 나의 *Enlightenment, Revolution, and Romanticism: The Genesis of Modern German Political Thought, 1790~1800*, Cambridge, Mass.: Harvard University Press, 1992, pp. 228~229, 241~244, 250~253, 266~267을 보라.

15) 예를 들어 Schlegel, *Ideen* no. 41, *KA* II, p. 259; Novalis, *Glauben und Liebe: Oder der König und die Königin* no. 36. *HKA* II, p. 495; Schleiermacher, *Über die Religion: Reden an die Gebildeten unter ihren Verächtern*, *KGA* II/1, p. 196을 보라.

럽고 온건한 독트린은 반동적이지도 않았고, 낭만주의자들 특유의 것도 아니었다. 그것은 1790년대 후반의 전형적인 입장이었으며, 프랑스 내의 경향을 반영하고 있었다. 프랑스에서는 1797년 3월 선거의 결과 양원에서 다시 왕당파가 다수를 차지했다.[17] 점차 온건해지고 조심스러워졌지만 낭만주의자들은 공화주의를 포기하지 않았고, 그것을 입헌군주제 안에 편입시키기를 희망했다. 1800년대 초까지도 노발리스와 슐레겔은 자유·평등·우애의 이상을 재확인하고 있었다.[18] 따라서 초기낭만주의자들로만 한정한다면 '낭만적 보수주의'를 말하는 것은 부당하다. 여전히 계몽군주제에 대한 믿음에 매달려 있던 많은 계몽주의자들보다 그들이 자유주의적이고 진보적인 이상에 진정으로 훨씬 더 충실했다.[19] 계몽이 진보적이고 민주적인 이상과 결합한 것은 훨씬 후의 일이다. 그것을 1790년대 낭만주의자들의 정치적 맥락으로 소급해 읽어서는 안 된다.

1790년대에 낭만주의자들은 공화주의자였지만 혁명가는 아니었다. 그들은 혁명의 이념을 승인했지만 그것의 실천은 부정했다. 횔덜린을 제외하면 그들은 자신들의 모국에서 [왕의] 폐위가 가능하다거나 심지어

---

16) Schlegel, *Athenäumsfragmente* nos. 81, 212~214, *KA* II, pp. 178~213; Novalis, *Glauben und Liebe: Oder der König und die Königin* nos. 22, 37, *HKA* II, pp. 490, 496.

17) 로베스피에르의 처형 이후 1795년 테르미도르파가 기초한 새로운 헌법은 총재정부(Directoire)와 함께 양원제—법을 발의하는 '500인 의회'(Conseil des Cinq-Cents)와 그것을 채택하는 '원로원'(Conseil des Anciens)—를 도입했다. 1797년 봄 양원의 보선으로 왕당파 의원들의 수가 증가했다.—옮긴이

18) 예를 들어 Novalis, *HKA* II, pp. 518, 522; Schlegel, *Vorlesungen über Transzendentalphilosophie*, *KA* XII, pp. 44, 47, 56~57, 88을 보라.

19) 그래서 1790년대에 크리스티안 가르베, 에른스트 페르디난트 클라인(Ernst Ferdinand Klein), 요한 아우구스트 에버하르트, 칼 고틀리프 스바레츠(Carl Gottlieb Svarez) 같은 계몽주의자들은 혁명의 관념에 반대하여 절대군주제를 계속 옹호했다. 혁명에 대한 계몽주의자들의 반응에 대해서는 *Enlightenment, Revolution, and Romanticism*, pp. 309~317; Zwi Batscha, *"Despotismus von jeder Art reizt zur Widersetzlichkeit": Die französische Revolution in der deutschen Popularphilosophie*, Frankfurt: Suhrkamp, 1989를 보라.

바람직하다고도 믿지 않았다.[20] 프랑스에서의 사건들은 혁명이 치유될 수 없는 무정부 상태와 분쟁으로 귀결될 것을 두려워하게 만들었다. 그래서 그들은 위로부터의 점진적인 진화적 변화가 필요하다고 주장했다. 많은 계몽주의자들처럼 낭만주의자들은 급진적인 정치적 변화에서 가장 큰 위험은 인민들 자신에게 있으며, 그들이 공화국의 높은 도덕적 이상을 위한 준비가 되어 있지 않다고 주장했다. 몽테스키외와 루소가 언제나 가르쳤듯이 공화국은 지혜와 덕을 요구했다. 하지만 제국 대부분의 영토에서 낮은 교육 수준과 계몽의 더딘 진전을 고려할 때 독일에서 이를 기대하는 것은 불가능했다. 그러므로 초기낭만주의자들이 마주한 근본적인 정치적 문제는 분명했다. 그것은 도덕적·정치적·미학적 교육을 제공함으로써 독일 국민을 공화국의 높은 이상을 위해 준비시키는 것이었다. 1790년대 독일 지식인으로서 그들의 임무는 도덕과 취향, 종교의 기준을 정의하여 대중이 문화의 어떤 이상과 덕의 어떤 모델을 갖게 하는 것이었다. 따라서 1797년부터 1800년까지의 결정적인 형성기에 낭만주의자들은 혁명가도 아니었고 반동도 아니었다. 오히려 그들은 단순히 개혁가들, 즉 실러와 헤르더, 훔볼트, 빌란트와 계몽주의자 전체의 고전주의적 전통 안에 있는 온건주의자들이었다.[21]

---

20) *Hölderlin und die französische Revolution*, Frankfurt: Suhrkamp, 1969, pp. 85~113에서 피에르 베르토(Pierre Bertaux)는 횔덜린이 슈바벤(Schwaben) 공화국을 설립하려는 계획에 가담했다는 증거를 모았다. 하지만 대체로 횔덜린은 점진적인 진화적 변화의 가치와 문화의 필요성을 주장했다. 이를테면 요한 고트프리트 에벨(Johann Gottfried Ebel)에게 보낸 1797년 1월 10일자 편지와 그의 동생에게 보낸 1799년 1월 1일자 편지를 보라. *GSA* VI/1, pp. 229~230, 303~305.

21) 그러므로 낭만주의가 급진적 혹은 반동적, 진보적 혹은 퇴보적인 것으로 분류되어야 한다고 주장하는 학자들은 우리에게 그릇된 선택지를 제시한다. 한스 마이어(Hans Mayer)는 "Fragen der Romantikforschung", *Zur deutschen Klassik und Romantik*, Pfüllingen: Neske, 1963, p. 302에서 루카치가 낭만주의 연구에 그러한 도식을 부과했다고 비판한다. 하지만 그는 왜 이 도식이 문제가 되는지를 설명하지 않는다. 그러나 우리가 낭만주의자들

우리는 이 개혁주의의 맥락 안에 초기낭만주의자들의 미학주의를 위치시켜야 한다. 그들이 예술에 그토록 큰 중요성을 부여한 것은 예술을 문화의 주요 수단으로, 따라서 사회정치적 개혁의 열쇠로 보았기 때문이다. 만약 대중이 공화국의 높은 도덕적 이상을 위해 준비될 수 있다면, 이는 새로운 사회정치적 질서의 선봉이 될 미학적 교육을 통해서일 것이다.

초기낭만주의자들은 예술에 그러한 중요성을 할당함으로써 자신들이 실러의 제자임을 입증했다. 실러는 유명한 1793년의 『인간의 미적 교육에 관한 편지들』에서 바로 이 테제를 제시했다. 그들은 정치적 문제에 대한 실러의 분석에 동의했다. 문화는 사회정치적 변화의 전제조건이자 지속적인 공화정체의 유일하게 확고한 기반이다. 그들은 또한 이 문제에 대한 실러의 해결책, 즉 미학적 교육이 문화의 핵심이 되어야 한다는 데에 동의했다. 실러에 따르면 인간의 분열된 능력들을 통일시키고 덕의 모델을 제공하며 대중이 행동하도록 고무할 수 있는 것은 예술, 오직 예술뿐이었다. 낭만주의자들은 이 모든 측면에 동의했다. 그들의 동의는 저 신비로운 문서인 「독일관념론의 가장 오래된 체계 프로그램」에서 가장 분명하게 나타난다. 여기에서 시는 문명의 여명기에 그것이 했던 인류의 교사로서의 역할을 다시 되찾아야 한다고 선언된다.[22]

을 1790년대의 맥락 안에 위치시키면 그것의 문제적 지위가 곧 분명해진다. 거기서 낭만주의자들의 위치는 온건 중도파에 속한다.

22) Hölderlin, *GSA* IV/1, pp. 297~299를 보라. 번역으로는 나의 *The Early Political Writings of the German Romantics*, Cambridge: Cambridge University Press, 1996, pp. 3~5를 보라. 이 원고의 저자가 누구이냐는 크게 논란이 된 문제이며, 여기에서 그것을 결정할 필요는 없다. 저자는 아마도 셸링이나 헤겔, 혹은 횔덜린일 것이다. 저자를 둘러싼 논쟁에 대해서는 *Hegel-Tage Villigst 1969: Das älteste Systemprogramm des deutschen Idealismus, Studien zur Frühgeschichte des deutschen Idealismus*, ed. Rüdiger Bubner, 1973(Hegel Studien Beihefte 9); Christoph Jamme, *Mythologie der Vernunft: Hegels "ältestes Systemprogramm des deutschen Idealismus"*, Frankfurt: Suhrkamp, 1984에 수록된 에세이들을 보라.

초기낭만주의자들의 미학주의를 그것이 기원한 역사적 맥락 안에 위치시키면, 그것이 사회정치적 개혁을 위한 그들의 전략임이 드러난다. 그런데 이는 초기낭만주의자들이 계몽의 근본 목적들 중 하나—대중의 교육, 그것의 도덕적·지적·미학적 능력의 개발—에 충실했던 한에서, 그들의 주요 목적이 얼마나 계몽의 연속선상에 있는지를 보여 준다. 계몽의 많은 간행물들처럼 명시적으로 문화의 목적에 바쳐졌던 그들의 저널 『아테네움』의 목표가 바로 그러했다. 초기낭만주의자들이 더 많은 교육과 계몽을 근본적인 사회정치적 변화의 전제조건으로 주장한 것은 계몽주의자들이 종종 지적하던 것을 단지 반복한 데에 지나지 않았다. 사실 계몽이 증대되는 사회정치적 변화의 요구에 봉사하도록 만들려고 시도했다는 점에서 초기낭만주의자들은 1790년대의 계몽주의자인 듯이 보인다. 앞선 계몽의 세대와 이들이 다른 점은 다만 계몽절대주의에 대한 이들의 환멸과 공화주의의 이상을 수용하려는 자세에 있는 듯하다. 따라서 낭만주의자들이 혁명 이후 시대의 계몽주의자였다는 결론은 상당히 솔깃하다. 하지만 곧 보게 되듯이, 진실은 그보다 훨씬 더 복잡하다.

4. 급진적 비판과 그 결과

초기낭만주의자들이 문화에 대한 계몽의 이상에 충실했다면, 그에 못지않게 그들은 급진적 비판의 이상에도 충실했다. 계몽은 비판의 절대적인 권리, 천국과 지상의 모든 것을 비판할 수 있는 이성의 권리를 주장했다. 칸트가 말했듯이 신성한 종교도 위엄 있는 국가도 비판의 법정을 피해 갈 수는 없었다.[23] 초기낭만주의자들은 이 원리를 부인하지 않았고, 오히려

23) Kant, *KrV* A, p. xii.

그것을 열정적으로 승인했다. 노발리스와 횔덜린, 프리드리히 슐레겔, 슐라이어마허 모두 비판 능력을 매우 가치 있게 여겼고, 그것이 모든 철학과 예술, 학문에 불가결하다고 생각했다.[24] 만약 초기낭만주의자들이 계몽주의자들에게 어떤 불만을 가졌다면 그것은 바로 계몽주의자들이 이성의 권위를 충분히 확장하지 않고 사회적·정치적·종교적 현실과 타협하려 함으로써 자신들의 이상을 배반했다는 것이다.

급진적 비판—종교, 도덕, 사회적 관습에 대한 철저한 비판—의 가치는 『아테네움』을 이끄는 동기들 가운데 하나였다. 프리드리히 슐레겔은 이 집단이 지녔던 일반적인 태도를 "우리는 아무리 비판적으로 되어도 충분하지 않다"로 요약했다.[25] 아이러니에 대한 낭만주의자들의 사랑은 급진적 비판에의 헌신의 또 다른 형태였다. 아이러니는 부단한 자기-비판을 통해 자신의 모든 믿음과 창조를 넘어설 것을 요구하기 때문이다. 하지만 비판이라는 계몽적 이상에 대한 낭만주의의 충성은 프리드리히 슐레겔의 레싱 숭배에서 가장 잘 드러난다. 레싱은 당대의 가장 대담한 계몽주의자로 유명했다.[26] 슐레겔은 레싱의 독립적인 정신, 관습과 권위와 무관하게 스스로 사유하는 능력을 깊이 존경했다. 그의 야심은 바로 1790년대의 레싱이 되는 것이었다.

---

24) 예를 들어 Novalis, *Heinrich von Ofterdingen*, *HKA* I, pp. 280~283; Hölderlin, *Hyperion*, *GSA* III, p. 93과 그의 동생에게 보낸 1795년 6월 2일자 편지 *GSA* VI/1, pp. 208~209; Schlegel, *Athenäumsfragmente* nos. 1, 47, 48, 56, 89, 96, *KA* II, pp. 165, 172, 173, 178, 179를 보라.

25) Schlegel, *Athenäumsfragmente* no. 281, *KA* II, p. 213.

26) Schlegel, "Über Lessing", *KA* II, pp. 100~125와 *Lessings Gedanken und Meinungen*, *KA* XIII, pp. 46~102를 보라. 슐레겔의 레싱 숭배에 대해서는 Johanna Krüger, *Friedrich Schlegels Bejehrung zu Lessing*, Weimar: Duncker, 1913; Klaus Peter, "Friedrich Schlegels Lessing: Zur Wirkungsgeschichte der Aufklärung", *Humanität und Dialog: Lessing und Mendelssohn in neuer Sicht*, eds. Erhard Bahr et al., Detroit: Wayne State University Press, 1979, pp. 341~352를 보라.

비판에 대한 초기낭만주의자들의 태도는 범신론 논쟁에 대한 반응에서 특히 명백하게 드러났다. 그 논쟁은 18세기 말 독일에서 이성에 대한 충성도를 알아보는 진정한 척도였다. 1786년에 시작된 이 논쟁에서 야코비는 일관된 이성주의가 스피노자의 무신론과 운명론으로 귀착될 수밖에 없으며, 도덕적·종교적 믿음을 구하는 유일한 길은 목숨을 건 도약salto mortale, 즉 신앙의 도약을 통하는 것이라고 주장했다. 그러나 슐레겔과 노발리스, 횔덜린, 셸링, 슐라이어마허는 모두 야코비가 제안한 도약에 비판적이었다. 그들이 보기에 야코비의 커다란 실수는 이성이 자신의 소중한 믿음을 위협한다고 보았을 때 이성에 등을 돌린 데에 있었다. 그들은 야코비가 이성 대신 자신의 믿음을 부정하는 편이 더 낫고 정직했으리라고 생각했다. 비록 낭만주의자 자신들도 신비주의의 매력에 완전히 저항할 수는 없었지만, 그들은 결코 이성에 반대되는 신앙의 도약을 승인하지 않았다. 증거를 결여한 믿음을 유지하는 것은 허용되었지만, 증거에 반대되는 믿음을 유지하는 것은 금지되었다.

초기낭만주의자들이 비판을 높이 평가한 이유는 그것을 개인이 억압적인 사회적 규범으로부터 자신을 해방시킬 수 있는 도구로 보았기 때문이다. 낭만주의자들은 개인을 집단의 이상에 종속시키려 하기보다 개인주의 윤리학, '신적 이기주의'의 윤리학을 옹호했다. 이에 따르면 삶의 목적은 각 개인의 독특하고 고유한 능력들의 개발이 되어야 한다.[27] 하지만 그들은 이러한 개발을 위해서는 개인이 스스로 생각하는 법을, 감히 자신의 오성을 사용하는 법을 배워야 한다고 강조했다. 비판의 주권적 권리는 개인의 주권적 권리를 유지하는 수단이었다.

---

27) 낭만주의의 개인주의 윤리학에 대해서는 Schlegel, *Athenäumsfragmente* no. 16, *KA* II, p. 167과 *Ideen* no. 60, *KA* II, p. 262를 보라. 또한 Schleiermacher, *Über die Religion*, *KGA* II/1, pp. 229~230과 *Monologen*, *KGA* I/3, pp. 17~18을 보라.

그러나 비판의 가치에 대한 믿음에도 불구하고 낭만주의자들은 그것의 위험성에 대해서도 의식했다. 청년 슐레겔은 이제 철학자들이 그들의 이성이 자신들을 어디로 데려가고 있는지를 질문해야 할 때라고 믿었다. 만약 이성이 천국과 지상의 모든 것을 비판할 수 있다면, 그것은 자기 자신 역시 비판해야 하지 않겠는가?[28]

1790년대 후반경에는 급진적 비판의 가장 불편한 결과들 몇 가지가 분명해졌다. 가장 먼저 비판이 일관되고 철저하다면 그것은 회의주의의 심연으로 귀착될 것으로 보였다. 모든 도덕적·종교적·정치적·상식적 믿음들이 검토되었지만 비판은 그것들을 지탱하는 토대를 밝히기보다는 오히려 그것들이 모두 '선입견'에 불과함을 보여 주었다. 1790년대 후반, 회의주의의 위험은 어느 때보다도 심각해 보였다. 마이몬Salomon Maimon과 하만, 비첸만Thomas Wizenmann, 레베르크August Wilhelm Rehberg, 피스토리우스Hermann Andreas Pistorius, 슐체Gottlob Ernst Schulze, 플라트너Ernst Platner 등의 철학자들은 일종의 새로운 흄적 회의주의를, 칸트가 흄에 대해 만족스러운 답변을 했는지 의심하는 회의주의를 전개했다. 오버라이트Jacob Hermann Obereit와 야코비가 칸트 철학의 근본 원리들이 궁극적으로 니힐리즘, 스쳐 가는 인상들 이외에 어떤 것의 존재도 알 수 없다는 독트린으로 귀결된다고 주장했을 때도 니힐리즘의 유령이 나타났다.

급진적 비판을 과학적 방법이라는 일반적 의미로 이해했을 때 생겨난 또 다른 곤란한 결과는, 그것이 인간을 자연으로부터 소외시켰다는 것이다.[29] 자연은 이제 과학적 탐구의 대상이 되었기 때문에 엄격한 필연성

28) Schlegel, *Athenäumsfragmente* nos. 1, 47, 48, 56, 89, 96, 282, *KA* II, pp. 165, 172, 173, 178, 179, 213을 보라.

29) Novalis, *Die Lehrling zu Sais*, *HKA* I, pp. 84, 89~90과 "Christenheit oder Europa", *HKA* III, pp. 515~516을 보라. 또 Hölderlin, *Hyperions Jugend*, *GSA* III, p. 199를 보라.

과 규칙성을 갖고 법칙에 복종하는 단순한 기계 이상이 아닌 듯했다. 또한 근대 기술은 자연을 탈신비화하고 그것의 아름다움과 마법, 신비를 박탈했다. 이성이 자연을 정복한 만큼 자연은 단순히 인간의 만족을 위한 수단이나 도구가 되었다. 그러나 이성이 그것을 통제하지 못하는 만큼 자연은 단지 그 노력의 장애물이었다. 어느 경우든, 자연이 인간의 목적을 위한 수단이든 방해물이든, 자아는 더 이상 [자신을] 자연의 일부로 느낄 수 없었다. 자아는 더 이상 세계 안에서 편안함을 느끼지 않았다.

초기낭만주의자들이 보기에 급진적 비판이 발생시킨 가장 문제적인 결과는 근대인이 공동체 감각을, 집단에의 소속감을 잃어버렸다는 것이다.[30] 낭만주의자들은 개인주의의 가치를 주장하면서도, 공동체에 참여하고 그것과 일체가 되는 것의 가치도 강조했다. 왜냐하면 그들은 인간이 본질적으로 집단 안에서만 자신의 고유한 능력을 실현하는 사회적 동물이라 주장했기 때문이다. 하지만 급진적 비판은 공동체 안에서의 자기-실현의 가능성을 약화시키는 듯했다. 개인은 모든 형태의 사회정치적 삶을 비판함으로써 그것들을 비이성적 권위의 한 형태로, 자신의 개인적 자율성에 대한 위협으로 간주하기 시작했다. 만약 개인이 그의 이성의 비판적 활동에 부합할 때까지 어떤 믿음이나 법칙도 받아들여서는 안 된다면, 개인들이 존재하는 수만큼 권위의 원천이 존재할 수 있을 것이다. 따라서 급진적 비판은 회의주의뿐 아니라 무정부주의로 나아가는 듯했다.

그러나 급진적 비판의 결과들은 계몽의 일관성 자체에 대해 매우 심각한 몇 가지 질문을 제기했다. 왜냐하면 그것의 가장 기본적인 두 이상인 급진적 비판과 문화Bildung가 서로 충돌하는 듯했기 때문이다. 만약 비

---

30) Novalis, *Glauben und Liebe: Oder der König und die Königin* no. 36, *HKA* II, p. 495를 보라. 이 상실의 감각은 슐레겔의 몇몇 초기 고전주의적 에세이, 특히 "Über die Grenzen des Schönen", *KA* I, p. 23에서도 나타난다. 또한 그의 *Lucinde*, *KA* V, pp. 25~29를 보라.

판이 완전한 회의주의로 귀착된다면, 우리는 어떤 도덕적·정치적·종교적 원리들에 따라 대중을 교육해야 하는가? 만약 그것이 자연의 모든 아름다움을 파괴한다면, 우리는 어떻게 인간성의 본질적 부분인 감성을 개발하거나 연마할 수 있겠는가? 그리고 만약 그것이 완전한 무정부주의로 귀결된다면, 우리는 어떻게 사람들이 사회 안에서 책임 있고 생산적인 역할을 수행하도록 기대할 수 있겠는가? 따라서 급진적 비판에의 헌신은 계몽의 문화 기획 배후에 있는 도덕적 이상주의를 약화시켰다.

이제 1790년대의 낭만주의자들이 마주한 일반적 문제는 분명해졌다. 이성을 배반하지 않으면서 계몽이 남겨 놓은 공백을 메우는 것이 어떻게 가능한가? 개인의 자율성을 잃지 않으면서 우리의 믿음을, 자연과 사회와의 통일성을 회복하는 것이 어떻게 가능한가? 간략히 말하면 문화에 대한 계몽의 이상을 급진적 비판에 대한 요구와 화해시키는 것이 어떻게 가능한가? 초기낭만주의자들은 영국의 버크Edmund Burke나 프랑스의 드 메스트르Joseph Marie de Maistre처럼 단지 '선입견'의 가치를 재확인하는 것으로는 이 문제를 피해 갈 수 없음을 알았다. 저 반동적인 전략은 비판의 능력이 소중한 만큼 불가피하다는 것을 깨닫지 못했기 때문이다.

5. 양면적 해결책

낭만주의자들이 이 딜레마에서 빠져나온 길은 무엇이었을까? 그것은 예술에 대한 그들의 믿음에 있었다. 그들은 오직 예술만이 그들의 믿음을, 자연과 사회와의 통일성을 회복할 수 있다고 믿었다. 오직 예술만이 치명적인 비판의 힘이 만든 공백을 메울 수 있었다. 이성이 본질적으로 부정적이고 파괴적인 힘이라면, 예술은 긍정적이고 생산적인 힘이었다. 그것은 상상력을 통해 전 세계를 창조할 수 있는 힘을 가지고 있었다. 고대인들에게 소박한 차원에서 주어졌던 것, 즉 도덕적·종교적 믿음 및 자연과 사회와의 통일성은 비판의 부식 능력에 의해 파괴되었다. 이제 임무는 예술의 힘을 통해 자기-의식적인 수준에서 그것을 재창조하는 것이었다.

예술은 새로운 신화를 창조함으로써 도덕적이고 종교적인 믿음을 회복할 수 있었다.[31] 예술은 자연을 '낭만화'함으로써, 자연의 오랜 신비와 마법, 미를 복원함으로써 자연과의 통일성을 되살릴 수 있었다.[32] 그리고 예술은 모든 사회적 유대의 기반이자 자유롭고 평등한 모든 사람들을 결합시키는 자연적 감정인 사랑의 감정을 표현하고 일깨움으로써 공동체를 재확립할 수 있었다.[33]

이러한 미학적 신조가 18세기 말 계몽의 위기에 대한 낭만주의자들의 답변이었다. 낭만주의자들의 견해에 따르면, 문화의 임무가 예술의 창조적 힘에 맡겨진다면 문화의 이상과 급진적 비판의 이상은 공존할 수 있다. 이성이 문화에서 더 적극적인 역할을 수행한다고 나설 때에만 충돌이 일어난다. 왜냐하면 그러한 나섬은 본질적으로 파괴적인 비판의 힘과 양립하지 않기 때문이다. 18세기 말 이성을 비판했던 많은 이들처럼 초기낭만주의자들은 이성을 소극적인 역할로 엄격하게 제한하는 경향이 있었다. 즉 이성의 임무는 단순히 선입견과 독단, 미신과 싸우는 것이었다. 그들은 칸트와 야코비의 이성 비판이 제기한 근본 사항 한 가지에 동의하는

---

31) 새로운 신화를 위한 낭만주의적 기획에 대해서는 Schlegel, *Gespräch über die Poesie*, *KA* II, pp. 311~328; Novalis, *Fragmente und Studien* nos. 391, 395, 434, *HKA* III과 *Freiburger Studien* no. 47; 그리고 익명의 "Systemprogramm des deutschen Idealismus", *Materialen zu Schellings Philosophischen Anfängen*, ed. Manfred Frank, Frankfurt: Suhrkamp, 1975, pp. 110~113을 보라.

32) Novalis, no. 105, *HKA* II, p. 545를 보라.

33) Schlegel, *Brief über den Roman*, *KA* II, pp. 333~334를 보라. 이 에세이는 슐레겔의 초기 에세이 "Über die Grenzen des Schönen", *KA* I, pp. 34~44, 특히 42와 비교되어야 한다. 여기서 그는 미학적 향유의 최고 형태가 사랑이라고 주장한다.

듯했다. 즉 이성은 사실을 창조하는 힘이 아니라, 단지 추론을 통해 사실들을 연결하는 힘만을 갖고 있다. 사실 자체는 다른 어떤 원천으로부터 이성에게 주어져야 한다. 낭만주의자들에게는 생산적 상상력만이 그 원천이 될 수 있었다.

그러나 낭만주의자들의 미학적 교육 프로그램의 근저에는 깊은 모호함이, 이성의 힘에 대한 그들 자신의 의심을 반영하는 애매함이 있었다. 그들이 미학적 교육 프로그램이 이성의 권위를 대체하도록 했는지, 아니면 지원하도록 의도했는지가 분명하지 않다. 그것의 임무는 이성이 파괴하기만 하는 듯한 도덕적·종교적·정치적 원리들을 설립하는 것이었나? 아니면 이성이 창조할 수는 있지만 실행에 옮기지 못하는 도덕적·정치적 원리들을 위해 자극이나 동기만을 제공하는 것이었나?

이 핵심적인 질문에 대해 낭만주의자들은 양면적이었던 것으로 보인다. 미학적 경험을 도덕적·정치적 가치의 기준으로 만들고 그러한 경험이 개념적 규정을 넘어선다고 주장함으로써, 그들은 예술을 도덕과 정치에 불가결한 토대로 만들었다. 그러나 그들은 때로 이성이 도덕적·정치적 원리들을 정당화하는 힘을 갖는다고 주장한 듯이 보인다. 이를테면 셸링과 슐레겔은 피히테의 『전체 학문론의 기초』*Grundlage der gesamten Wissenschaftslehre*의 예에 따라 자연권과 국가의 원리들을 선험적으로 연역했다.[34] 이성이 형이상학의 이론적 원리들을 증명할 수는 없지만 최소한 도덕과 정치의 실천적인 원리들을 정당화할 수 있다고 보는 데서 그들은 칸트, 피히테와 의견을 함께하는 듯했다. 이 경우 예술은 감정과 상상력

---

34) 셸링과 슐레겔은 모두 피히테의 노선에 따라 그들의 정치 원리를 형성했다. Schelling, *Neue Deduktion des Naturrechts*, *Sämtliche Werke* I, ed. K. F. A. Schelling, Stuttgart: Cotta, 1856~1861, pp. 245~280; Schlegel, "Versuch über den Begriff des Republikanismus", *KA* VII, pp. 11~25를 보라. 노발리스는 피히테의 『자연법의 기초』(*Grundlage des Naturrechts*)를 높이 평가했다. 그의 *Tagebücher* no. 70, May 27, 1797을 보라.

을 자극함으로써 우리가 도덕성과 국가의 원리에 따라 행동하도록 도울 수 있을 뿐이었다. 그것은 이 원리들을 발견하거나 정당화할 수 없었다.

이 양면성은 낭만주의자들과 계몽의 관계를 규정하는 데 매우 중요하다. 만약 초기낭만주의자들이 예술이 이성을 대체하도록 의도했다면, 그들은 정말로 계몽을 넘어서고 있었다. 하지만 만약 그들이 예술이 단지 이성을 지원하도록, 즉 행동을 위한 동기나 자극만을 제공하도록 의도했다면, 그들은 계몽의 한계 안에 머물러 있었던 셈이다. 그들은 계몽주의자들처럼 단지 이성의 원리를 공적인 삶에서 실현함으로써 사유와 행동, 이론과 실천의 간극을 극복하려 시도하고 있었다. 그렇다면 결국 초기낭만주의자들과 계몽의 관계를 규정하는 문제는 이성에 대한 그들의 태도를 정확하게 파악하는 데에 달려 있다. 그런데 바로 이 지점에서 초기낭만주의자들의 텍스트는 명확하지 않고 모호하며 기껏해야 양면적이다.

이성의 힘에 대한 초기낭만주의자들의 태도가 무엇이든, 그들을 단순히 혁명 이후 시대의 계몽주의자로 간주하기는 힘들다. 이는 1790년대 말 계몽의 위기에 대한 그들의 우려를 고려하지 않기 때문이다. 연로한 계몽주의자들 세대는 칸트와 야코비의 비판을 반박하려 했지만, 초기낭만주의자들은 그들을 토대로 삼는 것 이외에 다른 선택은 없다고 느꼈다. 만약 초기낭만주의자들의 미학적 기획이 계몽의 위기에 대한 그들의 해결책이었다면, 우리는 초기낭만주의를 계몽의 긍정이자 동시에 부정이라고 볼 수밖에 없다. 계몽은 불사조처럼 자신의 불길에 의해 소진되었다. 그리고 그 잿더미로부터 낭만주의가 일어났다.

4장_초기낭만주의와 플라톤주의 전통

1. 계몽으로서의 낭만주의

오래되고 권위 있는 연구 전통에 따르면 초기낭만주의Frühromantik와 계몽Aufklärung 사이에는 철저한 단절이 있었다.[1] 이 운동들을 대립시키는 데는 많은 이유가 제시되었지만, 가장 기본적인 것 중 하나는 이성의 권위에 대해 명백히 충돌하는 견해들과 관련이 있다. 이 근본적인 쟁점과 관련해 두 가지 구분이 행해졌다. 첫째, 계몽주의자들은 이성의 개념과 판단을, 초기낭만주의자들은 예술의 직관과 감정을 최고의 지적 권위, 지식의 궁극적 기준이자 도구로 삼았다. 둘째, 계몽주의자들은 진리의 보편적 기준, 즉 모든 문화와 모든 시대의 인간들에게 타당한 지식과 비판의 일반적 기준이 존재함을 긍정했지만, 낭만주의자들은 그것을 부정했다. 초기낭만주의자들은 모든 진리와 가치가 궁극적으로 개인의 결정에 의존한다고 인정함으로써 자연법 전통과 단절했다고 추정되었다.[2]

---

1) 예를 들어 Nicolai Hartmann, *Die Philosophie des deutschen Idealismus* I, Berlin: de Gruyter, 1923, 188; Georg Lukács, *Fortschritt und Reacktion in der deutschen Literatur*, Berlin: Aufbau, 1947, p. 54; Paul Kluckhohn, *Das Ideengut der deutschen Romantik*, 3rd ed., Tübingen: Niemeyer, 1953, pp. 12, 107, 186을 보라. 또한 3장 주 1~4에 열거된 자료들을 보라.

최근 이 전통은 면밀히 검토되고 있다.[3] 초기낭만주의와 계몽의 날카로운 대당은 보다 세밀한 역사적 고찰 앞에서 무너지기 시작했다. 요즘 부상하고 있는 그림은 좀더 복잡하고 양면적이다. 여기서 초기낭만주의자들은 어떤 측면에서는 계몽과 단절하지만 다른 측면에서는 추종한다. 낭만주의자들이 계몽을 매우 심각하게 비판하는 곳에서조차 사실은 그들이 계몽을 떠받치는 원리들을 궁극적 결론까지 밀고 나갔을 뿐이라는 사실이 지적되었다. 그렇다면 중요한 측면에서 초기낭만주의는—적절한 구절을 훔치면—계몽의 계몽에 다름 아닌 것처럼 보인다.[4]

초기낭만주의의 '비이성주의'와 계몽의 이성주의라는 전통적 대당은 적어도 세 가지 이유에서 문제점을 가진 것으로 밝혀졌다. 첫째, 낭만주의자들은 계몽의 비판 프로그램을 받아들였을 뿐 아니라 급진화했다. 계몽의 유산에 충실하게 낭만주의자들은 이성이 우리의 모든 믿음을 비판할 수 있는 권리를 가져야 한다고 주장했다. 초기낭만주의자들이 버크나 드 메스트르의 방식으로 선입견과 관습을 옹호하지 않았다는 사실에 주목해야 한다. 초기낭만주의자들은 비판의 힘을 반박한 것이 아니라 오히려 그것을 한 걸음 더 진전시키고자 했다. 그들은 계몽의 급진적 비판이 자기-비판이 될 것을 요구했다.[5] 그래서 그들은 특히 계몽주의자들 중

---

2) 아이자이어 벌린이 이 두번째 구분을 했거나, 적어도 그것을 암시했다. 그의 *The Roots of Romanticism*, Princeton: Princeton University Press, 1999, pp. 21~26, 30~31과 "The Romantic Revolution: A Crisis in the History of Modern Thought", *The Sense of Reality*, ed. Henry Hardy, New York: Farrar, Straus & Giroux, 1996, pp. 168~193을 보라.

3) 3장 주 7에 열거된 자료들을 보라.

4) Wolfgang Mederer, *Romantik als Aufklärung der Aufklärung?: Ein Beitrag zur Rekonstruktion politischer Theorie in der deutschen Romantik*, Frankfurt: Lang, 1987 (*Salzburger Schriften zur Rechts-, Staats- und Sozialphilosophie* vol. 4)을 보라.

5) 예컨대 Schlegel, *Athenäumsfragmente* nos. 47, 48, 56, 89, 96, 281, *KA* II, pp. 172, 173, 178, 179, 213; Hölderlin, *Hyperion*, *GSA* III, p. 93과 동생에게 보낸 1796년 6월 2일자 편지 (*GSA* VI/1, pp. 208~209); Novalis, *Henrich von Ofterdingen*, *HKA* I, pp. 280~283을 보라.

가르베, 니콜라이, 에버하르트와 멘델스존에게 비판적이었다. 초기낭만주의자들이 보기에 이들은 종교와 도덕을 떠받치는 전통적 형이상학을 의심하지 않음으로써 자신들의 비판적 원리를 배반했다. 둘째, 계몽과 초기낭만주의는 문화Bildung, 대중의 교육이라는 동일한 근본적 이상을 공유했다. 그들은 계몽주의자 못지않게 문화의 목적이 우리가 가진 모든 인간적 능력의 개발이 되어야 한다고 믿었다. 그리고 그것들 중 최고는 바로 계몽이 가장 칭송하던 능력인 자기사유Selbstdenken, 바로 우리 스스로 사유하는 능력이었다. 사실 우리는 정확하게 이 맥락에서 초기낭만주의의 미학주의를 이해해야 한다. 예술의 목적은 계몽이 가장 소중하게 여기는 이상들 중 하나를 이루는 것이었다. 즉 이성의 원리가 공적 삶에서 실현될 수 있도록 이론과 실천의 간극을 메우는 것이었다. 사람들이 이성의 원리에 따라 행동하도록 고무할 수 있는 것이 예술의 가치였다. 셋째, 초기낭만주의의 중세주의는 계몽에 반대한 반동적 이데올로기가 아니었다. 그것의 원천이 바로 계몽에 있었기 때문이다. 계몽은 신고전주의와 전제정치에 맞선 보루로서 중세적 전통을 놓지 않고 있었다.[6]

2. 낡은 부대의 새 술

나는 전통적 해석에 대한 이 비판들을 통해 우리가 많은 것을 얻었다고 믿는다. 초기낭만주의가 관례적 고정관념이 인정하는 것보다 훨씬 복잡하고 양면적인 관계를 계몽과 맺고 있었음은 사실이다. 하지만 누군가 이 비판들이 과연 전통적 대당을 약화시키는 데까지 나아가는지 질문할 수

6) 특히 Werner Krauss, "Französische Aufklärung und deutsche Romantik", *Romantikforschung seit 1945*, ed. Klaus Peter, Königstein: Athenäum, 1980, pp. 168~179를 보라.

있다. 이 비판들을 수용하더라도 초기낭만주의와 계몽 사이에는 이성의 권위에 대해 여전히 심오한 차이가 존재하는 듯하다. 다음 사실들을 고려해 보라. 첫째, 대부분의 계몽주의자들은 이성의 보편적 권위를 가정했지만 일부 낭만주의자들이 그것에 의문을 품었음은 여전히 사실이다. 슐레겔과 노발리스는 비판의 보편적 기준에 회의적이었다.[7] 횔덜린과 슐라이어마허는 하나의 철학을 선택하는 것이 결국은 개인적 결단의 문제라고 주장하는 피히테의 독트린을 받아들였다.[8] 둘째, 대부분의 계몽주의자들은 이성이 지식의 궁극적 기준이자 수단임을 인정했지만 대부분의 낭만주의자들은 그것을 부정했다는 것 역시 사실이다. 적어도 우리가 이성을 서술적discursive 의미로, 즉 포르 루아얄 논리학[9] 전통의 의미에서 생각하고 판단하고 추론하는 능력으로 이해한다면, 이 대당은 여전히 유효하다. 많은 계몽주의자들은 이성이 무한자 혹은 무조건적인 것을 파악할 능력이 없다는 데 낭만주의자들에게 동의할 것이다. 하지만 이성의 개념과 증명이 실패하는 곳에서 예술가의 직관과 감정이 성공하리라고 인정할 계몽주의자는, 만약 있다 하더라도 극소수였을 것이다. 어떤 계몽주의자에게도 그것은 광기, 미학적 옷을 입은 망상에 다름 아닐 것이다.

---

7) Schlegel, *Philosophische Lehrjahre* no. 13, *KA* XVIII, p. 518과 그의 "Rezension von Niethammers philosophischen Journal", 같은 책, pp. 30~31; Novalis, *Das allgemeine Brouillon: Materialien zur Enzyklopädistik* no. 460, *HKA* III, p. 333을 보라.

8) 예를 들어 Hölderlin, *Fragment von Hyperion*, *GSA* III/1, p. 163; Schleiermacher, "Rezension von Friedrich Ast: De Platonis Phädro", *KGA* I/3, pp. 471~472를 보라.

9) 1662년 앙투안 아르노(Antoine Arnauld)와 피에르 니콜(Pierre Nicole)이 『포르 루아얄 논리학』(*Logique de Port Royale*)을 출간했다. 이것은 17세기 지성사의 중요한 사건으로 여겨지고 있다. 아르노는 데카르트의 『제일 철학에 대한 성찰』에 실린 네번째 반박문의 저자이기도 하며, 데카르트의 '신철학'을 적극적으로 받아들인 인물이다. 포르 루아얄 논리학은 형이상학과 인식론에서 데카르트적 요소를 많이 가지고 있으며, 미셸 푸코는 『말과 사물』에서 그것을 고전주의 시대에 나타난 '표상의 에피스테메'의 대표적 예로 간주했다. '표상의 에피스테메'에서 이성의 역할은 분별하는 데, 즉 빠짐없이 열거하고 이웃하는 것들의 연관성을 밝혀냄으로써 동일성과 차이에 대한 절대적으로 확실한 지식을 획득하는 데 있다.—옮긴이

최근의 몇몇 연구들, 보다 구체적으로는 1790년대 예나의 고전 독일 철학에 대해서 디터 헨리히와 만프레트 프랑크가 수행한 주의 깊은 연구들도 전통적인 해석을 지지하는 듯하다.[10] 이 연구들은 이 철학이 얼마나 심오하게 반토대주의적이었는지를 매우 분명하게 해주었다. 프리드리히 니트함머Friedrich Niethammer를 중심으로 한 서클—칼 슈미트Carl Schmid, 요한 에어하르트Johann Erhard, 파울 폰 포이어바흐Paul von Feuerbach, 이마누엘 디츠Immanuel Diez와 프리드리히 포어베르크Friedrich Forberg로 구성된—은 칼 라인홀트Karl Reinhold와 피히테의 토대주의적 기획에 극도로 비판적이었다. 라인홀트와 피히테는 자명한 제일 원리들로부터 연역을 통해 완전무결한 체계를 세우려 했다. 이 기획의 궁극적인 목적은 계몽의 이성이 가진 권위를 주장하는 것, 회의주의와 신비주의자들의 증대되는 공격으로부터 그것을 구하는 것이었다. 따라서 이 기획이 그처럼 날카로운 비판을 받고 젊은 세대에 의해 경원시된 것은 계몽이 점차 약화되고 있음을 보여 주는 분명한 징표였다. 니트함머 서클의 젊은 사상가들은 라인홀트와 피히테의 토대주의에 대한 섬세하고 세련된 비판을 발전시켰다. 그들은 의심 불가능한 제일 원리를 확립하고 모든 지식의 완결적 체계를 창조할 가능성을 의심했다. 그들은 칸트의 규제적 제한을 메타비판적 차원에 적용하여, 제일 원리의 탐색과 완결적 체계의 추구가 기껏해야 지식을 향한 끝없는 노력의 과정에서 우리가 접근할 수 있지만 결코 도달할 수 없는 규제적 이상일 뿐이라고 주장했다. 이 비판들은 매우 직접적이고 즉각적으로, 초기낭만주의자들에게 근본적으로 중요한 것이 되었

10) Dieter Henrich, *Konstellationen: Probleme und Debatten am Ursprung der idealistischen Philosophie(1789~1795)*, Stuttgart: Klett-Cotta, 1991, pp. 7~46과 Manfred Frank, *Unendliche Annäherung: Die Anfänge der philosophischen Frühromantik*, Frankfurt: Suhrkamp, 1997을 보라.

다. 노발리스와 횔덜린, 프리드리히 슐레겔은 니트함머 서클과 매우 가까웠기 때문이다. 또한 그들의 1790년대 단편과 노트들은 이 서클의 라인홀트와 피히테 비판의 영향을 보여 준다.

초기낭만주의의 철학적 기반에 대한 헨리히와 프랑크의 설명은 그 의도보다는 함의를 통해 전통적 해석을 지지한다. 그들에 따르면 초기낭만주의자들은 모든 반성과 판단 혹은 이성적 인식을 넘어서고 예술을 매개로 해서만 제시될 수 있는 존재의 영역을 상정했다. 그들은 이러한 독트린이 피히테의 관념론에 대한 횔덜린과 노발리스, 셸링의 비판이 가져온 불가피한 결과라고 주장한다. 이들 세 사람은 주-객 동일성의 원리가 모든 지식과 경험의 근본 조건이라는 피히테의 주장을 받아들였지만, 이 원리가 지식 혹은 경험의 영역 안의 어떤 것과 동일시될 수 있다는 데 반대했다. 만약 이 원리가 모든 반성의 전제조건이라면, 만약 그것이 모든 개념화의 기본 조건이라면, 그것 자신이 반성 혹은 개념화의 대상이 될 수는 없기 때문이다. 순수한 주-객 동일성을 인식하고자 하는 어떠한 시도도 [이미] 그것을 전제로 해야 하기에 악순환에 빠져든다. 이 주장에는 초기낭만주의의 미학주의와 계몽의 이성주의 사이의 구분이 함축되어 있다. 헨리히와 프랑크는 모두 낭만주의자들의 제일 원리는 초이성적이며 오직 예술에서만 제시될 수 있다고 주장하기 때문이다. 이와 같은 이유들에서 프랑크는 초기낭만주의와 관념론, 특히 개념화의 제일 조건들을 개념화하는 불가능한 시도를 했던 칸트와 피히테, 헤겔의 관념론 사이에 근본적인 구분선을 그어야 한다고 주장했다.[11]

---

11) Frank, *Unendliche Annäherung*, pp. 27, 65~66, 662 그리고 *Einführung in die frühromantische Ästhetik: Vorlesungen*, Frankfurt: Suhrkamp, 1989, pp. 127~129, 235를 보라.

3. 새로운 문제들

이성의 권위에 대해 계몽과 초기낭만주의 사이에 지속된 차이들, 낭만주의자들이 니트함머 서클의 반토대주의에 진 빚들 그리고 그들의 피히테 비판이 갖는 함의, 이 모든 것을 고려하면 계몽과 낭만주의의 전통적 대당을 유지하는 것이 현명해 보인다. 분명 우리는 낭만주의자들이 어떤 측면에서 계몽의 이성주의와 결별했는지 명시함으로써 이 해석을 다소 제한해야 할 것이다. 하지만 궁극적으로는 계몽의 이성주의와 초기낭만주의의 비이성적 미학주의의 근본적인 대조가 여전히 유효해 보인다.

그러나 이것 역시 너무나 성급한 결론이다. 전통적 해석과 그것의 최근 버전이 갖는 문제점은 초기낭만주의 안에 있는 더 깊은 이성주의의 흐름, 보다 정확하게는 초기낭만주의자들이 플라톤적 전통에 지고 있는 심대한 빚을 경시한다는 사실이다. 초기낭만주의의 배후에 플라톤적 영감이 존재한다는 것은 커다란 비밀이 아니다. 심지어 어떤 학자들은 초기낭만주의가 르네상스 이후 플라톤주의의 가장 위대한 부활이라고 말하기도 했다.[12] 그러나 소수가 이를 인정했다면 대다수는 그것을 경시했다. 일단 이 플라톤적 기원을 고려하면 초기낭만주의의 미학주의와 계몽 이성주의의 대당을 유지할 수 없기 때문이다. 초기낭만주의의 플라톤적 유산은 그것의 미학주의 자체가 이성주의의 한 형태임을 보여 준다. 초기낭만주의와 계몽의 구분은 기껏해야 이성주의의 두 형태 사이의 구분이다. 그것은 미학주의와 이성주의 그 자체의 구분이 될 수 없다.

전통적인 해석과 최근의 정식화들의 근본 가정은 초기낭만주의자들

---

12) Oskar Walzel, *German Romanticism*, New York: Putnam, 1932, pp. 5, 8을 보라. 에르빈 키르허도 플라톤적 유산을 강조한다. *Philosophie der Romantik*, ed. Erwin Kircher, Jena: Diederichs, 1906, pp. 8~34.

이 이성을 단지 생각과 판단, 추론에 한정된 서술적 능력으로 간주했다는 것이다. 그러나 초기낭만주의자들이 플라톤적인 전통에 충실했다는 것은 바로 그러한 가정을 의심하게 만든다. 초기낭만주의자들은 플라톤적인 전통에 따라서 이성을 서술적 능력과 함께 직관적intuitive 능력으로 파악했다. 이성은 단순히 생각하고, 판단하고, 사실이 무엇이든 그것으로부터 추론을 이끌어 내는 형식적인 능력이 아니다. 오히려 그것은 감각에 주어지지 않는 독특한 종류의 사실을 발견하는 지각 능력이기도 하다. 이 지각 능력은 종종 지적 직관intellektuelle Anschauung으로 불렸다. 이 개념은 18세기 후반의 독일 철학에서 많은 의미를 가졌지만, 초기낭만주의의 경우 그것의 의미와 기원이 본질적으로 플라톤적임을 입증하는 역사적 증거가 매우 많다. 지적 직관은 플라톤이 『국가』에서 말하는 "형상들의 비전"the vision of the forms, [플로티누스의] 『엔네아데스』에서 말하는 "내적인 봄"inner seeing이었다.[13]

낭만주의자들은 이성을 결코 단지 서술적 능력으로 간주하지 않았고, 그래서 때로 지성 혹은 오성Verstand의 서술적 능력과 이성Vernunft의 직관적 능력을 분명하게 구분했다.[14] 이 구분은 대개 헤겔의 것으로 여겨지는데, 헤겔은 이후 낭만주의자들에 맞선 논쟁에서 그것을 이용했다. 하지만 낭만주의자 자신들이 이미 그러한 구분을 했음에 주목해야 한다. 그들은 대략 『판단력 비판』의 77~78절에서 칸트의 인간적 오성과 신적 오성의 대조에 따라 그것들을 구분하는데, 이는 다시 플라톤적 전통에 선례

---

13) 예를 들면 Plato, *Republic* VI, pp. 508, 510; Plotinus, *Enneads* I, pp. vi, 9.

14) 이 구별에 대해서는 Schelling, *Fernere Darstellungen aus dem System der Philosophie*, *Sämtliche Werke* IV, pp. 342~344, 362, 390; Novalis, *Vorarbeiten zu verschiedenen Fragmentsammlungen* nos. 99, 233, *HKA* II, pp. 544, 576; 프리드리히가 아우구스트 슐레겔에게 보낸 1793년 8월 28일자 편지(*KA* XXIII, pp. 158~159); 1793년 10월 16일자 편지(같은 책, pp. 142~144); 1793년 11월 17일자 편지(같은 책, pp. 158~159)를 보라.

를 두고 있다.[15] 이 구분에 따르면 오성은 분석적이다. 그것은 전체를 구별되는 부분들로 나누고, 부분에서 전체로 혹은 특수한 것에서 보편적인 것으로 나아간다. 그러나 이성은 종합적이다. 그것은 전체를 하나의 통일체로 파악하고, 전체에서 부분으로 혹은 보편적인 것에서 특수한 것으로 나아간다. 그러나 낭만주의자들은 이 능력들을 엄격하게 서로 대립시키기보다는, 그것들이 진정 보완적이라고 가정했다. 이성의 임무는 오성의 세밀한 연구를 인도하기 위해 가설과 제안을 제공하는 것이다. 역으로 오성의 임무는 비록 완전히 개념화하거나 설명할 수는 없지만 이성의 직관들을 확인하고 다듬는 것이다. 오성과 이성을 각각 구별되는 능력으로 보기보다 하나의 능력의 구별되는 기능들로 간주하는 편이 사실은 더 정확하다. 그것들은 궁극적으로 하나의 능력인데, 무한자the infinite를 향한 노력이라는 동일한 원천과 목적을 갖기 때문이다. 다만 그것들은 서로 다른 방식으로 자신의 목적에 접근한다.

이성과 오성의 정확한 구분점이 무엇이든, 여기서 봐야 하는 중대한 사실은 낭만주의자들의 미학주의를 플라톤주의를 통해 이해해야 한다는 것이다. 그들에게 미학적 경험은 초이성적suprarational이 아니었고, 반이성적antirational은 더더욱 아니었다. 오히려 그것은 하이퍼이성적hyperrational이었으며,[16] 이성의 지적 직관 행위에 존재했다. 그들은 미학적 경험의 지적 직관을 통해 이성이 유한자에서 무한자를, 현상에서 절대자를 혹은 소우주에서 대우주를 지각할 수 있다고 믿었다. 그러한 지각이 지적이거나

15) 이 구별은 케임브리지 플라톤주의자들에게서도 발견된다. 예를 들어 John Smith, "Of the Existence and Nature of God", *Select Discourses*, London: Morden, 1660, pp. 127, 131; Henry More, *Conjectura Cabbalistica*, Preface, §3, pp. 2~3을 보라.

16) 바이저는 여기서 '초이성적'을 이성을 '초월한다' 혹은 '넘어선다'는 의미—그러므로 '초이성적'인 것은 더 이상 이성적인 것이 아니게 된다—에서, 그리고 '하이퍼이성적'을 이성적 능력이 극한적으로 활성화된 상태를 의미하는 것으로 사용하고 있다.—옮긴이

이성적인 것은 주요하게는 그것의 대상—감각 경험의 모든 특수자들 근저에 있는 관념idea, 원리principle 혹은 근원arche—때문이었다.

언뜻 보기에 『국가』에서 플라톤의 악명 높은 예술가들의 추방을 고려할 때 지적 직관과 미학적 경험의 동일시를 플라톤적인 것으로 보는 것은 매우 이상하게 여겨질 수 있다. 그러나 플라톤적 유래를 이해하기 위해 우리는 당연히 『파이드로스』와 『향연』에 표현된 플라톤적 사유의 다른 가닥을 기억하기만 하면 된다. 즉 우리는 미의 지각을 통해서만 이 생에서 형상들에 대한 어떤 인식을 가질 수 있다. 청년 횔덜린과 슐라이어마허, 프리드리히 슐레겔이 가장 좋아했던 책이 『파이드로스』와 『향연』이었음은 결코 우연이 아니었다.

여기서 다음과 같이 질문할 수 있다. 왜 계몽주의자가 플라톤적 이성 개념을 받아들여야 하는가? 그는 그것을 망상, 영예로운 이름으로 포장된 순수 신비주의일 뿐이라고 거부해야 할 것 같다. 사실 슐로서Johann Georg Schlosser의 플라톤적 신비주의에 대한 칸트의 태도가 그러했다.[17] 그러므로 결국 계몽의 이성주의와 초기낭만주의의 미학주의 사이에는 여전히 대당이 존재하는 듯하다. 그것은 완전히 서술적인 이성 개념을 주장하는 이들과 이성에 신비적 차원도 허락하는 이들 사이의 차이이다.

하지만 플라톤적 이성 개념을 이렇게 거부하는 것은 너무 성급하고 피상적이며 근저에 있는 것을 놓친다. 낭만주의자들에게 이성의 대상은 전체라는 사실을 강조하는 것이 매우 중요하다. 이성이 직관하는 것은 유기체적 전체, 즉 부분들로 환원될 수 없고 그것으로부터 어떤 부분도 분리될 수 없는 전체의 통일성과 불가분성이다. 그러므로 낭만주의적 이성

17) Kant, "Von einem neuerdings erhobenen vornehmen Ton in der Philosophie", *AA* VIII, pp. 387~406을 보라.

개념의 목표는 각 부분을 전체 안에서의 위치를 통해 이해하는 새로운 형식 혹은 종류의 설명, 바로 전체론적 설명을 지칭하는 것이었다. 어떤 특수한 혹은 개별적인 사물을 설명하는 것은 그것이 어떻게 유기체적 전체 안에서 필수적인 역할을 하고 그 전체로부터 불가분적인지를 보여 주는 것이다. 그러한 설명은 기계론적 설명의 형식들로 환원될 수 없다. 기계론적 설명에 따르면 모든 사건의 원인은 어떤 선행하는 사건이며, 무한히 그러하다. 하지만 전체론적 설명과 기계론적 설명이 서로 대립하는 것은 아님을 이해하는 것이 중요하다. 다만 기계론적 설명이 전체론적 설명에 종속된다. 왜냐하면 이제 작용인의 무한연쇄에 대해 이유가 존재하며, 이 이유는 어떤 형태로든 전체의 관념을 실현하기 때문이다. 이처럼 전체론적 설명을 강조하는 것 역시 플라톤주의적인 전통에 따르는 것일 뿐이다. 『티마이오스』에서 기계론적 설명에 대해 전체론적이고 목적론적인 설명에 주어졌던 우월성을 생각해 보기만 하면 된다.[18)]

이제 우리는 바로 이 맥락에서 미학적인 것의 우월성에 대한 낭만주의자들의 강조를 이해해야 한다. 예술은 철학에 비해 우선적이다. 이는 예술이 서술적으로 이해될 수 없는 초월적이고 신비로운 어떤 것—"존재의 신비"—을 상징하기 때문이 아니다. 오히려 예술이 우월한 것은 전체론적 설명이 기계론적 설명에 비해 우선적이기 때문이다. 미학적 직관은 전체를 파악한다. 그리고 전체의 인식은 모든 부분들의 인식에 우선한다. 그런데 철학은 서술적 절차들에 의해 전체의 부분들에 대한 인식으로 한정된다. 낭만주의의 미학주의와 유기체적 자연 개념이 실제로 동일한 것임을 고려할 때, 그 미학주의와 전체론의 밀접한 연관은 즉시 분명해진다. 우주를 유기체적 전체로 간주하는 것은 낭만주의자들에게 그것

---

18) Plato, *Timaeus*, 32d~33a; 34c~35a; 68e~69a.

을 하나의 예술 작품으로 보는 것을 의미했다.

낭만주의자들이 처음으로 미학적인 것의 우월성을 변호하는 텍스트들을 주의 깊게 검토하면, 그것이 사실은 전체론적 설명의 우선성에 대한 주장임을 발견하게 된다.[19] 이 텍스트들의 논변을 대강 요약하면 다음의 삼단논법 형식을 취한다. (1) 철학과 과학은 모두 유기체 관념, 자연이 체계적 전체를 형성한다는 관념을 전제한다. (2) 유기체 관념은 또한 미학적 전체다. 그것은 전체론적 구조와 제약으로부터의 자유 등과 같이 미를 정의하는 일부 특징을 갖는다. (3) 미학적 전체의 통일성과 불가분성, 즉 미는 오직 미학적 경험의 직관 안에서만 파악될 수 있다.[20] (1)~(3)의 단계에서 (4) 모든 학문과 철학은 미학적 경험을 전제하며, 이것만이 체계적 통일성이라는 그것들의 이상을 정당화한다는 주장이 따라 나온다.

우리가 낭만주의자들의 이성 개념을 전체론적 설명의 한 형태로 생각하면 계몽과 낭만주의의 대조는 새로운 형식을 취하게 된다. 그것은 비이성주의와 이성주의의 대조가 아니라 이성의 다른 두 모델 간의 대조가 된다. 계몽의 기계론적 패러다임 대 낭만주의의 전체론적 패러다임인 것이다. 이렇게 계몽과 낭만주의의 차이를 다시 정식화하는 것은 1790년대 후반 철학의 전개에 완전히 부합한다. 바로 그 시기에 철학자들은 17세기 후반과 18세기에 지배적이었던 기계론적 모델에 맞서 보다 전체론적인 설명 모델을 옹호하기 시작했다.[21]

---

19) Hölderlin, *Hyperion*, *GSA* III, pp. 81~84; Schlegel, *Gespräch über die Poesie*, *KA* II, pp. 324~325; Schelling, *System des transcendentalen Idealismus*, *Sämtliche Werke* III, pp. 612~629; Novalis, *Vorarbeiten* no. 31, *HKA* II, p. 533을 보라.

20) 오직 미학적 경험만이 미학적 전체인 어떤 것의 통일성을 파악할 수 있다고 가정할 이유가 없기 때문에 (3)이 그릇되었다는 반박이 있어 왔다. 이 반박은 다른 형태의 접근이 있을 수도 있다고 말한다. 그에 대한 답변은 두 가지다. 첫째, 미학적 전체에 대한 어떤 파악도 개념적이 아니라 직관적이어야 한다. 개념적 사유는 그 대상을 나누기 때문이다. 둘째, 그 대상이 아름답다면 ([2]에 따라) 그러한 직관은 (사소하지 않은 의미에서) 미학적이어야 한다.

4. 함정들 그리고 반대들

여기서 이렇게 반박할 수 있다. 초기낭만주의의 플라톤적 유산을 지적하는 것은 독창적이지 않고 자명하다. 이렇게 질문할 수 있다. 지적 직관이 플라톤적 신비주의가 아니라면 대체 무엇인가? 하지만 이런 반대는 초기낭만주의의 복잡한 기원들을 과소평가할 뿐 아니라 그것의 신비주의를 해석할 때 심각한 함정이 존재함을 간과한다. 왜 그런지 설명해 보자.

여기서의 복잡함은 제대로 인정받지 못한 하나의 사실, 즉 18세기 말 독일 철학에는 최소한 두 개의 경합하는 신비주의 전통이 살아 있었다는 데서 나온다. 거칠게 말하면, 우선 플라톤적 전통의 신비주의가 있었다. 그것은 신비적 통찰을 하이퍼이성적인 것으로 이해했고, 이성을 직관하는 능력으로 간주했다. 그러나 프로테스탄트적 전통의 신비주의도 있었다. 그것은 신비적 통찰을 초이성적인 것으로 보았고, 이성을 엄격하게 서술적 능력으로 환원했다. 프로테스탄트적 전통의 신비주의는 궁극적으로 '새로운 길',[22] 중세 후기 사유의 유명론적 전통에 뿌리를 두었고, 이 전통의 뿌리는 다시 오컴의 윌리엄까지 거슬러 올라간다. 이 전통에 따르면 이성은 단지 추론을 도출하는 형식적 능력이며, 보편자나 원형의 세계에 대한 통찰을 갖지 않는다. 그러한 세계란 존재하지 않기 때문이다. 그리

21) 이러한 이행은 셸링의 논문, "Über die Weltseele", *Sämtliche Werke* II, pp. 415~419의 '서문'에서 가장 잘 보여진다.

22) 중세 후기 신학에서 오컴의 윌리엄(William of Ockham)과 그를 지지한 이들의 유명론적 입장을 '비아 모데르나'(via moderna), 즉 '새로운 길'이라 부르고, 이에 반해 아퀴나스와 스코투스의 실재론적 입장을 '비아 안티쿠바'(via antiquavia), 즉 '오래된 길'이라 부른다. 실재론적 입장은 보편성이 실재하고 그것이 질료를 통해 개별화된다고 주장하는 반면, 유명론적 입장은 개별자에 선재하는 보편성의 존재를 부인하고 보편자란 개별자의 직접적 파악을 통해 정신에 의해 구성되는 것이라고 본다. 개별자에 대한 유명론적 입장의 강조는 정치적 측면에서 근대적 지방자치권의 옹호로, 종교적 측면에서 교황과 가톨릭의 보편권력에 대한 비판으로 이어졌다.—옮긴이

고 보편자에 대한 믿음은 단어의 의미를 실체화hypostasis하는 데서 나온다. 또한 어떻게든 사물의 본성 자체에 내재하는 영원한 자연법 같은 것도 존재하지 않는다. 왜냐하면 그 법칙들은 신적 의지에 의해서만 구속력 있는 권위를 갖는데, 신적 의지는 언제나 그것들을 바꿀 수 있는 힘을 갖기 때문이다. 루터와 칼뱅 같은 위대한 개혁가들이 '새로운 길'의 전통 안에서 교육받았다는 것은 매우 의미심장하다. 이성과 신앙 영역들의 구분은 이 교육의 직접적 결과이다.[23] 루터와 칼뱅에게 초자연적 영역은 오직 신앙을 통해서만 접근 가능했다. 그리고 신앙은 믿음과 더불어 내적 경험에도 존재했다. 비록 오래되었지만 '새로운 길'의 전통은 18세기 후반 독일에서 결코 사멸해 있지 않았다. 가장 강력하고 설득력 있게 그것을 옹호한 이들은 소위 신앙철학자Glaubensphilosophen들이었던 하만과 야코비였다. 그들의 계몽—실체화, 이성적인 것ens rationis에 대한 미신적 믿음—비판의 핵심 테제는 유명론적 전통에서 곧바로 나왔다.

초기낭만주의의 신비주의를 해석할 때 함정은 이 신비주의 전통들을 혼동하는 데서 나온다. 혼동은 매우 쉽다. 초기낭만주의자들이 근본적인 측면에서 프로테스탄트적 전통에도 깊은 영향을 받았음을 부정할 수 없기 때문이다. 그래서 초기낭만주의의 신비주의가 플라톤적 전통의 하

23) 루터와 칼뱅의 유명론적 유산은 많은 연구의 주제가 되었다. 최근의 훌륭한 설명은 Heiko A. Oberman, *Luther: Mensch zwischen Gott und Teufel*, trans. Eileen Walliser-Schwarzbart, New York: Doubleday, 1992, pp. 116~123과 그의 "Headwaters of the Reformation, Initia Lutheri-Initia Reformationis", *The Dawn of the Reformation: Essays in Late Medieval and Early Reformation Thought*, Edinburgh: T & T Clark, 1986, pp. 39~83을 보라. 칼뱅의 유명론적 유산에 대해서는 Alister McGrath, "John Calvin and Late Medieval Thought: A Study in Late Medieval Influences upon Calvin's Theological Thought", *Archive für Reformationsgeschichte* 77, 1986, pp. 58~78을 보라. 나는 *The Sovereignty of Reason: The Defense of Rationality in the Early English Enlightenment*, Princeton: Princeton University Press, 1996, pp. 33~41에서 초기 프로테스탄트 신학의 유명론적 배경을 탐구했다.

이퍼이성주의보다 '새로운 길'의 초이성주의에 기원을 갖는다고 결론 내리기가 매우 쉽다.

이런 위험은 단지 가설적인 것이 아니라 매우 실제적이다. 이것이 바로 아이자이어 벌린이 제시한 낭만주의 해석의 근원적 오류이기 때문이다. 그는 낭만주의를 급진적 비이성주의로 이해한다. 벌린이 하만의 계통과 초기낭만주의자들에 대한 경건주의의 영향을 그토록 강조하는 것은 우연이 아니다. 벌린은 일단 프로테스탄트적 전통 안에 낭만주의자들을 확고하게 위치시키고 나서, 일관되게 그것의 초이성주의 노선에 따라 그들을 읽는다. 그는 특히 프로테스탄트적 전통의 주의주의를 통해 낭만주의를 해석하기 때문에 낭만주의의 반이성주의에 대한 몇 가지 매우 놀라운 결론에 이른다. [그에 따르면] 낭만주의자들은 모든 보편적이고 필연적인 이성의 법칙을 부정한다. 그리고 개인적 결단이 진리와 가치의 유일한 결정자가 되게 한다. 마치 낭만주의자들이 칸트와 피히테의 의지 독트린을 주의주의적으로 읽음으로써 의지의 결단을 지배하는 상위의 규범이 존재하지 않게 된 듯하다. 낭만주의적 개인의 의지는 이제 오컴의 신의 근대적이고 세속적인 버전 같은 것이 된다. 즉 그것이 행하기로 결정한 것은, 그렇게 하기로 결정했다는 이유만으로, 좋은 것이다.

그러나 초기낭만주의의 신비주의를 플라톤적 전통으로 해석하면 그것의 일반적 독트린에 대해 몇 가지 매우 다른 결론에 이른다. 이제 낭만주의자들이 자연법의 존재, 그리고 심지어 사물들의 영원한 구조를 부정하지 않음을 쉽게 볼 수 있다. 그들의 지적 직관의 대상은 사실 모든 현상의 근저에 있는 원형, 형상, 혹은 관념들이다. 낭만주의자들은 이 형상들을 인식하는 지성의 능력에 대해 진정으로 회의적이다. 하지만 여전히 그것들이 존재한다고, 그리고 아무리 모호하고 일시적이라 할지라도 그것들에 대해 어떤 직관을 가질 수 있다고 믿는다.

초기낭만주의의 플라톤적 차원을 인정하는 데서의 또 하나의 걸림돌은 그것의 칸트적 유산에 대한 흔한 오해에서 나온다. 이 오해에 따르면 낭만주의자들은 칸트의 코페르니쿠스적 혁명에 깊이 빚지고 있으며 이는 플라톤적 전통과의 근본적인 단절이 있었음을 말해 준다.[24] 플라톤적 전통은 이성이 사물들 안에서 질서를 발견하며, 이 질서는 이성에 주어져 있고 영원하다고 가정한다. 반면 칸트는 이성이 경험의 구조를 창조하며, 그 구조는 창조의 활동과 분리되어 존재하지 않는다고 주장했다. 그 단순함으로 인해 이 해석은 매우 솔깃하지만, 두 가지 중대한 이유에서 상당히 의심스럽다. 첫째, 마치 칸트가 진리와 가치의 기준이 단순히 의지의 행동에 달려 있다고 주장한 듯이 칸트를 주의주의 전통 안에 있다고 가정하는 것은 잘못이다. 칸트는 이성에 선험적인 구조가 존재하며 의지의 결단들은 이 구조에 따르는 한에서만 가치를 갖는다는 점을 분명히 하기 때문이다. 나는 칸트가 많은 학자들, 특히 칸트를 윤리학에서 일종의 규범주의자prescriptivist 혹은 구성주의자constructivist로 해석하는 이들이 인정하려는 것보다 훨씬 더 많이 플라톤적 전통 안에 있다고 믿는다.[25] 둘째, 이 해석은 플라톤적 전통뿐 아니라 칸트에게도 낯선 구분, 바로 진리를 창조하는 것과 발견하는 것 사이의 엄격한 구분을 전제로 한다. 플라톤적 전통은 진리를 받아들일 때 정신이 단순히 수동적이라고 결코 주장하지 않았으며, 오히려 진리를 획득할 때의 정신 활동의 중요성을 언제나 강조했다.[26] 더 나아가 그것은 결코 진리를 창조하는 것과 발견하는 것

---

24) 이를테면 Frank, *Einführung in die frühromantische Ästhetik*, pp. 9, 41~42, 123을 보라.

25) 나는 여기서 John Rawls, "Kantian Constructivism in Moral Theory", *Journal of Philosophy* 77, 1980, pp. 515~572와 Onora O'Neill, *Constructions of Reason: Explorations of Kant's Practical Philosophy*, Cambridge: Cambridge University Press, 1989, pp. 3~50을 문제 삼는다. 그들의 해석에 대한 비판으로는 Patrick Riley, *Kant's Political Philosophy*, Totawa: Rowman & Allanheld, 1984, pp. 1~37을 보라.

사이의 날카로운 구분을 인정하지 않았다. 이성이 자신의 활동법칙들을 인식하기 위해 자신을 반성할 때, 그것은 재창조의 행위를 통해 이 법칙들을 발견한다. 물론 이 법칙들은 무로부터ex nihilo 창조되지 않는다. 하지만 유한한 정신이 그 법칙들을 인식하기 위해서는 그것을 재생산reproduce 해야만 한다. 유한한 정신은 암묵적·맹아적·잠재적인 것을 명시적·조직적·실제적인 것으로 만듦으로써만 그것들을 인식할 수 있다. 대상은 결코 단순히—마치 그것이 지각하는 정신 앞에 완벽하게 형성된 채로 놓여 있는 듯이—주어지지 않는다. 우리의 이성이 자신의 법칙들을 인식함으로써 그것들을 재창조할 때, 물론 매우 빈약하고 미약한 방식이지만, 이성은 신적 오성이 한때 세계 자체를 창조했던 것과 동일한 창조적 행위를 공유하거나 그 행위에 참여한다.

초기낭만주의의 플라톤적 유산을 심각하게 고려하면 몇 가지 측면에서 우리가 갖고 있는 이해를 수정해야 한다. 가장 중요한 한 가지는 낭만주의의 미학적 체험이 초이성주의의 일종, '존재의 신비'에 대한 기술할 수 없는 앎의 한 형식—이것은 오직 예술 작품의 무궁한 해석 가능성을 통해 나타낼 수 없는 것을 나타낸다—이 아님을 인정하는 것이다. 만프레트 프랑크가 낭만주의 미학에 대한 이러한 평가를 가장 강력하게 옹호했다.[27] 하지만 이 평가는 몇 가지 치명적인 어려움을 갖고 있다. 그것은 초기낭만주의에서 플라톤적 이성 개념을 보지 못한다. 그것은 낭만

---

26) 그래서 케임브리지 플라톤주의자들은 경험주의 전통이 정신을 빈 서판(blank tablet)으로 간주한 것에 매우 비판적이었다. Ralph Cudworth, *A Treatise Concerning Eternal and Immutable Morality: With A Treatise of Freewill* IV, ed. Edward Chandler. London: Knapton, 1731, chap. 1, §2를 보라. "지식은 정신 자체의 내적이고 능동적인 에너지이며, 내부로부터 그것의 타고난 활력을 드러내는 것이다. 그것을 통해 정신은 대상을 정복하고 지배하며 명령한다. 그리하여 자신 안에 명석하고 평화로운 승리의 만족감을 만들어 낸다."

27) Frank, *Einführung in die frühromantische Ästhetik*, pp. 140~141을 보라.

주의 미학과 낭만주의자들이 자연에 대해 전체론적인 설명을 제공하고자 했던 자연철학 사이의 밀접한 관련성을 간과한다. 그리고 가장 중요한 것은 그것이 초기낭만주의에 반계몽주의obscurantism의 불필요한 요소를 주입한다는 사실이다. 이는 오랫동안 낭만주의가 반이성주의로 비판받도록 만들었다. 이 모든 어려움의 원천은 프랑크의 낭만주의 미학 해석의 배후에 있는 기본적 영감인 후기 하이데거 사상이다.[28] 하지만 이제 그러한 해석이 부정확하고 시대착오적임이 분명해졌을 것이다.

초기낭만주의에 대한 우리의 이해를 수정해야 하는 또 다른 중요한 측면은 초기낭만주의와 관념론 사이에 추정되어 온 구별과 관련된다.[29] 나는 그러한 구별의 근저에 몇 가지 매우 정당한 점이 있다고 생각한다. 우리는 초기낭만주의의 인식론과 형이상학을 칸트와 피히테의 주관적 관념론으로 흡수시킬 수 없는데, 이것은 너무나 자주 초기낭만주의의 토대로 간주되어 왔다. 사실 낭만주의의 인식론과 형이상학을 칸트와 피히테의 관념론에 대한 반작용으로 볼 때 그것을 훨씬 더 잘 이해할 수 있다. 그리고 결코 그것을 피히테와 셸링, 헤겔의 거대한 사변적 체계들과 혼동해서는 안 된다. 하지만 이로부터 초기낭만주의가 관념론의 전적인 거부라는 주장이 따라 나오지는 않는다. 사실 초기낭만주의의 플라톤적 유산을 고려한다면, 그것을 관념론의 한 형태로 간주하는 것이 가능하며, 심지어 필수적이다. 프리드리히 슐레겔과 셸링의 용례를 따르자면 우리는 그것을 절대적absolute 혹은 객관적objective 관념론이라 부를 수 있다.[30] 그것은 모든 것이 어떤 자기-의식적인 주체에 의존한다는 의미에서가 아

28) Frank, *Einführung in die frühromantische Ästhetik*, pp. 22~24, 25~29.

29) 같은 책, pp. 231~247과 *Unendliche Annäherung*, pp. 27, 65~66, 662를 보라. 프랑크의 구분에 대한 보다 자세한 비판으로는 나의 *German Idealism: The Struggle against Subjectivism, 1781~1801*, Cambridge, Mass.: Harvard University Press, 2002, pp. 354~355를 보라

니라, 모든 것이 사물들의 관념idea, 목적purpose 혹은 로고스logos에 따른다는 의미에서 관념론이다.

누군가 초기낭만주의에 대한 나의 플라톤적 해석이, 그것의 전체론적 설명에 대한 모든 강조와 함께, 원조 헤겔적이라고 반대할 수도 있을 것이다. 하지만 나는 이 반박을 되돌려, 그것은 낭만주의자들에 대한 헤겔적 독해라기보다는 헤겔에 대한 낭만주의적 독해라고 말하고 싶다. 왜냐하면 그것은 헤겔이 낭만주의 전통에 빚지고 있는 또 하나의 측면을 보여 주기 때문이다. 보다 정확하게는, 그것은 헤겔의 절대적 관념론이 어떻게 낭만주의 전통에서 나왔는지를 보여 준다. 헤겔의 것은 사실 노발리스와 슐레겔, 횔덜린, 셸링이 이미 만들어 낸 절대적 관념론의 가장 모호하고 번거로운 표현이었을 뿐이다. 셸링과 횔덜린이 한때 그랬던 것처럼, 여기서 다시 우리는 헤겔을 목발을 짚고 느릿느릿 걷는 노인으로 상상해야 한다. 헤겔주의자들이 마침내 그들의 영웅이 토끼들 가운데 있는 거북이였음을 깨달아야 할 시간이다. 그는 더 확실하게 걷는 사람이었다는 이유만으로 사후의 명성을 얻는 경주에서 승리했다.

하지만 나는 이러한 반박에 어느 정도 일리가 있음을 인정한다. 초기낭만주의에 대한 어떠한 원조 헤겔적인 해석도, 만약 그것이 낭만주의자들을 헤겔과 같은 체계의 설립자로 본다면 문제가 있다. 초기낭만주의를 이렇게 헤겔적으로 해석한 가장 눈에 띄는 예는 테오도어 헤링의 『철학자로서의 노발리스』이다. 이것은 노발리스를 헤겔적 노선에 따라서 체

---

30) Schlegel, *Philosophische Lehrjahre* nos. 151, 449, 606, 658, 736, 1046, 908, *KA* XVIII, pp. 33, 65, 80, 85, 90, 282, 396을 보라. 셸링의 용어 사용에 대해서는 *Fernere Darstellung*, *Sämtliche Werke* IV, p. 404; *Bruno: Oder über das göttliche und natürliche Prinzip der Dinge. Ein Gespräch*, 같은 책, pp. 257, 322; "Zusatz zur Einleitung", *Ideen zu einer Philosophie der Nature*, *Sämtliche Werke* II, pp. 67~68과 "Über das Verhältniß der Naturphilosophie zur Philosophie überhaupt", *Sämtliche Werke* V, p. 112를 보라.

계적 사상가로 취급한다.[31] 하지만 이 위험성에도 불구하고, 나는 초기낭만주의에 대한 나의 플라톤적 해석은 이 함정을 피한다고 생각한다. 나의 해석은 초기낭만주의와 헤겔의 근본적인 차이를 여전히 인정할 뿐만 아니라 사실은 그것을 주장한다. 헤겔은 완결된 철학체계를 창조할 수 있다는 것을 긍정하지만, 낭만주의자들은 그것을 부정한다. 다른 말로 하자면 헤겔은 이성의 직관적 통찰에 부합하는 유일한 개념적 정교화와 증명이 존재한다고 생각하지만, 낭만주의자들은 그것을 부정한다. 또한 플라톤적 전통을 따르는 낭만주의적 견해에서는 이성의 서술적 활동은 그것의 직관적 통찰에 항상 미치지 못하며, 그것을 결코 정당하게 다루지 못한다. 다른 말로 하자면 낭만주의자들은 절대적 지식의 체계와 같은 것이 존재한다고 생각하지 않는다. 그들은 그러한 체계를 단지 규제적 목적으로 이해한다. 우리는 무한한 노력을 통해 그것에 접근할 수 있지만 결코 도달할 수 없다.

사실 토대주의에 대한 회의에서 우리는 초기낭만주의가 플라톤적 전통에 지고 있는 심대한 빚을 다시 한 번 보게 된다. 근대적 관점에서 보면 초기낭만주의의 하이퍼이성주의가 어떻게 체계와 제일 원리들에 대한 회의주의와 손을 잡았는지 이해하기가 다소 어렵다. 오늘날 우리가 이성주의를 생각할 때 가장 먼저 머리에 떠오르는 것은 데카르트와 라이프니츠, 스피노자의 거대한 체계와 의심 불가능한 제일 원리들이다. 하지만 고대와 중세 세계는 이런 식으로 보지 않았다. 특히 플라톤적 유산 때문에 그들은 종종 하이퍼이성주의적인 신비주의를 궁극적 체계와 궁극적 토대에 대한 회의주의와 연결했다. 우리는 초기낭만주의에서 동일한 독트린들의 결합을 발견한다. 제일 원리와 완전한 체계에 대한 슐레겔과 슐

---

31) Theodor Haering, *Novalis als Philosoph*, Stuttgart: Kohlhammer, 1954를 보라.

라이어마허의 회의주의의 표면을 긁어 보라. 우리는 무엇을 보는가? 소크라테스의 아이러니한 미소가 보일 것이다. 슐라이어마허의 변증법 이론과 슐레겔의 아이러니 개념에 영감을 준 것은 소크라테스였다. 이것은 큰 비밀도 아니다.

5. 플라톤적 유산

초기낭만주의의 플라톤적 차원이 여전히 제대로 평가되지 않고 있고 그것을 인정하는 것의 결과가 매우 중요하기 때문에, 몇몇 주도적 낭만주의자들에 대한 플라톤의 영향을 다소 자세하게 증명해 보이는 것이 필요하다. 나의 주장을 보충하기 위해 프리드리히 슐레겔, 슐라이어마허, 노발리스와 셸링의 간단한 플라톤적 초상을 그려 보겠다.[32)]

이 개인들을 살피기에 앞서 전반적인 역사적 맥락, 18세기 후반 독일에서 일어난 플라톤 르네상스를 고려하는 것이 중요하다.[33)] 독일에서 플라톤에 대한 관심의 부활은 18세기 중반에 시작되어 낭만주의 세대의 형성기인 1790년대에 정점에 달했다. 하지만 1700년대 초반 독일에서 플라톤은 거의 잊혀 있었고 대학들의 아리스토텔레스적 스콜라주의에 가려져 있었다. 물론 가장 위대한 독일의 플라톤주의자는 라이프니츠였다. 하

---

32) 횔덜린에 대해서도 비슷한 초상을 그릴 수 있다. 하지만 그의 경우에는 플라톤적 유산이 매우 깊고 복잡하기 때문에 여기에서 그것을 정당하게 다룰 수 없다. 훌륭한 설명으로는 Michael Franz, "Platos frommer Garten: Hölderlins Platonlektüre von Tübingen bis Jena", *Hölderlin Jahrbuch* 28, 1992~1993, pp. 111~127을 보라. 또한 나의 *German Idealism*, pp. 382~384를 보라.

33) 18세기 독일 플라톤주의의 역사에 대해서는 Max Wundt, "Die Wiederentdeckung Platons im 18 Jahrhundert", *Blätter für deutsche Philosophie* 15, 1941, pp. 149~158과 Michael Franz, *Schellings Tübinger Platon-Studien*, Göttingen: Vandenhoeck & Ruprecht, 1996, pp. 149~158을 보라.

지만 라이프니츠의 플라톤주의는 그의 가르침 중 보다 은밀한esoteric 측면들 가운데 하나였고, 그래서 별다른 영향을 끼치지 못했다. 플라톤에 대한 관심은 세기의 중반에 가서야, 주로 고전문헌학의 성장에 힘입어 나타나기 시작했다. 1750년대에 고전학자 에르네스티Johann August Ernesti와 룬켄David Ruhnken은 그리스어 자료들을 원문으로 읽어야 한다고 주장함으로써 고전문헌학의 부흥에 큰 역할을 했다. 에르네스티와 룬켄은 플라톤의 숭배자로서 플라톤 철학에 대해 영향력 있는 학문적 연설들을 했다. 1757년에는 빙켈만이 플라톤을 읽었으며, 플라톤은 그의 미학에 핵심적인 영향을 준 철학자 중 한 명이 되었다. 1760년대 즈음에는 플라톤에 대한 관심이 매우 크게 성장했다. 이때 플라톤적 주제들로 채워진 루소와 섀프츠베리의 저작들이 영향력을 갖기 시작했다. 또한 1760년대에는 하만과 헤르더, 빌란트, 멘델스존이 모두 플라톤이나 플라톤적 주제에 대해 글을 썼다. 1770년대에 플라톤은 널리 알려진 저자가 되었다. 플라톤 저작의 새로운 판본과 번역들이 속속 등장했다. 1780년대에는 플라톤 르네상스가 진정으로 시작되었다. 할레Halle에서는 볼프Friedrich August Wolf가 플라톤에 대해 보다 엄격한 문헌학적인 연구를 시작했고 몇몇 저작의 여러 판본을 출간했다. 1781년부터 1787년까지 플라톤 저작의 츠바이브뤼커Zweibrücker 판본이 발간되어 그에 대한 접근을 어느 때보다 쉽게 만들어 주었다. 네덜란드 플라톤주의자 헴스테르하위스Frans Hemsterhuis의 저작이 독일어 번역으로 출간된 것 역시 1780년대였다.[34] 그것은 초기낭만주의의 가장 중요한 원천들 가운데 하나였다. 슐레겔 형제와 노발리스는

34) 그의 저작의 가장 중요한 판본은 *Vermischte philosophische Schriften des Herrn Hemsterhuis*, Leipzig: Bey Weidmanus Erben & Reich, 1782~1797이다. 번역자는 미상이다. 이 판본은 율리우스 힐스(Julius Hilß)에 의해 수정되어 *Philosophische Schriften*, Karlsruhe: Dreililien, 1912로 재출간되었다.

헴스테르하위스의 가장 열렬한 학생들에 속했다.[35)]

이제 초기낭만주의의 플라톤주의의 일반적 맥락을 살펴보았으므로, 몇몇 개별 사상가들에게서 그것이 어떻게 작용했는지 보기로 하자.

프리드리히 슐레겔

초기낭만주의에 대한 플라톤의 영향이 가장 눈에 띄고 충만한 인물은 프리드리히 슐레겔이다. 슐레겔 자신이 그의 많은 영감들의 원천을 밝히고 싶어 했다. 1827년 『삶의 철학』*Philosophie des Lebens*의 「서문」에서 그는 자신의 주된 철학적 관심과 그것의 원천을 드러내는 말을 했다. "내가 형언할 수 없는 호기심을 가지고 그리스어로 플라톤 전집을 통독했던 것이 이제 39년 전의 일이다. 그 이후로 …… 이 철학적 질문(형이상학)이 언제나 나의 고유한 주요 관심사였다."[36)]

프리드리히 슐레겔 이성주의의 플라톤적인 원천은 형과의 초기 논쟁에서 처음 모습을 드러냈다.[37)] 1793년 언젠가 형인 아우구스트 슐레겔은 야코비를 읽고 있었는데, 야코비의 계몽 비판은 아우구스트에게 특히 깊은 인상을 주었다. 하지만 프리드리히 슐레겔은 그에 동의하지 않고 형의 이성혐오Vernunfthaß를 비판했다. 프리드리히는 야코비가 너무 제한된 이성 개념을 가지고 있기 때문에 비이성주의의 잘못을 저지른다고 생각

---

35) 프리드리히 슐레겔이 그의 형에게 보낸 1793년 8월 21일자와 9월 29일자 편지에서 헴스테르하위스의 저작을 보내달라고 급하게 요청하는 것을 보라(*KA* XXIII, pp. 122, 133). 헴스테르하위스가 아우구스트 슐레겔에게 갖는 중요성은 그의 "Urtheil, Gedanken und Einfälle über Literatur und Kunst" no. 39, *Sämtliche Werke* VIII, ed. Eduard Böcking, Leipzig: Weidmann, 1846, p. 12에서 분명하게 나타난다. 헴스테르하위스가 노발리스에게 끼친 영향은 그의 초기 헴스테르하위스 연구, *HKA* II, p. 360~378에서 추측될 수 있다.

36) *KA* X, pp. 179~180.

37) 프리드리히 슐레겔이 아우구스트 슐레겔에게 보낸 1793년 8월 28일자 편지(*KA* XXIII, pp. 129~130); 1793년 10월 16일자 편지(같은 책, pp. 142~144); 1793년 11월 17일자 편지(같은 책, pp. 158~159)를 보라.

한다. 야코비는 이성과 생각·판단·추론의 능력에 존재하는 오성을 구분하지 못했다. 이성은 야코비가 암시한 것처럼 단지 사실을 받아들이는 수동적 능력이 아니며, 능동적이고 자발적이다. 그것은 인간 안에 있는 단지 하나의 능력일 뿐 아니라 그의 근본적인 능력, 즉 영원을 향한 노력이다. 플라톤의 에로스 개념에 기대어 프리드리히는 이성이 그 근저에 있어서는 사랑이기 때문에 이성과 감정 사이에는 실제로 아무런 구분도 없다고 설명한다.[38] 이성과 사랑은 모두 전체성을 향한 노력, 보편성을 향한 충동, 무한자 혹은 전체 세계와 하나가 되고자 하는 열망 안에 존재한다. 그는 이성에 대한 형의 혼동을 바로잡고 나서 이성의 두 가지 다른 측면인 이상과 체계를 변호한다. 이상ideal은 이성에, 영원을 향한 이성의 열망에 그 원천을 갖는다. 이상은 우리 앞에 삶의 근본적인 목적, 즉 신처럼 되고자 하는 노력을 설정한다. 체계system는 개념을 통해 사물들의 근본적인 연관을 파악하려는 시도이다. 그것은 소위 시의 영혼, 사람의 정신 그리고 창조에서 신적인 것이다. 물론 단 하나의 참된 체계, 자연 전체만이 존재한다. 하지만 완결적 체계는 우리가 다가갈 수 있지만 결코 도달할 수 없는 이상 혹은 목적일 뿐이라고 프리드리히 슐레겔은 주장한다. 콩디야크를 따라 그는 체계적 정신과 체계의 정신을 구별한다. 전자는 모든 인식에서 더 큰 통일성을 발견하려는 노력이고 이성의 본질적인 기능이다. 후자는 약간의 사실들로부터 창조하려는 시도이며, 따라서 체계가 경험에 부과된다.

1790년대와 『아테네움』 시기 내내 프리드리히 슐레겔은 근본적으로 플라톤적 영감을 가진 철학을 발전시켰다. 1796년 초에 쓴 『철학적 견습

---

38) 위의 주석에서 인용된 편지들에 더하여 슐레겔의 초기 단편 "Von der Schönheit in der Dichtkunst", *KA* XVI, pp. 3~14, 15~31을 보라. 특히 nos. 13, 15, 17, 같은 책, pp. 8~9를 보라.

시절』*Philosophische Lehrjahre*의 노트들은 그가 어떻게 셸링, 헤겔보다 몇 년 앞서 '절대적 관념론'이라 부른 독트린을 향해 움직이고 있었는지를 보여 준다. 이 독트린에 따르면 실재 안의 모든 것은 이성에 부합하는데, 이성은 바로 사물들의 형상, 관념, 혹은 목적들에 있다.[39] 객관적인 것과 주관적인 것 사이에는 근본적인 차이가 없다. 둘은 모두 단일한 이성적 활동의 조직화와 발전의 서로 다른 정도들이기 때문이다. 저 이성적 활동은 끊임없이 하나인 것을 분리하고 분리된 것을 통일시킨다. 훗날의 노트에서 프리드리히 슐레겔의 이성 개념은 훨씬 더 복잡해진다. 그것은 더 이상 플라톤의 에로스와 단순하게 동일시되지 않고, 당혹스럽도록 다양한 방식으로 이용된다. 하지만 그의 개념의 플라톤적 기원은 남아 있다. 즉 이성은 사물들의 가지적可知的 구조, 지적 직관의 힘을 통해 우리가 아름다움 안에서 지각하는 것이다.[40] 그의 절대적 관념론에 대한 가장 체계적인 설명은 초월철학에 대한 1801년 강의에 나온다. 이 강의의 기본적인 플라톤적 영감은 프리드리히 슐레겔이 그것을 옹호하는 첫번째 논쟁 테제에서 가장 명시적으로 나타난다. "진정한 플라톤 철학은 관념론이다."[41] 1800년경 프리드리히 슐레겔의 사유에서 플라톤이 갖는 지속적인 중요성은 강의 무렵 쓰인 노트의 한 구절로부터 명확해진다. "플라톤은 올바른 지혜를 포함하며, 철학의 전체 정신이 그의 안에 있다. 그는 모든 것을 알았다. 즉 전체를, 모든 것이 그에 의존하는 것을."[42]

---

39) Schlegel, nos. 701, 108, *KA* XVIII, pp. 252, 332를 보라.

40) Nos. 137, 146, 같은 책, p. 208; no. 1314, 같은 책, p. 303을 보라. 슐레겔은 초기에 지적 직관 개념을 순수하게 규제적인 의미로, 완전한 통일성의 명령으로 읽었다. No. 462, 같은 책, p. 66을 보라. 나중에 그는 그것을 보다 구성적인 의미로, 보다 긍정적인 신비주의 개념에 대응하는 것으로 간주했다.

41) 같은 책, p. xxxvi를 보라.

42) No. 1149, 같은 책, p. 417을 보라.

슐라이어마허

모든 낭만주의자들 가운데 플라톤에게 가장 많은 영향을 받은 이는 아마 슐라이어마허일 것이다. 그는 매우 명시적으로 그 영향을 인정한다. "나에게 그토록 많은 영향을 주고, 나를 철학과 인류의 세계에 몸 바치게 만든 이는 이 신적인 인간밖에 없다.……"[43] 슐라이어마허는 플라톤에 대한 자신의 존경을 "표현할 수 없는", "종교적 경외"라고 기술할 만큼 그를 존경했다.[44] 물론 슐라이어마허 자신이 플라톤 저작을 번역하여 플라톤 르네상스에서 핵심적인 역할을 했다. 그의 번역은 오늘날에도 여전히 이용되고 있다.[45] 슐라이어마허 철학의 다양한 측면들이 그의 플라톤 연구에 기원을 두고 있다. 이를테면 그의 변증법 개념, 유기체적 자연 관념, 토대주의에 대한 회의와 종교적 체험 이론이 그러하다. 하지만 여기서 특별히 관련되는 것은 플라톤의 영향의 이 마지막 측면이다. 『종교론: 종교를 멸시하는 교양인을 위한 강연』*Über die Religion: Reden an die Gebildeten unter ihren Verächtern*의 두번째 강연에서 종교적 체험에 대한 슐라이어마허의 분석을 주의 깊게 읽어 보면 곧 그것의 플라톤적 뿌리가 모습을 드러낸다. 한 놀라운 대목에서 슐라이어마허는 세계를 직관하는 것이 사랑의 감정에, 그것과 하나가 되려는 열망에, "내가 그것의 영혼이고 …… 그것이 나의 몸이" 되는 데에 있다고 설명한다.[46] 물론 그런 열망은 플라톤적 에로스이다. 하지만 세계를 직관하는 행위만 플라톤적인 것이 아니다. 그것의 대상도 그에 못지않게 그러하다. 같은 강연의 뒷부분에서 슐라이어아마

---

43) 슐라이어마허가 칼 구스타프 폰 브린크만(Carl Gustaf von Brinkmann)에게 보낸 1800년 6월 9일자 편지. *KGA* V/4, p. 82.

44) 브린크만에게 보낸 1800년 4월 24일자 편지. *KGA* V/3, p. 486.

45) 슐라이어마허의 플라톤 연구에 대해서는 Julia Lamm, "Schleiermacher as Plato Scholar", *Journal of Religion* 80, 2000, pp. 206~239를 보라.

46) *KGA* I/2, pp. 221~222.

허는 세계를 직관할 때 우리가 지각하는 것은 그것의 가지적 구조라고 설명한다. 그래서 그는 "물체들이 형성되고 파괴되는 영원한 법칙"을 파악할 때 "우리는 가장 분명하고 가장 신성한 방식으로 세계를 직관한다"고 말한다.[47] 더 나아가 그는 "외부 세계에서 실제로 종교적 감각에 호소하는 것은 그 덩어리가 아니라 법칙들"이라고 주장한다.[48]

셸링

플라톤이 셸링에게 미친 영향은 슐레겔과 슐라이어마허의 경우처럼 그렇게 두드러지고 극적이지는 않다. 놀라운 고백 같은 것은 없고, 다만 초기 저작에서 플라톤에 대한 약간의 언급이 있을 뿐이다. 하지만 플라톤의 유산은 여기에도 똑같이 존재한다. 플라톤에 대한 셸링의 애정은 튀빙겐 신학교의 초기 시절에 시작되었다. 여기서 그는 그리스어로 플라톤을 광범위하게 그리고 깊이 있게 읽었다. 플라톤에 대한 그의 초기 관심은 1790년대 초에 썼던 두 노트에서 분명하게 드러난다. 「고대 세계의 표상예술」Vorstellungsarten der alten Welt이라는 제목의 한 노트는 플라톤에 대한 긴 절을 포함한다. 다른 노트 「플라톤 철학의 정신에 대하여」Über den Geist der Platonischen Philosophie는 『티마이오스』에 대한 주석이다.[49] 셸링의 『티마이오스』 연구는 그의 자연철학에 매우 중요했는데, 여기서 그는

---

47) 같은 책, p. 225.

48) 같은 책, p. 227.

49) 이 수고들에 대해서는 Jörg Jantzen, *SKA* I/2, pp. 195~196과 Manfred Durner, *SKA* I/5, p. 37의 편집자 보고서를 보라. 『티마이오스』에 대한 주석은 하르트무트 부흐너(Hartmut Buchner)에 의해 *Timaeus(1794)*, Stuttgart: Fromman-Holzboog, 1994로 출판되었다. 셸링의 초기 플라톤 수고의 중요성에 대한 매우 유용한 소개로는 Manfred Baum, "The Beginnings of Schelling's Philosophy of Nature", *The Reception of Kant's Critical Philosophy*, ed. Sally Sedgwick, Cambridge: Cambridge University Press, 2000, pp. 199~215를 보라. 플라톤에 대한 셸링의 초기 저작에 관한 자세한 설명으로는 Michael Franz, *Schellings Tübinger Platon-Studien*, pp. 153~282를 보라.

세계 영혼과 데미우르고스demiurge에 대한 플라톤의 생각에 이의를 제기한다.[50] 셸링에 대한 플라톤의 초기 영향은 다른 두 측면, 즉 『악의 기원에 대하여』*De malorum origine*에서 악에 대한 설명과 『독단주의와 비판주의에 대한 철학적 편지들』*Philosophische Briefe über Dogmatismus und Kritizismus*에서 지적 직관에 대한 설명에서도 명백하다.[51] 이 두 저작에서 셸링은 플라톤을 칭송할 뿐만 아니라 그로부터 생각을 빌려 온다.

그러나 플라톤이 셸링의 사유에 미친 영향은 그가 피히테와 결별한 후 동일성 철학을 발전시키던 시기(1800~1804년)에야 가장 분명해진다. 『브루노: 혹은 사물의 신적·자연적 원리에 대하여. 하나의 대화』와 『예술철학』에서 셸링은 플라톤과 스피노자의 종합이라는 말로 가장 잘 표현되는 '세계관'Weltanschauung을 그려 낸다. 다른 말로 하자면 그것은 플라톤적 일원론 혹은 일원론적 플라톤주의의 한 형태이다. 셸링은 어떻게 무한자가 유한자 안에, 일자가 다자 안에 존재하느냐는 고전적인 문제를 설명하기 위해서 플라톤의 이데아론을 부활시킨다. 그는 개별적인 사물들이 절대자 안에 존재하는 것은 그것들이 전체의 본성을 반영하는 한에서만, 즉 그것들이 그 자체로 절대자이기도 한 한에서라고 설명한다. 그처럼 절대자 안에 전적으로 존재하는 개별적인 사물들은 관념들이다.[52] 그런데 절대자에 대한 셸링의 전체 개념은 플라톤적이다. 유일한 보편적 실체는 이제 "모든 관념들의 관념"이며, 그것은 이성의 유일한 대상이다.[53] 우리는 지적 직관을 통해 이 절대자를 인식하는데, 지적 직관은 순수하게 이

---

50) Schelling, *Ideen zu einer Philosophie der Nature*, *Sämtliche Werke* II, pp. 20, 44~45를 보라.

51) 또한 *Sämtliche Werke* I, pp. 19~20, 318도 보라.

52) *Philosophie der Kunst* §§25~27, *Sämtliche Werke* V, pp. 370, 388~390을 보라. 또한 *Bruno*, *Sämtliche Werke* IV, p. 229도 보라.

53) *Bruno*, *Sämtliche Werke* IV, p. 243.

성적이지만 서술적 추론으로 환원될 수 없다.[54] 『파이드로스』의 유산에 충실하게, 셸링은 우리가 무한자와 유한자 사이에 연관이 존재한다는 것을 혹은 무한자가 무엇보다도 미의 관념을 통해 유한자 안에 나타난다는 것을 안다고 말한다.[55]

노발리스

언뜻 보기에 노발리스는 모든 초기낭만주의자들 가운데 가장 덜 플라톤적인 것으로 보일 수 있다. 그의 편지와 저작에는 플라톤에 대한 언급이 거의 존재하지 않는다. 또한 그는 횔덜린, 셸링, 슐라이어마허와 프리드리히 슐레겔처럼 그리스적인 것에 열광하지도 않았다. 하지만 이러한 인상은 프리드리히 슐레겔에 의해 교정된다. 1792년 노발리스를 처음 만난 후 그는 형에게 새로운 친구가 "가장 좋아하는 작가"는 플라톤과 헴스테르하위스라고 말했다.[56] 노발리스의 일부 초기 저작들을 자세하게 검토할수록 우리는 그의 이성 개념의 플라톤적 영감을 보게 된다. 분명 초기 저작 『피히테 연구』에서 노발리스는 서술적 사고의 허세를 매우 엄격하게 비판한다. 그것은 진리를 파악하려고 노력하는 바로 그 행위에서 진리를 왜곡한다. 그러나 이것을 그의 이론혐오의 증거로, 더욱이 초이성주의를 긍정하는 증거로 여겨서는 안 된다. 노발리스는 이성을 단지 생각, 판단, 추론을 유일한 업무로 하는 서술적 능력으로 보지 않기 때문이다. 오히려 그는 이성을 직관적 능력, "지적인 봄의 능력"으로 간주한다. 이 능력은 진정 "황홀"하다.[57] 야코비와 달리 그는 이성의 유일한 기능이 기계

54) 같은 책, pp. 299~300.

55) 같은 책, pp. 225~226.

56) 프리드리히가 아우구스트 슐레겔에게 보낸 1792년 1월 15일자 편지. *KA* XXIII, p. 40.

57) Novalis, *Fichte-Studien* no. 143, *HKA* II, p. 133; *Das allgemeine Brouillon* no. 934, *HKA* III, p. 448.

론적 설명을 제공하는 것이라고 생각하지 않는다. 오히려 이성은 단지 기계적인 것을 뛰어넘으며, 이성의 올바른 임무는 각각의 사물을 전체 안에서의 필연적 위치에서 파악하는 것이라고 강조한다.[58]

노발리스가 플라톤적 전통에 진 빚은 그의 경력의 후반에야 완전히 분명해진다. 1798년 가을 그는 중대한 발견을 한다. 그것은 바로 플로티누스였다![59] 그는 어떤 철학자도 신성한 사원에 플로티누스처럼 깊이 침투하지는 못했다고 선언한다.[60] 플로티누스의 영향하에 그는 이제 지적 직관을 "내면의 빛" 혹은 "환희"로 묘사한다.[61] 그리고 이성을 "신적 로고스"the divine logos로 해석한다.[62] 노발리스가 이처럼 열광한 것은 그가 한동안 관념론과 실재론을 통일시킬 적절한 개념을 찾고 있었기 때문이다. 그는 이제 이 개념을 종합비판syncriticism, 한때 신플라톤주의의 신비주의적 경향을 가리키기 위해 사용되었던 용어로 부른다.

청년 프리드리히 슐레겔과 슐라이어마허, 셸링, 노발리스에 관한 이 모든 사실들은 그들에게 미친 플라톤주의의 심오하고 풍부한 영향을 보여 준다. 이것만으로도 초기낭만주의를 플라톤주의의 부활로 해석하는 것이 정당화된다. 그러나 초기낭만주의를 플라톤주의의 르네상스로 보는 순간, 그것에 대한 일반적 해석에 많은 함의가 도출된다. 그 중의 하나는 초기낭만주의의 신비주의와 미학주의를 일종의 하이퍼이성주의로 간주해야 한다는 것이다. 여기서 나의 취지는 이를 설명하는 것이었다.

---

58) Novalis, *Vorarbeiten* nos. 31, 233, *HKA* II, pp. 533, 576.

59) 노발리스의 플로티누스 발견에 대해서는, Hans-Joachim Mähl, "Novalis und Plotin", *Jahrbuch des Freien deutschen Hochstifts*, 1963, pp. 139~250을 보라.

60) 노발리스가 카롤리네 슐레겔에게 보낸 1799년 1월 20일자 편지(*HKA* IV, p. 276). 또한 노발리스가 프리드리히 슐레겔에게 보낸 1798년 12월 10일자 편지(같은 책, p. 269)를 보라.

61) *Das allgemeine Brouillon* no. 896, *HKA* III, p. 440.

62) Nos. 908, 1098, 같은 책, pp. 443, 469.

5장_예술의 주권

1. 형이상학으로서의 예술

초기 독일낭만주의자들에게서 가장 눈에 띄는 특징 중 하나는 예술의 형이상학적 지위에 대한 믿음이었다. 거의 모든 초기낭만주의자들—바켄로더, 셸링, 슐라이어마허, 노발리스, 청년 헤겔, 횔덜린과 슐레겔 형제—이 미학적 경험을 궁극적 실재나 절대자에 대한 앎의 기준과 도구, 매개로 만들었다. 그들은 우리가 미학적 경험을 통해 유한자 안에서 무한자를, 감각적인 것 안에서 초감각적인 것을, 현상에서 절대자를 지각한다고 믿었다. 오직 예술만이 절대자를 헤아리는 힘을 갖고 있기 때문에 예술이 철학보다 우월하며 철학은 이제 예술의 한갓 시녀가 되었다.[1)]

1) 그래서 횔덜린은 『히페리온』에서 이렇게 쓴다. "시……는 이 학문(철학)의 시작이자 끝이다. 주피터의 머리에서 나온 미네르바처럼 그것은 무한한 신적 존재의 시에서 솟아난다"(*GSA* III, p. 81). 노발리스는 『여러 단편 모음집을 위한 준비』에서 말한다. "시는 소위 철학에 이르는 열쇠, 그것의 목적이자 의미다"(No. 31, *HKA* II, p. 533. No. 280, 같은 책, pp. 590~591도 보라). 슐레겔은 『포에지에 대한 대화』에서 주장한다. "모든 예술과 학문의 가장 내밀한 미스터리는 시의 소유다. 모든 것이 거기서 흘러나오고 그것으로 돌아간다"(*KA* II, p. 324). 셸링은 『초월적 관념론 체계』에서 "예술은 학문의 모델이다. 그리고 예술이 있는 곳에 학문이 따라 나온다"라고, 그리고 유사한 맥락에서 "예술은 철학의 유일하게 참되고 영원한 기관이자 기록이다"라고 선언한다(*Sämtliche Werke* III, pp. 623, 627). 또한 Wilhelm Wackenroder, *Herzensergießungen*, *Werke* I, Jena: Diederichs, 1910, pp. 64~69를 보라.

이러한 독트린은 최소한 두 가지 이유에서 주목할 만하다. 첫째, 그것은 이성의 주권에 대한 계몽의 독단과 철저하게 단절한다. 계몽은 이성을 최고의 지적 권위로 만들었다. 계몽주의자들은 이성 ─ 서술적 의미에서 생각, 판단, 추론하는 능력으로 이해된 ─ 을 지식의 주된 기준이자 도구, 매개로 만들었지만, 초기낭만주의자들은 미학적 경험의 감정과 직관에 그 역할을 부여했다. 둘째, 그것은 18세기 미학을 지배했던 주관주의적 조류에서도 벗어났다. 주관주의적 조류는 미학적 지각을 단지 감상자의 쾌감sensation of pleasure으로, 그리고 미학적 창조를 단지 예술가의 감정 표현으로 보았다.[2] 칸트의 미학은 미학적 판단의 객관적 요소를 부정함으로써 이 조류에 도전한 것이 아니라 오히려 그것을 완성했다.

낭만주의 미학의 눈에 띄는 특징들은 몇 가지 매우 흥미로운 질문을 제기한다. 초기낭만주의자들이 계몽과 18세기 미학의 주관주의와 단절할 수 있게 해준 원천과 영향은 무엇이었을까? 예술의 주권에 대한 그들의 신앙의 근거 혹은 그것을 정당화하는 논리는 무엇이었을까? 물론 예전에도 이 질문들은 제기되었지만 누구도 결정적인 해답 같은 것이 있었다고 주장할 수 없다.

2) 18세기 미학자들이 예술에 어떤 인지적 지위를 부여했다면 그것은 대개 열등한 종류의 것이었다. 크리스티안 볼프는 미학적 경험을 완전성의 감각 지각으로 만들었다. 완전성은 사실 사물들의 객관적 특성, 다수성 안에서의 통일성이다. 하지만 그는 또한 감각 지각을 지성의 열등한 혹은 혼동된 형태로 보았다. 그의 *Psychologia empirica*, §§54~55를 보라. 바움가르텐은 감성의 독립적 지위를, 그리하여 그것이 고유한 규칙과 완전성의 기준을 갖는다고 주장했지만 또한 그것에 열등한 인식 능력을 부여했다. 그의 *Metaphysica* §§521, 533를 보라. 18세기 미학의 주관주의적 경향의 위대한 예외는 물론 하만이다. 그의 놀라운 1762년 저작 *Aesthetica in nuce*는 많은 측면에서, 특히 예술을 형이상학적 인식의 유일한 매개로 보는 점에서 낭만주의 독트린을 선취한다. 하지만 그가 즐겨 자신을 묘사한 것처럼 하만은 "황무지의 목소리"였다. 낭만주의자들에게 미친 그의 영향 ─ 야코비, 괴테, 헤르더가 그의 숭배자들이었다 ─ 은 상당했을 것이다. 하지만 그 영향은 또한 매우 간접적이고 원격적이었을 것이다.

이 질문에 답하려는 근래의 가장 주목할 만한 시도들 가운데 하나는 풍부하고 고무적인 책 『초기낭만주의 미학 입문』에서 만프레트 프랑크가 한 것이다.[3] 프랑크에 따르면 예술의 형이상학적 지위에 대한 낭만주의적 믿음은 계몽과 18세기 미학뿐만 아니라 플라톤 이후 서구의 지적 전통 전체와의 근본적인 단절을 나타낸다.[4] 이 단절은 진리 상응설을 거부하고 그것을 창조 혹은 생산으로서의 진리 이론으로 대체하는 데에 있다.[5] 프랑크는 상응으로서의 진리 개념이 지배적이었던 한, 예술가는 철학자에 비해 열등한 지위에 있었다고 주장한다. 예술가의 이미지들과 상징들은 이성의 모든 직접성과 분명함, 정확성을 가지고 실재를 표상할 수 없기 때문이다. 2000년을 지배한 이 진리 개념의 종말은 1781년 『순수이성비판』의 출판과 함께 찾아왔다고 말해진다.[6] 칸트는 코페르니쿠스적 혁명을 통해 상응으로서의 진리 개념을 생산으로서의 진리 개념으로 대체했다. 이것에 따르면 주체는 주어진 실재를 단순히 반영하는 것이 아니라 자신의 활동을 통해 바로 실재의 구조를 구성한다. 프랑크는 낭만주의자들로 하여금 예술에 형이상학적 지위를 부여할 수 있게 한 것은 일차적으로 이 새로운 진리 개념이었다고 주장한다. 예술가의 창조적 활동은 주어진 실재의 모방에 한정되지 않고, 주체가 자신의 전체 세계를 창조하는 저 일반적 활동의 일부가 되었다.[7]

---

3) Manfred Frank, *Einführung in die frühromantische Ästhetik*, Frankfurt: Suhrkamp, 1989.

4) 같은 책, pp. 9~14.

5) 진리의 생산성 이론으로 그것을 소개하면서 나는 다소 단순화하고 있다. 왜냐하면 만프레트 프랑크는 "절대자의 작품 설정 안에서 자기를 능동화하기"에 대해 쓰고 있기 때문이다(p. 124. p. 29도 보라). 나의 단순화를 정당화하는 것은 프랑크가 인식 주체의 활동을 강조하는 칸트적 진리 패러다임을 기술하고 있다는 사실이다. 불분명함은 하이데거로부터 연유한다.

6) 같은 책, pp. 9, 41.

7) 같은 책, pp. 41~42, 123.

그래서 프랑크의 설명에 따르면 낭만주의 미학 발전의 근본적인 요소는 칸트의 코페르니쿠스적 혁명, 보다 정확하게는 칸트의 『제1비판』[『순수이성비판』]의 진리 개념에서 나왔다. 하지만 프랑크는 칸트의 중요성을 『제1비판』으로만 한정하지 않는다. 그는 『판단력비판』, 특히 1부인 「미학적 판단력 비판」 역시 초기낭만주의자들에게 핵심적인 텍스트로 간주한다. 그래서 자신의 책에 수록된 처음 여덟 강의를 『제3비판』[『판단력비판』]에서 칸트의 미학적 판단이론에 대한 자세한 분석에 바친다.

프랑크의 설명은 어떤 측면에서 낭만주의 미학의 등장에 대한 표준적 견해를 나타낸다. 보통 칸트의 코페르니쿠스적 혁명을 낭만주의 미학의 출발점으로 여기고 『판단력비판』을 결정적인 텍스트로 간주한다. 프랑크는 이 견해를 옹호하면서 정교하게 만드는데, 그 깊이와 세밀함이 눈에 띄며 이 견해에 대해 가능한 최고의 논변을 제공한다. 하지만 낭만주의 미학에 대한 프랑크의 설명에는 다른 측면에서 새롭고 중요한 어떤 것이 있다. 하임에서 가다머에 이르기까지, 표준적 견해는 낭만주의 미학을 단순히 칸트와 피히테 관념론의 시적 버전으로 보았다. 프랑크는 그렇지 않음을 발견하고 강조한 최초의 인물 가운데 하나이다.[8] 그러나 곧 보게 되듯이 프랑크 이론의 두 측면—보다 전통적이고 보다 혁신적인—은 서로 일치하지 않는다. 낭만주의 미학은 칸트의 코페르니쿠스적 혁명에 토대를 두면서 동시에 칸트와 피히테의 주관적 관념론의 유산과 단절할 수 없다. 칸트의 진리 개념이 저 관념론의 기반이기 때문이다.

---

8) Rudolf Haym, *Die romantische Schule*, Berlin: Gaertner, 1870, pp. 332, 354~365를 보라. 하임의 전통에서 Hermann A. Korff, *Geist der Goethezeit* III, Leipzig: Koehler & Amelang, 1964, pp. 246~252와 Nicolai Hartmann, *Die Philosophie des deutschen Idealismus* I, Berlin: de Gruyter, 1923, pp. 220~233을 보라. 낭만주의 미학에 대한 가다머의 이해 역시 같은 전통 안에 있다. 그의 *Wahrheit und Methode, Gesammelte Werke* I, Tübingen: Mohr, 1990, pp. 61~106을 보라.

다음에서 나의 임무는 프랑크의 이론의 문제점을 드러내면서 낭만주의 미학의 토대에 대한 대안적 설명을 제시하는 것이다. 나의 설명은 저 토대를 프랑크가 완전히 무시한 영역, 그러니까 낭만주의의 자연철학과 유기체적 자연 개념에서 찾을 것이다.

2. 표현과 모방

낭만주의 미학이론의 근저에 있는 주요 가정이 새로운 칸트적 진리 개념에 있다는 프랑크의 핵심 주장에서 시작하자. 이 주장을 옹호하여 말할 수 있는 것이 있다. 일부 초기낭만주의자들은 예술가가 자신의 진리의 기준들을 창조한다고 주장했고, 그것들이 자연 안에서 단순히 주어지기 때문에 예술가가 그것들을 수동적으로 모방해야 한다는 생각을 부인했다. 그래서 아우구스트 슐레겔과 셸링은 자연은 예술가들에게 규칙을 제공하지 않으며, 반대로 예술가가 자연에 규칙을 제공해야 한다고 명시적으로 말했다.[9] 그들의 진술은 칸트의 코페르니쿠스적 혁명을 미학적으로 변용시킨 것에 불과해 보인다.

하지만 그들의 진술로부터 낭만주의 미학이 원래 주관주의적이며, 정신을 거울이 아니라 램프로 여기는 이론이라고 결론짓는 것은 잘못이다.[10] 낭만주의자들은 모방이론을 결코 완전히 거부하지 않았다. 그들은

---

9) Schelling, *System des transcendentalen Idealismus*, *Sämtliche Werke* III, p. 622와 August W. Schlegel, "Über das Verhätniß der schönen Kunst zur Natur", *Sämtliche Werke* IX, ed. Eduard Böcking, Leipzig: Weidmann, 1846, pp. 303~306을 보라.

10) 물론 나는 마이어 하워드 에이브럼스(Meyer Howard Abrams)의 고전적 연구 *The Mirror and the Lamp: Romantic Theory and the Critical Tradition*, New York: Oxford University Press, 1953에 대해 말하고 있다. 에이브럼스의 구별이 영국낭만주의에 대해 갖는 장점이 무엇이든 그것은 초기낭만주의에 관해서는 틀렸는데, 초기낭만주의의 목표는 단지 그러한 구별을 극복하는 것이 아니었다.

계속해서 예술이 자연에 진실해야 한다고 혹은 예술가는 그를 둘러싼 전체 세계를 표상해야 한다고 주장했다.[11] 초기낭만주의 미학은 마치 예술작품의 가치가 오직 예술가의 감정과 욕망을 표현하는 능력에 있다는 듯이 여기는 단순한 정서적 표현의 이론이 결코 아니었다. 낭만주의자들은 예술적 천재가 자기 예술의 규칙을 설정하는 힘을 갖는다고 주장했다. 하지만 결코 이 규칙이 주관적 의미만을 가지며, 예술가의 정신 이외의 다른 것을 말하지 않는다고 주장하지 않았다. 사실 초기낭만주의 미학에서 가장 눈에 띄는 것은 모방과 표현 이론의 종합이다. 자신의 감정과 욕망을 표현하고 인간적 깊이를 헤아릴 때, 예술가는 또한 자신을 통해 작용하는 자연의 창조적 힘을 드러내기도 한다고 그것은 주장한다. 예술가의 생산은 사실 그를 통한 절대자의 자기-생산이다. 예술의 창조적 활동은 자연의 모든 창조적 힘들의 최고의 조직화와 발전이기 때문이다.

모방과 표현의 종합은 주-객 동일성을 근본 원리로 하는 낭만주의적 형이상학에서 우리가 기대해야 하는 바로 그것이다. 이 원리에 따르면 주관적인 것과 객관적인 것, 이상적인 것과 실재적인 것, 정신적인 것과 물리적인 것은 절대자의 유일한 불가분적 실재의 동등한 현현, 현상 혹은 구현들이다. 절대자 자체는 주관적인 동시에 객관적이다. 둘 다 그것의 필연적인 현상이기 때문이다. 하지만 그것은 또한 주관적이지도 객관적이지도 않다. 그것은 양립할 수 없는 둘 가운데 하나가 아니기 때문이다. 이 독트린은 주-객 동일성의 완전한 화신으로서 미학적 경험이 객관적 현현과 주관적 현현을 모두 가져야 한다는 것을 의미한다. 각각의 현현에서

---

11) 이것은 *Athenäumsfragment* no. 116만으로도 분명하다. 여기서 슐레겔은 낭만주의 예술가는 자신의 대상에 완전히 몰입해서 그것의 성격규정이 그의 유일한 임무가 되게 해야 한다고 주장한다(*KA* II, p. 182). 그는 낭만주의 예술이 소박한 것과 감상적인 것, 모방적인 것과 표현적인 것의 종합이 되기를 의도한다.

는 객관적인 혹은 주관적인 것이 지배적이지만, 어느 것도 다른 것 없이는 존재하지 않는다. 객관적인 측면이 지배적일 때, 주체는 객체에 부합해야 한다. 그래서 예술가는 자연을 모방해야 한다. 그리고 주관적인 측면이 지배적일 때는 객체가 주체에 부합해야 한다. 그래서 객체는 주체의 표현적 활동을 통해서만 모습을 드러낸다.

이 형이상학적 이론으로부터 대상이 개념에 부합해야 한다고(그 역이 아니라) 주장하는 칸트의 코페르니쿠스적 혁명은 미학적 경험의 단지 한 측면만을 포착한다는 사실이 분명해진다. 그것은 주체가 대상의 기준을 창조한다는 주관적 측면에만 주목한다. 그러나 대상이 주체에게 기준을 부과하는 객관적 측면을 설명하지 못한다. 덜 도식적인 용어로 표현하자면 낭만주의 미학이론을 엄격하게 칸트적으로 읽는 것의 근본 문제는 그것이 객관적 차원을 설명할 수 없다는 것이다. 예술가의 행동이 주체에게서만 유래한다면 그것은 절대자로부터 유리된다. 그것은 형이상학적 차원을 상실하며 절대자 자신의 드러남 혹은 현현이 될 수 없다. 낭만주의자들이 예술가의 창조성이 형이상학적 진리를 담고 있다고 주장할 수 있는 주된 이유는 예술가의 활동이 자연 전체와 연속적이면서 그것의 긴밀한 부분이기 때문이다.[12] 예술가의 활동은 자연의 모든 힘들의 최고의 표현이자 구현이기 때문에 절대자 그 자체의 드러남이자 현현이다. 따라서 예술가가 드러내는 것은 자연이 그를 통해 드러내는 것이다. 분명 예

---

12) 낭만주의자들은 종종 이 점을 강조했다. 세 가지 예만을 들자면, 셸링은 『초월적 관념론 체계』에서 예술가의 의식적인 창조성이 자연 자체에 내재하는 무의식적 생산성과 동일하다고 주장한다(*Sämtliche Werke* III, pp. 612~619). 아우구스트 슐레겔은 『순수 문학과 예술에 대한 강의』에서 예술은 "완전한 정신의 매개를 통해 침투하는 자연"이라고 말한다(*Sämtliche Werke* IX, p. 308). 그리고 프리드리히 슐레겔은 『포에지에 대한 대화』에서 우리의 모든 시의 원천은 "우리가 그것의 부분이자 꽃인 신성(divinity)의 유일한 시"에 있다고 선언한다(*KA* II, p. 285).

술가는 자연을 단순히 반영하거나 모방하지 않으며, 미학적 가치의 기준을 결정하는 것은 그의 창조적 활동이다. 하지만 반드시 알아야 할 결정적인 사항은 예술가가 공동생산자라는 것, 사실은 자연 전체를 관통해 흐르는 생산적 연쇄의 마지막 고리라는 것이다. 따라서 표현되고 있는 것은 단지 예술가의 활동만이 아니라, 그를 통해 자기를 표현하는 절대자의 활동이기도 하다.

낭만주의 미학이론의 이 객관적 차원은 특히 1790년대 중반 낭만주의자들이 점차 스피노자를 좋아하게 된 데서 분명해진다. 낭만주의자들에게 스피노자는 바로 칸트와 피히테의 초월적 관념론의 안티테제였다. 칸트-피히테의 철학이 자아ego를 절대자로, 자연을 단지 그것의 변용에 불과한 것으로 만들었다면, 스피노자는 자연을 그의 절대자로, 자아를 단지 그것의 변용에 불과한 것으로 만들었다. 1790년대 후반 셸링과 슐레겔, 횔덜린, 노발리스는 스피노자를 숭배하게 되었으며, 스피노자의 실재론이 칸트와 피히테의 관념론을 보완해야 한다고 믿었다. 낭만주의 미학의 이 스피노자적 차원은 종종 간과되어 왔다. 하지만 그것은 프리드리히 슐레겔의 『아테네움 프라그멘트』처럼 핵심적인 텍스트에서도 명시적으로 나타난다. 여기서 슐레겔은 스피노자를 옹호할 뿐만 아니라, 그의 일자이자 전체one and all에 대한 신비적 감정을 미학의 본질적 요소로 간주한다.[13] 『포에지에 대한 대화』에서 우리는 심지어 "스피노자를 경외하고 사랑하고 자기 것으로 하지 않는다면" 시인이 될 수 없다고 배운다.[14]

낭만주의 미학의 이 객관적 혹은 스피노자적 차원은 매우 오랫동안

---

13) 스피노자 옹호에 대해서는 *Athenäumsfragmente* nos. 270, 274, *KA* II, p. 211; no. 301, 같은 책, p. 216; no. 450, 같은 책, p. 255를 보라. 우주에 대한 신비적 느낌의 주장에 대해서는 no. 121, 같은 책, p. 184를 보라.

14) 같은 책, p. 317.

과소평가되거나 무시되어 왔다. 그 주된 이유는 표준적 해석 때문이다. 표준적 해석은 낭만주의자들이 피히테의 1794년 『전체 학문론의 기초』에 의존한다고 강조해 왔다. 이 해석에 따르면 예술의 형이상학적 능력에 대한 낭만주의적 믿음은 피히테의 상상imagination 개념에서 나왔다. 예술가의 창조적 힘은 단순히 경험의 생산에서 작용하는 잠재의식적 능력들의 고차적 현현이었다. 그렇다면 낭만주의 미학은 『전체 학문론의 기초』의 시학poetics에 불과한 것이 된다.

낭만주의 미학에 대해 아직도 매우 인기 있는 이 해석에는 중요한 가정이 있다. 낭만주의자들이 피히테의 1794년 『전체 학문론의 기초』의 사도였다는 것이다. 초기낭만주의자들의 피히테 숭배를 고려할 때 그런 설명이 여전히 인기 있는 이유를 매우 쉽게 알 수 있다. 하지만 횔덜린과 노발리스, 프리드리히 슐레겔의 초기 단편과 노트들은 매우 다른 이야기를 해준다. 그들은 피히테의 충실한 사도가 아니라 그의 날카로운 비판자들이었다. 낭만주의 미학의 형성기인 1795년부터 1797년까지 그들은 피히테의 토대주의와 관념론에 이의를 제기했다. 오류 불가능한 제일 원리와 모든 지식의 완결적 체계를 확립하는 것이 불가능하다는 근거에서 그들은 피히테의 토대주의를 비판했다. 그들은 그의 관념론을 주관주의라는 이유에서, 보다 정확하게는 주-객 동일성 원리가 자아 혹은 주체의 편에만 있는 것으로 파악했다고 공격했다.[15] 그들은 피히테의 주관적 관념론이 갖는 일면성을 극복하기 위해 스피노자의 실재론 혹은 자연주의로 그것을 보완해야 한다고 주장했다. 만약 절대자가 주-객 동일성이라면 그것을 객관적이면서 동시에 주관적인 것으로, 실재적이면서 동시에 관념

---

15) Schelling, *Fernere Darstellung aus dem System der Philosophie*, *Sämtliche Werke* IV, pp. 353~361; Schlegel, *Philosophische Lehrjahre* no. 134, *KA* XVIII, p. 31과 no. 209, 같은 책, p. 38을 보라.

적인 것으로 파악할 수 있어야 할 것이다. 이 주장은 셸링의 1800년 『초월적 관념론 체계』에서 가장 분명하게 나타나지만, 이미 횔덜린의 단편들과 노발리스와 슐레겔의 1796년 노트에서도 암묵적으로 나타난다.

누구보다도 프랑크 자신이 낭만주의 미학을 피히테의 관념론의 시적 버전으로 보는 전통적 해석의 오류를 밝히는 데 많은 일을 했다. 그는 낭만주의자들이 더 이상 자아를 철학의 제일 원리로 보지 않았으며, 철학의 토대를 자아를 넘어서는 절대자에 두었다고 올바르게 강조했다.[16] 그는 예술의 형이상학적 지위에 대한 낭만주의자들의 믿음은 주체성의 근거가 존재하지만 그 근거는 주체성 안에 있을 수 없다는 그들의 주장에서 도출된다고 설명한다.[17] 하지만 만약 이 모든 것이 사실이라면, 우리는 어떤 의미에서 낭만주의 미학의 원천이 칸트의 주관주의적 진리 개념에 있다고 주장할 수 있는가? 낭만주의자들의 목적이 미의 객관적 이론을 확립하는 것이었음을 인정하면서 결국 칸트 철학이 낭만주의 미학의 그러한 전환점Wendepunkt이 아니었다고 수긍할 때, 프랑크 자신도 이러한 지적의 설득력을 인정하는 듯하다.[18]

낭만주의 미학에 대한 프랑크의 칸트적 해석에 대해 내가 제공할 수 있는 가장 너그러운 해석은, 한 가지 의미에서 칸트의 철학이 매우 간접적으로 낭만주의 미학의 역사적 원천이었음을 인정하는 것이다. 칸트의 진리 개념은 피히테의 주-객 동일성 원리의 전신이었으며, 낭만주의자들은 그러한 동일성의 원천을 자연, 존재 혹은 세계 안에 위치시킴으로써 그것을 재해석했다. 그러나 여기에서 한 독트린의 역사적 원천과 논리적 토대를 구분하는 것이 매우 중요하다. 분명히 이것들은 구별되는데, 왜냐

16) Frank, *Einführung in die frühromantische Ästhetik*, p. 127.
17) 같은 책, pp. 127, 128.
18) 같은 책, pp. 122~123.

하면 하나의 이론은 영향력을 행사하면서도 그것의 계승자에 의해 반박되고 변형될 수 있기 때문이다. 사실 칸트의 진리 이론의 경우가 그렇다. 칸트의 이론은 낭만주의 미학의 한 역사적 원천이었지만 그것의 논리적 토대는 결코 아니었다. 그러나 프랑크의 설명에서 오해를 야기하는 것은 역사적 전신을 논리적 토대로 착각하기 쉽다는 사실이다. 그래서 실제로 칸트의 이론은 이야기의 절반일 뿐인데, 마치 낭만주의 이론의 기반인 것처럼 보인다.

3. 칸트 『제3비판』의 도전

프랑크가 칸트의 『제1비판』에 그처럼 중요성을 부여함으로써 길을 잃는다면, 『제3비판』의 중요성을 강조할 때 그는 분명히 보다 안전한 기반 위에 있다. 일부 초기낭만주의자들이 칸트의 『제3비판』에서 영감을 받았으며, 그들 대다수가 초기 시절 그것을 주의 깊게 연구했다는 사실은 의심할 수 없다.[19] 그들은 종종 칸트와 대결했지만 또한 그에게 심대하게 빚을 졌다.[20] 칸트의 예술의 자율성 독트린, 유기체 개념, 자연의 목적성 관념, 천재의 정의, 그리고 미가 도덕의 상징이라는 제안은 모두 이런저런 방식으로 대부분의 초기낭만주의자들에게 결정적으로 중요했다.

---

19) 여기서 중요한 예외는 아우구스트 슐레겔이다. 그는 대다수 낭만주의자들보다 칸트에 대해 더 비판적이다. 그의 *Vorlesungen über schöne Kunst und Literatur*, *Vorlesungen über Ästhetik* I, eds. Ernst Behler et al., Paderborn: Schöningh, 1989, pp. 228~251을 보라.

20) 그래서 나는 에른스트 벨러에 동의할 수 없다. 그는 프랑크의 저작에 대한 서평에서 그것이 『판단력비판』에 부여하는 중심적 위치를 비판한다. *Athenäum* I, 1991, pp. 248~249를 보라. 낭만주의자들에게 칸트의 저작이 점차 덜 중요하게 되었다는 점에서는 벨러가 옳지만, 그는 칸트의 저작이 초기에 가진 중요성을 과소평가하는 경향이 있다. 그 중요성은 부분적으로는 소극적이지만, 적지 않은 정도로 적극적이기도 하다. 슐레겔 형제의 초기 비판은 칸트의 미학적 자율성 주장과 떨어져서 이해될 수 없다.

하지만 예술의 형이상학적 지위에 대한 낭만주의의 독트린에 관한 한, 칸트의 『제3비판』은 적극적인 의미보다 소극적인 의미를 더 많이 갖는다는 사실을 인정해야 한다. 칸트가 미학적인 판단의 인지적 지위를 부정한 것, 미학적 경험이 단순히 쾌감에 있다고 주장한 것 그리고 일반적으로 지식을 현상계에 한정한 것은 낭만주의 미학이 발전하는 데에 심각한 장애물을 던져 주었다. 미학적 경험에 대한 칸트의 규제적 제한을 넘어서는 것이 초기낭만주의자들의 핵심 목표 가운데 하나였다.[21] 그들은 실러가 미를 자유의 현상으로 만든 객관적 미학objective aesthetics을 제공하려고 함으로써 올바른 방향으로 움직였다고 믿었지만, 또한 그가 충분히 멀리 나아가지 못했다고 주장했다. 실러는 칸트의 비판적 가르침에 충실하게 미를 자유의 현상인 것처럼 다룰 수 있을 뿐이라고 주장했다. 초기낭만주의자들은 미가 자유의 현상이라고 주장하는 저 결정적인 걸음을 더 내딛고자 했다.

물론 프랑크는 칸트의 규제적 독트린이 초기낭만주의자들에게 제기한 도전을 잘 알고 있다. 여러 곳에서 그는 미학적 판단과 경험의 순수하게 규제적인 지위에 대한 칸트의 주장을 앞에 두고 『제3비판』이 어떻게 낭만주의자들에게 그렇게 중요할 수 있는지 이의를 제기한다.[22] 하지만 그가 이 질문에 제공하는 답변은, 그 스스로 확신하지 못하는 듯 미온적이다.[23] 그의 답변은 본질적으로 『제3비판』 59절을 강조하는 것이다. 여기서 칸트는 미를 도덕의 상징으로 만들고, 미가 본체계the noumenal world

21) 횔덜린이 노이퍼(Christian Ludwig Neuffer)에게 보낸 1974년 1월 16일자 편지(*GSA* VI, p. 137); 실러에게 보낸 1795년 9월 4일자 편지(*GSA* VI, p. 181); 니트함머에게 보낸 1796년 2월 24일자 편지(*GSA* VI, p. 203)를 보라. 또한 "Von der Schönheit in der Dichtkunst I", *KA* XVI, pp. 5~6, 11에서 프리드리히 슐레겔의 초기 칸트 비판을 보라.

22) Frank, *Einführung in die frühromantische Ästhetik*, pp. 38~39, 50~51, 93~94.

23) 같은 책, pp. 122~123, 129.

와 현상계the phenomenal world를 결합하는 초감각적 근거라고 제안한다. 프랑크에 따르면 여기에서 칸트의 바로 이 주장이 낭만주의자들에게 결정적이었다. 왜냐하면 그것은 낭만주의자들의 핵심 목표 가운데 하나였던, 칸트의 이원론을 통일시키는 길을 제안하고 있기 때문이다. 미가 도덕의 상징이라고 제안함으로써 칸트는 사실상 미를 본체계와 현상계의, 그리고 실천이성과 순수이성 사이의 중간 매개로 만들었다.

물론 『판단력비판』의 59절을 낭만주의 독트린의 원천으로 볼 수 있는 근거가 있다. 59절 혹은 유사한 절들이 횔덜린과 프리드리히 슐레겔에게 중요했다는 증거가 있다.[24] 하지만 이 구절들에 큰 비중을 두는 것은 두 가지 이유에서 그릇된 것이다. 첫째, 미가 도덕의 상징이라는 칸트의 진술은 여전히 규제적 제한들로 둘러싸여 있기 때문에, 예술이 절대자에 대한 감각적 이미지를 제공한다는 낭만주의 독트린을 지지할 수 없다. 칸트는 미가 선의 현상이라고 생각하지 않고, 다만 마치 그러한 것처럼 우리가 판단해야 한다고 여긴다.[25] 둘째, 칸트의 진술은 또한 본체적인 것과 현상적인 것의 통일성을 설명하는 구성적 이론이 있을 수 없다는 독트린을 함축한다. 그는 오직 미학적 상징만이 그것을 표상한다고 말함으로써 저 통일성을 미스터리로 남겨 둔다. 그러나 이 측면에서도 낭만주의자들은 칸트보다도 더 나아가서 본체적인 것과 현상적인 것의 통일성을 설명할 어떤 모델을 구했다. 그들은 저 상호작용의 미스터리에 대해 단순히 미학적인 상징만을 원한 것이 아니다. 이제 그들의 설명 모델을 고찰해 보도록 하자.

---

24) 횔덜린의 초기 시 "Hymme an der Schönheit", *GSA* I, p. 132를 보라. 여기서 횔덜린은 『판단력비판』의 42절을 인용한다. 또한 슐레겔의 "Von der Schönheit in der Dichtung", *KA* XVI, p. 24를 보라. 여기서 그는 미를 선의 외양으로 정의한다.

25) 『판단력비판』의 59절에서 칸트는 오직 유비적인 의미에서만 미가 도덕의 상징이며 그 유비는 대상에 대한 어떠한 앎도 제공하지 않는다고 말한다(*AA* V, p. 531).

4. 『제3비판』의 선례

칸트의 『제3비판』은 예술의 형이상학적 지위에 대한 낭만주의적 믿음에 대해 주로 소극적 의미를 갖지만, 이는 『제3비판』이 전적으로 혹은 단지 그런 의미만을 가짐을 뜻하지는 않는다. 분명히 『제3비판』이 이 믿음에 대해 적극적 의미를 갖는 측면이 존재한다. 왜냐하면 칸트 자신이 어떻게 그의 비판적 한계를 넘어설 수 있는지 제안했기 때문이다. 이 측면에서 『제3비판』에서 가장 시사점이 많고 영향력 있는 부분은 프랑크가 생각한 것처럼 미학적 판단 비판이 아니라 목적론적 판단 비판이다. 그 이유를 간단하게 설명하겠다.

초기낭만주의자들의 몇몇 핵심적 텍스트——특히 횔덜린의 『히페리온』, 슐레겔의 『포에지에 대한 대화』, 셸링의 『초월적 관념론 체계』와 노발리스의 일부 단편——를 자세히 검토하면, 예술의 형이상학적 의미에 대한 믿음에서 하나의 공통된 암묵적 주장을 발견하게 된다.[26] 매우 거칠게 말하자면 그 주장은 다음과 같이 진행된다. (1) 철학과 학문은 모두 유기체 관념을 전제로 한다. 즉, 자연은 전체의 관념이 모든 부분들에 선행하면서 그것들을 가능하게 하는 체계적 전체를 형성한다는 것이다. (2) 유기체 관념은 미학적 전체이다. 즉 그것은 미를 정의하는 여러 특징들을 갖는다. 유기체는 두 가지 측면에서 예술 작품과 같다. 첫째, 그것은 전체론적 구조를 갖는데, 여기서는 전체의 관념이 모든 부분들을 규정한다. 둘째, 그것은 자율적이며 외적 제약으로부터 자유롭다. 그것은 자기-발생적이고 자기-조직적이기 때문이다. (3) 유기체의 관념 혹은 미학적 전

26) Hölderlin, *GSA* III, pp. 81~84; Schlegel, *KA* II, pp. 324~325; Schelling, *Sämtliche Werke* III, pp. 612~629; Novalis, *Vorarbeiten zu verschiedenen Fragmentsammlungen* no. 31, *HKA* II, p. 533과 *Hemsterhuis Studien* no. 32, *HKA* II, pp. 372~373을 보라.

체는 오직 미학적 경험 속에서만 파악된다. 오성이 각 사물을 분석적으로, 오로지 그 사물을 구별되는 부분들로 해부함으로써 설명하는 반면, 미학적 경험은 직관, 사물 전체의 직접적 지각에 있기 때문이다.

이 전제들로부터 모든 학문과 철학이 미학적 경험을 전제로 한다는 사실이 따라 나온다. 미학적 경험만이 그것들의 체계적 통일성이라는 이상을 정당화하기 때문이다. 미학적 경험 없이는 자연에서 유기체적 통일성의 존재를 정당화할 수 없는데, 이 통일성이야말로 모든 철학과 학문의 이상이다. 따라서 이 논변은 미학적인 것의 '초월적 연역'transcendental deduction 같은 것을 제공하려 시도한다. 즉, 그것은 어떻게 미학적인 것이 학문 자체의 가능성의 필요조건인지 보여 주려 한다.

칸트 자신이 아무리 이 논변을 거부하려 했다 하더라도, 각각의 전제들에 대해 분명한 칸트적 선례가 존재한다. 혹은 적어도 그것들 배후의 여러 가정들에 대해 그러하다. 이 전제들 각각은 『판단력비판』의 「서론」이나 후반부에 나타난다. 횔덜린과 슐레겔, 셸링은 그것들을 종합하고 필연적인 결론을 이끌어 냈을 뿐이다.

첫번째 전제를 보자. 칸트는 유기체 관념, 보다 정확하게는 자연의 목적성 관념이 이성의 필수 관념이라고 주장했다. 이 관념은 본체계와 현상계를 통일한다. 자연 안의 모든 것이 어떤 지적 설계에 부합한다고, 혹은 이성적 계획에 따라 창조되었다고 가정하기 때문이다. 똑같이 중요하게, 경험법칙의 다수성에 체계적 질서를 제공하는 것이 필요하다. 이는 오성의 범주들만으로는 보증되지 않는다. 『제3비판』의 여러 구절과 『제1비판』의 「초월적 변증론의 부록」에서 칸트는 자연의 체계적 통일성과 목적성 관념이 경험적 진리의 가능성을 위해 필수적이라고까지 주장했다.[27]

---

27) Kant, *KrV* B, pp. 679, 681~682, 685, 688; 또 *Kritik der Urteilskraft* §V, *AA* V, p. 185를 보라.

두번째 전제에 대해서도 칸트의 선례가 존재한다. 칸트는 『제3비판』에서 유기체 관념을 미학 자체에 핵심적인 것으로 만들었다. 그는 유기체 개념과 예술 작품에서 가까운 유비를 발견했다.[28] 그것들의 구조는 동일한데, 왜냐하면 양자 모두 유기체적 전체의 관념을 포함하기 때문이다. 유기체적 전체에서는 각 부분의 정체성이 전체와 분리 불가능하고, 전체의 정체성이 각 부분들과 분리 불가능하다. 그것들의 발생 역시 유사하다. 왜냐하면 둘 다 어떤 이성적 계획, 전체의 관념이 부분들에 선행하는 하나의 종합적 보편에 따라 창조되기 때문이다. 나아가 두 개념은 모두 목적 없는 목적성이라는 칸트적 관념을 포함한다. 자연과 예술가는 모두, 완전히 의식하지는 않더라도 어떤 지적 설계에 따라 일하기 때문이다.

마지막으로 세번째 전제에 대해서도, 비록 단지 소극적 의미에서이지만, 어떤 칸트적 선례가 존재한다. 칸트는 미학적 경험이 인지적 의미를 가질 수 있음을 부정함으로써 낭만주의자들과 맞섰다. 그러나 또한 유기체에 대해서는 어떠한 서술적 통찰도 있을 수 없다고 주장함으로써 그들을 돕고 예기했다. 칸트는 『제3비판』 후반부에서 그러한 통찰에 반대하는 두 논변을 제공했다. 첫째, 우리의 서술적 오성은 분석적이며 부분들에서 전체로 나아간다. 그것은 종합적이지 않으며 전체의 관념에서 모든 부분들로 나아가지 않는다. 둘째, 우리의 이성은 오직 그것이 창조하는 것만을, 자신의 계획에 따라 생산하는 것만을 안다. 우리의 이성은 유기체의 무한히 복잡한 구조를 창조할 수 없기 때문에 그것을 알 수 없다는 결론이 나온다.[29]

이 모든 칸트적 선례들을 모아 보면 우리는 분명 예술의 주권에 대한

---

28) 이는 1판 「서론」의 자연의 테크닉(technic) 개념에서 가장 분명하다. *AA* XX, pp. 204~205, 214, 216~217.

29) *Kritik der Urteilskraft* §65, *AA* V, p. 375; §68, 같은 책, p. 384; §73, 같은 책, pp. 394~395.

낭만주의 독트린에 매우 가까워진다. 하지만 아직 충분히 가깝지는 않다. 낭만주의자들은 칸트를 넘어 의미심장한 두 걸음을 더 내디뎠다. 그들은 첫째, 유기체 관념에 구성적 지위를 부여함으로써, 둘째, 유기체 관념을 직관적 혹은 비서술적으로 파악하는 어떤 형식이 있을 수 있다고 주장함으로써 그렇게 했다. 물론 이 두 측면 모두에서 칸트의 규제적 제한은 낭만주의자들에게 하나의 도전으로 작용할 것이다. 그러므로 여기서 다시 우리는 칸트의 가르침이 갖는 본질적으로 소극적인 의미를 보게 된다.

하지만 분명 낭만주의의 논변에 대한 칸트적 선례들은 그의 『제3비판』에 어떤 적극적 의미를 부여하는 것을 정당화한다. 이 저작은 저 논변 자체는 아니지만 그 전제들 대부분을 제공했다. 그러나 『제3비판』이 그 전제들의 유일한 원천은 아니었기 때문에, 이러한 측면에서 그것의 중요성을 주장하는 어떠한 입장도 어느 정도는 제한할 필요가 있다. 그 논변의 많은 핵심적 주제들—세계가 유기체적 전체를 형성한다는 것 그리고 유기체 관념이 주관적인 것과 객관적인 것의 이원론을 극복한다는 것—은 1790년대에는 흔한 상식이 되어 있었다. 칸트의 『판단력비판』은 이 새로운 사유의 창조를 도운 만큼 그것을 반영하기도 했다.

5. 낭만주의 미학의 형이상학적 토대

횔덜린과 셸링, 슐레겔이 수행한 미학적인 것의 초월적 연역은 낭만주의 미학의 토대를 어디서 찾아야 하는지를 알려 준다. 그것의 직접적 원천은 인식론 영역에, 그리고 우리가 막 살펴본 것처럼 사실상 새로운 진리 개념에 있었다. 그러나 그것의 궁극적 원천은 다른 곳에, 즉 그것의 암묵적인 형이상학에, 보다 정확하게는 유기체적 자연이론에 있었다.[30] 이 이론은 횔덜린과 노발리스, 슐레겔 형제들의 단편과 노트, 강의들 도처에서 나타난다. 셸링은 1798년 『세계 영혼에 대하여』*Von der Weltseele*에서 유기체적 자연이론을 정식화했고, (아직 낭만주의자였던) 청년 헤겔은 1801년 『피히테와 셸링 철학체계의 차이』*Differenz des Fichteschen und Schellingschen Systems der Philosophie*에서 그것을 강력하게 옹호했다. 물론 이 이론의 발전은 18세기 말 독일의 생리학과 물리학을 지배했던 자연철학과 밀접하게 연관되어 있었다. 자연철학에서의 여러 핵심 인물들—리터Johann wilhelm Ritter, 에셴마이어Karl August von Eschenmayer, 슈테판스Henrik Steffens, 바더Franz von Baader, 훔볼트—은 물론 예나와 베를린의 낭만주의 서클과 매우 밀접하게 연결되어 있었다.

유기체적 자연이론의 부상은 17세기 초 과학혁명의 시작 이후 자연과학계에서 가장 주목할 만한 사건 가운데 하나였다. 이 이론의 등장은 17세기 말과 18세기 초에 걸쳐 자연철학을 지배했던 데카르트와 뉴턴의 기계론적 물리학의 쇠퇴를 알렸다. 새로운 유기체적 이론이 기계론적 물리학과 완전히 다른 새로운 설명 기준을 포함했던 한에서, 그것을 '패러다임 전환'으로 간주하는 것은 결코 과장이 아니다. 기계론적 물리학은 현상을 작용인efficient causes의 연쇄 안에 위치시킴으로써 이해한다. 여기서 각 사건은 선행하는 사건들에서 원인을 가지며, 이것이 무한히 계속된다. 반면 유기체적 이론은 모든 사건을 보다 넓은 전체의 부분으로 봄으로써 현상을 전체론적으로 설명했다.

---

30) 물론 유기체적 이론의 중요성을 강조하는 것은 나 혼자가 아니며, 그것은 오래되었고 존중받는 전통을 갖고 있다. 예를 들어 Paul Kluckhohn, *Das Ideengut der deutschen Romantik*, 3rd ed. Tübingen: Niemeyer, 1953, pp. 24~35; Oskar Walzel, "Wesensfragen deutscher Romantik", *Jahrbuch des Freien deutschen Hochstifts* 29, 1929, pp. 253~276; Alois Stockmann, *Die deutsche Romantik*, Freiburg: Herder & Co., 1921, pp. 13~17; Morse Peckham, "Toward a Theory of Romanticism", *Publications of the Modern Language Association of America* 66, 1951, pp. 5~23을 보라.

낭만주의 자연철학을 당대의 정상적 경험과학에 반대되는 선험적 사변과 체계 형성의 일종으로 정형화하려는 지속적이고 일반적인 경향이 존재한다. 그러나 이런 정형화는 매우 시대착오적이다. 과학과 철학 간에 날카로운 구분선이 존재하지 않던 시대에 자연철학은 당대의 정상 과학이었다. 그것은 선험적 사변과 체계 형성으로 존재한 것이 아니라, 18세기 물리학과 생리학의 최신 성과들이 만들어 낸 직접적 결과였다.[31)]

매우 거칠게 요약하자면, 유기체적 자연이론에는 두 가지 근본적 원천이 있었다. 첫째 원천은 새로운 역동적 물리학의 출현이었다. 그것은 물질의 본질이 부동의 연장inert extension이 아니라 능동적 힘active force에 있다고 주장했다. 기계론적 물리학은 인력과 척력을 설명하는 데에서 항상 큰 어려움을 겪었는데, 그것들이 '원거리 작용'을 함축하는 듯했기 때문이다. 그러나 이제 전기와 자기, 화학에서의 새로운 실험들은 동일한 힘들이 물질에 내재하며 자연에 편재한다고 제안하는 듯했다. 둘째 원천은 생물체가 어떤 초자연적 원인에 의해 배아 단계에서 이미 완전히 선형성되어 있다고 주장하는 선형성설preformation의 쇠퇴와 생명체들이 자연적 원인에 의해 맹아적 배아에서 유기체로 발전한다고 주장하는 후생성설epigenesis의 부상이었다. 이 두 가지 발전은 함께 모여서 자연의 어떤 통일적 개념화를 지시한다. 만약 첫째 발전이 물질의 본질을 에너지로 만듦으로써 비유기체적 세계를 유기체적인 것에 가까이 가져가는 듯하다면, 둘째는 생명의 초자연적 기원의 필요성을 제거함으로써 유기체적인 것을 비유기체적인 것에 가까이 접근시키는 듯하다. 그래서 자연의 두 영역은 생명력의 관념에서 결합한다.

---

31) 자연철학의 방법론에 대해 보다 자세한 설명으로는 나의 *German Idealism: The Struggle against Subjectivism 1781~1801*, Cambridge, Mass.: Harvard University Press, 2002, pp. 523~528을 보라.

18세기 말 무렵 요한 고트프리트 헤르더와 칼 프리드리히 키엘마이어, 이 두 철학자가 이런 발전을 매우 분명하게 의식했으며, 이들은 모두 자연철학자들에게 중대한 영향을 미쳤다.[32] 그들은 유기체적 영역과 비유기체적 영역의 근본적 연속성을 보았을 뿐만 아니라, 그것들을 지배하는 법칙이 기계론만으로 환원될 수 없다고 주장했다. 자연에 대한 유기체적 견해의 시조는 물론 라이프니츠였다. 마침내 그의 시대가 왔다.[33]

아이러니하게도 칸트 역시 유기체적 자연이론의 발전에서 강력한 역할을 수행했다. 낭만주의자들이 유기체로 의미하는 것에 대한 최고의 분석은 『판단력비판』 65절에 있는 자연목적Naturzweck에 대한 칸트의 분석이다. 칸트에 따르면 유기체의 관념은 본질적인 두 요소를 포함한다. 첫째, 전체의 관념이 부분들에 선행하고 부분들을 가능하게 한다. 둘째, 부분들은 상호적으로 서로의 원인과 결과이다. 칸트는 첫째 요소만으로는 충분하지 않다고 주장했는데, 왜냐하면 예술 작품과 유기체는 모두 어떤 일반적 개념 혹은 계획에 따라 창조되기 때문이다. 유기체의 특징은 그것이 자기-발생적이고 자기-조직적이라는 점이기 때문에, 둘째 요소를 추가하는 것 역시 필수적이다.

낭만주의자들은 칸트의 유기체 관념 분석에 동의했다. 하지만 그것을 우주적 규모로 확장했고, 그것에 대한 규제적 제한들을 탈각시켰다. 낭만주의자들의 유기체적 메타포에 따르면 우주는 하나의 거대한 유기

---

32) 헤르더와 키엘마이어의 영향에 대해서는 Manfred Durner, "Die Naturphilosophie im 18. Jahrhundert und der naturwissenschafliche Unterricht in Tübingen", *Archiv für Geschichte der Philosophie* 73, 1991, pp. 71~103을 보라.

33) 라이프니츠의 부활은 특히 셸링의 『자연철학의 이념』(*Ideen zu einer Philosophie der Natur*)의 「서문」에서 분명하다(*Sämtliche Werke* II, p. 20). 라이프니츠의 유산에 대해 쓰면서 셸링은 다음과 같이 선언한다. "사람들이 그의 철학을 되살릴 시대가 왔다." 또한 횔덜린이 노이퍼에게 보낸 1780년 11월 8일자 편지 *GSA* VI, p. 56를 보라.

체이자 살아 있는 전체이며 대인간Macroanthropos이다. 자연의 모든 것은 조직화와 발전의 수준들에 따른 위계를 형성하며, 여기서는 각각의 낮은 단계가 더 높은 단계에서만 자신의 목적에 도달하고, 이 높은 단계는 그 것 아래의 모든 생명력들을 조직하고 발전시킨다. 궁극적으로 모든 자연의 배후에는 단 하나의 생명력이 존재한다. 그것은 다양한 형태와 수준들로 현현하지만 궁극적으로는 하나로 남아 있다.

이러한 힘 개념은 자연철학에 정신적인 것과 물리적인 것, 관념적인 것과 실재적인 것, 주관적인 것과 객관적인 것을 매개하는 개념을 제공했다. 이 대립항들 사이에는 더 이상 종류에 있어서의 본질적 차이가 아니라 정도의 차이만이 있다. 왜냐하면 그것들은 단지 생명력의 조직화와 발전의 다른 정도들일 뿐이기 때문이다. 정신적인 것은 물리적인 것의 내면화이며, 물리적인 것은 정신적인 것의 외면화이다. 셸링은 "자연은 눈에 보이는 정신이며, 정신은 눈에 보이지 않는 자연"이라는 말로 이 견해를 매우 시적으로 요약했다.[34)]

유기체적 이론은 정신적인 것과 물리적인 것의 관계에 대해 18세기 기계론적 물리학에서 지배적이었던 것과 다른 완전히 새로운 설명을 포함했다. 기계론적 전통에 따르면 자연은 다수의 독립적인 사물들로 존재하며, 이것들은 인과적 상호작용을 통해서만 서로 연결된다. 하나의 물체는 충격impact을 통해 — 다른 물체에 부딪치고 그것의 위치를 바꿈으로써 — 다른 것에 작용한다. 여기서 충격은 주어진 시간 내의 위치 변화로 측정된다. 자연 안의 모든 사물들처럼 정신과 육체는 오직 인과적으로만 서로 상호작용하는 독립적인 실체로 간주된다. 정신적인 사건들이 위치를 바꾼다고 주장하는 것은 불가능하기 때문에, 기계론은 어떻게 육체가

---

34) 『자연철학의 이념』의 「서문」을 보라. *Sämtliche Werke* II, p. 56.

충격을 통해 정신에 작용하는지를 설명하는 데서 심각한 어려움을 가졌다. 바로 이러한 어려움들이 비기계론적 설명의 모델을 찾도록 추동했고, 궁극적으로 새로운 역동적 물리학을 가져왔다.

유기체적 개념에 따르면 정신적인 것과 물리적인 것의 상호작용은 구별되는 실체 혹은 사건들 사이에서 일어나는 것이 아니다. 오히려 그것은 힘의 현실화, 실현 혹은 현현이다. 마치 힘이 논리적으로 현실화와 구별되기라도 하는 듯이 힘이 단순히 현실화의 원인인 것은 아니다. 왜냐하면 힘은 오직 그것의 현실화, 실현 혹은 현현을 통해서만 자신what it is이 되기 때문이다. 다른 말로 하면 정신은 그것에 앞서 존재하는 육체에 단순히 작용하지 않는다. 그것은 육체에서 자기의 외면화를 통해서만 자신이 된다. 역으로 육체는 그것에 앞서 존재하는 정신에 단순히 작용하지 않는다. 그것은 정신에서의 자기의 내면화를 통해서만 자신이 된다.

분명히 통상적인 모델들 — 논리적 동일성 혹은 작용인과성efficient causality 개념 — 만으로 힘과 그 현현의 관계를 설명하는 것은 불가능하다. 힘은 그 현현의 원인이 아니지만, 현현과 단순히 논리적으로 동일하지도 않다. 오히려 힘과 그 현현은 잠재적·보편적·암묵적인 것과 실재적·특수적·명시적인 것처럼 서로 관계를 맺는다. 분명 이러한 용어로 기술되는 사물들 사이에는 논리적 유대가 있다. 그것들은 근저에 동일한 내용을 갖고 있기 때문이다. 하지만 이 유대는 단순한 동일성의 유대가 아니다. 그 사물들은 동일한 내용의 다른 측면들을 보여 주기 때문이다.

낭만주의 미학, 특히 예술가의 형이상학적 인식을 옹호하는 특이한 주장을 이해하기 위해서는 이제 유기체적 이론을 예술가에게 적용하기만 하면 된다. 이 이론은 예술가의 창조성이 자연 자체의 자기-계시self-revelation이기도 하다고 생각할 여러 이유를 제공한다. 첫째, 유기체에서는 전체가 그것의 각 부분들과 분리될 수 없기 때문에, 예술가의 작품은 자연의 한 부분으로서 자연의 모든 것들을 반영할 것이다. 다른 말로 하면 노발리스가 즐겨 말했듯이 그것은 세계의 "소우주"microcosm가 될 것이다. 둘째, 자연에는 인간의 활동 속에서 최고 수준에 도달하는 연속성과 위계가 존재하기 때문에, 예술가의 창조성은 자연 자체에 내재하는 모든 힘들의 정점이 될 것이다. 셋째, 정신적인 것은 물질적인 것에 있는 모든 힘들의 내면화이기 때문에, 또한 그것은 물질에 내포되고 잠재된 모든 힘들의 명시적이고 명확한 형상일 뿐이기 때문에, 예술가의 창조성은 그것에 작용하는 모든 자연적 힘들을 구현하고, 표현하고, 발전시킬 것이다. 이 모든 사항들은 예술가의 창조성이 자연 안에 있는 힘들의 자기-실현이자 자기-현현임을 의미한다. 다른 말로 하면, 예술가가 창조하는 것은 자연 전체가 그를 통해 창조하는 것이다.

유기체적 자연이론의 이러한 함축들을 고려한다면, 낭만주의 미학의 궁극적인 원천은 새로운 인식론이 아니라 새로운 형이상학에 있었다는 것이 분명해진다. 낭만주의 미학을 새로운 인식론, 보다 정확하게는 진리 개념에 대한 새로운 설명의 결과로 기술할 수는 있지만, 이 인식론은 낭만주의자들의 일반적 형이상학의 맥락 안에 놓여야 하기 때문에 본질적으로 이차적 중요성을 갖는다. 그들의 유기체적 자연이론이 심대한 인식론적 결과를 가져왔으며, 특히 그 중의 하나가 생산으로서의 진리 모델이었다. 주관적인 것과 객관적인 것은 더 이상 구별되는 실체가 아니라 단일한 힘의 표현들로서 서로 관계 맺기 때문에, 더 이상 구별되는 실체들의 상응으로 진리를 기술할 필요가 없다. 오히려 주관적인 것은 객관적인 것의 현실화이자 구현이고, 따라서 그것의 창조이기도 하다. 실제로 진리 상응 이론은 낡은 (이제는 철 지난) 기계론적 자연 개념에 더 적합했다. 거기서는 모든 실체들이 서로 구별되고, 어떤 형식적인 유사성을 통해 서로 상응한다.

낭만주의 미학에 대한 프랑크의 설명이 갖는 근본적인 약점은 그것을 낭만주의의 형이상학과 자연철학의 맥락 안에 놓지 않는다는 것이다. 하지만 그러한 맥락 안에 둘 때에만 우리는 예술의 형이상학적 힘에 대한 낭만주의자들의 놀라운 주장을 완전히 이해할 수 있다. 결국 이것은 그리 놀랍지 않다. 유기체와 예술 작품의 밀접한 유비관계를 볼 때 유기체적 개념은 자연 자체에 대한 미학적 견해와 사실상 같은 것이었다. 자연 자체가 하나의 거대한 예술 작품이 될 때, 예술가가 그것에 대해 어떤 특권적인 통찰을 갖는다는 것은 이치에 맞다. 결국 낭만주의 미학은 낭만주의 자연철학의 완성일 뿐이었다.

6장_초기 독일낭만주의에서 문화 개념

1. 사회정치적 맥락

1799년, 초기낭만주의 서클을 이끌었던 프리드리히 슐레겔은 그로서는 드물게 명료한 언어로 삶의 최고 가치인 최고선에 대한 견해를 밝혔다. "최고의 선, 그리고 모든 유용한 것(의 원천)은 문화Bildung이다."[1)] 독일어 단어 Bildung은 교육과 거의 동의어이기 때문에, 슐레겔은 최고선이 교육이라고 말한 것이기도 하다.

저 경구 그리고 그와 유사한 다른 많은 경구들은 초기 독일낭만주의자들에게 교육이 가졌던 중요성을 의심할 수 없게 만든다. 초기낭만주의자들의 핵심 목표이자 최상의 열망이 문화, 인류의 교육이었다고 말하는 것은 과장이 아니다. 저 이상에 매혹되었던 서클의 지도적 인물들——슐레겔 형제, 바켄로더, 프리드리히 폰 하르덴베르크(노발리스), 셸링, 루트비히 티크와 슐라이어마허——은 모두 교육에서 인류의 구원을 위한 희망을 보았다. 그들의 공동 저널 『아테네움』의 목표는 하나의 최우선적 목

---

1) Schlegel, *Ideen* no. 37, *KA* II. 또한 no. 65와 *Vorlesungen über die Transzendental-philosophie*에서의 진술도 보라. *KA* XII, p. 57. "인간에 대한 최고의 견해에 따르면, 모든 것이 관련되어야 하는 개념은 교육(Bildung) 개념이다." *EPW*, pp. 127, 131도 참조할 것.

표인 문화를 위해 모든 노력을 통일시키는 것이었다.[2)]

초기낭만주의의 의제에서 문화가 가졌던 중요성과 그것의 절실함은 사회정치적 맥락 안에서만 이해될 수 있다. 초기낭만주의자들은 1790년대, 프랑스 혁명이 야기한 격변의 십 년에 글을 쓰고 있었다. 그들 세대의 많은 이들처럼 낭만주의자들은 처음에는 혁명에 크게 열광했다. 티크, 노발리스, 슐라이어마허, 셸링, 횔덜린과 프리드리히 슐레겔은 바스티유의 습격을 새로운 시대의 도래로 환영했다. 그들은 자유·평등·우애의 이상을 위해 건배했고, 인간성은 오직 공화국에서만 꽃필 수 있다고 단언했다. 실러와 헤르더, 빌란트처럼 연로한 많은 이들이 1793년 루이 16세의 처형 이후 프랑스가 입헌군주정이 되지 않을 것이 분명해지자 크게 실망한 데 비하여, 그들의 열정은 훨씬 더 강렬하고 지속적이었다. 낭만주의자들의 열기는 [1792년] 9월 대학살, 왕가의 처형, 라인란트 침공과 심지어 공포정치를 거치면서도 수그러들지 않고 불타올랐다.

하지만 1790년대 후반 낭만주의자들의 열정은 수그러들기 시작했다. 프랑스의 지속적인 불안정, 프랑스인들의 침략과 정복의 태세 그리고 나폴레옹 군사 독재의 시작은 그들 세대의 많은 이들과 마찬가지로 그들의 환상을 깨뜨렸다. 낭만주의자들은 특히 근대 프랑스 사회의 아노미와 이기주의, 유물론에 대해 우려했다. 그것들은 모든 윤리적·종교적 가치들을 파괴하는 것처럼 보였기 때문이다. 저 십 년의 후반기에 그들의 정치적 견해는 점차 보수적이 되어 갔다. 그들은 엘리트 지배의 필요성과 보다 교육받은 계급이 민중의 이해와 에너지를 지도하고 통제할 필요성

---

2) "Vorerinnerung", *Athenäum* I, Braunschweig: Vieweg, 1798, pp. iii~iv를 보라. 또한 *Athenäum* III, Berlin: Frölich, 1800, p. 296도 보라. 이 잡지의 기고가들은 다음에 따라 문화의 영역에 자신들을 바칠 것을 맹세했다. "문화의 빛을 모두 하나로 파악하고, 건강한 것을 병든 것으로부터 완전히 분리하기 위해, 우리는 자유로운 연대하에서 진실로 노력한다."

을 주장했다. 그들은 계속해서 공화주의의 이상을 승인했지만, 최상의 국가는 귀족정과 군주정, 민주정의 혼합이라고 믿었다.

프랑스의 정치적 문제들은 곧 라인 강을 건너 낡은 신성로마제국에 심각한 위기를 초래했다. 독일이 프랑스의 길을 따를 수 없음은 분명해졌다. 프랑스는 사고방식, 믿음, 관습의 앞선 변화 없이 전체적인 정치적 개혁의 도입을 시도했고, 이는 결국 실패로 드러났다. 하지만 과거로 돌아갈 수 없다는 것도 분명했다. 민중은 더 이상 왕권과 교회의 낡은 동맹에 만족할 수 없었고, 프랑스 혁명은 이들에게 희망과 기대를 불러일으켰다. 민중은 국가의 일에 참여하기를, 자신의 운명을 스스로 통제하기를 원했다. 더 이상 왕은 민중을 사랑한다 말하고 민중의 이름으로 통치할 것을 확신시키는 것으로 그들을 물러나게 할 수 없었다. 하지만 사회정치적 변화에 대한 광범위한 요구를 만족시키는 동시에 프랑스에서처럼 끝없는 혼돈의 길로 빠져들지 않는 것이 어떻게 가능할까? 혁명을 지켜보던 모든 지식인은 이 문제를 숙고했고 낭만주의자들도 예외는 아니었다.

이 위기에 대한 낭만주의자들의 해결책은 교육에 있었다. 프랑스의 모든 혼돈과 유혈사태가 무언가를 보여 주었다면, 그것은 바로 민중이 준비되어 있지 않으면 공화국이 결코 성공할 수 없다는 사실이라고 그들은 주장했다. 공화국은 높은 도덕적 이상을 갖고 있으며, 민중이 그것을 인식하거나 그것에 따라 살겠다는 의지를 갖지 않는다면 그것은 실천적으로 아무런 가치가 없다. 공화국이 기능하기 위해서는 책임감 있고 계몽된, 그리고 덕을 갖춘 시민들이 있어야 한다. 만약 민중이 공적 업무에 참여하고자 한다면, 그들은 자신들의 진정한 이익과 전체 국가의 진정한 이익을 알아야 한다. 그리고 만약 그들이 책임감 있는 시민이 되고자 한다면, 그들은 사적인 이익보다 공공선을 앞세우는 덕과 자기-통제력을 가져야 한다. 하지만 그러한 앎과 그러한 덕은 오직 교육을 통해서만, 그것도 매우 깊이 있고 철저한 교육을 통해서만 가능하다. 어떻게든 순종적이고 수동적이고 무지몽매한 절대왕정의 신민을 자율적이고 능동적이고 계몽된 공화국의 시민으로 변화시키는 것이 필요했다.

낭만주의자들의 교육 옹호는 상식처럼 들린다. 1790년대의 거의 모든 온건한 사상가들이 이를 개진했다. 하지만 그것은 여전히 논쟁적이었다. 그 주장은 몽테스키외에게 물려받은 고전적 독트린 — 공화국의 '원리'는 덕이다 — 을 전제로 한다.[3] 그는 유명한 『법의 정신』*Esprit des lois*에서 고대 로마와 그리스의 모델을 염두에 두면서, 공화국의 안정성은 시민들의 덕에, 공공선을 위해 자기-이익을 기꺼이 희생하고자 하는 의지에 달려 있다고 썼다. 그런데 바로 칸트가 이 독트린을 반박했다. 그는 『영구평화론』*Zum ewigen Frieden*에서 "심지어 악마들의 국가"에서도 공화국이 가능하다고 주장했다. 칸트의 논지는 모든 사람들이 자기-이익에 근거해서만 행동하더라도 그들이 공화정에 따라 사는 데에 동의하리라는 것이었다. 왜냐하면 오직 공화정만이 누구나 타인으로부터의 간섭을 최소화하면서 자기-이익을 추구할 수 있도록 보장하기 때문이다. 따라서 악마들의 칸트적 공화국은 교육을 전혀 요구하지 않았다.

그러나 낭만주의자들은 교육이 필수불가결하다고 믿었다. 그들은 칸트 주장의 핵심 가정들 가운데 하나, 즉 자기-이익이 사회적 응집력을 가져올 수 있다는 가정을 의심했기 때문이다. 개인의 구별되는 자기-이익들로부터 참된 공동체를 건설하는 것은 정치적 원을 사각형으로 만드는 것이라고 그들은 주장했다.[4] 자기-이익을 갖는 주체는 법이 집행될

---

3) 몽테스키외는 독일에서 루소만큼 큰 영향력을 누렸다. 독일에서 몽테스키외의 수용의 역사에 대해서는 Rudolf Vierhaus, "Montesquieu in Deutschland: Zur Geschichte seiner Werkung als politischer Schriftsteller im 18 Jahrhundert", *Deutschland im 18. Jahrhundert: Polit., Verfassung, soziales Gefüge, geistige Bewegungen; ausgew. Aufsätze*, Göttingen: Vandenhoeck & Ruprecht, 1987, pp. 9~32를 보라.

수 없을 때 자신을 법으로부터 면제시킬 것이다. 그러므로 악마들의 국가에서 유일한 사회 통제의 형식은 억압적이고 권위주의적인 통치, 진정한 홉스적 리바이어던Leviathan이 될 것이다. 따라서 교육으로 돌아가는 것 이외에 다른 길은 없었다. 그것이 국가의 유일한 토대를 제공한다.

2. 최고선으로서의 교육

사회정치적 맥락은 왜 교육이 낭만주의자들에게 그토록 긴급한 쟁점이 되었는지를 설명하지만, 왜 낭만주의자들이 교육을 최고선, 삶의 최상의 가치로 여겼는지를 말해 주지는 않는다. 낭만주의자들이 교육을 가치들의 위계에서 최정상에 위치시킨 이유를 알기 위해서는 고전적인 철학적 문제에 대한 그들의 철학적 입장을 재구성해야 한다.

최고선, 즉 삶의 최상의 가치에 대한 질문은 고대 이후 핵심적인 철학적 문제였고 철학 학파들 사이의 주된 논쟁의 원천이었다. 18세기 독일에서 이 문제는 적실성과 중요성을 조금도 잃지 않았다. 그것은 여전히 종교적이고 철학적인 글쓰기의 인기 있는 주제였다. 칸트는 『실천이성비판』에서 이 문제를 새롭게 제기했고, 피히테는 영향력 있는 1794년의 『학자의 사명에 관한 강의들』에서 그것을 중심 주제로 삼았다. 낭만주의자들은 단순히 이 전통을 이어 갔을 뿐이었다. 최고선의 문제는 프리드리히 슐레겔, 노발리스, 횔덜린과 슐라이어마허의 미출간 저서들에서 종종 나타난다. 슐레겔이 저 경구를 썼을 때, 이 오랜 질문에 대해 하나의 입장을 취하는 것이었음은 의심할 수 없다.

---

4) 이 주장은 Novalis, *Glauben und Liebe: Oder der König und die Königin* no. 36, *HKA* II, pp. 300~301에서 명시적이다. 또한 *EPW*, pp. 45~46을 보라.

아리스토텔레스가 처음 정의하고 칸트가 재정식화한 고전적 의미에서 '최고선'은 두 가지 의미를 갖는다. 첫째, 그것은 궁극적final 목적, 다른 어떤 목적의 수단이 되는 데서 자신의 가치를 도출하지 않는 목적이다. 둘째, 그것은 완결적complete 목적, 모든 궁극 목적들로 구성되어 어떤 것을 추가하더라도 그것의 가치가 더해지지 않는 목표이다.[5)]

언뜻 보기에 교육이 최고선이라는 낭만주의의 견해는 그럴듯하지 않을 뿐만 아니라 매우 역설적이다. 교육은 단지 어떤 다른 것을 위한 수단이기 때문에 분명 최상의 가치가 될 수 없어 보인다. 누군가 이렇게 질문할 수 있다. 결국 우리는 무엇을 위해 민중을 교육하는가?

그러나 독일어 단어 Bildung을 다시 살펴보면 역설은 사라진다. 이 단어는 두 과정—배움과 인격적 성장—을 의미한다. 그러나 이것들은 마치 교육이 성장을 위한 한갓 수단인 듯 서로 떨어져서 이해되지 않는다. 오히려 배움은 인격적 발달을 구성하는 것으로서, 어떻게 우리가 일반적으로 한 인간이 되고 특수하게 한 특정 개인이 되는가의 핵심으로 여겨진다. 교육을 일반적인 자기-실현self-realization 과정의 일부로, 한 인간 존재로서 그리고 한 개인으로서 자기를 특징짓는 모든 능력들의 개발로 간주한다면, 왜 낭만주의자들이 그것을 최고선의 칭호에 어울리는 적어도 그럴듯한 후보로 여겼는지 이해하는 것이 어렵지 않다.

낭만주의자들은 자기-실현을 고전적인 두 가지 의미에서 최고선으로 간주했다. 자기-실현은 궁극적 목적이다. 그것은 공동선이나 국가와 같은 더 높은 목적에 이르는 수단으로서 자신의 가치를 도출하지 않기 때문이다. 낭만주의자들은 국가를 위한 교육의 중요성을 강조했지만, 그것

---

5) Aristotle, *Nichomachean Ethics* I, chap. 1과 chap. 5, 1094a, 1997b를 보라. 그리고 Kant, *Kritik der praktischen Vernunft*, *AA* V, pp. 110~111도 보라.

을 단순히 저 목적의 수단으로 가치 있게 여긴 것은 아니다. 반대로 그들은 자기실현이 그 자체로 목적이며, 국가는 시민 개개인의 자기-실현을 증진해야 한다고 주장했다. 자기-실현은 또한 완결적 목적이다. 그것을 달성한 개인은 아무것도 결여하지 않고 삶에서 가치 있는 모든 것을 얻었기 때문이다. 다른 말로 하자면 자기-실현을 달성한 사람은 삶의 목적 자체를, 바로 실존의 의도를 이룬 것이다.

분명 이것들은 광범위하고 과감한 주장이었다. 그러나 초기낭만주의자들의 저작에서 이것들이 명시적으로 옹호되는 일은 드물었다.[6] 하지만 그들이 18세기 말 최고선에 관한 두 경쟁적 이론에 대해 취한 태도를 검토함으로써 그들의 입장을 재구성할 수 있다. 그 중 하나는 영국 공리주의자들과 프랑스 계몽철학자들의 쾌락주의였다. 이들은 최고선을 쾌락으로 정의했다. 다른 하나는 칸트의 도덕적 스토아주의였다. 그는 덕을 궁극적 선으로, 덕에 합치하는 행복을 완결적 선으로 간주했다.

낭만주의자들은 쾌락주의를 거부했는데, 그 이유는 쾌락주의가 우리의 인간성 혹은 개인성에 고유한 능력들의 개발을 장려하지 않기 때문이다. 쾌락은 그것이 과도할 경우 우리에게 심지어 해를 입히기 때문에 그 자체로 최고선이 될 수 없다. 혹시 쾌락이 어떤 가치를 갖는다면, 이는 쾌락이 우리의 고유한 인간적 능력들이 작용한 결과이거나 그것의 불가분한 일부일 때이다.[7]

---

6) 가장 명시적으로 다루는 것은 슐라이어마허의 초기 에세이 "Über das höchste Gut", *KGA* I/1. pp. 81~125와 "Über den Wert des Lebens", *KGA* I/1, pp. 391~471, 그리고 프리드리히 슐레겔의 *Vorlesungen über Transzendentalphilosophie*, *KA* XII, pp. 47~49, 85~86이다. 또한 *EPW*, pp. 146~147도 보라.

7) 프리드리히 슐레겔은 초기 에세이 "Über die Grenzen des Schönen", *KA* I, p. 37에서 그러한 이유로 쾌락주의를 분명히 거부했다. 쾌락주의에 대한 가장 일관된 낭만주의적 비판은 슐라이어마허의 *Grundlinien einer Kritik der bisherigen Sittenlehre*, *Werke* I, eds. Otto Braun and Johannes Bauer, Leipzig: Meiner, 1928, pp. 81~92에 나타난다.

낭만주의의 쾌락주의 비판은 슐레겔과 노발리스가 근대 부르주아 사회의 삶의 양식을 고발할 때 가장 분명하고 강하게 나타난다. 그들은 이 삶의 양식의 성격을 규정하기 위해 속물주의philistinism라는 매우 암시적인 용어를 사용한다.[8] 속물은 안락한 삶에 자신을 바친다고 노발리스는 말한다. 속물은 자신의 삶을 반복적 일상으로 만들고, 편안한 삶을 영위하기 위해 도덕적·사회적 관습에 순응한다. 그가 예술을 가치 있게 생각한다면 그것은 단지 유흥을 위한 것이다. 그가 종교적이라면 그것은 단지 자신의 고통을 덜기 위함이다. 요약하자면 속물주의는 우리에게서 인간성과 개인성을 앗아 가는 죄를 범한다.

낭만주의자들은 쾌락주의가 도덕적으로 지나치게 방만하다면, 칸트의 윤리학은 도덕적으로 지나치게 엄격하다고 생각했다.[9] 그들은 칸트의 윤리학에서 두 가지 근본적 난점을 발견했다. 첫째, 칸트는 감성의 희생하에 이성을 강조했다. 그는 우리의 감각이 어떻게 이성과 마찬가지로 인간성의 한 부분을 이루는지를, 그리고 어떻게 이성과 마찬가지로 계발하고 발전시킬 필요가 있는지를 무시했다. 낭만주의자들은 도덕적으로 행동하는 이는 단지 순수하게 이성적인 존재가 아니라 전체적 개인이라고 주장했다. 그는 성향에 반해서가 아니라 성향에 따라 자신의 의무를 수행한다. 둘째, 보편법칙에 따라 행동할 것을 강조함으로써 칸트는 개인성의 중요성을 파악하는 데 실패했다. 칸트적 도덕의 이상은 우리가 순수하게

---

8) 속물주의에 대한 낭만주의적 비판에 대해서는 프리드리히 슐레겔의 소설 *Lucinde*, *KA* VIII, pp. 41~50; Novalis, *Blütenstaub* no. 77, *HKA* II, pp. 261~263을 보라. 또한 *EPW*, pp. 24~25도 보라.

9) 칸트 윤리학에 대한 낭만주의적 비판에 대해서는 슐라이어마허의 *Monologen*, *KGA* I/3, pp. 17~18(*EPW*, pp. 174~175); 프리드리히 슐레겔의 *Ideen*, no. 39와 *Vorlesungen über Transzendentalphilosophie*, *KA* XII, pp. 48, 72를 보라. 또 *EPW*, p. 128도 보라. 칸트에 대한 최초의 비판의 원천은 궁극적으로 실러로, 특히 아래서 논의되는 그의 *Über Anmut und Würde*로 거슬러 올라간다.

이성적인 인격성을 발전시킬 것을 요구했는데, 우리 모두는 단순히 지적 존재로서 저 이성적 인격성을 공유한다. 따라서 그것은 획일성을 승인했다. 그러한 이상은 도덕에 대한 충분한 분석일 수 있지만, 최고선에 대한 적절한 설명으로 생각될 수는 없었다. 최고선은 개인성, 즉 나를 다른 누구도 아닌 바로 이 사람으로 만드는 것의 실현도 요구하기 때문이다.

문화의 이상은 칸트 윤리학의 이 결함들을 교정할 의도로 제시되었다. 낭만주의 교육은 두 근본적인 목적을 갖는다. 그 각각은 이 결함들 중의 하나를 상쇄할 것이다. 하나는 한 인간의 모든 능력을 통일시키고 발전시켜서, 모든 구별되는 능력들을 하나의 전체로 주조하는 것이다. 다른 하나는 우리의 고유한 인간적 능력들—인간 존재로서 모두가 공유하는 것들—뿐만 아니라, 개인성—각 개인에게 고유한 독특한 소질과 성향들—을 발전시키는 것이다. 물론 이 목적들은 긴밀하게 연결되어 있다. 하나의 전체로서 한 사람의 능력을 발전시키는 것은 불가피하게 그리고 자연스럽게 개인성을 실현하는 것이 된다. 개인성은 모든 인간적 능력들의 저 독특한 종합, 저 특별한 통일에서 나타나기 때문이다.

3. 미학적 교육

지금까지 해온 것처럼 교육에 대한 낭만주의의 이상을 인간의 완성, 탁월성 혹은 자기-실현으로 묘사하는 것은 충분하지 않다. 이는 그것의 유類를 제공할 뿐, 종차種差를 말해 주지는 않는다. 완전성은 낭만주의만을 특징짓는 이상이 아니었으며 18세기 독일 사유의 많은 조류들에서 발견된다. 경건주의자들(슈페너Philipp Jakob Spener와 아른트Johann Arndt)과 고전주의자들(빌란트, 괴테, 헤르더), 라이프니츠-볼프 학파(멘델스존, 바움가르텐, 볼프)는 모두 그들 나름대로 완전성에 대한 이상을 가졌다. 기본적인 측면에서 낭만주의자들은 앞 세대와 동시대인들의 이상에 비판적이었기 때문에, 우리는 그것을 보다 정확하게 규정해야 한다.

낭만주의의 이상을 미학적 교육으로 묘사할 때 우리는 그것에 대한 보다 정확한 설명에 가까워진다. 1795년, 실러는 그의 유명한 『인간의 미적 교육에 관한 편지들』에서 처음으로 이 용어를 사용했다. 이 저작은 낭만주의자들에게 결정적인 중요성을 가졌다. 낭만주의 운동에 있어 미학주의의 많은 부분—문화적 부흥에서 예술의 중심적 역할에 대한 믿음—은 이 작품에서 기원한다. 예술을 인간의 교육을 위한 주요 수단으로 볼 때, 그리고 예술가를 인류의 귀감으로 여길 때, 낭만주의자들은 실러를 따르고 있다.

실러와 낭만주의자들은 왜 예술에 그러한 중요성을 부여했을까? 그들은 왜 예술을 문화에 이르는 열쇠로 보았을까? 다시 한 번 그들의 추론을 사회정치적 맥락 안에, 정확하게는 1790년대의 사회정치적 위기 안에 놓아야만 그것을 재구성할 수 있다.

1790년대 훨씬 이전에 질풍노도 운동의 주도적 사상가들—하만, 헤르더, 유스투스 뫼저Justus Möser와 마지막으로 실러—은 전통적 계몽이 민중을 위해 적절한 교육을 제공하지 못했다고 비판했다. 라이프니츠-볼프 학파의 계몽주의자는 마치 교육이 단지 지성을 계발하는 문제인 듯, 계몽을 대중에게 지식을 전달하고 명석 판명한 개념들을 확산시키는 것으로 정의했다. 하지만 1770년대에 이미 헤르더와 뫼저가 보기에 그러한 교육 프로그램에는 두 가지 심각한 결함이 있었다. 첫째, 그것은 스스로 생각하기 혹은 사유의 자발성을 권장하지 않았다. 왜냐하면 그것은 다른 누군가가 이미 나를 위해 모든 생각을 해두었음을 전제하기 때문이다. 대중은 이미 획득된 지식과 이미 명확해진 개념들을 수동적으로 의심하지 않고 받아들이는 자가 되었다. 두번째는 훨씬 더 큰 문제를 갖는다. 그것은 대중이 그들이 배운 원리를 이해하기만 하면 그것에 따라 행동할 의지와 능력을 갖는다고 가정했다. 하지만 이처럼 어리석은 주지주의는 우리가 비록 선善을 알더라도 그것에 따라 행동하지 않을 수 있다는 아크라시아akrasia[10]의 고전적 문제를 무시했다.

혁명은 이 사상가들에게 위의 진단을 분명히 확인시켜 주었다. 프랑스 계몽철학자들은 수십 년간 대중에게 이성의 원리를 설파하고 헌법을 잇달아 선포했지만 모든 것이 허사였다. 민중은 그처럼 높은 원리와 고매한 이상을 위한 준비가 되어 있지 않았다. 그들은 이성의 원리에 따라 행동하기보다 자신들의 이해와 정념의 지배를 받았다. 그 결과는 모두가 보기에 분명했다. 프랑스는 요동쳤고 더 깊은 혼돈과 분쟁, 유혈사태의 심연으로 떨어지고 있었다.

실러는 계몽의 실패와 혁명의 혼돈에서 배워야 할 교훈은 오성의 교육만으로는 충분하지 않다는 사실이라고 주장했다. 감정과 욕망의 개발, 한 사람의 감성을 개발하여 그가 이성의 원리에 따라 행동할 성향을 갖게 만드는 것 또한 필수적이다. 다른 말로 하자면 민중을 고무하는 것, 그들의 마음을 움직이고 상상력을 일깨우는 것, 그들이 더 높은 이상에 따라 살도록 만드는 것 역시 필수적이었다.

물론 과거에는 이 문제에 대한 해결책이 있었다. 강력한 신화, 유혹적인 신비들과 함께 종교가 도덕에 대중적인 동기를 제공해 왔다. 그것은 민중의 마음과 상상력에 직접 호소할 수 있었기 때문이다. 고난받는 예

---

10) 그리스어 '아크라시아'는 '자기통제의 부재'를 의미하며, 보통 의지박약 현상을 가리키는 데 사용된다. 소크라테스는 아크라시아의 존재를 부정한 것으로 유명하다. 그에 따르면 무엇이 최선인지를 알면서도 그것을 따르지 않는 일은 불가능하다. 누군가 실제로 최선이 아닌 행동을 선택했다면 그것은 그가 그 행동의 가치를 잘못 판단했기 때문이다. 보통 아리스토텔레스가 아크라시아의 문제, 즉 알면서도 행동하지 않는 것, 충동이나 욕망으로 인해 이성이 최선으로 명령하는 바를 실행에 옮기지 못하는 문제를 제기했다고 여겨진다. —옮긴이

수, 부활한 나사로 혹은 성난 여호와의 이미지만큼 덕을 갖춘 자를 고양하고 죄지은 자를 순화시키는 데에 효과적인 것은 없었다. 하지만 1790년대 후반에 이르면 도덕적 권위의 이 전통적 원천은 약해지고, 사실상 붕괴 직전에 이른다. 여기서 계몽은 지나치게 성공적이었다. 계몽은 『성서』와 전통적인 신존재증명들, 그리고 성직자의 권위를 가차 없이 끈질기게 비판해 왔고, 그 결과 낡은 종교가 설 자리를 거의 남겨놓지 않았다. 종교는 이제 선입견이자 미신, 신화로 비난받았다. 분명히 채워져야 할 거대한 공백이 있었다. 로베스피에르가 고안한 인위적 이성 숭배의 분명한 실패는 이를 더욱 명백하게 만들었다.

실러와 낭만주의자들은 예술이 이 위기를 해결할 유일한 수단이라고 보았기 때문에 그들에게서 예술이 그토록 중요했던 것이다. 철학은 행동을 자극할 수 없고 종교는 이성을 확신시킬 수 없지만, 예술은 우리가 이성에 따라 행동하도록 고무하는 힘을 갖는다고 그들은 주장했다. 예술은 매우 강력하게 상상력에 호소하고 매우 깊게 감정에 영향을 미치기 때문에, 민중이 공화국의 높은 도덕적 이상에 따라 살도록 움직일 수 있다.

따라서 궁극적으로 낭만주의자들은 종교가 도덕의 동기와 자극으로서 수행했던 전통적 역할을 예술로 대체하려 한 것이다. 그래서 그들은 근대의 신화, 새로운 『성서』, 그리고 복원된 교회를 위한 생각들을 발전시켰다. 이제 예술가가 사제의 오랜 기능을 떠맡을 것이다.

실러가 처음으로 인간을 교육하는 예술의 힘을 주장했지만, 그것은 곧 낭만주의 운동의 중심사상이 되었다. 그것은 노발리스의 『녹의의 하인리히』*Heinrich von Ofterdingen*, 프리드리히 슐레겔의 『이념들』, 바켄로더의 『예술을 사랑하는 수도원 수사의 심정고백』*Herzensergießungen eines kunstliebenden Klosterbruders*과 티크의 『프란츠 슈테른발트의 방랑』*Franz Sternbalds Wanderungen*에서 핵심 주제였다. 하지만 그것은 절정기 낭만주의의 후기 작품인 하인리히 폰 클라이스트Heinrich von Kleist의 단편 「성 세실리아 혹은 음악의 힘」*Heilige Cäcilie oder die Macht der Musik*에서 가장 단순하고 분명하게 나타난다. 이야기는 종교개혁 초기의 네덜란드를 배경으로 한다. 광신적 프로테스탄트 네 형제가 수녀원을 공격하기 위해 폭도들을 조직한다. 절망에 빠진 무력한 수녀들은 음악의 수호성인 성 세실리아에게 호소하는데, 성 세실리아는 수녀들로 하여금 노래하게 만든다. 침략자들은 그녀들이 부르는 「영광」Gloria이 너무나 아름다워서 무릎을 꿇고, 자신들의 죄를 고백하며, 개종을 한다. 그들은 결국 실성하여 매일 저녁 「영광」을 부르며 남은 날들을 정신병원에서 보낸다. 물론 이것은 신화였다. 하지만 여기에 낭만적 영혼이 가졌던 최고의 희망과 가장 열렬한 소망이 표현되어 있음을 의심할 수 없다.

4. 예술의 역할

낭만주의자들은 순진함의 한 형태를 다른 형태로, 즉 이성에 대한 계몽의 확신을 예술에 대한 그들의 믿음으로 바꾸었을 뿐인 것 같다. 두 믿음은 모두 돈키호테적으로 보인다. 그들은 모두 문화 영역에 과도한 능력을 부여한다. 단지 음악을 듣고 소설을 읽고 연극을 관람하면 우리가 더 나은 사람이 될 수 있다고 가정하는 것은 아무리 좋게 말해도 매우 이상주의적이다. 만약 예술이 그런 효과를 갖는다면, 그것은 아마 사람들이 이미 그런 성향을 갖고 있고 그래서 이미 그것을 위해 교육되어 있기 때문이라고 말하고 싶어진다. 하지만 그렇게 되면 예술을 위한 전체 논변은 악순환에 빠진다. 즉 사람들이 이미 교육되어 있을 때만 예술은 인간을 교육한다.

실러의 주장을 순진하다고 비판하는 것은 그에 대한 가장 흔한 반대들 가운데 하나이다. 낭만주의자들이 구제 불가능한 이상주의로 유명해진 것은 대개 여기에 근거한다. 하지만 이 비판은 낭만주의적 교육에서 예술의 역할을 매우 피상적으로 이해한 데서 나온다. 낭만주의자들이 미학적 교육에 대해 썼을 때 그들은 단순히 예술 작품이 도덕적 성격에 미치는 영향을 언급한 것이 아니다. 그들은 더 많은 것을 염두에 두고 있었다. 그것은 무엇인가?

낭만주의자들이 정확하게 어떻게 미적 교육을 이해했는가는 실러의 『인간의 미적 교육에 관한 편지들』을 자세히 읽어 보면 분명해진다. 열번째 편지에서 실러가 모든 순진함에 대한 비난을 거의 인정하는 것이 눈에 띈다.[11] 그는 예술이 덕을 갖춘 자들만을 교육할 것임을 인정한다. 그리고 예술이 번성한 시기는 또한 도덕이 쇠퇴한 때이기도 하다는 데 주목한다. 하지만 이 점들을 인정하고 나서 실러는 그의 주장을 새로운 방향으로 돌린다. 그에게 문제는 예술이 도덕적 성격에 영향을 미치는가의 여부가 아니라 미가 인간의 완전성의 본질적 요소인가 하는 것이다. 실러의 주장은 만약 우리가 자신들을 완전하게 한다면, 만약 우리의 다양한 능력을 하나의 전체로 형성한다면 우리가 예술 작품처럼 된다는 것이다. 우리를 완전하게 하는 것은 곧 이성의 형식을 감성의 내용과 통일시키는 것인데, 형식과 내용의 통일은 바로 미를 특징짓는 것이다. 그러므로 미학적 교육은 우리의 성격이 예술 작품에 의해 형성되도록 하는 것이 아니라 우리의 성격을 예술 작품으로 만드는 데 있다.

실러는 『우아함과 품위에 대하여』*Über Anmut und Würde*에서 한 사람이 어떻게 하나의 예술 작품이 될 수 있는지를 매우 자세하게 설명한다.[12] 그는 "아름다운 영혼"의 이상을 제시한다. '아름다운 영혼'은 모든 행동

---

11) Schiller, *NA* XX, pp. 336~341.

12) 같은 책, pp. 251~289. 1부 전체가 위에서 재구성된 논변과 관련된다.

이 우아함을 구현하기 때문에 그 성격이 하나의 예술 작품인 사람이다. 실러에게 우아한 행동이란 제약——육체적 요구의 제약이든 혹은 도덕적 명령의 제약이든——의 표시가 없으며, 그 사람의 전체 성격의 자발성과 조화를 드러내는 행동이다. 그 행동은 마치 자연적 요구의 결과인 듯 감성으로부터만 나오지 않는다. 더욱이 마치 도덕적 명령의 산물인 듯 이성으로부터만 나오지도 않는다. 그것은 전체 성격으로부터, 통일적으로 행동하는 이성과 감성으로부터 흘러나온다. 아름다운 영혼은 성향에 반하는 의무에 의해 혹은 의무에 반하는 성향에 의해 행동하지 않고, 의무에 따라 그리고 성향에 따라 행동한다. 그러나 저 자발적 성향은 자연에 의해 주어진 욕망과 감정의 산물이 아니라 우리의 도덕 교육, 규율과 덕의 훈련의 결과물이다. 따라서 우아한 행동에서는 우리의 욕망과 감정이 이성에 따라 억압되지도 않고, 감성에 따라 탐닉되지도 않는다. 그것들은 세련되고 고결해진다. 혹은 근대적 용어를 사용하자면 '승화된다'.

실러의 아름다운 영혼의 이상은 예술이 어떻게 도덕적 행동을 추동하는가에 대해 완전히 새로운 시각을 제공한다. 예술 작품의 관조가 우리로 하여금 선한 행동을 하도록 고무한다는 것이 아니다. 인간의 탁월성에 내재하는 미학적 즐거움이 있으며, 그것이 저 탁월성을 획득하고 유지하도록 만드는 동기로 작용한다는 것이다. 도덕적 완전성의 자극제는 예술 작품이 아니라 단순히 고유한 인간적 행위의 활동에 포함된 즐거움에서 나온다. 대부분의 도덕주의자들처럼 실러는 덕이 그것의 보상으로 독특한 종류의 즐거움을 가져다준다고 주장한다. 그는 이 즐거움이 본질적으로 미학적이라고 덧붙일 따름이다. 왜냐하면 인간의 완전성을 획득하는 것은 예술 작품을 창조하는 것과 같기 때문이다.

미학적 교육에 대한 실러의 주장은 궁극적으로 완전성으로서의 미 이론에 의존한다. 그러한 이론은 쉽게 일반화되어 완전성을 가질 수 있는 모든 것으로 확장될 수 있다. 자연 안의 대상이든, 개인이든, 혹은 국가와 사회이든 말이다. 실러도 낭만주의자들도 이 유혹에 저항하지 못했다. 그들은 인간의 삶에서 미학적인 것의 우월성에 대한 주장을 국가와 사회에 적용하여 확장시켰다. 그들은 완전한 사회나 국가는 또한 하나의 예술 작품이라고 주장했다. 이를테면 실러는 『인간의 미적 교육에 관한 편지들』의 마지막 편에서 그의 유토피아가 미학적 국가äesthetischen Staat라고 말했는데, 그것은 하나의 예술 작품처럼 사회의 다른 구성원들을 조화로운 전체로 통일시킨다.[13] 『믿음과 사랑: 혹은 왕과 왕비에 대하여』에서 노발리스는 시적 국가를 상상했다. 거기서 군주는 시인들 가운데 시인이며, 모든 시민들을 배우로 하는 거대한 공적 무대의 감독이다.[14] 그리고 슐라이어마허는 초기의 수고 『사회적 행동이론의 시도』*Versuch einer Theorie des geselligen Betragens*에서 인격들의 자유로운 상호작용과 생각들의 상호교환을 통해 개인들이 아름다운 전체를 구성하는 이상적 사회를 상상했다.[15] 실러와 노발리스, 슐라이어마허는 모두 완전한 사회 혹은 국가가 예술 작품과 같다고 가정한다. 왜냐하면 거기에는 개인과 사회적 전체 사이에 유기체적 통일성이 존재하기 때문이다. 그것은 육체적 제약이나 도덕적 제약이 아니라 오직 자유로운 상호작용에 의해서만 지배된다.

그러므로 초기낭만주의의 유토피아적 이상은 사회적 혹은 정치적 예술 작품의 창조이다. 이 미학적 전체는 교육기관Bildungsanstalt, 즉 그 안에서 사람들이 인격과 생각의 자유로운 교환을 통해 서로를 교육하는 사회가 될 것이다. 베를린과 예나의 낭만주의 살롱들은 이 이상을 실천에

13) Schiller, *NA* XXI, pp. 410~412.

14) Novalis, *Glauben und Liebe: Oder der König und die Königin* no. 39, *HKA* II, p. 498. 또한 *EPW*, p. 48도 보라.

15) Schleiermacher, *KGA* I/2, pp. 169~172.

옮기기 위한 초보적 시도들이었다. 만약 삶이 하나의 거대한 살롱, 누구나 참여하는 긴 배움의 경험일 뿐이라면, 사회는 진정 하나의 예술 작품이 되고 이 삶은 "모든 가능한 세계들 중에서 가장 아름다운 세계"가 될 것이라고 낭만주의자들은 믿었다.

5. 교육과 자유

낭만주의 교육을 미학적인 것으로 묘사할 때 우리는 그것의 종차에 더욱 가까워진다. 하지만 여전히 목표와는 거리가 멀다. 문제는 미학적 교육의 이상마저도—비록 그것이 낭만주의자들에게 핵심적이기는 했지만—그들에게 독특하거나 고유한 것은 아니었다는 것이다. 18세기 독일에는 인간의 완전성을 미학적으로 묘사하고, 이성뿐만이 아니라 인간의 감각도 계발할 필요가 있다는 것을 강조한 많은 사상가들이 있었다. 라이프니츠-볼프 학파에서, 특히 그 학파의 가장 뛰어난 미학자였던 알렉산더 바움가르텐의 저작에서 이 노선의 사유를 발견할 수 있다.[16] 18세기 초에는 덕과 미의 연결이 이미 존중받는 전통이 되어 있었다. 그것은 섀프츠베리와 프랜시스 허치슨Francis Hutcheson이 가장 좋아한 주제였으며, 이들은 독일에서 매우 큰 영향력을 가졌다. 실러의 아름다운 영혼이라는 주제 역시 자랑스러운 계보를 가졌다. 그것의 기원은 경건주의와 "독일의 볼테르"인 빌란트로 소급된다.[17]

이것은 다음과 같은 질문들을 제기한다. 혹시 낭만주의적인 미학적

---

16) Alexander G. Baumgarten, *Aesthetica* §§1, 14, *Theoretische Äesthetik: Die grundlegenden Abschnitte aus der "Aesthetica"*, ed. Hans R. Schweizer, Hamburg: Meiner, 1983을 보라.

17) '아름다운 영혼' 개념의 역사에 대해서는 Robert Norton, *The Beautiful Soul: Aesthetic Morality in the Eighteenth Century*, Ithaca: Cornell University Press, 1995를 보라.

교육을 특징짓는 것이 있다면 그것은 무엇인가? 그것은 18세기에 그토록 유행했던 미학적 교육의 형태들과 어떻게 달랐는가?

라이프니츠-볼프 전통과 낭만주의자들 사이에는 분명히 연속적인 대목들이 있지만 또한 근본적이고 극적인 단절도 존재한다. 칸트의 비판철학이 그 단절을 만들어 냈는데, 그것은 라이프니츠-볼프 학파가 그토록 주의 깊게 주조해 만든 덕과 미의 고리를 끊어 버렸다. 칸트는 『실천이성비판』에서 도덕적 행동의 근거와 동기는, 미학적이든 혹은 다른 것이든 모든 즐거움의 고려와는 독립적으로 오직 순수이성에서 도출되어야 한다고 주장했다. 또한 그는 『판단력비판』에서 미의 즐거움은 전적으로 무관심하며disinterested, 모든 도덕적·육체적 목적들로부터 독립적인 고유한 성질들을 갖는다고 강조했다. 대상의 아름다움을 경험할 때 우리는 형상의 순수한 관조contemplation에서 즐거움을 느끼며, 그것이 도덕적 혹은 육체적 목적에 부합하는지를 고려하지 않는다고 그는 주장했다.[18] 그는 이 두 저작에서 도덕 혹은 미의 기준으로서 완전성 개념—라이프니츠-볼프 학파의 윤리적·미학적 사유의 중추—의 가치를 공격했다.

덕과 미, 도덕과 미학을 동일시하는 것은 유혹적이었고, 18세기에 매우 많은 사상가들을 도취시켰다. 하지만 1790년대 독일에서 비판철학의 순전한 권위는 그것을 궁극적으로 매장시키기에 충분해 보였을 것이다. 하지만 사태는 반대로 진행되었다. 역설적이게도 칸트의 비판은 실러가 저 동일시를 재정식화하고 변형하게 만들었고, 결과적으로 그것은 생명을 연장하게 되었다. 실러는 미출판되었지만 중요한 1793년 『칼리아스: 혹은 미에 대하여』*Kallias: Oder über die Schönheit*에서 칸트가 그토록 철저하게 분리했던 예술과 도덕, 미와 덕의 영역들을 새로운 기반 위에서 다시

---

18) Kant, *Kritik der Urteilkraft* §§4~7, 15, *AA* V, pp. 207~212, 226~229를 보라.

종합했다.[19] 그는 칸트 비판의 일부 소극적 결론들을 인정했다. 즉 예술은 자율적이어야 하며 도덕적·육체적 목적에 봉사해서는 안 된다. 그리고 고전적 의미에서 다양성 안에서의 통일unity in multiplicity로 이해된 완전성 개념은 미를 설명하기에 충분하지 않다. 그럼에도 불구하고 실러는 칸트에 반대해 미가 관조의 즐거움 같은 단순히 주관적인 성질 이상의 것이라 주장한다. 대신 그는 미가 대상 자체의 객관적 특질이라 주장한다. 한 대상이 아름다운가 여부는 그것이 자기-결정적self-determining인가, 즉 그것이 외적 제약에서 자유로우며 자신의 내적 본성에 따라서만 행동하는가 여부에 달려 있다고 실러는 주장한다. 자기-결정성은 자유와 같은 것이기 때문에 그리고 아름다운 대상은 이 성질을 감각에 제시하고 보여 주거나 드러내기 때문에, 미는 자유의 외양freedom in appearance 이상도 이하도 아니다. 미를 이렇게 정의함으로써 그는 칸트의 미학적 자율성aesthetic autonomy 개념, 도덕적·육체적 목적으로부터의 독립성에 새로운 토대를 제공하고자 한다. 그러나 아이러니하게도 그 정의는 또한 예술과 도덕을 새롭게 연결한다. 미학적 대상의 자기-결정성—도덕적이든 육체적이든 모든 형태의 제약으로부터의 독립성—은 그것이 자유의 상징으로 기능할 수 있음을 의미한다. 그리고 비판철학에 따르면 자유는 도덕의 근본 개념이다. 그래서 실러는 매우 의식적이고 의도적으로 예술과 도덕의 영역을 재결합한다. 비록 이 영역들의 연결고리는 이제 완전성이 아니라 자유 개념에 의해 제공되지만 말이다.

이는 실러가 완전성이라는 오랜 개념을 완전히 거부함을 의미하지는 않는다. 실러는 계속해서 그것을 사용하며, 다양성 안에서의 통일이라는 전통적 용어로 묘사한다. 그러나 이 개념이 이제 새로운 토대—자유

19) Schiller, *NA* XXVI, pp. 174~229.

의 개념 ― 를 갖게 되었음을 이해하는 것이 중요하다. 완전성은 이제 자기-결정성으로, 모든 제약으로부터 독립하여 자신의 본성의 필연성에 따라 행동하는 것으로 정의된다.

낭만주의적인 미학적 교육 개념은 실러가 예술의 도덕적 역할을 재정의한 데에 뿌리를 둔다. 낭만주의적 개념의 핵심적인 특징은 자유가 미학적 교육의 목적이라는 실러의 테제에 있다. 실러와 마찬가지로 낭만주의자들은 미학적 전체가 되기 위해서는, 자신의 삶을 하나의 예술 작품으로 만들기 위해서는 자발적이고 자유로운 주체로서의 자신의 본성을 실현해야 한다고 주장한다. 미는 자유의 외양으로 존재하기 때문에 우리의 도덕적 성격이 자유를 표현할 때에만 우리는 미를 획득한다.

프리드리히 슐레겔과 노발리스는 모두 문화는 자유의 발전에 있다고 크게 강조했다. 슐레겔은 문화를 단순하게 "독립성의 발전"이라 정의했다. 그가 고대와 대조되는 근대세계 문화의 특징은 바로 자유를 향한 노력이라 주장한 것은 유명하다.[20] 그는 우리 삶의 목적은 자기-결정하는 존재로서의 우리 본성을 실현하는 것이라 주장했다. 여기서 자기-결정성은 자신이 누구인지를 결정하려는 끊임없는 시도에, 그리고 자신이 누구인지를 결정하려는 끊임없는 시도 자체가 바로 자신임을 깨닫는 데 있다.[21] 그에 못지않게 노발리스도 단호하고 분명하게 말한다. "모든 교육Bildung은 우리가 자유 ― 비록 이것은 단순한 개념이 아니라 모든 존

---

20) Bildung[문화]의 정의에 대해서는 슐레겔의 *Vorlesungen über die Transzendentalphilosophie*, *KA* XII, p. 48을 보라. Bildung에 대한 근대적 설명으로는 슐레겔의 초기 에세이 "Vom wert des Studiums der Griechen und Römer", *KA* I, pp. 636~637과 "Über das Studium der griechischen Poesie", *Die Griechen und Römer: Historische und Kritische Versuche über das klassische Alterthum*, *KA* I, pp. 232~233을 보라.

21) *Lucinde*, *KA* V, pp. 72~73의 '반성'(Eine Reflexion)이라는 제목의 절에서 슐레겔의 놀라운 정식화가 그러했다.

재의 창조적 근거를 지칭하지만 — 라 부를 수 있는 것으로 이끈다."[22]

따라서 라이프니츠-볼프 학파의 역사적 선례로부터 미학적 교육에 대한 낭만주의적 설명을 구분하는 것은 바로 자유에 대한 강조이다. 그런데 이것은 우리가 마땅히 기대해야 하는 것이 아닐까? 1790년대에 성년이 되었던 모든 이들이 부르짖은 것은 자유였다. 낭만주의자들은 라이프니츠-볼프 학파의 늙은 계몽주의자들의 문제가 사회정치적 현실과 타협함으로써 자유를 포기한 것이라고 항의했다. 낭만주의적 교육은 1790년대에 적합한 교육이었을 것이다. 즉, 그것은 모든 형태의 사회정치적 억압으로부터 정신을 해방시키는 것이었다.

6. 감각을 일깨우기

낭만주의 전통 혹은 라이프니츠-볼프 전통에서 미학적 교육의 주된 목표는 감성의 계발이었다. 보통 감성은 이성과 대조되어 욕망, 감정, 지각 능력을 포함하는 매우 넓은 의미로 정의되었다. 미학적 교육 프로그램의 기초가 된 전제는 이성 못지않게 감성도 계발하고, 훈련하고, 세련되게 만들 수 있다는 것이었다. 1790년대 훨씬 이전에 질풍노도 운동의 주도자들은 계몽이 이 능력을 교육하지 못했다고 항의했다. 계몽주의자들의 주요 임무는 미신, 선입견, 광신에 맞서 싸우는 것이었기 때문에 그들은 자연스럽게 이성의 계발에 대부분의 관심을 쏟았다. 그러나 질풍노도의 주도자들은 이것이 우리 인간성의 반쪽을 무시하는 것이라 비판했다.

낭만주의자들은 계몽에 대한 이 비판을 공유했다. 이 측면에서 감성에 대한 그들의 관심은 질풍노도 전통의 연장선상에 있었다. 실러와 질풍

---

22) *Heinrich von Ofterdingen*, *HKA* I, p. 380에서 노발리스의 주인공이 그렇게 말했다.

노도 운동의 주도자들처럼 낭만주의자들은 미학적 능력으로서 감성을 계발하고 싶어 했다. 그들의 목적은 감각을, 정확하게는 세계의 미를 지각하는 능력을 교육하는 것이었다. 그들은 이 능력을 보다 섬세하고 순화되고 예리하게 만들 수 있다고 믿었다. 그러면 한 인간의 삶은 매우 풍요롭고 고결해질 수 있다.

그러나 낭만주의의 미학적 교육 프로그램에는 그것에 독특하고 고유한 다른 무언가가 있었다는 것, 그리고 중요한 측면에서 낭만주의자들이 심지어 실러와 질풍노도 운동을 넘어 나아갔다는 것을 이해하는 것이 중요하다. 이 프로그램의 특징은 그들이 감성을 교육하기를 원했다는 사실이 아니라, 어떻게 감성을 교육하려 했는가에 있다. 한마디로 말하면 그들의 목적은 감각을 낭만화하는 것이었다. 그런데 이 암시적인 단어는 무엇을 의미하는가?

노발리스에게서 최고의 단서가 발견된다. 어느 미출판 단편에서 그는 세계를 낭만화하는 것은 세계의 마법과 신비, 경이를 깨닫게 하는 것이라고 설명한다. 그것은 평범한 것을 비범한 것으로, 친숙한 것을 낯선 것으로, 일상적인 것을 성스러운 것으로, 유한한 것을 무한한 것으로 볼 수 있도록 감각을 교육하는 것이다.[23] 낭만주의자들은 세계에 대한 우리의 평범하고 일상적인 지각의 한계를 깨뜨리고 싶어 했다. 우리는 자동적으로 모든 것을 통상적인 개념에 따라 분류하고, 사물들을 단지 이용의 대상으로 간주한다. 그들의 목적은 우리의 관조 능력을 개발하여 사물들을 새로이 ―그것들의 유용성과 통상적 의미와 독립적으로― 있는 그대로 볼 수 있게 하는 것이었다.

---

23) *Vorarbeiten zu verschiedenen Fragmentsammlungen* no. 105, *HKA* II, p. 334를 보라. 또한 *EPW*, p. 85도 보라.

낭만주의자들은 외부 세계를 지각하는 능력인 우리의 외적 감각뿐 아니라 내부 세계에 대한 감수성인 내적 감각도 낭만화하려 했다. 그들은 바깥 세계, 사회와 자연의 영역들 못지않게 우리 내면의 깊은 곳, 주체의 감추어진 구석들로 우리의 관심을 돌리려 했다. 그들에게 자기-실현은 본질적으로 자기-발견self-discovery, 내면의 깊은 곳을 탐험하는 것이었다. 노발리스가 말하는 것처럼 "우리는 세계 일주를 꿈꾼다. 하지만 그렇다면 세계는 우리 안에 있지 않은가? 우리는 우리 정신의 깊이를 모르고 있다. 비밀 통로는 내면을 향한다. 과거와 미래의, 세계들의 영원성은 우리 안에 있거나, 그렇지 않으면 어디에도 없다."[24)]

바로 이 확신이 훗날 노발리스로 하여금 낭만주의 학파의 주요 성장소설인 『녹의의 하인리히』를 쓰게 만들었다. 이것은 같은 장르에 속하는 괴테의 초기 작품 『빌헬름 마이스터의 수업시대』의 대척점으로 의도되었다. 빌헬름의 수업생활은 더 넓은 세계에서의 모험, 비범한 인물과 어려운 상황들과의 조우에 있었다. 반면 하인리히의 교육은 자신의 꿈의 비밀을 푸는 데서 온다. 하인리히는 영혼을 교육하는 두 가지 길이 있다고 설명한다. 그 중 하나는 "경험의 길"인데, 이는 매우 간접적이며 단지 세상의 지혜 혹은 신중함prudence에 이를 뿐이다. 다른 하나는 "내적 관조의 길"이다. 이는 매우 직접적이고 정신적인 자기-실현으로 귀결된다.

내적이든 외적이든, 감각을 다시 일깨우려는 이 기획에는 거대한 야심이 있었다. 낭만주의자들의 목적은 인간을 자신과 자연 그리고 타인들과 재통일시켜 다시 한 번 그의 세계 안에서 편안함을 느끼게 하는 것이었다. 낭만주의 역사철학에 따르면 고대인들은 자신과 타인 그리고 자연과 하나를 이루었으며, 이 통일성은 순수하게 자연적이었고 그의 어떤 노

---

24) *Blütenstaub* no. 16, *HKA* II, p. 419를 보라. 또한 *EPW*, p. 11도 보라.

력에도 의존하지 않았다. 하지만 불가피하고도 비극적으로 이 최초의 조화는 문명의 발전에 의해 찢겼다. 시민사회의 경쟁이 격화된 결과 인간은 타인으로부터 소외되었고, 노동 분업의 등장으로 자신의 내부에서 분열되었다. 그리고 과학이 자연을 탈신비화하고 인간의 이익을 위해 지배하고 통제해야 할 대상으로 만듦으로써, 인간은 자연으로부터도 소원하게 되었다. 근대인의 임무는 한때 소박하고 직관적인 차원에서 초기의 인류에게 주어졌던 자신과 타인 그리고 자연과의 통일성을 자기-의식적이고 이성적인 차원에서 재창조하는 것이었다.

낭만적 시인의 소명은 진정으로 그러한 것이었기 때문에 그는 우리 자신과 자연 그리고 타인과의 잃어버린 통일성을 되살리는 시도를 하려 했다. 저 통일성을 재창조하는 열쇠는 세계의 재신비화에, 감각의 낭만화에 있었다. 우리가 세계의 미와 신비, 마법에 다시 눈뜰 때만, 우리는 다시 그것과 자신을 동일시할 것이기 때문이다.

감각을 다시 일깨울 것에 대한 요구가 낭만주의자들 사이에서 신비주의의 재평가로 이어진 것은 놀라운 일이 아니다. 신비주의와의 공감은 초기 낭만파의 많은 작품들, 노발리스의 『자이스의 도제』*Die Lehrling zu Sais*, 슐라이어마허의 『종교론: 종교를 멸시하는 교양인을 위한 강연』, 슐레겔의 『이념들』, 셸링의 『초월적 관념론 체계』에서 나타난다. 이 모든 작품은 우리가 정신적 감각을, 관조 혹은 지적 직관의 능력을 갖고 있다고 주장한다. 그것은 서술적 이성을 초월하며, 우리가 자신과 타인 그리고 자연과 직접 접촉하게 한다. 그 작품들은 모두 이 직관을 표현하고 우리의 잠자는 관조 능력을 부활시키는 예술가의 힘을 칭송한다.

자연스럽게 새로운 신비주의는 낭만주의 서클에서 종교의 부활과 연관되었다. 종교의 부활은 1799년 슐라이어마허의 『종교론: 종교를 멸시하는 교양인을 위한 강연』 출판 이후 특히 명백해졌다. 계몽은 종교를 형이상학이나 도덕의 원시적인 형태로 간주했지만, 낭만주의자들은 그것을 세계를 관조 혹은 지각하는 특정 형식으로 보았다. 슐라이어마허는 『종교론: 종교를 멸시하는 교양인을 위한 강연』에서 종교의 본질은 세계의 직관이라고 주장한다. 이러한 종교의 부활은 구체제 이데올로기로의 후퇴로 종종 비판되었다. 그러나 이것을 낭만주의자들의 문화에 대한 일반적 관심의 맥락에서 보는 것이 중요하다. 그들은 종교를 주로 미학적 교육의 수단으로, 감각을 다시 일깨우는 방법으로 가치 있게 여겼다.

7. 사랑의 힘

감성 교육을 위한 낭만주의의 기획은 감각의 계발뿐만 아니라 보다 중요하게는 '욕망의 능력'the faculty of desire의 개발을 포함했다. 그것의 목적은 우리의 지각 능력뿐 아니라 느끼고 욕망하는 능력의 교육이었다. 낭만주의자들에게 느낌과 욕망의 교육은 본질적으로 한 가지를 의미했다. 바로 사랑의 힘을 일깨우고, 기르고, 세련되게 하는 것이다.

초기낭만주의자들에게 특히 영감을 준 것—다른 어떤 것보다 더 그들의 목적과 정체성을 자각하게 한 것—은 잃어버린 사랑의 힘의 재발견이었다. 그들의 견해에 따르면 우리 인간성의 이 중요한 원천은 너무나 오랫동안 망각되고 억압되거나 무시되어 왔다. 이제 그것을 기억하고 되찾고 부활시켜야 할 때였다. 계몽의 이성주의와 칸트-피히테 윤리학의 법률주의 때문에 사랑은 윤리학과 미학에서 한때 맡았던 중추적 역할, 기독교 전통에서 한때 차지했던 명예의 자리를 잃어버렸다. 낭만주의자들은 도덕과 정치, 예술의 영역에서 사랑의 주권을 회복하는 것이 자신들의 임무라고 여겼다.

낭만주의 윤리학의 핵심 개념은 사랑이다. 낭만주의자들은 한때 계몽과 칸트-피히테 윤리학에서 이성에 부여되었던 모든 위상을 사랑에 부여했다. 이제 이성이 아니라 사랑이 도덕법칙의 원천과 인가를 제공한다. 슐레겔은 사랑과 법의 관계는 정신과 문자의 관계와 같다고 우리에게 말한다.[25] 사랑은 이성이 단지 코드화하는 것을 창조한다. 사랑의 힘은 진정 모든 도덕 규칙을 초월한다. 사랑은 고무하지만 법은 억압하고, 사랑은 용서하지만 법은 처벌한다. 또한 사랑은 이성보다 훨씬 더 강력한 "의지의 결정 근거"—칸트가 말하듯—이며, 훨씬 더 효과적인 도덕적 행동의 자극제이다. 개인을 공동체와 국가에 묶어 주는 끈은 이성의 보편적 규범이 아니라 애정과 사랑의 헌신이다.

사랑은 낭만주의 미학에서도 이에 못지않은 핵심 위치에 있었다. 슐레겔은 사랑의 정신이 낭만주의 예술의 모든 곳에서 "보이지 않게 보여야" 한다고 쓴다.[26] 예술가는 오직 사랑의 고무하는 힘을 통해서만 우리 감각을 낭만화할 수 있다. 모든 사물을 사랑의 정신에서 볼 때만 우리는 세계를 다시 신비화할 수 있다. 즉 그것의 잃어버린 미와 신비, 마법을 재발견할 수 있다. 사랑을 통해 우리는 자연과 타인들 안에서 우리를 보고, 그래서 다시 세계와 일체가 되며, 다시 그 안에서 편안함을 느낀다.

낭만주의의 문화, 미학적 교육의 프로그램은 사랑의 계발, 모든 개인에게서 애정을 주고받는 능력의 개발을 강조했다. 낭만주의자들은 이것이 자기-실현에, 우리의 인간성과 개인성을 발전시키는 데 본질적이라고 믿었다. 왜냐하면 사랑이 바로 우리 인간성의 중핵이며 우리 개인성의 중심이기 때문이다. 프리드리히 슐레겔은 "오직 사랑과 사랑의 의식을 통해서만 인간은 인간이 된다"고 쓰고 있다.[27] 사랑은 진정 우리 본성에서

---

25) Schlegel, *Ideen* no. 39, *KA* II, p. 259를 보라.

26) Schlegel, *Brief über den Roman*, 같은 책, pp. 333~334를 보라.

27) *Ideen* no. 83, 같은 책, p. 264. 또한 *EPW*, p. 132도 보라.

서로 다투는 두 측면, 바로 지적인 것과 육체적인 것, 이성적인 것과 정서적인 것을 화해시키고 통일하는 열쇠였다. 그것은 단순히 육체적 충동이 아니라 훨씬 더 깊은 정신적 욕망이며, 우리가 자신과 타인 그리고 자연과 하나로 존재했던 저 황금시대로 돌아가려는 열망이었다.

낭만주의자들의 사랑의 재발견은 그것의 정신적인 의미를 재평가하는 데 근거했지만, 그들이 사랑의 육체적 뿌리를 결코 경시하거나 폄하하지 않았음을 이해하는 것이 중요하다. 욕망을 교육하는 것은 우리의 정신성뿐만이 아니라 감성을 불러일으키고 계발하는 것을 의미했다. 우리는 성性을 받아들이고 즐기는 법을 배워야 하며, 성을 사랑의 일부로 간주해야 하고, 완성된 인간이 되기 위해서는 누군가를 성적으로 사랑해야 한다는 것이 프리드리히 슐레겔의 소설 『루친데』*Lucinde*의 핵심 주제였는데, 이는 당대의 대중에게 충격을 주었다. 여기에서 슐레겔은 성을 결혼 안에서만 정당한 것으로 여기고 결혼을 가족의 편의 문제로 보는 억압적인 사회 규범에 항의한다. 만약 이혼과 4인 공동생활ménage à quatre이 개인성과 인간성의 발전을 가져왔다면 그는 거기서 어떠한 잘못도 발견할 수 없었을 것이며, 결혼과 순결이 억압과 경멸로 귀결되었다면 거기서 어떠한 올바름도 발견할 수 없었을 것이다.

슐레겔의 성해방 캠페인에서 하나의 핵심 주제는 성적 고정관념들에 대한 공격이다. 그는 남성을 능동적이고 공격적인 역할로, 그리고 여성을 수동적이고 순종적인 역할로 제한하는 지배적인 성적 규범을 비판한다. 우리의 성을 더 잘 즐기기 위해 그는 커플들에게 이 역할을 바꾸어 해보라고 조언한다. 인간의 본성 안에는 남성이 수동적이고 부드럽고 감성적인 측면을, 그리고 여성이 능동적이고 지배적이고 이성적인 측면을 개발하지 못할 이유가 없다. 남성성과 여성성은 각 개인이 그들의 성과 무관하게 갖는 특성들이다.

8. 궁극적 역설

낭만주의의 교육철학은 하나의 역설로 귀착된다. 우리는 낭만주의자들에게 문화, 인류의 교육보다 더 중요한 것이 없음을 보았다. 이것은 그들 윤리학과 미학 그리고 정치학의 핵심 주제이자 목표였다. 그러나 좀더 실천적인 측면에서는 낭만주의자들에게 교육보다 덜 중요한 것이 없어 보인다. 인간을 어떻게 교육할 것인가에 대한 구체적 제안—어떤 구체적인 제도적 장치가 마련되어야 하는가에 대한—으로 들어가면 낭만주의자들은 침묵에 빠진다. 낭만주의자들의 저작에는 인간의 교육을 보장하기 위해 만들어져야 할 사회정치적 구조에 관한 언급이 거의 없다.[28]

하지만 그러한 침묵은 태만이 아니라 원리상의 귀결이었다. 그들이 침묵한 이유는 개인의 자기실현은 그의 자유에서 나와야 한다는 깊은 확신 때문이었다. 그의 자유가 사회정치적 장치들에 의해 침해되어서는 안된다. 이러한 이유에서 프리드리히 슐레겔은 다음과 같이 말한다. "능력을 가진 진실한 인간들과의 우정과 사랑을 통해서가 아니면 그리고 우리들과 우리들 안의 신적인 것과의 접촉을 통해서가 아니면 인간성을 접종할 수 없고, 덕을 가르치거나 배울 수 없다."[29]

독일낭만주의의 역설은 인류의 교육에 대한 순전한 확신과 헌신, 그러나 이것을 이루기 위해 아무것도 할 수 없고 해서도 안 된다는 인식이다. 따라서 우리는 이론과 실천 사이에 눈에 띄는 간극을 갖게 된다. 그런데 이 간극을 극복하는 것이 바로 낭만주의의 목표였다.

---

28) 이러한 일반화에 대한 주요한 예외는 Schleiermacher, *Gelegentliche Gedanken über Universitäten in deutschen Sinn*(1808), *Werke* IV, pp. 533~642이다. 이 글은 새로운 베를린 대학의 설립을 위해 쓰였다.

29) Schlegel, *Über die Philosophie*, *KA* VIII, pp. 44~45.

7장_프리드리히 슐레겔 : 신비로운 낭만주의자

1. 미스터리

학자들은 종종 초기 독일낭만주의의 발전에서 프리드리히 슐레겔이 주도적 역할을 했음을 인정해 왔다. 일반적으로 그는 이 운동을 특징짓게 된 '낭만시'romantische Poesie 개념을 정식화했다고 평가된다. 물론 이 개념을 슐레겔이 발명한 것은 아니다. 낭만시 개념은 슐레겔 이전 독일 미학에서 오랜 역사를 갖는다. 하지만 그는 이 개념을 낭만주의 서클을 정의하는 미학적 이상으로 만들었다.[1] 슐레겔 덕택에 낭만시는 초기낭만주의 운동의 상징이 되었다.

그러나 초기낭만주의의 부상에서 슐레겔의 역할이 분명하고 논쟁의 여지가 없다면, 그의 철학적 발전 과정에 관한 한 그 반대가 사실이다. 슐레겔의 낭만주의 미학의 기원을 둘러싸고 언제나 깊은 미스터리가 존재해 왔다. 즉 대체 왜 슐레겔이 처음부터 낭만주의자가 되었는지를 이해하

---

1) 18세기 독일에서 낭만적인 것(the romantic) 개념의 사용에 대한 이해를 돕는 설명으로는 Raymond Immerwahr, "Romantic and its Cognates in England, Germany and France before 1790", *"Romantic" and Its Cognates: The European History of a Word*, ed. Hans Eichner, Toronto: University of Toronto Press, 1972, pp. 53~84를 보라.

는 것은 거의 불가능해 보인다. 1798년 슐레겔은 유명한 『아네테움 프라그멘트』 116번에서 낭만시를 위한 선언문을 제출했는데, 이것은 '완전한 전환', 불과 몇 년 전에 그가 신고전주의적 저작들에서 열정적으로 옹호했던 신고전주의 미학의 근본적인 역전으로 보인다. 슐레겔은 소위 『연구논문』*Studiumaufsatz*으로 불리는 1795년의 『그리스 시의 연구에 대하여』*Über das Studium der griechischen Poesie*에서 비록 거칠게나마 후일의 낭만시 개념을 이미 정식화했었다.[2] 그러나 1799년에 슐레겔이 낭만시를 수용했다면, 1795년에는 그것을 부인했었다.

낭만시에 대한 태도의 이러한 역전은 어디에서 왔을까? 왜 슐레겔은 한때 경멸하던 것을 칭송하게 되었을까? 슐레겔 자신은 어떠한 설명도 제공하지 않는다. 그리고 극도로 복잡한 그의 지적 발전 과정은 감질나게 하는 힌트들과 그릇된 단서들을 당혹스럽도록 무수히 제공한다. 하지만 슐레겔의 미로에서 길 찾기를 시도하는 데에는 뒤따르는 보상이 있다. 만약 우리가 슐레겔이 자신을 번복한 이유를 알 수 있다면 그의 낭만주의 미학의 근거에 대해서도 무언가 알게 될 것이기 때문이다. 슐레겔의 일반적인 역사적 중요성을 참작할 때 이는 초기낭만주의 자체의 기원에 대해서도 약간의 빛을 던져 줄 것이다.

슐레겔의 낭만주의로의 개종은 오랫동안 추측과 논쟁의 주제가 되어 왔다. 여기에는 대략 두 개의 대립하는 견해가 존재해 왔다. 하나의 견해는 신고전주의와 낭만주의 단계 사이의 불연속성을 강조하고, 슐레겔의 개종이 어떤 외부적 영향의 결과임에 틀림없다고 주장한다.[3] 외부적

---

2) 1795년 초에 『연구논문』의 초고가 완성되었다. 하지만 출판이 연기되어 1797년 1월이 되어서야 세상에 나왔다. 그때 슐레겔은 이미 신고전주의를 버린 상태였다.

3) 이 논변의 고전적인 준거는 Arthur Lovejoy, "Schiller and the Genesis of German Romanticism", *Essays in the History of Ideas*, New York: Capricorn, 1960, pp. 207~227, 특히 216이다.

주체의 역할에는 다양한 후보들, 즉 괴테, 피히테, 실러, 혹은 그들의 어떤 조합이 거론되었다. 다른 견해는 초기와 후기 슐레겔의 연속성을 강조하고, 슐레겔의 낭만주의의 기원을 전적으로 내재적 혹은 내적 원인——이를테면 슐레겔이 초기에 낭만주의 문학을 좋아했었다거나 혹은 그의 역사철학에 내포된 논리와 같은——으로 설명한다. 때로 이 학자들은 슐레겔의 발전의 연속성을 매우 강조하여, 애초에 '완전한 전환'이 있었다는 사실 자체를 부정하기도 한다.[4] 이들은 슐레겔의 낭만주의가 이론상의 역전이라기보다 강조점의 변화로 나타난다고 주장한다.

여기서 나의 임무는 슐레겔의 낭만주의의 원천에 관한 오래된 논쟁을 재검토하는 것이다. 그렇게 하는 이유는 두 가지이다. 첫째, 새로운 자료를 이용할 수 있게 되었다는 것, 특히 슐레겔의 철학노트와 문학노트가 출판되었다는 것 때문이다. 이것들은 (각각) 1963년과 1981년에야 슐레겔 『전집』*Werke*의 비평본에 실렸다.[5] 오래된 논쟁의 전선이 그어졌을 때에는 이 노트들을 이용할 수 없었다. 그러나 이것들은 슐레겔의 낭만주의로의 개종에서 결정적 시기인 1795년부터 1798년까지 그의 지적 발전에 대한 열쇠를 가지고 있다. 둘째, 근래에 슐레겔의 개종이 일어난 맥락인 1790년대 후반 예나에서의 독일 철학에 대한 많은 연구가 있었다. 디터 헨리히가 처음 이 연구 프로그램을 구상했고, 나중에는 마르셀로 슈탐, 빌헬름 바움과 만프레트 프랑크가 그것을 자세하게 발전시켰다.[6] 그들의

4) 이 견해의 주요한 예는 Richard Brinkmann, "Romantische Dichtungstheorie in Friedrich Schlegels Frühschriften und Schillers Begriffe des Naiven und Sentimentalischen", *Deutsche Vierteljahrsschrift für Literaturwissenschaft und Geistesgeschichte* 32, 1958, pp. 344~371; 그리고 Raimund Belgardt, "'Romantische Poesie' in Friedrich Schlegel's Aufsatz *Über das Studium der griechischen Poesie*", *German Quarterly* 40, 1967, pp. 165~185이다.

5) 문학노트들은 *Kritische Friedrich Schlegel Ausgabe*(*KA*), ed. Ernst Behler et al., München: Schöningh, 1958~의 16권(1981)에, 철학노트들은 18권(1963)에 있다.

작업은 예나에서 슐레겔의 형성기에 대해, 보다 정확하게는 어떻게 그의 낭만주의 미학이 토대주의에 매우 비판적인 철학적 환경에서 자라났는지에 대해 많은 빛을 던져 주었다.

슐레겔의 노트와 예나의 일반적인 지적 맥락에 비추어 슐레겔의 발전을 고려하면, 그의 낭만주의로의 개종에서 결정적인 요소는 그의 피히테 철학에 대한 비판이었음이 분명해진다. 이는 전통적 견해가 주장해온 것과는 정반대이다. 전통적 견해는 슐레겔의 낭만주의 미학이 피히테 『전체 학문론의 기초』의 시적 적용, "시적으로 과장된 피히테"일 뿐이라고 주장한다.[7] 여전히 흔한 이 견해와는 반대로 슐레겔을 낭만주의 미학으로 몰고 간 것은 그의 『전체 학문론의 기초』 채택이 아니라 거부였다. 슐레겔의 신고전주의에서 낭만주의로의 이동은—연대기적으로도 그리고 논리적으로도—피히테의 토대주의에 대한 그의 최초의 승인과 이후의 거부에 정확하게 상응한다. 피히테의 토대주의는 모든 지식의 제일 원리를 확립하고 그 기반 위에서 완결적 체계를 구성하는 것이 가능하다는 독트린이다. 슐레겔의 신고전주의는 피히테의 토대주의에 대한 믿음에 근거했지만, 그의 낭만주의는 피히테의 토대주의에 대한 비판에서 자라났다. 슐레겔은 일단 오류 불가능한 제일 원리나 지식의 완결적 체계를 설립하는 것이 불가능하다는 확신에 이르자, 그의 신고전주의의 근본

---

6) Dieter Henrich, *Konstellationen: Probleme und Debatten am Ursprung der idealistischen Philosophie(1789~1795)*, Stuttgart: Klett-Cotta, 1991, pp. 7~46; Wilhelm Baum, "Der Klagenfurter Herbert Kreis zwischen Aufklärung und Romantik", *Revue Internationale de Philosophie* 197, 1996, pp. 483~514; Marcello Stamm, *Systemkrise: Die Elementarphilosophie in der Debatte 1789~1794*, Stuttgart: Klett-Cotta, 1996; Manfred Frank, *Unendliche Annäherung: Die Anfänge der philosophischen Frühromantik*, Frankfurt: Suhrkamp, 1997을 보라.

7) 이것은 영향력 있는 Hermann A. Korff, *Geist der Goethezeit* III, Leipzig: Koehler & Amelang, 1966, pp. 246~249에서의 정식화이다. 코르프는 단순히 Rudolf Haym, *Die romantische Schule*, Berlin: Gaertner, 1870, pp. 257~262의 선례를 따르고 있었다.

신조였던 객관적 미학의 가능성에 대한 믿음을 포기했다. 낭만주의가 슐레겔에게 보다 호소력을 갖기 시작한 것은 정확하게 그것이 제일 원리와 지식의 완결적 체계의 획득 가능성에 대한 독단적 믿음을 요구하지 않았기 때문이다. 오히려 낭만주의 미학의 무한한 열망과 노력은 제일 원리와 완결적 체계의 순수하게 규제적인 지위를 강조하는 반토대주의적 인식론에 완전히 적절해 보였다. 분명히 낭만시 개념은 슐레겔의 초기 고전주의적 저작에 이미 나타났었지만, 이제 그는 반토대주의적 인식론에 비추어 그 개념을 재해석하고 재평가했다. 한마디로 슐레겔의 낭만주의는 반토대주의의 미학이었다.

2. 질문의 상태

슐레겔의 '완전한 전환'을 설명하기에 앞서 고찰할 필요가 있는 문제를 정확하게 규정해야 한다. 슐레겔의 발전의 연속성을 강조하는 학자들은 때로 그의 견해에서 근본적인 역전의 존재를 부정하기 때문에, 결국 설명되어야 할 현상이 정말로 존재하는가를 질문한다. 따라서 진정으로 문제가 존재한다는 것을 보여 주고, 그것이 정확하게 어디에 있는가를 설명하는 것이 매우 중요하다.

슐레겔의 개종의 미스터리는 두 가지 명백한 사실에서 비롯되었다. 첫째는 슐레겔의 초기와 후기 낭만시 개념의 유사성이다. 둘째는 슐레겔의 낭만시에 대한 태도의 근본적 변화인데, 그는 처음에는 그것을 비난했고 나중에는 그것을 칭송했다. 슐레겔의 발전의 연속성을 옹호하는 이들은 낭만시 개념이 그의 초기 저작에 이미 존재한다는 점을 강조한다. 그러나 이것은 실제로 논점이 아님을 강조해야 한다. 슐레겔의 발전의 비연속성을 강조하는 이들조차 이 점을 완전히 인정한다.[8] 문제는 완전히 새로운 개념의 발전이 아니라, 낭만시에 대한 태도의 변화를 설명하는 것이다. 슐레겔의 발전의 비연속성을 강조하는 이들이 반드시 그가 낭만주의 단계에서 전적으로 새로운 시 개념을 만들어 냈다고 주장할 필요는 없다.

하지만 다음과 같은 질문들이 여전히 남는다. 이 '사실들'은 단지 명백한가? 초기 낭만시 개념은 후기 낭만시 개념과 동일한가? 만약 그렇다면 슐레겔은 정말로 낭만시에 대한 태도를 바꾸었는가?

『연구논문』에서 슐레겔의 초기 낭만시 개념을 자세히 재검토해 보면, 초기 개념과 후기 개념 사이에 정말로 놀라운 유사성이 존재한다. 초기 신고전주의 저작에서 슐레겔은 주로 "흥미로운interesting 시" 혹은 "근대시"라는 용어를 사용하고, 아주 가끔씩만 "낭만"시를 사용한다.[9] 하지만 최소한 눈에 띄는 많은 측면에서 이 용어들은 여전히 그가 후에 "낭만"시로 의미한 것을 나타낸다. 슐레겔은 흥미로운 시가 다음과 같은 특징들을 갖는다고 본다. (1) 끊임없는 혼동 혹은 장르의 혼합,[10] (2) 채워지지 않는 열망, 영원한 노력(I, 219, 223), (3) 익살 혹은 아이러니의 현존재(I, 334), (4) 보편적인 것을, 즉 사물들 사이의 유사성을 희생하면서 개별적인 것에, 즉 사물들 사이의 차이에 초점을 맞추기(I, 222), (5) 순수 미에 대한 관심의 부재 그리고 예술이 도덕과 학문의 이해에 봉사하도록 만드는 시도(I, 220), (6) 자기-제한의 부재. 여기서는 도달된 목적은 곧 초월된다(I, 219~220, 230), (7) 시대 전체, 한 시대의 문화의 초상을 그리려는 시도(I, 226~227), (8) 철학과 시를 융합하려는 시도(I, 242~243). 잘 알

---

8) 예를 들어 Arthur Lovejoy, "On the Meaning of 'Romantic' in Early German Romanticism", *Modern Language Notes* 31, 1916, pp. 196~198을 보라.

9) 낭만(Romantisch)과 낭만시(romantische Poesie)라는 용어들은 『연구논문』에서 자주 나타난다. *KA* I, pp. 226, 233, 257, 280, 319, 334.

10) Schlegel, *KA* I, p. 219 [이하에서 프리드리히 슐레겔의 『전집』을 인용하는 경우, 본문 해당 부분에 전집 번호와 쪽수만을 병기하도록 한다. — 옮긴이].

려진 사실이지만, 홍미로운 시의 이 모든 특징은 본질적으로 변하지 않은 채 『비판적 프라그멘트』, 『아테네움 프라그멘트』, 『포에지에 대한 대화』에서 슐레겔의 성숙한 낭만시 설명으로 다시 나타난다.

물론 이 모든 것은 홍미로운 시와 낭만시 사이에 몇 가지 중요한 차이가 없음을 의미하지는 않는다. 둘 다 개별적인 것에 대한 관심을 보이지만 후에 슐레겔은 낭만시가 어떻게 총체성·보편성·전체성의 이상을 위해서도 노력하는지를 강조한다. 더 나아가 슐레겔은 초기 고전시 개념을 완전히 거부하지 않는다. 오히려 그는 고전시의 요소를 그의 새로운 낭만시 개념으로 통합하려 시도한다. 그것은 끊임없이 진화하고 무한히 탄력적인 고전주의가 될 것이다.[11] 마지막으로 슐레겔의 후기 낭만시 개념은 보다 역사적이고 미학적인 의미를 가졌던 초기의 홍미로운 시 개념보다 더 철학적이다.

슐레겔이 낭만시에 대한 그의 태도를 번복했다는 사실 역시 마찬가지로 분명하다. 1797년 『비판적 프라그멘트』에서 슐레겔은 명시적으로 그의 초기 신고전주의를 부인했다. 그는 심지어 "초기의 철학적 악극들"을 분명하게 부정했다.[12] 『연구논문』의 신고전주의와는 전혀 반대로 『아테네움 프라그멘트』 116번은 모든 시가 낭만적으로 되어야 한다고 선언한다. "낭만적 시 형식은 하나의 형식 이상이며, 시 자체인 유일한 형식이다. 어떤 의미에서 모든 시는 낭만적이거나 낭만적이어야 하기 때문이다."[13] 슐레겔은 이제 낭만시를 홍미로운 시와 동일하게 묘사한다. 그것은 아이러니의 사용, 장르의 혼합, 무한성을 향한 열망 혹은 염원, 시와 철

---

11) 에른스트 벨러가 이렇게 주장했다. Ernst Behler, "Kritische Gedanken zum Begriff der europäischen Romantik", *Die europäischen Romantik*, Frankfurt: Athenäum, 1972, pp. 8~22를 보라.

12) 중요한 단편들은 no. 7, *KA* II, pp. 147~148; no. 66, 같은 책, p. 155; no. 44, 같은 책, p. 152; no. 91, 같은 책, p. 158; no. 60, 같은 책, p. 154이다.

학을 융합하려는 시도 그리고 개인과 시대 전체의 초상을 그리려는 시도로 존재한다. 하지만 이제 슐레겔은 이 모든 특징들을 긍정적으로 파악하고 모든 참된 시의 필수 요소로 묘사한다.

3. 슐레겔의 발전에서 연속성과 비연속성

슐레겔의 초기와 후기 낭만시 개념의 유사성과 그것에 대한 태도 변화는 그의 발전에서의 역전을 말할 충분한 근거를 제공한다. 하지만 이것이 논쟁의 끝은 아니다. 슐레겔 발전의 연속성을 강조하는 이들도 때로 태도의 역전을 인정하기 때문이다. 하지만 두 가지 이유에서 그들은 이를 축소하거나 과소평가하는 경향이 있다. 첫째, 그들은 슐레겔의 초기 신고전주의 저작에서 낭만시 개념이 나타날 뿐 아니라, 그가 낭만시를 매우 좋아했었다고 지적한다. 둘째, 그들은 또한 슐레겔의 고전주의 미학이 그의 보다 근본적인 독트린들 중 많은 것들, 특히 그의 역사철학과 일치하지 않았다고 주장한다. 이러한 근거에서 그들은 결국 슐레겔의 발전 과정에는 극단적 혹은 근본적 단절이 존재하지 않았다고 결론 내린다. 나중에 슐레겔이 낭만주의로 개종했을 때 그는 자신의 보다 근본적인 선호를 드러내고, 자신의 보다 근본적인 독트린에서 적절한 결론을 도출했을 뿐이었다.

분명히 청년 슐레겔은 근대문학을 좋아했는데, 그것은 그가 공언했던 신고전주의와 잘 어울리지 않았다. 근대문학에 대한 이러한 선호는 『연구논문』에 실린 셰익스피어 평가에서 가장 분명하게 나타난다.[14] 슐레겔은 셰익스피어를 바로 (그가 혐오하는 시인) "근대시의 정점"으로 간

13) Schlegel, *KA* II, p. 183. 동일한 결론이 문학노트들에서도 발견된다. 이를테면 no. 606, *KA* XVI, p. 136; no. 106, *KA* XVI, p. 590; no. 590, 같은 책, p. 134; no. 982, 같은 책, p. 167을 보라. 또한 *Philosophische Lehrjahre* no. 740, *KA* XVIII, p. 91도 보라.

주하지만, 또한 거의 비밀스럽게 그를 깊이 숭배한다. 그래서 그는 셰익스피어가 "낭만적 공상의 가장 유혹적인 꽃, 고딕 영웅시대의 거대한 위대함, 근대적 사교성의 가장 세련된 특징들 그리고 가장 깊고 풍부한 시적 철학"을 통일시키고 있다고 쓴다(I, 249). 그리고 이것이 충분치 않은 듯, 그는 편협한 신고전주의 비평가들에 맞서 셰익스피어를 옹호하기에 이른다. 그들은 편협한 규칙에 따라 셰익스피어를 평가함으로써 그를 이해하지 못한다(I, 249~250). 슐레겔은 또한 근대시의 또 다른 거장인 단테를 공경한다. 그는 단테의 『신곡』이 "숭고하다"고 여긴다(I, 233). 사실 슐레겔은 근대문학을 매우 좋아해서, 『연구논문』에 회고적인 「서문」을 쓸 때 일면적 고전주의라는 비난에 대해 초기 근대문학에 대한 그의 애정을 공개적으로 밝히는 것으로 자신을 방어하기도 했다(I, 208).

의심할 바 없이 슐레겔의 초기 저작에는 몇몇 깊은 긴장들 또한 존재한다. 그 대부분은 그의 편협하고 광신적인 신고전주의와 넓고 자유로운 역사철학의 충돌에서 나왔다. 그의 신고전주의 미학은 절대적 타당성—모든 예술 작품을 질서와 조화, 비례의 기준에 따라 판단할 권리—을 주장하지만, 그의 역사철학은 이 기준들을 고전주의 시대로 한정한다. 그의 역사철학에 따르면 서구 역사의 근본적인 두 시대, 고대 문화와 근대 문화는 완전히 대립하는 원리들에 의해 인도된다.[15] 고대 문화의 근본 원리는 자연 혹은 본능Trieb이다. 행위의 목적은 자연에 의해 설정되고 오성은 단지 그것의 실현을 위한 수단을 찾는다. 그러나 근대 문

14) 또한 프리드리히 슐레겔이 형 아우구스트 슐레겔에게 보낸 1793년 5월의 편지를 보라. "셰익스피어는 모든 시인들 가운데 가장 진실하다." *KA* XXIII, p. 97.

15) 슐레겔은 주로 *Studiumaufsatz*, *KA* I, pp. 230~233과 "Vom Wert des Studiums des Griechen und Römer", 같은 책, pp. 629~632에서 이 철학을 발전시킨다. 나는 이 두 저작에 나오는 설명들을 결합했다. 그것들 사이에 약간의 변주가 있기는 하지만 현재의 우리 목적에는 중요하지 않다.

화의 핵심 원리는 자유 혹은 이성이다. 행위의 목적은 우리의 자발적인 행동으로 설정되고 자연은 단지 그것의 실현을 위한 수단을 제공한다. 이 대립하는 원리들에 상응하여 각 문화는 각자의 독특한 역사 개념을 발전시켰다. 고대 문화는 역사에 대한 순환적 견해를 가졌다. 자연은 탄생에서 죽음까지 순환적으로 작용하기 때문이다. 반면 근대 문화는 역사에 대해 진보적 개념을 갖는다. 왜냐하면 완전한 자유는 우리가 끝없는 노력을 통해 접근할 수 있을 뿐인 무한한 이상이기 때문이다.

고대 문화와 근대 문화의 대립하는 원리들은 한 문화와 그것의 문학 형식을 다른 것을 통해 판단하는 것의 부조리함을 함축하는 듯하다. 확실히 때로는 슐레겔 자신이 바로 이러한 결론을 도출한다. 그는 『연구논문』의 한 대목에서 근대 문화의 무한한 노력이 고전적인 미의 이상에서 끝나리라 기대하는 것은 적절하지 않다고 인정한다(I, 255). 그리고 미출간된 1795년 에세이[16]에서는 매우 명시적으로 각 문화의 자율성을 긍정한다(I, 640). 그는 근대 문화를 부흥하는 길이 고대인들의 모방에 있다고 주장하면서도, 또한 모든 참된 모방은 "내적 독립성"과 "자유로운 전용"에서 나온다고 강조한다(I, 638). 그는 우리에게 과거의 자선금으로 연명하는 거지처럼 살지 말라고 경고한다(I, 640). 슐레겔은 고대 예술의 역할을 근대 예술을 위한 예시를 제공하는 것으로 한정하기까지 한다. 고대인에게서 우리가 받는 모든 것은 새로운 문화를 위한 재료들이라고 그는 설명한다. 반면 우리는 근대인들로부터 그것이 취해야 할 방향을 배운다(I, 638).

슐레겔의 신고전주의 저작에는 그가 근대 문화의 원리들이 고대 문화의 그것보다 심지어 우월하다고 말하거나 암시하는 다른 구절들이 있다. 이를테면 그는 문화를 인간 자유의 발전으로 정의한다. 이 정의는 모

16) Schlegel, "Vom Wert des Studiums der Griechen und Römer", *KA* I, pp. 621~642.

든 문화를 근대 시기로만 한정한다(I, 230). 그는 그리스인들이 미학적 완전성을 획득했다고 칭찬하지만, 또한 그들의 목적이 매우 제한적이었기 때문에 그렇게 할 수 있었다고 강조한다. 사실은 그들의 목적 달성 자체가 그들 문화의 궁극적 쇠퇴가 불가피하다는 것을 의미했다(I, 35). 그러나 근대 문화의 위대함은 그것의 목적이 무한하고, 그래서 끊임없는 노력을 요구한다는 사실에 있다(I, 640). 그가 말하듯이 우리의 결함이 곧 우리의 희망이다. 근대인이 그의 이상을 이룰 수 없다 하더라도, 그 이상들은 무한하기 때문이다.[17]

슐레겔이 셰익스피어와 단테를 비밀리에 좋아했다는 사실과 고대 문화에 대한 근대 문화의 독립성, 심지어 근대 문화의 우월성에 대한 언급을 고려하면, 그가 근대 낭만주의 문학에 대해 긍정적 태도를 갖는 것은 자연스럽게만 보일 것이다. 따라서 낭만시로의 개종은 그의 초기 신고전주의 단계에 완전히 내포되어 있는 듯하다. 개종은 과거와의 단절이 아니라 그의 내재적 발전에서 나온다. 낭만주의 미학을 선언할 때 슐레겔은 신고전주의의 외관pose 혹은 가장을 벗어던지고 진정한 색깔을 드러냈을 뿐인 것 같다.

그렇다면 슐레겔의 낭만주의가 그의 초기 견해에 이미 상당 정도 잠복해 있었음을 의심할 수 없다. 만약 과거와의 단절에 대한 이야기가 연속성을 무시하고 비연속성을 극적으로 만드는 경향을 갖기 때문이라면 이 점은 강조할 가치가 있다. 그럼에도 불구하고 단절과 결렬을 주장하는 것도 필요하다. 그가 낭만주의 작가들을 비밀리에 좋아했음을 인정하더라도, 근대 문화에 대한 그의 칭송을 인정하더라도, 그의 역사철학의 내적 논리를 이해하더라도 그는 여전히 우리를 놀라게 한다. 왜냐하면 슐레

17) Schlegel, "Über die Grenzen des Schönen", *KA* I, p. 35를 보라.

겔은 거의 광신적인 신고전주의, 즉 모든 예술이 미의 기준에 따라 평가되어야 한다는 믿음으로 인해 초기 견해의 이 요소들을 의도적으로 축소하고 제한하고 거부하기 때문이다. 슐레겔의 신고전주의를 단지 하나의 외관에 불과한 것으로, 얄팍한 혹은 가볍게 주장된 견해로 보는 것은 잘못이다. 청년 슐레겔이 은밀한 혹은 최초의 낭만주의자에 지나지 않는다고 보는 것은 정녕 그에 대한 희화화이다. 그의 신고전주의 역시 깊은 뿌리를 가지고 있었기 때문이다. 일면적으로 슐레겔 발전의 연속성을 주장하는 이들은 이 뿌리가 얼마나 깊이 내려가는지를 보지 않는다.

슐레겔 신고전주의의 원천은 빙켈만과 칸트이다. 그는 빙켈만에게서 두 가지 근본적 믿음을 얻었다. 모든 예술의 목적은 미를 그리는 것이 되어야 한다는 것과 모방은 자연 안의 개체들을 모사하는 게 아니라 자연 배후에 있는 이상적 형상을 재생산하는 데 있다는 것이다.[18] 슐레겔의 모든 고전주의적 연구를 고무한 것은 사실 빙켈만이었는데, 그의 야심은 그리스 시의 빙켈만이 되는 것이었기 때문이다. 슐레겔은 칸트에게서 예술의 자율성, 도덕과 학문의 요구로부터의 독립성 그리고 순수한 놀이와 관조의 영역으로서 그것의 내적 가치에 대한 믿음을 얻었다.[19] 빙켈만적이면서 칸트적인 이 독트린들은 예술의 목적은 이상적이고 완전히 자율적인 미의 영역을 창조하는 것이라는 슐레겔의 믿음 안에서 융합되었다.[20]

---

18) Winckelmann, "Gedanken über die Nachahmung der griechischen Werke in der Malerei und Bildhauerkunst", "Einnerung über die Betrachtung der Werke der Kunst", *Werke in einem Band*, ed. Helmut Holtzhauer, Berlin: Aufbau, 1986, pp. 11~13, 37을 보라.

19) Schlegel, "Über die Grenzen des Schönen", *KA* I, p. 37; *Studiumaufsatz*, 같은 책, pp. 211, 213, 214, 220을 보라. 하지만 슐레겔은 미를 선의 즐거운 외양으로 정의함으로써 그것을 도덕과 결합시키기 때문에 그의 입장은 보다 복잡하고 혼동되어 있다. *Studiumaufsatz*, 같은 책, p. 288; "Von der Schönheit in der Dichtkunst" no. 11, *KA* XVI, p. 22를 보라.

20) *Studiumaufsatz*, *KA* I, p. 217과 "Von der Schöneheit in der Dichtkunst" no. 11, *KA* XVI, p. 22를 보라.

그렇기 때문에 슐레겔은 이 기본적인 원리들을 떠나지 않고는 신고전주의를 버릴 수 없었다.

이처럼 빙켈만적인 미에의 헌신과 칸트적인 자율성의 주장이 근대문학에 대한 슐레겔의 가혹한 판결을 추동했다. 만약 미가 절제와 보편적 형상에의 순응을 요구한다면, 근대문학은 장르를 혼합하고 예술가에게 완전한 자유를 줌으로써 길을 잃는다. 더 나아가 미가 자율적이어야 한다면, 근대문학은 예술이 도덕과 학문의 이해에 봉사하게 만들고 독자들의 이해에 영합함으로써 타락한다. 마지막으로 미가 완전한 만족에 있다면, 근대문학은 끝없는 열망, 무한한 목적을 향한 영원한 노력으로 인해 상궤를 벗어난다. 슐레겔은 단순히 고전적 미의 더 높은 기준을 통해 근대문학을 비난하는 데에 만족하지 않고, 근대문학에 대한 내재적 비판을 발전시킨다. 그것은 근대문학이 어떻게 내적 경향과 가치들에 의해 불가피하게 스스로를 파괴하는지 보여 주려 한다. 그는 마침내 『연구논문』에서 근대문학이 새로운 고전주의의 창조에 의해서만 해결될 수 있는 위기를 향해 나아가고 있다고 주장한다. 근대 문화의 무한한 노력과 영원한 열망은 결코 미의 완전한 만족에서 끝나지 않기 때문에, 완전한 고갈과 공허로 나아가고 있다. 작가들은 대중을 즐겁게 하기 위해 새로운 효과들을 창조함으로써 앞선 작가보다 더 흥미롭게 되려고 노력한다(I, 238). 이 경향은 완전한 파산으로 끝나거나, 아니면 작가들이 미에 대한 새로운 미학의 필요성을 마침내 인정할 때 저절로 교정될 것이다.

빙켈만과 칸트의 유산 이외에 슐레겔의 신고전주의에는 또 다른 원천이 있었다. 그것은 고전주의를 그의 또 다른 열렬한 믿음, 바로 비판의 가능성에 대한 믿음과 등치시키는 것이다. 신고전주의 전통의 많은 이들처럼 그는 고전적 미의 성격들 ── 질서, 조화, 비례, 절제 ── 을 모든 예술의 보편적·필연적 기준과 동일시했다. 만약 이 성격들이 절대적 권위를 갖지 않는다면 비판이란 존재할 수 없을 것 같았다. 사실 바로 이 측면에서 청년 슐레겔은 칸트에게 이의를 제기하려 했다. 칸트에게 진 모든 빚에도 불구하고, 그는 취향taste에는 규칙이 있을 수 없다는 칸트의 『판단력비판』의 주장을 받아들일 수 없었다. 슐레겔에게 이것은 객관적 비판이란 있을 수 없다는 주장과 같았는데, 왜냐하면 모든 비판은 보편적 기준과 규칙의 적용을 요구하기 때문이다. 따라서 바로 그러한 객관적 비판을 위한 토대, 학문으로서의 미학을 제공하는 것이 슐레겔의 초기 야심들 가운데 하나였다. 그래서 그는 미의 연역, 미의 보편적·필연적 성질들의 증명을 위한 여러 초안들을 마련했다.[21]

정확하게 여기에서 피히테의 토대주의가 슐레겔의 신고전주의 미학에서 중대한 역할을 수행했다. 피히테의 『전체 학문론의 기초』는 학문으로서의 미학, 즉 비평가에게 취향의 보편적·필연적 규칙을 제공할 학문을 확립할 가능성에 대한 믿음을 지지했다. 피히테가 이성의 제일 원리들을 발견하고 칸트 비판철학의 확고한 토대를 마련한 것처럼, 슐레겔은 이제 미의 제일 원리들을 규정하고 학문으로서의 미학과 비판을 위한 건전한 기반을 제공할 수 있다고 믿었다. 그래서 『연구논문』의 마지막에서 슐레겔은 피히테가 철학의 토대를 발견한 이후 객관적 미학의 가능성을 이성적으로 의심할 수 없게 되었다고 말한다(I, 358). 슐레겔은 그리스 시에 대한 연구와 더불어 이제 학문으로서의 미학을 발전시키기 위해 「시적 유클리드」Poetischen Euklides을 출판하기로 계획했다. 이 학문은 그의 신고전주의의 궁극적인 철학적 토대를 제공할 것이다.

슐레겔의 신고전주의 미학이 피히테의 토대주의에 의존한다는 사실

21) 이 단편들 가운데 두 개가 남아 있다. "Von der Schöneheit in der Dichtkunst III", *KA* XVI, pp. 3~14; 유사한 제하의 "Von der Schöneheit in der Dichtkunst", 같은 책, pp. 15~31.

은 『연구논문』에서 슐레겔이 그리스인들의 모든 모방이 어떻게 궁극적으로 미의 보편적 기준에 대한 앎을 요구하는지 강조할 때 가장 명백하게 나타난다(I, 347). 슐레겔은 빙켈만처럼 단순히 특정 작품을 관찰하고 모사함으로써 그리스 예술을 모방할 수 있다는 것을 부인한다. 우리는 먼저 미의 보편적 법칙 자체를 알아야 한다. 그래서 슐레겔은 특정 예술 작품을 이해하기 위해서는 그리스 문화 전체를 알아야 한다고 주장한다. 그러나 그는 그리스 문화를 알기 위해서는 이미 "객관적 역사철학"과 "객관적 예술철학"을 갖고 있어야 한다고 말한다. 다른 말로 하자면 그러한 객관적 미학이 있을 수 없다면 그리스 예술의 모방도 있을 수 없고, 따라서 신고전주의 미학 전체가 무너질 것이다.

슐레겔의 초기 철학에는 근본적인 전복 없이는 제거될 수 없는 깊은 긴장이 있었음이 이제 분명해졌다. 슐레겔이 초기에 낭만주의 예술을 얼마나 좋아했든 그리고 그의 역사철학의 함의가 무엇이든, 그는 자신의 고전주의를 포기하지 않고는 그것들을 발전시킬 수 없었다. 그러나 슐레겔은 미에 대한 빙켈만적인 헌신, 예술의 자율성에 대한 칸트적인 믿음, 그리고 무엇보다도 고전적 의미에서 비판의 가능성에 대한 믿음을 버리지 않고는 신고전주의를 부정할 수 없었다.

4. 외부적 영향에 대한 질문

프리드리히 슐레겔의 낭만주의로의 개종을 그의 고전주의의 내적 진화로 설명하기가 힘들고 또 그것이 그의 철학적 발전 과정에서 어떤 단절을 포함한다는 점에 미루어, 개종의 원천으로 어떤 외부적 영향을 설정하는 것이 필요해 보인다. 지금까지 이 역할의 가장 인기 있는 후보는 괴테와 실러였다.

루돌프 하임이 명저 『낭만파』에서 처음으로 괴테의 영향을 주장했다.[22] 하임은 『아테네움 프라그멘트』 116번에 나오는 슐레겔의 낭만시 개념과 괴테의 『빌헬름 마이스터의 수업시대』에 대한 슐레겔 설명 사이의 놀라운 유사점에 주목했다. 하임은 슐레겔의 개념을 이해하는 열쇠는 낭만시romantische Poesie가 로만의 시Poesie des Romans와 같다는 사실이라고 주장했다. 여기에서 로만[소설]Roman의 전형은 괴테의 『빌헬름 마이스터의 수업시대』였다. 하임의 가설은 매우 오래된 것이고 신랄한 비판을 받아 왔지만, 근래에 에른스트 벨러가 그것을 부활시켰다.[23]

하임의 테제는 최소한 두 난점을 갖는다. 첫째, 순전히 연대기적 근거에서 볼 때 괴테의 작품이 슐레겔에게 고전주의를 버리게 만들었을 것 같지는 않다. 반대로 슐레겔은 정확하게 저 작품의 고전주의적 미덕 때문에 그것을 숭배했다. 슐레겔은 『연구논문』에서 괴테의 시를 "진정한 예술의 새벽"으로 묘사했는데, 그것이 순수 미의 고전주의적 이상을 새로이 달성한 것으로 보였기 때문이다(I, 260). 슐레겔은 1796년 여름까지도 계속해서 괴테의 작품이 갖는 고전주의적 미덕을 숭배했는데, 이때 그는 괴테의 '전원시'Idyll가 고전적 그리스의 의미로 쓰였다는 이유에서 그것을 칭송했다.[24] 그러나 곧 보게 될 것처럼 바로 이즈음에 슐레겔은 피히테 철학에 대한 비판을 시작했으며, 그것은 곧 그의 고전주의의 근거를 약화시킬 것이었다. 둘째, 요제프 쾨르너와 한스 아이히너가 주장한 것처럼 『빌헬름 마이스터의 수업시대』에 대한 슐레겔의 사견은 그가 이

---

22) Rudolf Haym, *Die romantische Schule*, pp. 251~254

23) Ernst Behler, "Die Wirkung Goethes und Schillers auf die Brüder Schlegel", *Studien zur Romantik und zur idealistischen Philosophie*, Paderborn: Schöningh, 1988, pp. 264~282, 특히 273~274를 보라.

24) 프리드리히 슐레겔이 아우구스트 슐레겔에게 보낸 1796년 6월 15일자 편지를 보라. *KA* XXIII, p. 312.

것을 낭만주의적 작품의 전형으로 간주하지 않았음을 보여 준다.[25] 그래서 아마도 괴테의 작품을 집중적으로 연구하기 시작했던 것으로 보이는 1797년 중반에 슐레겔은 "괴테는 낭만적이지 않다", "괴테는 로만[소설]을 잘 모른다", 그리고 괴테에게는 "낭만적 총체성에 대한 이해가 없다"고 썼다.[26] 그는 "완전한 소설은 『빌헬름 마이스터의 수업시대』보다 훨씬 더 낭만적인 작품이 되어야 한다"고 명시적으로 밝히고, 괴테의 작품을 낭만적 로만[소설]romantische Roman이라 부르기를 거부했다. 그는 세르반테스의 『돈키호테』에만 이 헌사를 부여한다.[27] 『빌헬름 마이스터의 수업시대』에 대한 서평에서 슐레겔이 한 번도 그것을 로만[소설]이라 부르지 않았다는 사실은 진정 의미심장하다. 슐레겔이 괴테의 작품을 숭배했음은 의심할 수 없지만, 그것은 괴테의 작품이 이룩한 것보다는 그것이 약속하는 것 때문이었다. 그는 괴테의 작품에서 낭만적 '경향들'을 보았다. 만약 완전히 발전되기만 한다면 그것은 소설의 부활을 가져올 수 있었을 것이다.[28] 하지만 이것들은 단지 '경향들'이었기 때문에 『빌헬름 마이스터의 수업시대』가 낭만적 예술의 "최고봉"non plus ultra(루돌프 하임)이었다고 주장할 수는 없었다. 슐레겔은 하임과 벨러가 가정하는 것처럼 『빌

---

25) Josef Körner, *Romantiker und Klassiker: Die Brüder Schlegel in ihren Beziehungen zu Schiller und Goethe*, Berlin: Askanischer, 1924, pp. 90~95; Hans Eichner, "Friedrich Schlegel's Theory of Romantic Poetry", *Publications of the Modern Language Association of America* 71, 1956, pp. 1018~1041, 특히 1028~1029. 그리고 *KA* II의 「서론」(pp. lxxi~lxxix)을 보라.

26) No. 1102, *KA* XVI, p. 176; no. 115, 같은 책, p. 94; no. 342, 같은 책, p. 113.

27) No. 289, 같은 책, p. 108; no. 575, 같은 책, p. 133; no. 1110, 같은 책, p. 176.

28) 우리는 *Athenäumsfragment* no. 216에서 슐레겔의 유명한 진술, 즉 괴테의 『빌헬름 마이스터의 수업시대』가 프랑스 혁명, 피히테의 『전체 학문론의 기초』와 함께 당대의 위대한 경향들 가운데 하나라는 진술을 이런 뜻에서 읽어야 한다. 슐레겔의 노트에서의 진술들을 참조하라. No. 1110, *KA* XVI, p. 176. 이것이 슐레겔의 진술에 대한 올바른 해석임은 Körner, *Romantiker und Klassiker: Die Brüder Schlegel in ihren Beziehungen zu Schiller und Goethe*, pp. 92~93과 Eichner, *KA* II, lxxvi에 의해 분명해졌다.

헬름 마이스터의 수업시대』에서 낭만시 개념을 이끌어 냈다기보다는, 단순히 이미 형성되어 있는 낭만시 개념을 가지고 괴테의 작품을 읽었던 것 같다. 이 편이 훨씬 더 그럴듯하다.

실러의 영향에 대한 주장은 아서 러브조이가 저명한 1920년 논문에서 가장 설득력 있게 개진했다.[29] 그후 실러가 슐레겔에게 중대한 영향을 미쳤다는 사실은 도그마와 같은 것이 되었다.[30] 러브조이에 따르면 슐레겔의 낭만주의로의 개종은 실러의 「소박문학과 감상문학에 대하여」Über naive und sentimentalische Dichtung를 읽은 데서 비롯되었다. 그 글은 1795년 『호렌』[31]에 처음 실렸는데, 이때는 슐레겔이 『연구논문』의 본문을 막 마치고 아직 서문을 쓰기 전이었다. 실러의 논문은 그로 하여금 근대시를 옹호하여 훨씬 더 많은 주장을 할 수 있음을 깨닫게 했고, 이것이 『연구논문』의 서문에서 고전주의의 당황스러운 철회로 이어졌다고 추정된다.

실러의 논문이 어떻게 슐레겔에게 영향을 미칠 수 있었는지를 이해하는 것은 어렵지 않다. 실러는 고대 문화와 근대 문화를 구별했는데, 그것은 대략 슐레겔의 구분에 상응한다. 슐레겔과 마찬가지로 실러는 고대

---

29) 이 장의 주 3을 보라. 또한 Körner, *Romantiker und Klassiker: Die Brüder Schlegel in ihren Beziehungen zu Schiller und Goethe*, pp. 34, n. 4를 보라. 그는 러브조이의 에세이가 칼 엔데르스의 것에 비해 전혀 진전된 것이 아니라고 주장한다. Carl Enders, *Friedrich Schlegel: Die Quellen seines Wesens und Werdens*, Leipzig: H. Haessel, 1913, p. 380을 보라.

30) Hans Eichner, "The Supposed Influence of Schiller's *Über naive und sentimentalische Dichtung* on F. Schlegel's *Über das Studium der griechischen Poesie*", *Germanic Review* 30, 1955, pp. 261~264를 보라. 아이히너는 실러의 영향하에 『연구논문』의 후반부가 쓰였다는 루돌프 하임의 가설을 비판하면서도, 실러가 슐레겔로 하여금 근대문학에 대한 신고전주의적 평결을 버리게 만들었다는 러브조이의 테제를 여전히 "공통의 동의"로 받아들이고 있다(p. 262).

31) 『호렌』(*Horen*)은 1795년부터 1797년까지 실러가 편집하고 발행한 월간 문학지이며, 바이마르 고전주의를 대표하는 것 가운데 하나이다. 당대의 여러 저명한 이들이 기고했지만 주로 실러, 훔볼트, 피히테가 『호렌』을 대표하는 글을 썼고 괴테가 지원했다. 헤르더와 아우구스트 슐레겔도 동인으로 활동했다. — 옮긴이

문화가 자연에 의해 지배된 반면 근대 문화는 이성에 의해 지배된다고 가정한다.[32] 고대인들은 자연과의 직접적 통일성 안에서 살았지만, 근대인들은 문화의 성장과 함께 잃어버린 저 통일성으로 돌아가려고 노력한다. 실러의 소박문학과 감상문학의 구분은 고대 문화와 근대 문화의 일반적인 구분에서 나온다. 고대의 시인은 자연과의 직접적 통일성 안에서 살고 있기 때문에 자연을 모방한다. 반면 근대의 시인은 잃어버린 통일성으로 돌아가기를 염원하면서 자연을 이상화한다.[33] 슐레겔처럼 실러는 고대의 시인은 그의 목적들이 매우 제한적이었기 때문에 그것들을 실현했다고 생각한다. 반면 근대의 시인은 획득 불가능하고 무한한 이상을 추구한다.[34] 그러나 슐레겔과 달리 실러는 그의 구분으로부터 적절한 결론을 도출하는 데 주저하지 않는다. 그는 고전시와 근대시가 구별되는 원리와 목직에 의해 지배되기 때문에, 하나를 다른 것으로 판단하는 것은 부조리하다고 주장한다.[35]

따라서 자신의 매우 유사한 원리들에서 동일한 결론을 이끌어 내기 위해 슐레겔은 실러의 논문을 읽기만 하면 되었을 것으로 보인다. 이 결론들은 그의 저작에 이미 내포되어 있었기 때문에 그리고 그는 이미 그 결론들을 이끌어 낼 마음이 되어 있었기 때문에, 고전주의의 껍질을 벗어던지기 위해 그에게는 실러의 예만 있으면 되었다.[36] 분명 실러의 작품이 슐레겔에게 영향을 주었음을 의심할 수 없다. 그는 『연구논문』을 마치자

32) Schiller, "Über naive und sentimentalische Dichtung", *NA* XX, p. 414를 보라. 물론 슐레겔의 역사이론이 1793년과 1794년 사이에 출판된 실러의 『인간의 미적 교육에 관한 편지들』의 발자취를 따르고 있다는 것을 볼 때, 슐레겔과 실러의 견해가 일치하는 것은 우연이 아니다.

33) Schiller, *NA* XX, pp. 432, 436~437.

34) 같은 책, p. 438.

35) 같은 책, p. 439.

36) 그러므로 Lovejoy, "Schiller and the Genesis of German Romanticism", p, 220을 보라.

마자 실러의 논문을 읽었고, 이것은 그로 하여금 여러 날 동안 생각을 하도록 만들었다. 그는 형에게 보내는 편지에서 그것의 영향을 다음과 같이 기술한다. "감상적인 것에 대한 실러의 이론이 나를 강하게 사로잡아서 요 며칠간 그걸 읽고 메모하는 것 이상은 아무것도 할 수가 없었어. 만약 형이 나의 논문(『연구논문』)을 읽을 수 있다면 왜 그것이 이토록 나의 흥미를 끄는지 이해할 거야. 실러는 나에게 정말 여러 가지 것들을 설명해 주었어. 내 안에서 무언가 많은 일이 일어나고 있을 때 나는 다른 어떤 것을 받아들일 수가 없어. 출판을 위해 나의 시학을 구상해 보겠다는 결심은 이제 확고해."[37)]

슐레겔 자신이 실러의 영향을 인정하고 있고, 또 실러와 슐레겔의 이론 사이에 논리적 구조면에서 강한 유사점이 있음을 고려할 때, 실러의 영향에 대한 주장은 의심의 여지가 없는 듯하다. 하지만 증거를 더 자세히 고찰하면, 실러가 슐레겔에게 미친 영향은 흔히 가정되는 것과 정반대의 종류였음을 알게 된다. 실러는 슐레겔로 하여금 고전주의를 포기하는 것이 아니라 그것을 옹호하도록 고무했다.

형인 아우구스트 슐레겔에게 보낸 (방금 인용된) 편지 이외에 실러의 영향을 주장하기 위해 거론되는 증거는 『연구논문』의 서문이다. 슐레겔은 본문을 완성한 직후 실러의 논문을 읽으면서 이것을 썼다. 슐레겔은 여기서 실러의 논문이 그로 하여금 근대시를 옹호하여 훨씬 더 많은 주장을 할 수 있음을 이해하게 했다고 명시적으로 인정하고, 독자들에게 근대시에 대한 그의 가혹한 평결을 그 주제에 대한 자신의 최종 발언으로 간주하지 말아달라고 부탁한다(I, 207, 209). 이 진술들은 슐레겔이 이제 흥미로운 것을 근대 작품의 판단에 적절한 기준으로 삼으려 함을 의미한다

---

37) 프리드리히 슐레겔이 형에게 보낸 1796년 1월 16일자 편지를 보라. *KA* XXIII, p. 271.

고 여겨져 왔다.[38] 하지만 슐레겔은 실제로 그런 종류의 발언을 하고 있지 않다. 맥락을 고려하면, 실러가 근대시에 대한 자신의 견해를 넓혀 주었다고 슐레겔이 인정하는 대목은 단지 근대시 개념이 고대 후기의 시인들에게도 적용될 수 있음을 의미한다(I, 209). 그래서 슐레겔은 로마의 전원시와 그리스인들의 성애시性愛詩에 근대적 혹은 감상적 요소들이 있다고 말하고 있을 뿐이다(I, 209~210). 실러의 감상적인 시 형식의 분석은 슐레겔로 하여금 근대시에 대한 그의 평결을 회의하게 만든 것이 아니라 오히려 근대시는 모두 흥미로운 시라는 그의 견해를 확인시켜 주었다. 그것은 이상의 실재성을 욕망하고 믿기 때문이다. 슐레겔에게 이것은 감상적인 시가 미학적 자율성의 이상을 상실했다고 말하는 것과 같다. 미학적 자율성의 유일한 목적은 그 창조물의 실재성과는 전혀 무관하게 자유로운 놀이가 되어야만 한다.

슐레겔은 신고전주의 미학을 버리기는커녕 그것의 새로운 옹호에 착수한다. 「서문」은 그의 일반적인 주장의 기본 전제들을 재확인한다. (1) 근대시는 본질적으로 흥미를 갖는다interested. 그것은 시가 도덕과 인식의 목적에 봉사하게 만든다. (2) 미는 무관심해야disinterested 한다. 그리고 (3) 미는 모든 시의 유일한 이상이어야 한다(I, 211, 214). 그러나 슐레겔은 이제 기꺼이 근대시를 옹호하여 훨씬 더 많은 주장을 할 수 있다는 것을 인정한다. 그리고 그것의 필연성을 "연역"하는 데로 나아간다. 하지만 그의 연역으로부터 근대시가 단지 임시적 혹은 가설적 정당성만을 갖는다는 점이 분명해진다. 근대시의 가치는 단지 그것이 새로운 고전시의 탄생을 위한 기반을 준비하거나 혹은 그것을 향한 필연적인 단계라는 것이다. 연역의 결론은 그의 지속적인 반근대주의에 대해 의심을 남기지 않

38) Lovejoy, "Schiller and the Genesis of German Romanticism", p. 218.

는다. "올바른 학문, 응용 시학에 근거하고 있는 이 연역에 의하면 흥미로운 것은 잠정적인 미학적 가치를 갖는 것이다. 물론 흥미로운 것은 필연적으로 도덕적인 내용을 갖는다. 그러나 그것이 가치를 갖는지에 대해 나는 오히려 회의적이다. 선한 것과 참된 것은 행해지거나 인식되어야 하며, 전시되거나 느껴져서는 안 된다"(I, 214). 이보다 더 반-실러적인 결론은 있을 수 없었다!

전통적인 해석에 유리한 가장 눈에 띄는 단락은 슐레겔이 근대시에 대한 자신의 신고전주의적인 판단에 가설적인 정당성만을 인정하는 것처럼 보이는 곳이다. 그는 "만약 미와 예술의 순수법칙들이 있다면 그것은 예외 없이 타당해야 한다. 그러나 만약 누군가가 이 순수법칙들을, 그것들을 적용하는 추가적 규정과 지침 없이 근대시를 평가하는 규칙으로 삼는다면, 근대시는—이 법칙들에 거의 완전히 위배되기 때문에—아무런 가치도 갖지 않는다는 판단이 나올 수밖에 없다"고 쓴다(I, 208). 그리고 슐레겔은 그러한 결론이 우리의 감정과 완전히 상반된다고 선언한다. 그는 근대시의 고유한 성격을 발견하고 고전시의 필요성을 설명하며, "근대인들에 대한 놀라운 정당화"를 제공하기 위해서는 이 모순을 인정해야 한다고 말한다.

그러나 여기서 다시 이 단락을 보다 넓은 맥락 안에 위치시키는 것이 필요하다. 슐레겔이 지금 근대시에 대한 판단을 가설적인 형태로 내리고 있다면, 그것은 그가 그 판단을 회의하기 때문이 아니며, 그것을 철회하기 때문은 더더욱 아니다. 그보다 슐레겔은 그의 원리들에 대한 정당화를 제공해야 한다는 것을 인정하고 있을 뿐이다. 비평서의 임무는 다른 곳에서 증명된 규칙을 적용하는 것이기 때문에 그는 비평서에서 저 원리들을 전제할 수밖에 없었다. 프리드리히 슐레겔이 형인 아우구스트 슐레겔에게 이제 "내 시학의 스케치"를 쓰기로 결심했다고 말했을 때, 이는 실러가 회의한 바로 그 법칙들을 자신이 방어해야 한다는 것을 깨달았기 때문이다. 따라서 실러의 논문은 그로 하여금 신고전주의를 포기하는 것이 아니라 방어하도록 추동했다. 그래서 이후 1796년 3월 6일자 편지에서 그는 형에게 『연구논문』에 긴 「서문」을 붙인 것은 "그것을 그렇게 벌거벗긴 채로 세상에 내보낼 수 없었기" 때문이었다고 말한다(XXIII, 207). 그리고 그의 「시적 유클리드」, 비판의 객관적 기준에 대한 엄격한 선험적 증명을 출판하기로 한 결심을 재확인한다.

요약하자면 슐레겔로 하여금 신고전주의를 포기하도록 확신시킨 이가 실러일 수는 없었다. 『연구논문』을 출판하고 실러의 논문을 읽은 후에도 슐레겔은 어느 때만큼이나 그의 신고전주의에 있어서 확고했다. 사실 그는 신고전주의를 결정적으로 옹호할 결심을 하고 있었다.

마지막 한 가지 사항만이 이 결론을 방해하는 듯하다. 슐레겔은 1796년 7월 20일 실러에게 보낸 회고적 편지에서 『연구논문』이 자신을 "혐오와 불만"으로 가득 채웠으며, 그가 출판을 거의 포기할 지경까지 이르렀었다고 밝혔다(XXIII, 322). 그리고 실러의 감상적 시에 대한 에세이로부터 받은 가르침에 대해 그에게 감사를 표했다.[39] 이 편지는 실러의 영향으로 슐레겔이 『연구논문』을 완전히 철회한 것으로 읽힐 수 있다. 하지만 그러한 결론은 시대착오적임을 알아야 한다. 슐레겔이 이 편지를 썼을 때 그는 이미 신고전주의에 포함된 토대주의에서 멀어져 있었다. 그는 실러의 영향과는 아무 관계없이 독자적인 이유에서 자신이 더 이상 옹호하지 않게 된 입장을 부정했을 뿐이다.

---

39) 슐레겔은 자신에 대한 실러의 영향을 다소 과장하고 있었다. 개인적이고 경제적인 이유에서 『호렌』에 참여하기를 열망했기 때문이다. 슐레겔의 편지의 배경에 대해서는 Körner, *Romantiker und Klassiker: Die Brüder Schlegel in ihren Beziehungen zu Schiller und Goethe*, pp. 36~38을 보라.

그렇다면 이 이유는 무엇이었을까? 무엇이 슐레겔로 하여금 신고전주의를 옹호하기로 한 그의 결심에도 불구하고 결국 그것을 버리게 만들었을까? 그 대답은 궁극적으로 슐레겔과 피히테의 복잡한 관계에 있다. 이제 우리는 그것을 탐구해야 한다.

5. 슐레겔과 피히테, 1795~1797

슐레겔이 피히테를 처음 알게 된 것은 그의 드레스덴 시절(1794년 1월~1796년 6월)로 거슬러 올라간다. 피히테에 대한 슐레겔의 최초의 평가는 매우 우호적이었고 젊음의 순진함과 열정을 그대로 보여 준다. 1795년 8월 그는 형 아우구스트에게 피히테가 "현재 살아 있는 최고의 형이상학적 사상가"이며, "햄릿이 부질없이 추구했던 그런 종류의 지성인"이라고 썼다. 그는 사유와 행동을 통일시켰기 때문이다(XXIII, 248). 청년 슐레겔의 피히테 숭배는 정말로 대단해서 피히테를 사상가로서는 칸트와 스피노자보다, 대중 작가로서는 루소보다 상위에 둘 정도였다.[40]

슐레겔이 피히테를 숭배한 이유는 복잡했는데, 부분적으로는 철학적이었다. 1790년대 초의 많은 이들처럼 그는 피히테를 칸트의 코페르니쿠스적 혁명을 완성한 최초의 사상가로 보았다. 결국 비판이론의 토대를 발견하고 관념론의 완결적이고 일관된 체계를 창조한 이는 피히테였다.[41] 슐레겔은 곧 피히테의 관념론에 대해 회의를 표명했지만, 여전히 그것을 가장 위대한 문화적 의미를 갖는 업적으로 간주했다. 한 유명한 경

---

40) 그가 형인 아우구스트 슐레겔에게 보낸 1795년 12월 23일자 편지를 보라. *KA* XXIII, p. 263.

41) Schlegel, *Über das Studium der griechischen Poesie*, *KA* I, p. 358을 보라. 또한 슐레겔이 1804~1805년에 쓴 *Die Entwicklung der Philosophie in Zwölf Büchern*, *KA* XII, p. 291도 보라.

구에서 그는 피히테의 『전체 학문론의 기초』가 프랑스 혁명, 괴테의 『빌헬름 마이스터의 수업시대』와 함께 당대의 가장 위대한 경향들 중 하나라고 썼다.[42] 1802년에는 피히테의 관념론이 근대를 특징짓는 자유의 정신을 표현했기 때문에 "새로운 독일 문학의 구심점이자 토대"가 되었다고 썼다. 자유의 정신은 새로운 낭만주의 문학의 심장이자 영혼이었다.[43]

슐레겔의 피히테 숭배에는 철학적인 동기뿐 아니라 정치적인 동기도 있었다. 1793년 이후 슐레겔은 프랑스 혁명과 연대했고, 그의 정치적 관심은 매우 커져서 결국에는 고전 연구를 압도하기 시작했다.[44] 1796년 그는 자신의 가장 급진적인 정치 에세이 「공화주의 개념에 대하여」Versuch über den Begriff des Republikanismus를 출판했다. 그것은 공화주의의 원리에 대한 좌익적 해석을 옹호하고, 칸트가 보통선거를 제한할 뿐만 아니라 혁명의 권리를 부정한다고 비판한다.[45] 그의 정치적 신념을 고려할 때 그가 피히테를 숭배한 것은 놀라운 일이 아니다. 피히테는 독일에서 가장 유명한 프랑스 혁명의 옹호자들 가운데 하나였다. 1795년 8월의 편지에서 슐레겔이 피히테를 그토록 높이 칭송할 때 그가 혁명의 과정을 급진적으로 옹호한 피히테의 「프랑스 혁명에 대한 대중의 판단을 바로잡기 위한 기고문」Beyträge zur Berichtigung der Urtheile des Publikums über die französische Revolution을 언급한 것은 결코 우연이 아니다.

드레스덴 시절에 슐레겔이 피히테의 『전체 학문론의 기초』의 토대주의적 기획을 완전히 승인했음은 분명하다.[46] 그는 철학의 제일 원리가 존재할 뿐만 아니라 피히테가 그것을 발견했다고 완전히 확신하는 것 같

42) *Athenäumsfragment* no. 216, *KA* II, p. 198.

43) *Europa* I, 1803, pp. 41~63에서 슐레겔의 "Literatur"를 보라. *KA* III, pp. 3~16.

44) 슐레겔이 형에게 보낸 1796년 5월 27일자 편지를 보라. 그는 이제 비평보다 공화주의가 더 그의 마음 가까이에 있다고 고백한다. *KA* XXIII, pp. 304~305.

45) 초판은 *Deutschland*, 1796, pp. 10~41에 수록되었다. *KA* VII, pp. 11~25.

다. 이를테면 그는 1795년에 쓴 『연구논문』에서 피히테가 비판철학의 토대를 확립했다고 칭송했다. 그리고 미학의 객관적 체계의 가능성에 대해 더 이상 어떠한 이성적 의심도 있을 수 없다고 말했다(I, 358). 그는 1796년에 쓴 단편 「시 예술의 아름다움에 대하여」Von der Schönheit der Dichtkunst에서 객관적 미학에 대한 자신의 확신을 재확인했다. 그것은 실천철학의 근본 원리들에 기반을 둘 터인데, 피히테가 이 원리들의 토대를 확립해 주었다(XVI, 5, 17~18, 22). 마지막으로 「공화주의 개념에 대하여」에서 그는 "자아ego는 존재해야 한다"는 피히테적 가정으로부터 공화주의 원리들에 대한 연역을 시작했다(VII, 15~16).

만약 슐레겔이 피히테의 사도였다면 그것은 매우 짧은 기간, 아마도 기껏해야 일 년간—1795년 여름부터 1796년 여름까지—이었을 것이다.[47] 1796년 여름 슐레겔은 피히테 철학에 대해 처음으로 회의를 품기 시작했다. 7월 말 그는 친구 노발리스를 방문했는데, 노발리스가 슐레겔에게 피히테의 관념론에 대한 자신의 유보를 전파했을 수 있다.[48] 그리

46) 슐레겔의 피히테 시기에 대한 보다 자세한 설명으로는 Frank, *Unendliche Annäherung*, pp. 578~589와 Behler, "Friedrich Schlegel's Theory of an Alternating Principle Prior to his Arrival in Jena(6 August 1796)", *Revue Internationale de philosophie* 197, 1996, pp. 383~402를 보라.

47) 피히테가 편집하고 기고했던 니트함머의 『철학적 저널』(*Philosophisches Journal*)에 대한 슐레겔의 긍정적 서평은 단순히 제자의 작품으로 해석되어 왔다. Haym, *Die romantische Schule*, pp. 225~226을 보라. 그러나 이는 그럴듯하지 않다. 슐레겔은 피히테의 논문에 대한 견해를 말할 때 매우 조심스러울 뿐 아니라, 철학에서 판단의 모든 기준에 대한 의심을 표현하는 것으로 서평을 마쳤다. 이는 그의 초기 토대주의와 완전히 상반되는 입장이다(*KA* VIII, p. 30). 어쨌든 그는 피히테에 대한 충성을 부인한 후인 1797년 1월에 서평을 썼다.

48) 노발리스가 슐레겔에 영향을 미쳤다는 증거는 매우 정황적이다. 1796년 여름 예나에 도착하기 전에 그리고 그가 아직 열렬한 피히테주의자일 때 슐레겔은 노발리스를 일주일간 방문했다. 슐레겔은 후에 "피히테의 자아(Ich)"에 관한 그들의 대화에 대해 말하곤 했다(*KA* XXIII, pp. 326, 328, 340). 1796년 여름 노발리스는 이미 피히테에 대해 회의적이 되어 있었다. 그리고 1796년 가을에는 슐레겔 역시 극단적인 회의의 징표를 보여 준다. 그러나 노발리스는 슐레겔이 그로 하여금 피히테의 영향에서 해방시켜 주었다고 말한다. 노발리스가

고 8월 초 슐레겔은 예나로 가서 니트함머 서클과 어울렸는데, 그들의 반토대주의가 그에게 전염된 듯하다.[49] 1786년 가을부터 노트의 몇몇 기록은 토대주의에 대해 커져 가는 회의와 실망을 보여 준다. 그래서 이제 슐레겔은 회의주의에 대해 다음과 같이 쓴다. "아직 일관된 회의주의는 존재하지 않는다. 그것을 하나 확립해 두는 것은 분명 가치가 있다. 회의주의=영원한 반란"(no. 94, XVIII, 12). 그러고는 라인홀트의 토대주의 기획에 대해 불평했다. "칸트적인 소피스트들 중 최초인 라인홀트는 칸트주의를 조직했고 오해를 만들어 냈다.—그는 토대를 찾는 자이다"(no. 5, XVIII, 19). "하이퍼비판가들hypercritics의 소급하는 경향"에 대해 말하면서(no. 4, XVIII, 19), 슐레겔은 칸트 철학의 정신을 맹세한 칸트주의자들과도 거리를 두기 시작했다. 이들 "하이퍼비판가들"은 아마도 피히테와 셸링이었을 것이다(no. 191, XVIII, 36).[50]

피히테 철학에 대한 슐레겔의 회의는 1796년 8월 피히테와의 첫 만남 이후 더욱 격화되었다. 피히테와의 대화 후에 슐레겔은 크리스티안 고트프리트 쾨르너Christian Gottfried Körner에게 불평을 늘어놓았다. 피히테는 자신과 직접 관련되지 않은 것들에 대해서는 거의 알지 못했다. 그리고 대상을 갖는 모든 학문들에서 특히 약했다.[51] 슐레겔은 피히테가 물리학과 역사에 관심이 없는 데에 놀랐다. 그러고는 놀라운 폭로를 했다. 피히테가 그에게 역사를 연구하느니 차라리 콩을 세겠다고 말했다는 것이다!

슐레겔에게 보낸 1797년 6월 14일자 편지를 보라(같은 책, p. 372). 물론 그들이 서로를 피히테의 영향에서 해방시켜 주었을 수도 있다. 이는 그들의 통합철학(Symphilosophie)의 예견된 결과였을 것이다.

49) 슐레겔과 니트함머 서클과의 초기 유대에 관해서는 Frank, *Unendliche Annäherung*, pp. 569~593, 862~886을 보라.

50) 만프레트 프랑크가 이렇게 보았다. 같은 책, p. 578.

51) 슐레겔이 쾨르너에게 보낸 1796년 9월 21일과 30일자 편지를 보라. *KA* XXIII, p. 333.

이러한 의혹들은 결정적인 것이 되었다. 후에 슐레겔이 피히테와 결별한 주된 이유 가운데 하나는 그의 체계가 실재론과 역사를 결여하고 있다는 데까지 내려갔기 때문이다.

1796년 겨울 동안 슐레겔은 피히테 철학을 집중적으로 연구하기 시작했다. 그리고 자신의 비판과 의견들을 적어 내려가기 시작했다. 그는 이것을 「『학문론』의 정신」Geist des *Wissenschaftslehre*이라는 임시 제목의 에세이로 출판하고 싶어 했다.[52] 1797년 1월 30일 슐레겔은 쾨르너에게 저 연구의 결과 그가 몇몇 근본적인 사항에 대해 명료함에 이르렀을 뿐만 아니라, 또한 "『전체 학문론의 기초』에서 자신을 결정적으로 분리하게 되었다"고 말했다(XVIII, 343). 비록 저 에세이는 쓰이지 않았지만 노트들은 남아 있어서, 피히테 철학에 대한 슐레겔의 초기의 유보를 보여 준다.

슐레겔의 회의의 많은 부분은 『전체 학문론의 기초』의 형식과 방법에 관련된다. 그는 특히 피히테의 토대주의에 비판적이어서, 완결적 체계와 반박할 수 없는 제일 원리들을 갖고 있다는 피히테의 주장에 조소를 보낸다. 그의 근본적인 제일 원리들 몇몇을 단순히 부정하는 것은 쉬운 일이다(no. 126, 31).[53] 그것들은 그 자체로 증명을 필요로 하기 때문이다. 이를테면 비-자아non-ego가 자신을 절대적으로 정립한다고 말하는 것은 어떤가(no. 51, 510)? 하지만 이 원리들이 증명될 수 있다고 생각해도 소용이 없다. 어떤 명제도 수많은 방식으로 증명될 수 있음을 고려할 때, 연

---

52) 슐레겔이 요한 프리드리히 코타(Johann Friedrich Cotta)에게 보낸 1797년 4월 7일자 편지(*KA* XVIII, p. 356)와 노발리스에게 보낸 1797년 3월 10일자 편지(같은 책, p. 350)를 보라. 슐레겔은 그 에세이가 완성된 것처럼 암시하지만 그의 생각의 일부를 스케치해 두었을 뿐이다. 이것들은 *Philosophische Lehrjahre* nos. 126~227, 같은 책, pp. 31~39에 있다.

53) 첫째 숫자는 단편을, 둘째 숫자는 *Kritische Ausgabe*(*KA*)의 쪽번호를 가리킨다. 세 단편집이 존재하는데 연속적으로 번호가 매겨져 있지 않다. 그래서 단편과 쪽번호를 여기서 모두 인용해야 한다.

역에는 결코 끝이 없기 때문이다(no. 129, 31; nos. 9와 12, 518). 나아가 피히테의 체계는 너무 수학적이고 추상적이어서 경험의 구체적 실재를 배제한다. 그의 모든 연역은 경험의 개별적 사실들이 아니라 기껏해야 추상들만을 도출한다(no. 141, 152). 피히테의 토대주의에 대한 이러한 회의를 고려하면, 슐레겔이 『전체 학문론의 기초』를 철학이 아니라 문학 작품으로 취급하는 것은 놀라운 일이 아니다. 『전체 학문론의 기초』는 피히테의 『젊은 베르테르의 슬픔』*Die Leiden des jungen Werther*이고(no. 220, 38), 피히테만큼이나 수사적이다. 그것은 "피히테의 문자로 피히테의 정신을 피히테적으로 설명한 것"이다(no. 144, 33). 피히테의 모든 엄포와 심각함은 그를 코믹한 인물로 만들어 버린다. 그는 지치지 않고 말에 올라 "그것을 초월하고" 곧 다시 떨어져 버리는 취객과도 같다(no. 138, 32).

「『학문론』의 정신」을 위한 메모 외에도 슐레겔의 노트에는 피히테에게 초점을 맞추는 여러 다른 단편집들이 있다.[54] 이것들 역시 그가 얼마나 완전하게 피히테 철학과 결별했는지 보여 준다. 이 단편집들의 한 핵심 주제는 피히테가 신비주의자이며 모든 신비주의자들처럼 절대적인 어떤 것을 상정하면서 철학을 시작한다는 것이다(no. 2, 3). 하지만 이는 모든 것을 너무 쉽게 만든다. 일단 절대적인 것을 상정하면, 모든 것을 설명할 수 있기 때문이다. 그러나 진정한 문제는 무엇이 우리에게 먼저 절대자를 상정할 권리를 주는가이다(no. 71, 512). 슐레겔은 피히테가 신비적 경험——그는 지적 직관을 염두에 두고 있다——에 의존하여 비판의 요구를 충족시키지 못했다고 생각한다. 비판은 우리에게 오류 불가능한

54) "Zur Wissenschaftslehre 1976" nos. 1~121, *KA* XVIII, pp. 3~15; "Beilage I: Philosophische Fragmente 1796", 같은 책, pp. 505~516; "Beilage II: Aus der esten Epoche. Zur Logik und Philosophie", 같은 책, pp. 517~521이라는 제하의 단편집들을 보라. 두번째 단편집의 보다 완성된 형식은 슐레겔이 출판을 염두에 두었음을 말해 준다. 그것이 「『학문론』의 정신」의 일부로 계획되었는지는 분명하지 않다.

어떤 경험에 호소하는 것을 허락하지 않기 때문이다(no. 52, 93; nos. 8~9, 12). 이 노트들의 또 다른 기본 주제는, 피히테가 역사의 전 영역을 무시했는데 역사는 그의 체계의 필연성을 보여 주는 데 매우 중요하다는 것이다. 『전체 학문론의 기초』를 정당화하기 위해 우리는 그것이 어떻게 생겨났는지, 왜 그것이 역사적 맥락의 문제를 해결하기 위해 필수적인지를 알아야 한다. 하지만 이는 우리가 『전체 학문론의 기초』를 철학사 자체로부터 분리할 수 없음을 의미한다(no. 20, 520). 초월적 자아와 경험적 자아를 구별하는 것은 진정으로 필요하지만(no. 135, 31), 슐레겔은 피히테의 철학이 일종의 "경험적 에고이즘"의 잘못을 범하고 있다고 주장한다. 그것은 주체의 경험을 영원한 현재로 제한하고, 우리를 과거와 미래로 연결해 주는 자기의식의 역사적 차원을 무시하기 때문이다(no. 31, 508).

만약 슐레겔의 비판에서 도출되는 긍정적인 제안들을 요약할 수 있다면, 그것은 제일 원리와 완결적 체계에 대한 주장과 관련해 철학이 전적으로 규제적인 것이 되어야 한다는 것이다. 슐레겔이 피히테 철학에서 유지하고 싶어 한 유일한 차원은 자아가 활동으로, 보다 정확하게는 무한한 노력의 활동으로 존재한다는 독트린이다. 철학은 노력과 함께 시작하고 노력으로 끝나야 한다고 그는 주장한다(no. 18, 101; no. 5, 13). 그러나 매우 피히테적인 이 주제는 피히테 자신을 겨누게 된다. 그것은 제일 원리와 완결적 체계들에도 적용되어야 하기 때문이다. 그것들은 이제 규제적 이상이 되어야 한다. 그래서 슐레겔은 "자아는 절대적으로 자신을 정립한다"라는 피히테의 제일 원리를 하나의 명령으로, "자아는 절대적으로 되어야 한다"로 읽는다(no. 187, 36). 피히테의 토대주의를 엄격하게 규제적으로 읽는 이러한 전략은 니트함머 서클에서는 거의 상식으로 통했다. 이는 슐레겔이 예나의 철학적 분위기에 얼마나 심대하게 빚지고 있는지를 보여 준다.

6. 반토대주의적 인식론

1796년에서 1797년으로 넘어가는 겨울, 슐레겔은 피히테 철학에 대한 반성의 과정에서 궁극적으로 자신의 미학적 독트린을 변화시키게 될 반토대주의적 인식론의 대강을 그려 냈다. 이 인식론은 주로 슐레겔의 노트에 나타나 있지만, 또한 『비판적 프라그멘트』와 『아테네움 프라그멘트』에서 출판된 형태로도 등장한다. 다음의 주제들을 강조하는 것으로 이 저작들에 포함된 반토대주의적 인식론을 가장 잘 요약할 수 있다.

제일 원리들

슐레겔은 라인홀트와 피히테가 재확인한 고전적인 토대주의 독트린을 비판했다. 이는 철학이 자명한 제일 원리에서 시작하고, 연역의 연쇄를 통해 그것으로부터 다른 모든 믿음을 도출해야 한다는 입장이다. 그는 두 가지 반대를 제기했다. 첫째, 어떤 명제도, 심지어 겉보기에 자명한 명제조차도 의심될 수 있으며, 그것 역시 증명되어야 한다. 따라서 정당화의 무한한 소급이 있게 된다. 둘째, 어떤 명제에 대해서도 그것을 증명하는 무한한 방법이 존재한다. 따라서 우리의 증명을 완전하게 하는 일을 무한히 계속할 수 있다.[55] 이러한 이유들 때문에 슐레겔은 "보편적으로 유효한 진리의 동반자이자 안내자인 제일 원리는 없다"는 결론을 내린다(no. 13, XVIII, 518).

제일 원리에 대한 슐레겔의 회의는 그가 기하학적 방법에 대해 지녔던 태도에서도 분명하게 드러난다. 그것은 매우 오랫동안 토대주의적 인

55) 모든 명제와 증명은 무한히 완벽하게 될 수 있다는 슐레겔의 주장에서 이 두 가지가 나온다. *Philosophische Lehrjahre* nos. 12, 15, *KA* XVIII, pp. 506, 507을 보라.

식론의 모델이었다. 슐레겔은 『아테네움 프라그멘트』 82번에서 그것의 허세를 비웃으면서, 한 명제를 정의하고 증명하는 것은 무의미하다고 주장한다. 어떤 개체에 대해서도 무한한 실재적인 정의들이 존재하며, 어떤 명제도 모든 종류의 방식으로 증명될 수 있다. 중요한 것은 어떤 흥미로운 이야깃거리를 가지고 "은폐나 오염 혹은 인위적 왜곡 없이 순수한 반성의 사실들"을 기록하는 "단언적 방법"thetical method에 따라 그것을 말하는 것이다(II, 178).

비판

슐레겔은 모든 믿음은 비판을 거쳐야 한다는 비판철학의 근본 요구를 받아들인다. 하지만 그는 이 요구를 비판철학 자체에도 적용하여 그것이 메타비판적metacritical인 것이 되도록 할 것을 주장한다. 메타비판적 철학에 대한 요구는 슐레겔이 "철학의 철학"을 요청하는 노트들에서 꾸준히 나타난다. 동일한 주제가 『아테네움 프라그멘트』에도 등장한다. "철학은 그에 앞서는 모든 것을 비판하기 때문에, 철학에 대한 비판은 정당한 보복일 뿐이다"(no. 56, II, 173). 물론 비판을 메타비판으로 극단화하는 것은 회의주의를 포함하지만, 슐레겔은 이 결론을 회피하지 않고 "무한한 모순들과 함께 시작하고 끝나는" 진정한 회의주의의 가치를 주장한다(no. 400, II, 240~241).

슐레겔은 그러한 회의주의와 제일 원리를 거부하는 정신에 충실하여, 어떤 진리 주장을 하기에 앞서 모든 진리 주장들을 비판할 수 있는 가능성에 대해서 의문을 표시한다. 우리는 모든 진리 주장을 괄호 안에 넣을 수 없으며, 어떤 진리 주장을 하기에 앞서서 그것을 평가할 수 없다. 왜냐하면 진리 기준을 적용하는 것은 이미 진리 주장을 내포할 뿐만 아니라, 우리는 우리의 인지 능력들을 사용함으로써만 그것들이 가지고 있는 힘과 한계를 알게 되기 때문이다. 이는 우리의 인지 능력을 사용하기에 앞서서가 아니라 그것을 사용하면서 비판해야 한다는 것을 의미한다. 다른 말로 하자면 비판은 탐구의 과정에 통합되어야 하며, 그것과 별개로는 설 수가 없다는 것이다.[56]

주어진 것의 신화

슐레겔은 지식의 안전한 토대를 제공할 가능성과 관련하여 이성주의만큼이나 경험주의에 대해서도 비판적이다. 그는 이성의 오류 불가능한 제일 원리만큼이나 감각에 주어진 확실한 자료도 의심한다. 이것이 『아테네움 프라그멘트』 226번의 메시지이다. 여기서 슐레겔은 가설hypotheses의 인도를 받아야만 역사학을 할 수 있다고 주장한다(II, 202). 무엇이 일어나고 있는지 밝힐 수 없다면 무언가가 일어나고 있다고 진술할 수도 없다. 하지만 무엇이 일어나고 있는지를 규정하기 위해서는 먼저 개념을 사용해야 한다. 따라서 사실들은 우리가 그것들을 식별하기 위해서 사용하는 개념들을 통해서만 사실이 된다. 이것이 무엇이든 사실이 될 수 있다거나, 혹은 우리가 사실들을 규정하기 위해서 어떤 개념이든 사용할 수 있다는 것을 의미하지는 않는다고 슐레겔은 설명한다. 하나의 사실을 식별하기 위해서는 수많은 가능한 개념들 가운데 단지 일부만을 사용할 수 있기 때문이다. 그러나 슐레겔은 비판철학자의 임무는 자신이 어떤 개념을 사용하고 있는지를 아는 것이라고 주장한다. 만약 그렇지 않다면 그는 단순히 우연이나 변덕에 따라서 그것들을 받아들일 것이다. 슐레겔은 경계해야 할 커다란 실수는 자신이 "완전히 후험적인, 순수하고 확실한 경

---

56) 슐레겔은 *Vorlesungen über Transzendentalphilosophie*, *KA* XII, p. 96에서 이를 매우 분명하게 한다.

험적 사실들"을 갖고 있다고 허세를 부리는 것이라고 경고한다. 이는 "극도로 일면적이고 매우 독단적이며, 초험적이고 선험적인 견해"를 인가하는 것일 뿐이다.

체계

슐레겔의 반토대주의는 그로 하여금 체계system의 이상에 대해 양면적인 입장을 갖게 만든다.[57] 그는 이 이상을 긍정하기도 하고 부정하기도 한다. 그는 하나의 자명한 제일 원리로부터 도출되고 그것을 중심으로 조직된 지식체라는 고전적·이성주의적 의미에서의 체계를 부인한다. 그의 견해에서는 완전한 체계란 없는데, 그 이유는 지식을 조직하는 수많은 방법이 있으며 어떤 하나의 방법도 유일한 진리임을 주장할 수 없기 때문이다. 하지만 이제 그에게 남겨진 유일한 진리 기준이 내적 정합성이기 때문에 슐레겔은 체계의 이상을 긍정하기도 한다. 그는 칸트 전통에 따라 상응으로서의 진리 기준을 버리고 그것을 정합성으로 대체한다. 어떤 미지의 존재 영역과의 상응이 아니라, 그리고 어떤 의심할 수 없는 제일 원리로부터의 연역이 아니라, 이제 전체 안에서 명제들의 상호 지지가 진리의 유일한 기준이다. 체계의 올바른 형태는 선형적linear이 아니라 순환적circular이다. 선형적 체계에서 우리는 고유한 연역적 연쇄에 따라 하나의 원리에서 모든 명제들을 도출한다(no. 16, II, 22; no. 518, II, 521). 그러나 순환적 체계에서는 모든 명제들이 상호 연결되어 있기 때문에 어떤 명제에서 시작하더라도 다시 그 명제로 돌아갈 수 있다.[58]

---

57) 체계성에 관한 슐레겔의 복잡한 태도에 대해서는 형에게 보낸 1793년 8월 28일자 편지도 보라. *KA* XXIII, p. 125~126.

58) 슐레겔의 정합성 이론의 맥락에 대해서는 Manfred Frank, "Alle Wahrheit ist Relativ, Alles Wissen Symbolische", *Revue Internationale de Philosophie* 197, 1996, pp. 403~436을 보라.

체계의 가능성에 대한 슐레겔의 양면적 태도는 『아테네움 프라그멘트』의 한 단편에 의해 완벽하게 요약된다. "정신이 체계를 갖는 것과 체계를 갖지 않는 것은 똑같이 잘못되었다. 그러므로 정신은 양자를 통일시키기로 결심해야 한다"(no. 52, II, 173). 딜레마의 양극은 불가피하다. 한편으로 체계를 갖는 것은 위험한데, 왜냐하면 체계가 탐구를 자의적으로 제한하고 사실들에 인위적 질서를 부과하기 때문이다. 다른 한편 체계를 갖는 것은 필수적인데, 왜냐하면 통일성과 정합성이 모든 지식에 본질적이며 오직 체계의 맥락에서만 한 명제가 정당화될 수 있기 때문이다.

만약 우리가 체계를 가져야 하면서 또한 그것을 가질 수 없다면, 남는 것은 그것을 향한 지속적인 노력이다. 슐레겔에게서 체계의 이상은 우리가 다가가야 하지만 결코 도달할 수 없는 목적으로서 순수하게 규제적인 지위를 갖는다. 물론 완전한 체계는 없다. 하지만 이는 모든 체계가 동일한 지위에 있음을 의미하지는 않는다. 우리의 지식을 조직하는 더 나은 그리고 더 못한 방식들이 존재하기 때문이다. 이상적인 체계는 최고의 통일성을 최고의 다양성과 결합하는 것 혹은 최소의 원리에 따라 최대의 자료를 조직하는 것이다.

7. 새로운 비평

피히테의 토대주의에 대한 슐레겔의 비판은 그의 미학적 사유에 심대한 영향을 미쳤다. 그의 미학적 사유는 1796년에서 1797년으로 넘어가는 겨울에 커다란 진화를 이루었다. 슐레겔의 고전주의의 붕괴가 그것의 직접적이고 일반적인 영향이었다. 만약 이성의 보편적이고 필연적인 기준이 없다면, 혹은 적어도 우리가 알 수 있는 그러한 것이 없다면, 모든 예술 작품에 절대적인 권위를 갖는 비평의 법정은 없다. 니트함머의 『철학적 저널』*Philosophische Journal*의 한 서평에서 슐레겔이 진리의 어떤 객관적 기준에 따라 철학 작품을 비판할 가능성을 회의했을 때, 그 스스로 분명하게 이 결론을 이끌어 냈다. "학문이 아직 존재하지 않을 때 어떻게 학문적 판단이 존재하는가? …… 상황이 우리에게 가르쳐 주듯이, 철학에서는 어떤 것도 확실하지 않다. 여기에는 어떠한 근거나 토대도 없다"(VIII, 30). 철학 작품을 비판할 객관적 기준이 존재하지 않는다면, 더욱이 예술 작품을 평가할 기준도 없다. 『비판적 프라그멘트』에서 다음과 같이 썼을 때, 슐레겔은 토대에 대한 비판과 신고전주의에 대한 거부 사이의 밀접한 연관을 이끌어 냈다. "나의 초기 철학적 악극들의 객관성에 대해 혁명적으로 열광했을 때 그것은 토대에 대한 저 열광의 어떤 것을 가지고 있었다. 그것은 라인홀트가 철학에서 영향력을 행사하던 시절에 더욱 맹렬해졌다"(no. 66, II, 155).

이제 슐레겔은 저 "객관성에 대한 열광"을 거부했기 때문에, 문제는 미학 비평에 남겨진 것이 무엇인가를 규명하는 것이었다. 1797년 무렵의 노트에서 해답을 찾기 위한 그의 노력을 볼 수 있다. 처음에 그는 미학적 주장에 객관적 기반이 있을 수 있는지를 의심하며 비평의 가능성에 대해 완전히 절망하는 것처럼 보인다. "모든 올바른 미학적 판단들은 본성상 결투Machtsprüche이며 다른 것일 수가 없다. …… 우리는 그것들을 증명할 수 없다. 그러나 그러한 판단을 내릴 우리의 권리를 정당화해야만 한다"(no. 71, XVI, 91). 우리가 할 수 있는 모든 것은 이 판단을 내릴 우리의 권리를 증명하는 것이기 때문에, 미학적 가치의 문제는 궁극적으로 도덕적 문제이다. "순수 미학자는 '그렇게 나는 이 시를 사랑한다'고 말하고, 순수 철학자는 '그렇게 나는 그것을 이해한다'고 말한다. 가치의 문제는 궁극적으로 윤리적이다"(no. 1053, XVI, 172). 이에 따라 문헌학의 토대에 대한 질문에 바쳐진 일련의 단편들에서 슐레겔은 문헌학이 과연 학문이 될 수 있는지 회의하고(no. 117, XVI, 40), 대신 그것이 하나의 예술일 뿐이라고 주장한다(no. 2, XVI, 68; no. 35, XVI, 40). 그는 이제 시인을 이해하기 위해서는 우리가 시인이 되어야 한다고 주장한다(no. 168, XVI, 49).

하지만 슐레겔은 완전한 회의주의로 물러서지는 않았다. 그는 객관적 토대의 부재로부터 마치 미학적 판단들이 감정에만 의존한다는 듯이 그것들 모두가 완전히 주관적임에 틀림없다고 결론 내리지는 않았다. 대신 그는 극단적인 주관주의적 견해를 풍자하고 있다. "모든 비평이 해부이고 모든 해부가 [예술 작품의] 향유를 방해한다고 생각하는 신비주의적 예술 애호가가 일관성을 가지고 생각한다면, 가장 가치 있는 작품에 대한 최고의 판단은 '제기랄'이 될 것이다. 아무리 긴 글을 쓰더라도 이것 이상을 말하지 않는 비평가들도 있다"(no. 57, II, 154). 절대적 기준과 자의적 감정 사이에서 어떤 중도를 찾으려 노력한 슐레겔은 마침내 1797년의 노트에서 해답과 같은 것을 찾았다. 그 해답은 그가 성격규정이라 부른 것으로서 오늘날 '내재적 비판'immanent critique이라는 명칭으로 통용되는 것이다. 성격규정은 한 작품을 보편적이라 여겨지는 어떤 기준에 의해서가 아니라 저자 자신의 기준에 비추어 평가하는 것이다. 다른 말로 하자면 비평가는 저자의 성취를 그의 의도와 비교해야 한다. 그래서 슐레겔은 노트에 "비평은 한 작품을 어떤 보편적 이상에 따라 평가해서는 안 되고 각 작품의 개별적 이상을 찾아야 한다"고 쓰고 있다(no. 197, XVI, 270). 한 작품을 그것의 내적 기준에 의해 평가하는 것은 저자의 의도와 맥락에 대한 완전한 인식을 요구한다. 다른 말로 하자면 문헌학은 심오하게 역사적이 되어야 했다. 슐레겔은 이 점을 주장하면서 문헌학의 토대를 역사에서 찾아야 한다고 강조한다. 초기 토대주의 시절 그는 비평이 철학과 역사의 결합에 근거해야 한다고 말했었다. 이제 그는 역사에게만 명예의 자리를 제공한다(no. 18, XVI, 36).

슐레겔의 새로운 비평 개념은 낭만주의 문학에 대한 입장에 심대한 영향을 미치지 않을 수 없었다. 그는 이제 낭만주의 문학을 그것의 용어로, 그것의 목적과 이상에 따라 평가해야 할 것이다. 이는 낭만시의 모든 특징들 — 장르의 융합, 절제의 결여, 아이러니의 사용, 열망과 노력 — 이 어떻게 그것의 핵심적 열망인 무한자를 향한 욕망에서 도출되었는지를 이해하려 노력하는 것을 의미한다. 슐레겔은 이제 — 그러나 이제서야 — 낭만주의 문학이 고전문학과 동등한 권리를 갖는다는 실러의 지적을 받아들여야 할 것이다. 양자는 구별되는 이상을 가지고 있었고, 하나를 다른 것으로 측정하는 것은 무용했다.

그러나 낭만주의 문학에 대한 슐레겔의 재평가는 단순히 그것에 고전문학과 동등한 권리를 부여하는 데에서 멈추지 않았다. 낭만주의 문학에는 이제 고전문학에 비해 우월성을 주장하게 하는 어떤 것이 있었다.[59] 낭만주의 문학은 인식론의 유일하게 적절한 매체가 되었다. 낭만시의 핵심 특징 — 실러가 주장했고 슐레겔이 동의한 — 은 자연과의 완전한 통일성에 놓여 있는 이상 혹은 무한자를 향한 영원한 노력, 항상적 열망이다. 그런데 바로 이 노력, 바로 이 열망은 슐레겔의 새로운 반토대주의적 인식론의 핵심 주제이기도 했다. 저 인식론은 절대적 진리가 단지 규제적 이상, 즉 탐구자가 무한한 진보를 통해 다가갈 수 있지만 결코 도달하지 못하는 목적이라고 주장했다. 우리는 제일 원리를 알 수도 없으며 완전하고 완결된 체계를 창조할 수도 없기 때문에, 우리가 할 수 있는 모든 일은 그

59) 때로 슐레겔의 낭만시 개념이 근대적인 것과 고전적인 것의 종합이었으며, 그것을 초기 고전주의의 반테제로서 근대적인 것으로만 간주하는 것은 일면적이라는 주장이 제기되어 왔다. Behler, "Kritische Gedanken zum Begriff der europäischen Romantik", pp. 10~21을 보라. 슐레겔이 고전주의에 반대하지 않는다는 것은 정녕 사실이지만, 그는 낭만시의 이상에 그것을 종속시킨다. 고전적인 것은 총체성을 향한 낭만주의적 노력의 한 요소가 된다. 혹은 그 노력이 "무한하게 탄력적인 고전주의"로 여겨진다.

러한 원리와 체계에 도달하기 위해 노력하는 것뿐이라고 슐레겔은 주장했다. 그래서 슐레겔은 이제 낭만주의 작가에게서 인식론적 미덕을 이끌어낸다. 단지 모호하고 암묵적이고 잠재의식적일지라도, 낭만주의 작가는 진리에 접근하는 올바른 방법론과 태도를 가졌다. 슐레겔은 이제 그의 인식론적 견해를 거꾸로 낭만주의 문학에 투사하여 읽고, 그리하여 낭만시를 단지 하나의 역사적 개념이 아니라 자신의 철학적 이상으로 만든다.

8. 낭만적 아이러니

슐레겔의 미학과 반토대주의적 인식론의 관련성은 『비판적 프라그멘트』와 『아테네움 프라그멘트』에서 그가 발전시켰던 아이러니irony 개념에서 특히 분명하게 드러난다. 이 개념은 반토대주의적 인식론의 명백한 아포리아에 대한 슐레겔의 대답이다. 비록 제일 원리도, 완전한 증명도, 비판의 기준도 그리고 완결적 체계도 없지만 우리는 절망해서는 안 된다. 완전성을 향한 길에서 우리의 모든 한계를 넘어서기 위해 영원히 노력한다면, 우리에게는 아직 진리를 향한 진보, 이상에의 끊임없는 접근이 남아 있다. 아이러니는, 비록 진리에 도달할 수 없지만 여전히 그것을 향해 영원히 노력해야 한다는 인식에 있다. 왜냐하면 그렇게 할 때에만 우리는 진리에 접근할 수 있기 때문이다. 물론 철학사에서 아이러니의 최고 거장은 소크라테스였다. 그는 이제 슐레겔의 모델이 되었다.[60] 소크라테스는 자신이 아무것도 모른다는 것을 알았기 때문에 최고의 현자였지만, 또한 친구들을 더 깊은 탐구로 내몰았던 영원한 쇠파리이기도 했다.

---

60) 슐레겔이 요한 프리드리히 코타에게 보낸 1797년 4월 7일자 편지를 보라(*KA* XXIII, p. 356). 그는 '소크라테스 아이러니의 성격'이라는 임시 제목의 에세이를 쓸 계획이라고 말한다.

슐레겔은 1797년 『비판적 프라그멘트』에서 그가 아이러니로 의미하는 것의 성격을 가장 잘 제시한다. 그는 아이러니를 진리를 인식하려는 시도에서 부딪히는 두 종류의 곤경으로 설명한다. 첫째 종류는 "무조건적인 것과 조건적인 것의 해소 불가능한 충돌의 느낌"에 있다(no. 108, II, 160). 아이러니스트가 무조건적인 것과 조건적인 것의 충돌을 느끼는 것은, 무조건적인 것을 인식하려는 어떤 시도도 그것을 조건적으로 만듦으로써 그릇되게 할 것이기 때문이다. 전체whole 진리는 조건들의 전체entire 연쇄를 완결하기 때문에 무조건적이다. 하지만 무조건적인 것을 개념화하고 설명하는 어떠한 형식도, 충족이유율을 적용하여 어떤 것에 대해서든 조건을 설정하거나 혹은 부정을 통해서만 의미를 갖는 규정적 개념을 적용함으로써 그것을 조건적으로 만들어 버린다.[61] 둘째 종류의 곤경은 "완전한 소통의 불가능성과 필요성"에 있다. 아이러니스트는 완전한 소통이 불가능하다고 느낀다. 어떤 관점도 부분적이고, 어떤 개념도 제한적이며, 어떤 진술도 불완전하기 때문이다. 하지만 그는 또한 완전한 소통이 필요하다는 것을 안다. 왜냐하면 그러한 이상에 도달하려고 노력할 때에만 진리에 접근할 수 있기 때문이다. 완전한 소통의 이상을 전제하고 그것을 향해 노력할 때에만 우리는 더 깊은 관점, 더 풍부한 개념 그리고 더 분명한 진리의 진술을 획득할 수 있다.

이 곤경들에 대한 아이러니스트의 대답은 "자기-창조에서 자기-파괴로의 끊임없는 변화"에 있다(no. 37, II, 151).[62] 다른 말로 하자면 아이러니스트는 언제나 새로운 관점, 더 풍부한 개념, 더 분명한 정식화를 제

---

61) 슐레겔은 그의 노트에서 다음과 같이 지적했다. "안다는 것(knowing)은 조건적인 인식을 의미한다. 그러므로 절대자의 불가지성(unknowability)은 동어반복적인 시시한 명제이다" (no. 62, *KA* II, p. 174).

62) *Athenäumsfragment* no. 51, *KA* II, pp. 172~173을 참조하라

시하기 때문에 영원히 새롭게 창조한다. 그러나 영원히 자신의 노력에 대해 비판적이기 때문에, 그는 또한 자신을 파괴한다. 오직 이러한 자기-창조와 자기-파괴의 상호교환을 통해서만 그는 영원히 진리를 추구하는 길에서 앞으로 나아간다. 자기-창조와 자기-파괴 사이에서 슐레겔의 중도는 자기-절제, 즉 우리의 창조력이 고무된 열기 속에서 완전히 소진되지 않도록 그것을 제한하고 비판적 거리를 유지하는 것이다. 그러나 여기서 절제는 예술가에게 부과되는 고전주의의 절제가 아니라, 자기-절제, 규칙의 자율적 창조와 부과를 의미한다.

슐레겔의 낭만시 개념은 근본적인 측면에서 그의 반토대주의적 인식론의 결과이기도 하다. 유명한 『아테네움 프라그멘트』 116번(II, 182~183)에서 그가 말하듯이 낭만시는 본질적으로 진리를 향한 철학자의 영원한 노력의 미학적 비전이다. 낭만시인은 철학자와 동일하게 아이러니한 태도를 계발한다. 시인과 철학자는 모두 대상을 가장 잘 기술하기 위해 끝없이 탐구하고 영원히 노력한다. 그래서 슐레겔은 『아테네움 프라그멘트』 116번에서 낭만시의 "고유한 본질"은 그것이 영원히 생성의 과정에 있으며 결코 완결적이지 않다는 것이라고 말한다. 더 나아가서 시인과 철학자는 모두 자기-창조와 자기-파괴 사이에서 동요한다. 그들은 대상을 기술하는 자신들의 모든 노력에 대해 비판적이면서 언제나 새롭게 창조하기 때문이다. 그래서 슐레겔은 『아테네움 프라그멘트』 116번에서 낭만시인은 "시적 반성의 날개에 올라 묘사된 대상과 묘사하는 행위의 가운데를 맴돈다"고 말하기도 한다. 한층 더 나아가 시인과 철학자는 모두 자기-비판에는 끝이 없으며, 비판 자체를 넘어서 있는 비판의 객관적 규칙이란 없음을 깨닫는다. 그래서 슐레겔은 다시 『아테네움 프라그멘트』 116번에서 마치 끝없는 거울들의 연쇄 안에 있는 것처럼 낭만시인은 반성을 무한히 증식시킨다고 쓴다. 마지막으로 시인과 철학자는 모두 진리를 향한 추구에서 어떠한 궁극적 규칙도 인정하기를 거부한다. 그것은 창조적 과정에 인위적이고 자의적인 제한으로 기능하기 때문이다. 그래서 슐레겔은 『아테네움 프라그멘트』 116번에서 낭만시인은 장르의 어떤 확고한 규칙에도 얽매이지 않으며, 자유의지를 제한하는 어떤 법칙도 인정하지 않는다고 선언한다.

슐레겔의 낭만주의 미학의 배후에 있는 반토대주의 인식론에 대해 훨씬 더 많은 것을 말할 수 있음이 분명하다. 위트wit와 유비analogy 같은 핵심적인 낭만주의 개념들의 역할도 동일한 기반 위에서 설명될 수 있다. 그러나 이것들을 설명하는 것은 이 장의 목적을 넘어선다. 나의 주된 논지는 슐레겔의 낭만주의가 괴테, 실러 혹은 피히테의 영향이 아니라 피히테의 토대주의에 대한 슐레겔의 실망에서 나왔다는 것이다.

8장_낭만주의 형이상학의 역설

1. 이상한 결혼 계획

독일의 몇몇 주도적 낭만주의 사상가들은 1790년대 후반에 이미 그들의 새로운 형이상학, 즉 이후에 낭만파를 특징짓게 될 세계관의 기본 윤곽을 그려 두었다. 1795년부터 1797년까지 횔덜린과 노발리스, 그리고 프리드리히 슐레겔은 여러 단편들에서 이 형이상학의 기초를 마련했다. 이후 셸링은 1800년의 『초월적 관념론 체계』*System des transcendentalen Idealismus* 와 1801년의 『나의 철학체계에 대한 기술』*Darstellung meines Systems der Philosophie*에서 그것을 보다 체계적으로 정식화한다. 이 독트린의 정식화에서 이 사상가들 사이에 몇 가지 중요한 차이가 존재한다. 그러나 또한 몇 가지 눈에 띄는 유사성과 몇 가지 공통된 특징들이 있는데, 이 특징들 가운데 하나가 여기서 우리의 특별한 관심사가 될 것이다. 그것은 관념론과 실재론을 종합하려는 시도, 보다 정확하게는 피히테의 관념론과 스피노자의 실재론을 종합하려 한 낭만주의 형이상학의 시도이다.[1)]

언뜻 보기에 이 특징은 곤혹스럽고 문제적이다. 의심할 바 없이 피히테와 스피노자는 낭만주의 세대에게 가장 큰 영향력을 미친 철학자들이었다. 하지만 또한 그들은 근본적인 측면에서 완전히 양립 불가능했다.

피히테의 관념론과 비결정론, 이원론은 스피노자의 실재론과 결정론, 일원론과 충돌했다. 이 양립 불가능성을 완전히 알고 있으면서도 낭만주의자들은 여전히 그들을 결합시키고 싶어 했다. 그들이 보기에 피히테와 스피노자는 각각 진리의 절반만을 포착했기 때문에 그들을 결혼시켜야만 했다. 이상적인 결혼 파트너들처럼 피히테와 스피노자는 분해될 수 없는 전체 안에서 서로를 완벽하게 보완했다.

이 프로젝트에 대해 누구라도 가질 수 있는 첫번째 반응은 그것이 돈키호테적인 부조리라는 것, 다행스럽게도 결실을 이루지 못한 또 하나의 낭만주의적인 엉뚱한 발상이라는 것이다. 피히테의 관념론과 스피노자의 실재론은 너무 모순적이고 목적과 내용에 있어서 근본적으로 대립하기 때문에, 그들을 통일시키려는 어떠한 시도도 실패할 운명에 처할 것 같다. 차라리 원을 사각형으로 만들려고 노력하는 편이 나을 것이다. 칸

---

1) 낭만주의자들이 그러한 기획을 했다는 사실은 그들의 노트와 단편들을 볼 때 명확하다. 셸링에 대해서는 그의 *Philosophische Briefe über Dogmatismus und Kritizismus*, *Sämtliche Werke* I, ed. K. F. A. Schelling, Stuttgart: Cotta, 1856~1861, pp. 326~335를 보라. 『초월적 관념론 체계』와 『나의 철학체계에 대한 기술』에서 표현되는 셸링의 후기 절대적 관념론은 피히테의 관념론과 스피노자의 실재론을 종합하려는 시도로 여겨질 수 있다. 노발리스에 대해서는 이를테면 *Das allgemeine Brouillon* nos. 75, 634, 820, *HKA* III, pp. 252, 382, 429와 *Fragmente und Studien* no. 611, *HKA* III, p. 671을 보라. 프리드리히 슐레겔에 대해서는 이를테면 *Philosophische Lehrjahre*, *KA* XVIII, pp. 31, 38, 43, 80을 보라. 횔덜린에 대해서는 *Hyperion*의 최종 직전의 버전에 대한 「서문」, *GSA* III/1, p. 236; *Fragment von Hyperion*에 대한 「서문」, 같은 책, p. 163; *Hyperion*의 최종 버전, 같은 책, p. 38을 보라. 피히테와 스피노자를 결합하려는 시도가 횔덜린의 초기 소설의 근본 목적 가운데 하나였다. 이 기획은 아마도 1796~1797년경 횔덜린과 셸링이 나눈 대화의 한 주제였을 것이다. 셸링의 *Philosophische Briefe über Dogmatismus und Kritizismus*, pp. 284~290을 보라. 마지막에서 두번째 편지에서 셸링은 관념론과 실재론의 종합에 대한 자신의 생각을 그려 내는데, 그것은 나중에 *Erste und zweite Periode: Naturphilosophie, transzendentaler Idealismus und Identitätssystem*에서 결실을 맺었다. 같은 책, pp. 326~330을 보라. 낭만주의자들 가운데 누가 이 기획의 원래 창안자인지를 결정하는 것은 불가능하다. 그들은 동일한 시기에, 특히 1796~1798년의 형성기에 부분적으로는 독립적으로 그리고 부분적으로는 대화를 통해 함께 그것을 구상했기 때문이다.

트와 피히테 그들 스스로가 먼저 스피노자와의 어떠한 연계의 전망도 완전히 배제했으며, 이는 좋은 징조가 아니다. 칸트와 피히테는 명시적으로 자신들의 관념론을 스피노자의 실재론과 자연주의의 안티테제로 간주했고, 그것을 강조했다.[2] 또한 스피노자의 운명론에 대한 유일한 처방이 자신들의 초월적 관념론에 있다고 경고했다.

이러한 회의들은 질문을 불러일으킨다. 낭만주의자들은 어떻게 피히테와 스피노자를 통일시키려고 한 것일까? 그러한 종합이 일관적일 수 있을까? 나는 낭만주의의 세계관을 이해하고자 하는 어떠한 시도도 결국에는 이 질문들에 대답해야 한다고 믿는다. 너무나 자주 낭만주의 형이상학은 피히테의 관념론 혹은 스피노자의 자연주의의 시적인 형태로 이해된다. 마치 그것이 전자이거나 후자인 것처럼 말이다. 하지만 이러한 통상적인 해석은 너무 일면적이며, 낭만주의 형이상학의 가장 눈에 띄는 특징인 피히테와 스피노자를 결혼시키려는 시도를 놓친다. 만약 이 결혼이 이해되지 않으면 낭만주의 형이상학의 가장 큰 특징이 하나의 암호, 하나의 역설로 남게 된다.

낡은 것으로 보일지도 모르지만, 피히테와 스피노자를 종합하려는 낭만주의의 프로젝트에는 여전히 흥미로운 점이 존재한다. 오늘날 철학자들은 종종 데카르트적 전통의 파산에 대해 말하는데, 데카르트의 인식론은 완전한 주관주의로, 인식이 의식의 범위로 제한되는 것으로 귀착된다. 철학자들은 그러한 주관주의의 해독제를 자연주의적인 혹은 하이데거적인 존재론에서 발견한다. 이것은 자아를 자연 혹은 역사의 한 부분으로 만든다. 하지만 그러한 해결책 역시 문제를 갖고 있다. 특히 그것은 데

---

2) Fichte, *Grundlage der gesamten Wissenschaftslehre*, *Sämtliche Werke* I, ed. I. H. Fichte, Berlin: Veit, 1845~1846, p. 101과 Kant, *Kritik der praktischen Vernuft*, *AA* V, pp. 101~102를 보라.

카르트적 인식론을 처음에 유발했던 회의주의적 질문들, 즉 "어떻게 우리는 의식의 너머에 자연 혹은 역사가 있다는 것을 아는가?"라는 질문에 대답하지 않는다. 이제 우리는 회의주의적인 인식론 혹은 독단론적인 존재론이라는 딜레마에 처하게 된다. 낭만주의 형이상학이 이 양극단을 피하고자 시도했다는 것이 그것의 가장 흥미를 끄는 측면 가운데 하나이다. 초기낭만주의자들은 이 딜레마를 아주 잘 알고 있었으며, 그들에게 그것은 칸트의 비판과 스피노자의 독단론 사이의 선택으로 존재했다. 피히테와 스피노자의 종합에서 핵심은 주관주의와 독단론이라는 양극단을 피하고 비판적 인식론의 미덕을 자연주의적 존재론과 결합함으로써 이 딜레마를 극복하는 것이었다.

이하에서의 설명은 낭만주의 형이상학의 역설을 풀려는 시도이며, 이러한 명백하게 영원한 딜레마를 극복하려는 그들의 시도를 설명할 것이다. 일단 우리가 낭만주의 형이상학을 그것의 근저에 있는 유기체적 자연 개념의 맥락 안에 위치시키면, 이 형이상학이 완전히 이해 가능한 것이 되고, 일관적인 것이 된다고 나는 주장한다. 바로 이 개념이 낭만주의자들로 하여금 피히테의 관념론을 스피노자의 자연주의와, 주체의 우월성에 대한 피히테의 믿음을 자연의 우선성에 대한 스피노자의 믿음과 결합하도록 허락한 것이다.

물론 낭만주의의 유기체적 개념의 중요성을 강조하는 데에는 새로울 것이 전혀 없다. 여러 세대 동안 학자들은 그것의 결정적인 역할을 강조해 왔고, 그것을 낭만주의 세계관의 핵심 특징으로 보아 왔다.[3] 하지만

---

3) 예를 들어 Alois Stockmann, *Die deutsche Romantik: Ihre Wesenszüge und ihre ersten Vertreter*, Freiburg: Herder & Co., 1921, pp. 13~17; Oskar Walzel, "Wesenfragen deutscher Romantik", *Jahrbuch des Freien deutschen Hochstifts* 29, 1929, pp. 253~276; Adolf Grimme, *Vom Wesen der Romantik*, Braunschweig: Westermann, 1947, p. 13; René Wellek, "The Concept of Romanticism", "Romanticism Re-examined",

이 전통적 견해는 낭만주의 연구의 최신 조류와는 일치하지 않는다는 사실을 밝혀 두어야 한다. 최신 조류는 오랜 유기체적 개념의 강조를 의심하고, 대신 낭만주의 사유에서 완결성과 종결성의 부재를 강조한다.[4] 하지만 우리는 곧 이 유기체적 개념이 낭만주의 형이상학의 역설을 푸는 데에, 보다 정확하게는 관념론과 실재론을 결혼시키려는 명백하게 돈키호테적인 시도를 이해하는 데에 필수불가결함을 보게 될 것이다. 이는 오랜 연구 전통의 정당성을 입증하고, 낭만주의 사유에서 유기체적인 것the organic의 정당한 위치를 회복하는 데에 도움이 될 것이다.

2. 잘못된 만남의 이력

낭만주의의 프로젝트를 설명하기에 앞서 그들이 직면했던 도전에 대해 보다 구체적으로 아는 것이 필요하다. 보다 정확하게 피히테와 스피노자 사이의 양립 불가능성은 무엇인가?

그들을 가르는 몇 가지 기본적인 쟁점들이 있다. 첫째, 그들은 외부 세계 혹은 자연의 실재에 대해 다른 견해를 갖고 있다. 피히테의 철학은 관념론적이다. 그것은 물자체thing-in-itself, 즉 우리의 인식과 독립적으로 존재하는 것의 실재를 부정한다. 그리고 모든 것은 어떤 실제적인 혹은

Concepts of Criticism, ed. Stephen G. Nichols, New Haven: Yale University Press, 1963, pp. 165, 220; Morse Peckham, "Toward a Theory of Romanticism", *Publications of the Modern Language Association of America* 66, 1951, pp. 5~23; Lawrence Ryan, "Romanticism", *Periods of German Literature*, ed. J. M. Ritchie, London: Wolff, 1966, pp. 123~143을 보라.

4) 예를 들어 Paul de Man, "The Rhetoric of Temporality", *Blindness and Insight*, 2nd ed., Minneapolis: University of Minnesota Press, 1983, pp. 187~228, 특히 220~228; Alice Kuzniar, *Delayed Endings: Nonclosure in Novalis and Hölderlin*, Athens: University of Georgia Press, 1987, pp. 1~71을 보라.

가능한 의식에 대해서 존재한다고 주장한다. 반대로 스피노자의 철학은 실재론적이다. 그것은 인식과 독립적으로, 그리고 인식에 앞서 존재하는 자연 전체의 실재를 긍정한다. 주체성은 어떤 주체에 대해서만 존재하는 것이 아니라, 단지 전체로서의 자연의 한 양태, 현상 혹은 부분이다. 둘째, 피히테와 스피노자는 자연적 설명의 범위에 관해서 충돌한다. 피히테의 설명은 반자연주의적이다. 그것은 자연의 영역을 경험으로 한정하고, 이성과 자유의 영역을 경험의 너머에 상정한다. 그러나 스피노자의 철학은 극단적으로 자연주의적이다. 그것은 모든 것을 자연 안에 위치시키며, 그렇기 때문에 어떤 것도 자연법칙을 벗어나지 못하게 된다. 이 두번째 차이 때문에 매우 중요한 한 가지 의미에서 인간 자유의 실재를, 즉 선택하는 힘, 외적 원인으로부터 독립하여 다르게 행동할 수 있는 능력을 피히테는 긍정하고 스피노자는 부정하게 된다. 스피노자에게서 인간의 의지와 행위는 자연의 일부이며 그래서 자연법칙에 따라 필연적으로 일어난다. 그러나 피히테에게서 인간의 의지와 행위는 자연을 초월하기 때문에 다르게 될 수 있는 것이다.

피히테와 스피노자의 충돌은 그들을 나누는 세번째 쟁점인 궁극적 실재 혹은 절대자에 관한 대립적인 상들에서 극에 달하는 듯하다. 피히테는 자아*ego*를 그의 절대자로 만들고, 모든 자연을 자아의 산물로 설명할 것을 제안한다. 스피노자는 자연을 그의 절대자로 만들고 자아를 그것의 산물로 설명하고자 시도한다. 따라서 우리는 두 개의 절대자, 두 개의 무한 실재의 존재를 인정할 수 없는 것처럼 피히테와 스피노자를 결합시킬 수 없다. 우리는 "자아를 모든 것으로, 그리고 세계를 무로 만들면서 동시에 세계를 모든 것으로 그리고 자아를 무로 만들" 수 없다.[5]

5) 이것이 *Hyperion*의 최종 직전 버전의 서문에서 횔덜린의 정식화였다. *GSA* III/1, p. 236.

낭만주의자들의 종합에 대해서 우리가 갖는 회의는 피히테와 스피노자에게서 그들이 보았던 것을 생각할 때 더욱 커진다. 낭만주의자들에게 피히테가 지닌 매력은 그의 급진적인 인간의 자유 개념에 있었다. 이 개념에 따르면 자아는 자기를 정립하며, 자기를 자신what it is으로 만든다. 이성의 요구에 따라서 법과 제도를 재창조할 권리를 자아에 부여함으로써 프랑스 혁명을 정당화한 것은 바로 이 자기-정립하는 자아 개념이었다. 프랑스 혁명의 지지자로서 초기낭만주의자들은 그것의 배후에 있는 개념을 끌어안지 않을 수 없었다. 낭만주의자들이 스피노자에게서 숭배했던 것은 종교와 과학의 종합이었다. 스피노자의 범신론은 이성과 신앙 사이의 모든 전통적인 갈등을 해소하는 것처럼 보였다. 그것은 자연을 신성화divinizing함으로써 과학을 종교로 만들고, 신성한 것을 자연화naturalizing함으로써 종교를 과학으로 만들었다. 하지만 정확하게 이러한 측면들에서 피히테와 스피노자는 전적으로 화해 불가능해 보인다. 만약 자연이 신적이라면, 그것은 무한할 것이고 모든 것이 자연법칙하에 놓일 것이다. 그렇다면 자연 위에는 그리고 자연 너머에는 자유의 어떠한 초월적 영역도 존재할 수 없을 것이다. 자아는 그 자신을 창조하기보다는 단순히 사물의 자연적 질서에 의해서 그것에 주어진 본질을 필연적으로 실현할 것이다.

이 모든 양립 불가능성들을 고려할 때, 피히테와 스피노자의 성공적인 결혼은 희망이 없는 것으로 보인다. 관념론자와 실재론자, 이원론자와 일원론자, 비결정론자와 결정론자를 짝지을 수 없는 것처럼 우리는 그들을 결혼시킬 수 없다. 만약 대립하는 것들 사이의 결혼이 때때로 성공한다면, 그것은 깊은 근저에서 어떤 유사성이 존재하기 때문이다. 그러나 여기에서 우리는 아무런 유사점도 발견하지 못한다. 왜 적들을 결혼시키려고 하는 것인가?

3. 주-객 동일성

아이러니하게도 낭만주의자들의 중매 노력을 처음 고무한 것은 피히테였다. 스피노자에 대한 모든 비난에도 불구하고 피히테는 낭만주의자들이 그의 적수를 그의 필수적인 보완자로 끌어안도록 사실상 강제했다. 이는 『전체 학문론의 기초』의 근본 원리들 가운데 하나이자, 피히테가 때로 주-객 동일성이라고 불렀던 원리의 불가피한 귀결이었다. 이에 따르면 주관적인 것과 객관적인 것, 관념적인 것과 실재적인 것은 궁극적으로 동일하다. 낭만주의자들은 이 원리에서 힌트를 얻어 피히테를 넘어서는 자신들의 행보를 정당화하는 데 이용했다. 그들은 주관적인 혹은 관념적인 것의 한 극은 피히테의 관념론을, 객관적인 혹은 실재적인 것의 다른 극은 스피노자의 실재론을 나타낸다고 여겼다.

왜 낭만주의자들은 피히테의 원리를 그처럼 반-피히테적인 방식으로 해석해야 한다고 느꼈을까? 이에 대한 답은 주-객 동일성 원리에 대한 피히테의 해석에 내재하는 난점들에 있다.

피히테는 예나에서의 『전체 학문론의 기초』에서 주-객 동일성을 본질적으로 자기-인식self-knowledge으로 해석했다. 자기-인식에서는 인식하는 자와 인식되는 것이 동일하기 때문에, 그것은 주체와 객체, 이상과 실재 사이에 요구되는 동일성을 갖는다. 피히테는 이 사실이 자기-인식에 모든 인식의 패러다임으로서의 지위를 부여한다고 믿었다. 모든 인식은 인식하는 자와 인식되는 것 사이에 어떤 동일성을 전제로 하며, 그러한 동일성은 자기-인식에서 증명될 수 있기 때문에, 자기-인식이 모든 인식의 기반이 되어야 한다. 어떻게든 모든 인식이 자기-인식의 한 형태—비록 잠재의식적인 자기-인식이라 할지라도—임을 보여 줄 수 있다면 우리는 인식을 위한 토대를 제공하게 될 것이다.[6)]

피히테의 원리 배후에 있는 영감은 바로 칸트의 "새로운 사유의 방법"을 이끄는 생각, 즉 우리는 오직 우리가 창조하는 것만을 선험적으로 인식한다는 것이었다.[7] 칸트는 정신이 자신의 생래적 활동을 투명하게 알 수 있으며, 그래서 자신이 창조하는 것은 무엇이든 알 수 있다고 주장했다.[8] 자아는 자신의 활동을 대상 안에서 구현하거나 드러내기 때문에, 대상에 대한 인식은 자기-인식의 한 형태가 된다. 그러므로 자기-인식은 모든 인식의 패러다임이다. 이 인식의 패러다임은 『제1비판』의 「초월적 연역」Transcendental Deduction에서 통각apperception의 통일성 형식, 즉 모든 표상에 수반되는 "나는 생각한다" 혹은 자기-인식의 형식 속에서 기본적 ── 완전히 명시적이진 않지만 ── 역할을 수행한다. 그 자기-인식은 자신의 창조성에 대한 자아의 인식이다. 저 창조성의 산물은 선험적 종합의 다양한 형태들, 즉 오성의 범주들과 감성의 시간·공간 형식들이다.

낭만주의자들은 근본적인 측면에서 피히테의 주-객 동일성의 원리를 채택했다. 그들은 주-객 동일성의 원리가 자기-인식의 어떤 형태이며, 자기-인식이 모든 인식의 기반이 되어야 한다는 데에서 피히테에 동의했다. 하지만 그들은 이 원리에 대한 피히테의 일면적이고 주관주의적인 독해와 관련해 그를 비판했다. 그들이 보기에 이 원리에 대한 피히테의 독해는 주-객 동일성을 초월적 주체의 자기-의식에, 통각의 통일성의 "나는 생각한다"에 혹은 『전체 학문론의 기초』의 "나는 나다"에 위치시키는 한에서 주관주의적이다. 피히테에게서 주-객 동일성은 본질적으로 초월적 자기-인식, 자신의 자발적인 활동에 대한 주체의 인식에 놓여 있다.

---

6) 이것이 초기 피히테적인 작품, *Abhandlungen zur Erläuterung des Idealismus der Wissenschaftslehre*, *Sämtliche Werke* I, pp. 365~366에서 셸링의 추론이었다.

7) Kant, "Vorrede", *KrV* B, p. xviii을 보라.

8) 같은 책, B, p. xiii, A, pp. xx, xiv.

피히테는 그러한 동일성이 가능한 의식의 영역 안에 있기 때문에 내재적임에 틀림없다고 주장했다. 스피노자처럼 그것을 이 영역 바깥에 위치시키는 것은 초험적transcendent이며,[9] "순수이성의 오류"인 실체화hypostasis에 해당한다.[10]

주-객 동일성 원리에 대한 피히테의 주관주의적 해석에 맞서서 낭만주의자들은 두 가지의 근본적인 반박을 제시했다. 첫째, 주관적인 것과 객관적인 것이라는 개념들 자체는 서로의 대립 안에서만 의미를 갖는다. 그것들은 경험의 영역 안에서만 구체적 의미를 갖는다. 그런데 [주-객 동일성] 원리는 경험의 가능성 자체를 설명하기 때문에 초월적이라고 여겨지며, 그러므로 경험 안에 있을 수 없다. 그렇다면 그것은 주관적이거나 혹은 객관적일 수 없다.[11] 둘째, [피히테의] 그러한 독해는 [주-객 동일성] 원리가 인식의 가능성을 설명하는 기능을 수행할 수 없게 만든다. 만약 그 원리가 "나는 있다"거나 "나는 생각한다"처럼 구성적 혹은 이론적 원리라면, 그것은 경험적 인식의 내용은 말할 것도 없이 경험에서 주체와 대상의 이원론을 도출할 수 없다. 그러나 만약 그것이 단지 자아가 자연을 통제하고자 하는 노력을 표현하는 규제적 혹은 실천적 원리라면 우리는 딜레마에 빠지게 된다. 자아가 자연을 지배하는 한, 대상은 자아의 활동의 한 산물이자 단순한 의식 대상에 지나지 않는다. 그러나 자아가 자

---

9) '초월적'(transcendental)과 '초험적'(transcendent)의 구별은 칸트에게서 유래하는 것이다. 칸트에게서 '초월적'은 선험적 인식을 가능하게 하는 것과 관련되며, 따라서 순수이성의 모든 원리들의 체계가 초월철학이 된다. 반면 '초험적'이란 가능한 경험의 한계를 넘어서는 것을 의미한다.—옮긴이

10) Fichte, *Grundlage der gesamten Wissenschaftslehre*, *Sämtliche Werke* I, p. 101.

11) 이 비판은 횔덜린의 유명한 단편 "Urtheil und Seyn", *GSA* IV/1, pp. 216~217에서 가장 분명하다. 하지만 횔덜린만이 그런 비판을 한 것이 아니었다. 셸링도 *Philosophische Briefe über Dogmatismus und Kritizismus*, *Sämtliche Werke* I, p. 329와 *Vom Ich als Princip der Philosophie*, *Werke* I, pp. 180~181에서 같은 점을 지적한다. 또한 Novalis, *Fichte-Studien* nos. 5~7, *HKA* II, p. 107을 보라.

연을 지배하지 못하는 한, 대상은 미지의 X가 된다. 따라서 우리는 자기-인식과 물자체 사이에서 선택을 해야만 한다. 1794년 『전체 학문론의 기초』의 말미에서 피히테는 모든 유한한 인식 주체에게 이 딜레마가 불가피하다는 것을 인정했다. 청년 셸링과 헤겔에게 이는 곧 실패를 인정하는 것과 같은 것이었다.[12)]

피히테의 원리에 대해 낭만주의자들이 제기한 비판의 핵심은 그것이 경험의 실재, 외부 세계의 존재를 정당하게 다루지 않는다는 것이다. 피히테의 주-객 동일성 원리는 객관 세계의 경험을 수용하지 않기 때문에 주관주의적이다. 언뜻 보기에 이 비판은 부당해 보인다. 피히테는 자신의 초월적 관념론을 경험적 실재론의 한 형태로 의도했기 때문이다. 이것은 의식하는 주체로부터 독립하여 공간 안에 있는 사물들의 실재를 설명한다. 사실 『전체 학문론의 기초』의 목적은 우리의 표상에 수반되는 필연성의 감정, 우리의 의지와 상상력으로부터 독립하여 표상들이 나타나고 사라지는 것처럼 보이는 사실을 설명하는 것이었다. 그러나 낭만주의자들은 피히테의 의도를 매우 잘 알고 있었으며, 그들은 두 가지 점에서 피히테에게 반대했다. 첫째, 경험적 실재론은 불충분하다. 그리고 둘째, 피히테는 그것을 보증하지도 못한다. 경험적 실재론은 불충분한데, 왜냐하면 그것은 대상들이 경험적 자아로부터 독립하여 존재하는 것을 허락하지만, 자연법칙을 제공하는 초월적 주체로부터 독립하여 존재하는 것은 허용하지 않기 때문이다. 낭만주의자들은 자연에 독립적인 실재를 부여하는 데서 피히테보다 더 나아가기를 원했다. 그들은 '고차적 실재론'

12) 이 두번째 비판은 초기 헤겔과 셸링에게서 가장 분명하다. Schelling, *Sämtliche Werke* IV, pp. 356~361에서 그들의 *Fernere Darstellung aus dem System der Philosophie*를 보라. 그리고 Schelling, *Sämtliche Werke* V, pp. 108~115에서 그들의 "Über das Verhältniß der Naturphilosophie zur Philosophie überhaupt"를 보라.

higher realism을 요구했다. 그것은 경험적이든 초월적이든, 주체로부터 독립적인 자연에 실재를 부여할 것이다.[13] 이 '고차적 실재론'은 스피노자에 대한 공감의 근거이자 결과였다. 둘째, 피히테는 그의 경험적 실재론조차 확립하지 못했다. 피히테는 "자아는 자기를 절대적으로 정립한다"는 『전체 학문론의 기초』의 첫째 원리가 자아에 대립하는 비-자아의 실재를 도출할 수 없음을 인정했다. 1794년 『전체 학문론의 기초』 1부의 매우 미묘하고 복잡한 추론은 결국 자기-정립하는 자아가 자신에 대립하는 비-자아를 정립함으로써 스스로를 제한할 수 없다는 결론에 이르렀다. 1794년 『전체 학문론의 기초』에서 피히테의 연역 프로그램의 실패로 인해 낭만주의자들은 그의 주관주의적 원리의 한계를 넘어서야 함을 결정적으로 확신하게 되었다.

4. 유기체적 자연 개념

결국 낭만주의자들로 하여금 피히테의 관념론의 일면성을 버리고 스피노자의 '고차적 실재론'으로 그것을 보완하도록 강제한 것은, 외부 세계의 실재를 설명하고 비-자아의 순전한 타자성otherness을 정당하게 다루어야 할 필요였다. 그들은 어떻게든 우리의 외부 세계 경험을 수용하는 주-객 동일성 원리에 대한 해석을 찾아야 했을 것이다. 이는 내재적으로 역설적인 과제였다. 주-객 동일성 원리는 주체와 객체의 동일성을 상정하지만, 일상적인 경험은 그것들이 서로 구분된다는 것을 보여 주는 것

---

13) 예를 들어 프리드리히 슐레겔에 대해서는 *Philosophische Lehrjahre* nos. 134, 209, 606, *KA* XVIII, pp. 31, 38, 80을 보라. 노발리스에 대해서는 *Das allgemeine Brouillon*, nos. 634, 69, 633, 820, *HKA* III, pp. 382~384, 252, 382, 429와 *Fragmente und Studien* no. 611, 같은 책, p. 671을 보라.

같기 때문이다. 어떻게든 주-객 동일성과 주-객 비동일성의 동일성이 있어야만 할 것이다. 그러나 이 희망사항을 정식화하는 것만으로도 스스로 모순을 범하는 것 같다. 이보다 덜 역설적이지 않은 다른 정식화는 피히테의 관념론과 스피노자의 실재론 사이에 어떤 통일성이 있어야 한다고 주장하는 것이다.

낭만주의자들이 이 난국을 벗어나는 길은 유기체적 자연 개념에 있었다. 셸링은 1798년의 『세계 영혼에 대하여』*Von der Weltseele*에서 처음으로, 그리고 1799년의 『자연철학 체계의 기획』*Entwurf eines Systems der Naturphilosophie*에서 이 개념을 매우 자세하게 그리고 엄밀하게 발전시켰다. 하지만 동일한 관념이 프리드리히 슐레겔과 노발리스, 횔덜린의 노트에서도 나타난다.

낭만주의적 자연 개념 배후에 있는 근본 개념은 자연목적Naturzweck 개념이다. 셸링과 낭만주의자들에게 중대한 영향을 미쳤던 텍스트인 『판단력비판』의 65절에서 칸트가 이 개념을 매우 구체적으로 정의했다. 그는 어떤 것이 두 가지 본질적 조건을 만족시킬 때에만 자연목적이라고 적었다. 첫째, 그것은 유기체적 통일성organic unity을 가져야 한다. 거기서 각 부분은 전체와 분리 불가능하며, 전체의 관념이 각 부분의 위치를 결정한다. 둘째, 그것은 자기-발생적이고 자기-조직적이어서, 모든 부분들은 상호적으로 서로의 원인과 결과이며, 외부의 원인을 갖지 않는다. 칸트는 이 두번째 조건이 예술 작품과 대조되는 자연목적의 고유한 특징이라고 주장한다. 예술 작품과 자연목적은 전체의 어떤 관념에 따라 산출된다는 공통점을 갖는다. 그러나 오직 자연목적만이 자기-산출적이다. 자연의 설계와 구조는 어떤 내적 원리에 따라 안으로부터 나오며 예술 작품에서처럼 외부에서 오지 않는다.

유기체적 자연 개념은 칸트의 자연목적 관념을 일반화 혹은 확장하여 자연 전체에 적용되도록 했다. 유기체적 개념은 자연 전체가 하나의 거대한 자연목적이라고, 그것의 각 부분들 또한 그러한 목적이기 때문에 자연이 유기체들의 유기체라고 말한다. 이 개념은 자연의 모든 것들에 걸쳐 단일한 생명력을 상정하여, 광물, 식물, 동물의 모든 다른 종들 그리고 심지어 물질의 모든 다른 종류들은 단순히 저 생명력의 조직화와 발전의 수많은 다른 정도들degrees이 된다. 그리하여 자연의 모든 것들은 하나의 거대한 위계를 형성하는데, 이 위계는 생명력의 조직화와 발전의 다양한 단계들로 구성된다. 생명력은 가장 먼저 물질의 가장 단순한 형태들로 현상하고, 그 다음 보다 복잡한 광물, 식물, 동물을 거쳐 마지막으로 초월적 철학자의 자기-의식 및 예술적 천재의 창조성과 같은 가장 복잡한 삶의 형태들에서 끝난다. 그러한 자기-의식은 자연의 모든 힘들 중 최상의 조직화와 발전에 해당한다. 이것이 의미하는 바는 자연에 대한 예술가나 철학자의 인식은 곧 그들을 통해서 자연이 자기-인식self-awareness에 이르는 것이기도 하다는 사실이다.

유기체적 자연 개념이 지닌 가장 중요한 함의는 정신적인 것과 물리적인 것 사이에 종의 구별이 아니라 정도의 구별만이 존재한다는 것이다. 정신과 육체는 더 이상 이질적인 실체들이 아니다. 그것들은 자연에 걸쳐 있는 단일한 생명력의 조직화와 발전의 다른 수준들일 뿐이다. 정신적인 것은 단지 물질 안에서 작용하는 생명력의 조직화와 발전의 최고 정도이며, 물질은 단지 정신 안에 존재하는 생명력의 조직화와 발전의 가장 낮은 정도일 뿐이다. 그렇기 때문에 우리는 정신을 최고로 조직되고 발전된 물질로, 그리고 물질을 덜 조직되고 발전된 정신으로 간주할 수 있다. 셸링이 말하듯이 “자연은 눈에 보이는 정신이며, 정신은 눈에 보이지 않는 자연이다”(II, 56).

5. 유기체주의의 근거

의심할 바 없이 셸링의 유기체적 자연 개념은 대담하고 공상적이어서, 예상대로 실증주의자들과 신칸트주의자들은 그것을 부주의하고 과도한 사변이라고 비난했다. 하지만 그런 판단은 자연철학의 맥락, 정확하게는 18세기 말 물리학과 생리학의 위기를 고려하지 못한 것이다. 비록 셸링이 자신의 개념에 대해 궁극적인 실험적 증거를 주장할 수 없었지만——그리고 주장하지도 않았지만——그는 당시 최신의 과학적 결과들이 그것을 보증한다고 믿었다. 그러나 보다 중요한 사실이 있다. 셸링은 먼저 그의 개념이 생리학과 물리학이 직면했던 지속적인 문제에 대한 유일한 해결책이라고 보았기 때문에 그것을 발전시켰던 것이다. 유기체적 개념을 옹호하는 주된 논변은 경험적이라기보다는 개념적이다. 오직 그것만이 18세기 자연과학에 내재한 위기를 해결할 수 있는 듯했다.

셸링은 무엇보다도 그의 개념을 17세기 초 이래로 생리학을 괴롭혀 오던, 이원론 대 기계론적 유물론이라는 명백하게 불가피한 딜레마에 대한 해결책으로 제안했다. 만약 우리가 데카르트적인 물질 개념과 그것의 기계론적 설명 패러다임을 채택한다면 취할 수 있는 유일한 가능성은 이 양극단인 듯했다. 데카르트적 개념에 따르면 물질의 본질은 연장에 있고 내재적으로 부동적이어서 어떤 외적 힘에 의해 움직여질 때에만 운동한다. 기계론적 패러다임에 따르면 우리는 모든 사건을 한 물체가 다른 물체에 가한 충격에 기인하는 것으로 설명한다. 그리고 주어진 시간 내에 물체가 얼마나 위치를 이동했는가에 의해 충격의 크기를 측정한다. 이 개념과 패러다임을 채택할 경우 우리는 두 개의 반갑지 않은 선택지들 사이에서 선택을 해야만 한다. 생명을 자연의 바깥에 두고 이원론자가 되거나, 혹은 생명을 운동하는 물질로 환원하여 기계론자가 되는 것이다. 그러나 두 선택지 모두 만족스럽지 못하다. 기계론자는 자연주의의 원리를 주장하지만 생명의 고유한 성질을 무시하는 것 같고, 이원론자는 그런 성질을 인정하지만 그것을 과학의 방법에 따라 설명될 수 없는 신비로운 독자적sui generis 영역으로 이송해 버린다.

셸링의 유기체적 개념의 목적은 이 딜레마의 양극 사이에서 어떤 제3의 길을 제공하는 것이었다.[14] 셸링은 기계론이 생명의 독자적 성격을 설명할 수 없다는 데에서 이원론자들에게 동의했다. 그러나 그는 자연법칙에 따라 생명을 설명하려는 유물론자들의 노력에도 공감했다. 그는 유기체적 자연 개념만이 생명과 정신에 대해 자연주의적이면서 비환원주의적인 설명을 제공함으로써 이원론과 유물론 양자의 문제점을 피할 수 있다고 믿었다. 유기체는 메커니즘으로 환원되지 않기 때문에 생명을 기계로 환원하지 않는다. 하지만 유기체는 자연법칙에 따라 움직이기 때문에 자연주의의 원리에 대한 침해도 없다. 따라서 유기체적 개념은 이원론과 유물론의 배후에 있는, 모든 자연적 설명은 기계론적이라는 공통 전제를 문제 삼는다. 유기체적 개념은 자연적 사건들을 그것에 작용하는 외적 원인들이 아니라, 체계적인 전체 안에서 그것이 차지하는 필연적인 위치를 통해 설명한다. 설명의 패러다임은 이제 분석적이거나 원자적이지 않고 전체론적이다.

셸링의 유기체적 개념은 생리학의 위기뿐만 아니라 물리학의 위기에 의해서도 요구되었다. 18세기 후반 물리학에 대한 주된 도전은 본질적으로 데카르트 이후 물리학을 지배해 온 기계론적 패러다임이 더 이상 물질을 설명하지 못하는 것처럼 보인다는 사실에서 나왔다. 문제의 근원은

---

14) Schelling, *Von der Weltseele*, *Sämtliche Werke* II, pp. 496~505와 *Erster Entwurf eines Systems der Naturphilosophie*, *Sämtliche Werke* III, pp. 74~78을 보라.

뉴턴의 중력법칙에 있었다. 누구도 뉴턴의 법칙을 의심하지 않았으며, 그것은 관찰과 실험에 의해 누차 확인되어 왔다. 그러나 그것은 빈 공간을 통해 작용하는 듯한 물체들 사이의 인력引力을 상정했다. 따라서 '원거리 작용'이라는 난감한 문제가 제기되었다. 이는 기계론적 물리학에게는 심각한 문제였다. 그것은 하나의 물체가 다른 물체에 부딪힘으로써 오직 충격을 통해서만 다른 물체에 작용한다고 주장했기 때문이다. 어떤 물리학자들은 고집스럽게 그러나 필사적으로 물체들 사이에 신비로운 매질 혹은 유동물을 상정함으로써 인력을 설명하려 했다. 하지만 실험을 통해 그것들의 존재를 밝혀 내는 데에는 실패했다.[15]

18세기 말 전기와 자기, 화학에서의 연구는 기계론에 조종을 울리는 것 같았다. 원거리 작용을 설명하는 문제는 훨씬 더 중요해졌다. 이 다양한 연구 영역에서의 최신 발견들은 물질 자체가 인력과 척력으로 존재한다고 제안하는 듯했다. 뉴턴이 대우주를 위해 상정했던 힘들은 이제 소우주에도 유효해 보였다. 물질의 본질은 더 이상 부동의 연장이 아니라 역동적 힘인 듯했다. 하지만 만약 그렇다면 이제 생명뿐만 아니라 물질도 기계론적 설명을 거부한다. 아무튼 이것이 자연철학에 대한 셸링의 첫번째 저작, 1797년의 『자연철학의 이념』*Ideen zu einer Philosophie der Natur*의 주된 결론이었다.

이제 우리는 셸링을 유기체적 자연 개념으로 몰아간 일반적인 지적 원동력을 이해하기에 훨씬 나은 입장에 있다. 만약 자연주의적 세계관을 확장해 정신과 생명이 자연의 일부분이 된다면, 더 나아가 생명과 정신은 고사하고 물질에 대해서도 기계론적 설명이 불가능하다면, 이제 앞으로

15) 이 실험들에 대해서는 Thomas L. Hankins, *Science and the Enlightenment*, Cambridge: Cambridge University Press, 1985, pp. 46~80을 보라.

나아가는 유일한 걸음은 유기체적 패러다임을 확장해 그것이 자연의 모든 것들에 유효하도록 하는 것뿐이다. 유기체적 패러다임의 위대한 약속은 그것이 기계론의 몰락 이후 자연의 통일성의 원리, 생명과 물질 모두에 단일한 설명 형식을 보장했다는 것이다. 마침내 연속의 법칙lex continui이 주장되었다. 정신과 물질, 유기체적인 것과 비유기체적인 것은 더 이상 분리되지 않았다. 그것들은 단지 생명력의 다른 현현들일 뿐이었다.

유기체적 자연 개념의 위대한 선구는 데카르트주의의 오랜 적인 라이프니츠였다. 그것은 예정조화설을 주장하고 정신적인 것과 물리적인 것을 구별되는 영역으로 만든 대중적인 라이프니츠가 아니라, 단자론을 주장하고 물질을 단지 생명력의 외양으로 만들어 버린 은밀한esoteric 라이프니츠였다. 헤르더와 셸링이 자기-의식적이고도 명시적으로 라이프니츠를 부활시킨 것은 우연이 아니었다.[16] 아이러니하게도 칸트가 막 감금한 원조 독단론자가 지금 부활한 것이다. 마침내 라이프니츠의 시간이 왔다. 그가 쓰고 있는 바로크 시대의 가발에도 불구하고, 라이프니츠는 낭만주의 시대의 애인이 되었다.

6. 부활한 스피노자주의

물론 다른 애인은 '성스러운 스피노자'였다. 슐레겔과 노발리스, 셸링, 횔덜린, 슐라이어마허는 모두 그에게 경애를 표했다. 훗날 헤겔은 스피노자의 실체substance의 에테르 안에서 철학하기를 배워야 한다고 말했다. 이로써 그는 한 세대 전체가 가졌던 확신을 요약했다.[17] 그러나 낭만주의

---

16) Johann G, Herder, *Gott, Einige Gespräche*, *Sämtliche Werke* XVI, ed. B. Suphan, Berlin: Weidmann, 1877~1913, pp. 458~464와 Schelling, *Ideen zu einer Philosophie der Natur*, *Sämtliche Werke* II, p. 20을 보라.

형이상학을 스피노자의 소생에 불과한 것으로 보는 것은 심각한 잘못이다. 왜냐하면 낭만주의자들은 스피노자를 심오하게, 그것도 바뤼흐가 무덤 안에서도 통탄할 방식으로 재해석했기 때문이다. 물론 그들은 스피노자를 재해석함으로써만 그의 자연주의와 실재론을 칸트와 피히테의 관념론과 통합할 수 있었을 것이다.

낭만주의자들은 스피노자 체계의 두 가지 측면에 특히 이끌렸다. 첫 번째 측면은 그의 일원론, 즉 유일한 우주가 존재하며 정신적인 것과 물리적인 것은 그 우주의 다른 속성들에 불과하다는 그의 믿음이었다. 스피노자의 일원론은 생리학에서 그토록 많은 문제를 만들어 냈던 데카르트 전통의 이원론적인 유산에 대한 안티테제였다. 두번째 측면은 스피노자의 범신론, 즉 신적인 것과 자연의 동일시였다. 낭만주의자들은 스피노자를 무신론자로 보는 매우 흔한 해석을 거부했다. 그러한 해석은 능산적 자연을 소산적 자연으로 단순히 혼동한 것이었다. 스피노자는 무신론자라기보다는 "신에 취한 인간"der Gott betrunkener Mensch이었다. 왜냐하면 그는 모든 것을 신적인 것의 양태mode로 보았기 때문이다. 이처럼 신적인 것을 자연과 동일시하는 것은 과학의 시대에 종교를 살아 있게 만드는 유일한 길인 것 같았다. 오래된 유신론은 근대적인 『성서』 비판의 압박 아래 무너졌고, 이신론은 흄과 칸트가 제기한 비판 앞에서 비틀거렸다. 오직 스피노자의 범신론만이 이성적 비판이나 과학의 진보를 견딜 수 있었다. "신 즉 자연"deus sive natura이라는 슬로건은 신적인 것을 자연화함으로써 종교를 과학으로, 자연적인 것을 신성화함으로써 과학을 종교로 만드는 것처럼 보였다.

하지만 스피노자주의의 매력에도 불구하고 낭만주의자들은 그것

---

17) Hegel, *Geschichte der Philosophie*, *Werkausgabe* XX, p. 165.

이 극복할 수 없는 문제를 안고 있다고 믿었다. 스피노자 체계의 핵심적인 결함은 그것이 아직도 낡은 데카르트 물리학의 도그마에 의해 제약받고 있다는 것이었다. 스피노자는 데카르트적인 연장으로서의 물질 개념을 받아들였을 뿐만 아니라 기계론적 설명의 패러다임을 승인했다. 그러나 이 측면에서 스피노자는 자신이 시대의 자식임을 보여 주었을 뿐이다. 스피노자의 체계를 살아 있게 하려면 전기·자기·화학에서의 최신 성과에 따라 그것을 재해석해야 할 것이다. 낭만주의자들에게 이는 오직 하나, 바로 새로운 유기체적 설명 패러다임에 따라 스피노자주의를 재해석하는 것을 의미했다.

그러한 유기체적 해석은 스피노자의 체계에 심오한 몇 가지 변화를 가져왔다. 첫째, 그 해석은 스피노자의 얼어붙고 경직된 우주에 발전의 관념을 도입하였다. 스피노자의 실체는 이제 생명력, 모든 힘들의 원천적 힘die Urkraft aller Kräfte에 해당하는 것이 되었다. 그러한 실체는 더 이상 정적이며 영원한 것이 아니라, 능동적이며 시간적인 것이 되었다. 그리고 맹아적인 것에서 조직된 것으로, 규정적인 것에서 미규정적인 것으로, 잠재적인 것에서 실제적인 것으로 발전을 겪는다. 스피노자 자신도 실체를 힘으로 이해하기는 했지만,[18] 결코 라이프니츠의 활력vis viva을 따라 유기체적으로 힘을 이해하지는 않았다. 더 나아가 실체는 그것의 양태들과 순수하게 논리적으로 관계했기 때문에, 그의 힘은 결코 시간 안에서가 아니라 영원 속에서 작용했다.

둘째, 유기체적 해석은 스피노자의 체계에 목적론의 요소를 주입했다. 만약 신적인 실체가 하나의 유기체라면, 그것 역시 하나의 자연목적

---

18) Spinoza, *Ethica*, *opera* II, ed. C. Gebhardt, Heidelberg: Winter, 1924, p. 77, par. I, prop. xxxiv를 보라.

이며, 그것의 목표는 자연을 거쳐서 자신의 잠재성을 실현하는 것이 된다. 잘 알려진 사실이지만 스피노자는 그의 체계로부터 목적론을 추방했다. 자연이 인간의 목적을 위해 신에 의해 설계되었다고 암시함으로써 목적론이 신인동형론적anthropomorphic이고 인간중심적이라는 이유에서였다.그러나 낭만주의자들은 그가 너무 성급하게 목적론을 거부했다고 믿었다. [하지만] 그들은 또한 과거의 낡은 자연-신학physio-theology도 거부했다. 자연-신학은 자연을 인간에 봉사하도록 신에 의해 창조된 수단인 것처럼 이해하기 때문이다. 그러나 이것은 목적이 사물들에게 [외부로부터] 부과된다고 보는 '외적 목적론'external teleology이었다. 그것은 목적이 전체의 관념으로서 혹은 개념으로서 사물에 내재한다고 보는 '내적 목적론'internal teleology이 아니다. 내적 목적론은 인간의 목적을 거론할 필요가 없다. 그것은 한 사물의 목적이 그것의 내재적인 개념 혹은 본질에서 도출된다고 가정하기 때문이다.

셋째, 유기체적 해석은 또한 자연 안에 피라미드 혹은 위계의 관념, '존재의 거대한 연쇄'의 관념을 포함했다. 스피노자는 모든 양태들을 동일한 지위에 두었다. 바위나 야채, 혹은 인간은 모두 무한자의 동등한 현현들이며, 무한자는 모든 사물들 안에서 완전하게 현존한다. 그러나 낭만주의자들의 유기체적 개념은 오랜 위계적 자연 개념으로의 회귀를 의미했다. 만약 우주가 생명력이라면, 모든 그러한 힘들처럼 그것은 점증하는 조직화의 수준들을 거쳐 정도에 따라 단계적으로 발전한다. 낭만주의자들에게서 신적인 힘의 조직화와 발전의 최고 수준은 예술가나 철학자, 성인의 창조성에 해당했다. 그들의 창조성은 자연의 모든 유기체적 힘의 정점이었다. 예술가가 창조한 것은 신적인 것이 그를 통해 창조한 것이고, 따라서 그의 작품은 바로 신적인 것의 계시에 해당했다.

넷째, 유기체적 해석은 또한 스피노자의 속성들attributes, 즉 정신적인 것과 물리적인 것이 단순히 유일한 불가분적 실체의 다른 속성들이라는 독트린에 대한 새로운 설명을 의미했다. 논쟁의 여지없이 이 독트린은 스피노자의 체계에서 가장 이해하기 힘든 부분 가운데 하나이다. 그것을 어떻게 해석하는가는 속성이 순수하게 주관적인 어떤 것—단순히 지성이 실체를 설명하는 혹은 이해하는 방식—인가, 혹은 객관적인 어떤 것—신적인 것의 본성으로부터 필연적으로 따라 나오는 특성—인가에 달려 있다. 하지만 우리가 스피노자의 독트린을 어떻게 이해하든, 그리고 우리의 해석이 그를 얼마나 낭만주의자들에게 근접시키든, 여전히 낭만주의자들은 한 가지 측면에서 그것을 재해석했다. 즉, 그들은 스피노자의 속성을 생명력의 조직화와 발전의 다른 정도들이라고 유기체적으로 이해했다. 정신적인 것과 물리적인 것은 단지 실체의 다른 특성들 혹은 실체에 대한 다른 관점들이 아니라, 생명력의 조직화와 발전의 다른 정도들인 것이다.

스피노자의 세계를 조직함으로써 낭만주의자들이 라이프니츠적인 노선에 따라 그것을 재해석했다고 말하는 것은 정당하다. 그들의 스피노자 재해석은 본질적으로 스피노자와 라이프니츠의 종합이었다. 낭만주의자들은 라이프니츠의 활력을 스피노자의 유일한 무한 실체와 융합하여 생기론적 범신론vitalistic pantheism 혹은 범신론적 생기론pantheistic vitalism을 만들어 냈다. 그들은 스피노자의 일원론을 받아들였지만, 그의 기계론은 거부했다. 그들은 라이프니츠의 다원론을 거부했지만, 그의 생기론, 그의 역학에 내포된 유기체적 자연 개념은 받아들였다. 이처럼 17세기의 가장 위대한 독단적 형이상학자들인 라이프니츠와 스피노자를 놀랍게 융합함으로써 낭만주의자들은 칸트 이후 세대의 아포리아를 해결하려고 했다.

7. 관념론과 실재론의 행복한 결혼

우리는 이렇게 부활한 스피노자주의를 통해 관념론과 실재론을 융합하려는 낭만주의자들의 시도를 해석해야 한다. 라이프니츠와 스피노자의 결혼은 피히테와 스피노자의 혼인을 위한 기반이었다. 생기론적 일원론 혹은 일원론적 생기론은 피히테의 관념론과 스피노자의 실재론이 가진 진리를 보존하고 오류를 부정하는 최상의 길로 보였다.

관념론과 실재론을 융합하려는 낭만주의자들의 시도는 무엇보다도 먼저 스피노자의 속성 독트린을 되살리려는 시도로 이해되어야 한다. 저 독트린에 따르면 우리는 전체 우주, 유일한 무한 실체를 사유 혹은 연장의 속성하에서 파악할 수 있다. 정신적인 것과 물리적인 것은 더 이상 구별되는 실체들이 아니라, 단지 유일자의 다른 속성 —특성이나 관점(혹은 양자 모두)—들이다. 정신적인 것과 물리적인 것은 더 이상 이질적인 사물들이 아니기 때문에, 더 이상 그것들 간의 상호작용을 설명하는 문제가 생기지 않는다. 모든 것을 사유 혹은 연장의 속성하에서 설명할 수 있기 때문에 유일한 무한 실체, 전체 우주는 분열되지 않은 채 남아 있다.

스피노자의 이 어려운 독트린에 대한 적어도 하나의 해석에 의하면, 그것은 관념론과 실재론의 주장에 똑같은 무게를 주는 듯하다. 만약 모든 것을 사유의 속성하에서 해석하면, 마치 존재하는 모든 것이 정신적이거나 관념적이라는 듯이 우리는 관념론적으로 진행한다. 그리고 만약 모든 것을 연장의 속성하에서 설명하면, 마치 존재하는 모든 것이 단지 물질의 외양이거나 현현이라는 듯이 우리는 모든 것을 유물론적으로 혹은 실재론적으로 설명한다. 그러한 해석의 장점이 무엇이든 낭만주의자들은 그것을 승인하고 관념론과 실재론의 종합을 위한 힌트로 여긴다. 그들은 이제 피히테의 주-객 동일성 원리를 스피노자적인 노선에 따라 재해석한다. 주체와 객체의 동일성은 초월적 주체의 자기-인식이 아니라 유일의 무한 실체 안에 위치하며, 이 실체는 주관적(관념론적)으로 해석되든 혹은 객관적(실재론적)으로 해석되든 동일한 것으로 남는다.

물론 낭만주의자들이 스피노자의 독트린을 유기체적으로 비틀었기 때문에, 관념론과 실재론의 종합은 유기체적으로 이해되어야 한다. 물질을 정신 안에 있는 생명력의 조직화와 발전의 가장 낮은 수준에 불과한 것으로 여기면서 모든 것을 위에서 아래로 볼 때, 우리는 전체 우주를 관념론적으로 해석할 수 있다. 또한 정신을 물질 안에 이미 잠재되고 내재한 생명력의 조직화와 발전에 불과하다고 여기면서 모든 것을 아래에서 위로 볼 때, 우리는 그것을 실재론적으로도 이해할 수 있다. 만약 자연이 눈에 보이는 정신에 불과한 것이라면 그리고 정신이 단지 눈에 보이지 않는 자연에 불과한 것이라면, 관념론과 실재론은 모두 옳았던 셈이다. 중요한 것은 하나의 형태 혹은 설명을 다른 것과 비교해 특권화하지 않는 것이다. 둘 모두 유일한 실재, 즉 생명력에 대해 독립적이고 똑같이 정당한 관점들이다.

마치 관념론과 실재론의 모든 주장들이 받아들여질 수 있다는 듯이 양자의 종합이 두 견해를 남김없이 수용하리라고 생각하는 것은 순진하다. 그것들의 통찰은 보존되어야 하지만 그것들의 환상은 부정되어야 한다. 자연이 목적론적으로 이해될 수 있다고 생각한 것, 모든 것이 자기-의식이나 주체성을 통해 설명될 수 있다고 가정한 것은 관념론의 통찰이었다. 자기-의식은 진정 자연의 목적, 자연의 모든 힘들의 최고의 조직화와 발전에 해당한다. 하지만 낭만주의자들은 관념론자들이 목적론적인 것과 존재론적인 것을 혼동함으로써 길을 잃었다고 믿었다. 다른 말로 하자면 자기-의식과 주체성이 모든 자연의 목적이라 하더라도, 이로부터 모든 것이 어떤 자기-의식 혹은 주체 안에만 존재하게 되는 것은 아니다. 주체성이 사물들의 목적이라 하더라도, 이는 오직 주체성만 존재한다는 뜻이 아니다. 따라서 모든 것이 자아를 위해 존재한다는 피히테의 원리는 옳지만, 이는 모든 것이 자아 안에 존재한다는 것이 아니라 자연이 그것의 궁극적 목적을 자아 안에서 이룬다는 것을 의미할 뿐이다. 관념론자들은 설명의 순서에서 첫째인 것이 반드시 존재의 순서에서 첫째는 아니라고 하는 아리스토텔레스의 오래되었지만 근본적인 지적을 따르지 못했다. 정신은 자연의 목적이지만, 즉 모든 것은 정신을 위해 생겨나지만, 이로부터 정신이 자연의 모든 것을 창조한다고 말할 수는 없다.

실재론적 관점은 주체성과 독립적으로 존재하는 자연이 있다고 생각한 점에서 그리고 자연이 인간의 인식과 별개로 그에 앞서 존재한다고 가정한 점에서 옳다. 만약 주체성이 설명의 순서에서 첫째라면, 객관성은 존재의 순서에서 첫째이다. 인간의 자기-의식이 단지 물질 안에 함축적·맹아적·잠재적으로 존재하는 힘들의 현현이자 발전이라는 생각은 참으로 옳다. 그러나 실재론자는 자연이 인간적·주관적 혹은 관념적인 것에 무관심한 물자체라고 생각한 데서 길을 잃는다. 만약 인간의 자기-의식이 자연의 모든 유기체적 힘들의 최고의 조직화이자 발전이라면, 자연은 인간의 자기-의식을 통해서만 완전히 현실화되고 결정적이 된다. 같은 이유로 만약 그러한 자기-의식이 없다면 자연은 자기를 완전히 실현하지 못할 것이다. 사실 그것은 계속 존재하기는 하겠지만, 단지 어떤 잠재적·맹아적·미규정적 형태로만 존재할 것이다. 그것은 거대한 떡갈나무가 되지 못한 어린 묘목과 같을 것이다.

낭만주의자들은 그들이 조직한 스피노자주의 안에 관념론을 수용했다. 이것이 스피노자주의에 본질적으로 목적론적인 의미를 주었음을 쉽게 이해할 수 있다. 낭만주의자들은 더 이상 자아에게 무심하지 않은 세계의 이해를 추구했다. 그들은 자아를 다시 창조의 정점에 앉힘으로써 스피노자주의가 가졌던 저 가혹한 함축을 피했다. 이것을 단순히 스피노자가 과거에 목적론에 대해 비난했던 바로 그 결함들인 신인동형론과 인간중심주의로의 회귀라고 반박할 수도 있을 것이다. 하지만 이것이 신인동형론과 인간중심주의의 새로운 종류임을, 스피노자가 비판했던 범위의 바깥에 있는 것임을 이해해야 한다. 이미 보았듯이 낭만주의자들은 스피노자의 논박 대상이 낡은 자연-신학의 외적 목적론이라고 주장했다. 외적 목적론은 모든 것이 인간을 위해서만, 오직 인간의 목적을 위한 수단으로서만 존재한다고 본다. 이것은 코르크나무의 존재를 인간의 와인 병마개의 필요로 설명하는 목적론이다. 하지만 낭만주의자들의 신인동형론과 인간중심주의는 내적 목적론에서 나왔으며, 이에 따르면 자연 안의 모든 것은 그 자체로 하나의 목적이다. 낭만주의자들은 자연목적이 자체의 발전의 내재적 법칙을 따름으로써 인간의 자기-의식 형성을 위한 기반을 마련한다고 주장했다.

이러한 맥락에서 낭만주의자들의 유기체적 자연 개념이 모든 것은 상호적으로 수단이자 목적임을 함축한다는 사실은 주목할 만하다. 관점에 따라 우리는 유기체의 각 부분을 전체의 발전을 위한 수단으로 볼 수도 있고, 전체를 각 부분의 발전을 위한 수단으로 볼 수도 있다. 이는 자연이 인간을 위해 발전한다고 말하는 것과 인간이 자연을 위해 발전한다고 말하는 것이 모두 가능함을 의미한다. 낭만주의자들이 후자에 비해 전자의 함축—보다 신인동형론적이고 인간중심주의적인 측면—을 무척 자주 강조한다면, 그것은 단지 스피노자의 무심한 실체의 씁쓸한 측면, 즉 모든 인간적 관심으로부터의 그것의 완전한 독립성을 무디게 하기 위해서이다. 낭만주의자들이 보기에 그러한 믿음은 기계론적 물리학의 또 한 가지 골칫거리 유산일 뿐이었다. 이제 유기체적 자연 개념 덕택에 그것의 종말을 예견할 수 있게 되었다.

8. 인식론의 개조와 부활

낭만주의의 유기체적 자연 개념은 근본적인 측면에서 데카르트의 인식론적 전통과 단절했다. 이 전통은 기계론적 물리학의 여러 근본 가정에 따라 인식을 분석했었다. 이 가정들 가운데 하나는 자연 안의 모든 실체들처럼 인식의 주체와 객체가 작용인과성을 통해서만 서로 상호작용한다는 것이다. 주체와 객체는 모두 실체, 자족적이고 독립적인 존재들이다. 이것들은 인과관계를 통해서만 서로 연결된다. 관념론에서처럼 주체가 대상의 원인이거나, 실재론에서처럼 대상이 주체의 원인이거나, 실재론과 관념론의 어떤 조합에서처럼 양자가 서로의 원인과 결과였다. 어느 경우이든 주체와 객체 사이에는 양측의 동일성을 변화시키지 않는 인과적 상호작용만 있다. 또 하나의 가정은 데카르트의 이원론이다. 기계론은 사유하는 것을 설명하지 못했기 때문에 그것을 자연의 질서 너머에 있는 독자적 영역에 위치시켰다. 자연은 전적으로 연장된 것에 존재한다. 이 이원론은 외적 세계에 대한 인식이 매우 다른 두 항, 즉 정신적 표상과 연장된 대상으로 존재해야 함을 의미했다. 이것들의 상응은 대개 일종의 유사성 혹은 동형성isomorphism으로 이해되었다.

물론 이 가정들은 인식의 가능성을 설명하는 데서 넘어설 수 없는 난점들을 만들어 냈다. 만약 표상이 정신적 영역에 속하고 그 대상이 물리적 영역에 속한다면, 어떻게 그것들 사이에 상응이 있을 수 있는가? 어떻게 그처럼 이질적인 존재들 사이에 유사성을 귀속시킬 수 있는가? 데카르트적 모델의 둘째 가정은 첫째 가정을 위태롭게 한다. 왜냐하면 첫째 가정은 인과적 상호작용을 통해 상응이 발생한다고 가정하지만, 둘째 가정은 정신적인 것과 물리적인 것 사이의 원인-결과 관계를 생각할 수 없게 만들기 때문이다. 기계론적 모델은 한 대상이 충격을 통해 다른 것에 작용한다고 전제하고, 주어진 시간 내 위치 변화의 크기로 충격을 측정한다. 하지만 정신적-물리적인 것의 이원론은 사유하는 것이 공간을 차지하지 않음을 의미한다. 따라서 어떻게 물리적 원인이 정신적 결과를 낳을 수 있는지 이해하는 것이 불가능하다. 기계론적 모델은 자연 세계의 연장된 대상들 사이에는 잘 작동하지만, 인식의 장소인 사유하는 실체처럼 연장되지 않은 대상들에는 적용되지 않는다. 따라서 데카르트적 자연 개념의 최종 결과는 인식이 전적인 미스터리가 되는 것이다. 표상과 그 대상 사이의 유사성이 어디에 있는지, 그리고 도대체 인식이 어떻게 생겨나는지 설명하는 것이 불가능하다.

기계론적 자연 모델을 유기체적 모델로 대체하면 전통적 인식론의 미스터리들은 사라진다. 첫째, 정신적인 것과 물리적인 것의 이원론은 없다. 둘 다 생명력의 조직화와 발전의 정도들이기 때문이다. 따라서 이질적인 존재들 간의 상응을 설명해야 하는 문제가 없다. 주체가 대상에 대해 갖는 표상은 대상과 다른 세계에 있지 않다. 그것은 단지 대상적인 세계 안에 있는 생명력의 조직화와 발전의 더 높은 정도이다. 둘째, 주체와 대상 간에는 우연적 인과관계뿐만 아니라 보다 가까운 동일성의 유대가 존재한다. 주체 혹은 대상은 각자 오직 다른 것 안에서만 그리고 다른 것을 통해서만 자신의 본성을 실현한다. 유기체적 모델에 따르면 자연 안의 모든 것은 유기체적 전체의 부분이다. 여기에서 각 부분은 전체와 분리 불가능하고 전체는 각 부분과 분리 불가능하다. 어떤 부분도 다른 모든 것과 떨어져서 자신의 동일성을 유지하는 자족적 혹은 독립적 본성을 갖지 않는다. 오히려 각 부분은 전체의 동일성을 반영한다. 유기체적인 전체의 모든 부분들처럼, 주체와 객체는 이런 방식으로 서로 내적으로 연결되어 있다. 대상에 대한 주체의 인식은 대상이 가진 힘들을 발전시키고 실현하기 때문에 대상에 대한 인식은 대상의 자기-실현에 해당한다. 예술적 창조성과 철학적 관조는 자연의 모든 힘들의 최고의 조직화이자 발전이기 때문에, 예술가와 철학자의 자연에 대한 인식은 예술가와 철학자를 통한 자연의 자기-인식에 해당한다.

유기체적 자연 개념은 본질적으로 정신적인 것과 물리적인 것의 관계에 대해 데카르트적 전통을 지배하던 것과 완전히 다른 모델을 포함한다. 그 관계는 더 이상 단순히 인과적이지 않은데, 인과적 관계에서는 각 항이 상호작용과 독립적으로 자신의 동일성을 유지한다. 오히려 그 관계는 각 항이 오직 다른 것을 통해서만 자신의 본성을 실현한다는 의미에서 목적론적이다. 각 항은 오직 다른 것을 통해서만 자신이 되며, 오직 다른 것을 통해서만 조직되고 현실화되고 규정적이 되고, 다른 것 없이는 맹아적·잠재적·미규정적 상태로 남는다. 인식의 분석이 인과적 모델에 갇혀 있는 한 인식의 가능성을 설명하는 것은 불가능해진다. 왜냐하면 대상에 대한 주체의 작용 혹은 주체에 대한 대상의 작용은 대상의 표상에 영향을 미치기 때문에, 대상의 표상은 우리에게 어떻게 주체가 대상에게 혹은 대상이 주체에게 영향을 미치는가에 대한 지식을 제공할 뿐, 상호작용과 독립적으로 그리고 그것에 앞서 그 자체로 존재하는 대상에 대한 지식을 제공하지 않기 때문이다.[19] 그래서 기계론적 상호작용 모델의 불가피한 귀결은 미지의 물자체 관념이었다.

낭만주의자들은 새로운 유기체적 자연 모델에 근거하여 자신들이 마침내 관념론과 실재론의 전통적인 대당을 극복했다고 믿었다. 그들은 관념론과 실재론이 일면적인 관점이라고 주장했다. 그것들은 참이면서 동시에 거짓이다. 전체의 한 측면에 대해서는 참이지만, 전체 자체에 대

19) 이 추론에 대해서는 Schelling, *System der gesamten Philosophie und der Naturphilosophie insbesondere. Erster Teil, Sämtliche Werke* VI, §1, pp. 138~140을 보라.

해서는 거짓이다. 만약 자연이 유기체적 전체라면, 관념론과 함께 그것이 전적으로 의식 안에 있다고 말하는 것도, 실재론과 함께 그것이 전적으로 의식 바깥에 있다고 말하는 것도 가능하지 않다. 오히려 그것은 양자 모두이면서 그 어느 쪽도 아니다.[20] 유기체적 전체는 의식이 그것의 모든 생명력들의 최고의 조직화이자 발전이기 때문에 의식 안에 있다. 그리고 철학자와 예술가의 자연에 대한 인식은 그들을 통해 자연의 모든 것이 자기-인식에 도달하는 것이며, 따라서 자연의 모든 것은 예술적 창조성과 철학적 관조 안에서 정점에 달한다. 유기체적 전체는 또한 의식 바깥에 있는데, 왜냐하면 인간의 의식은 우리와 별도로 우리에 앞서 존재하는 자연의 한 부분에 불과하기 때문이다. 인류 없이 자연은 그것의 목적을 실현하지 못한다. 그것은 맹아적·비조직적·미규정적 상태로 남아 있다. 하지만 그렇다고 자연이 존재하지 않는 것은 아니다. 따라서 이 관점으로부터 물자체의 관념이 부조리하다는 것이 입증된다. 자연이 그것에 대한 우리의 인식과 별도로 존재하는 것은 참이지만, 자연이 그것에 대한 인식과 별도로 완전하고 자족적인 본성을 갖는다는 것은 틀렸다. 저 관념은 단순히 유기체적 전체 관념으로부터의 인위적인 추상이다.

9. 자유의 문제

여전히 남는 질문이 있다. 그것은 낭만주의자들이 어떻게 그들의 새로운 형이상학을 자유에 대한 믿음과 조화시켰는가 하는 것이다. 저 믿음과 범신론 사이에는 화해 불가능한 충돌이 있는 것처럼 보인다. 범신론은 모든

---

20) Schelling, *Sämtliche Werke* VI, §4, pp. 141~145; Schelling and Hegel, *Fernere Darstellung aus dem System der Philosophie*, pp. 356~361; Novalis, *Das allgemeine Brouillon* nos. 69, 633, 634, 820, *HKA* III, pp. 252, 382~384, 429를 보라.

것이 자연법칙에 따라 필연적으로 일어난다고 주장하기 때문이다. 이 법칙이 기계론적이면서 목적론적이라는 사실은 궁극적으로 별 차이를 가져오지 않는다. 이 측면에서 그들의 범신론은 스피노자의 것과 같아 보인다. 그런데 스피노자는 무신론뿐만이 아니라 숙명론으로도 유명했다. 그렇다면 낭만주의자들은 어떻게 숙명론이라는 비난을 피했는가? 이것은 프리드리히 슐레겔과 셸링, 노발리스를 심각하게 괴롭힌 문제였다. 그들은 1790년대 후반부터 1800년대 초반까지 강의와 노트, 초고들에서 이 문제를 다루었다.[21]

낭만주의자들의 유기체적 자연 개념은 그들이 자유의 문제에 대한 칸트와 피히테의 해결책을 받아들일 수 없게 만들었다. 유기체적 개념의 핵심은 자연의 통일성, 주관적인 것과 객관적인 것, 관념적인 것과 실재적인 것의 단일성에 대한 확고한 믿음이다. 하지만 자유의 문제에 대한 칸트와 피히테의 해결책은 이 영역들의 이원론을 전제로 했다. 자유를 구하기 위해 칸트와 피히테는 자연의 현상계 위에 그리고 너머에 본체계를 상정했다. 본체계는 이성에 의해 부과된 도덕법칙을 따르는 반면, 현상계는 자연법칙에 따라 엄격한 필연성에 의해 지배된다. 낭만주의자들이 그러한 해결책을 거부한 것은 본질적으로 그것에 담긴 이원론적 함축 때문이다. 그들은 자연의 영역이 엄격하게 기계론적 법칙에 의해 지배된다고 하는 이원론을 지탱하는 기반에 대해서도 의심했다. 만약 자연이 기계론적 법칙만을 따르지 않는다면, 자유와 필연성에 관한 물음 전체는 다시 사유되어야 했다.

---

21) Schelling, *System der gesamten Philosophie*, *Sämtliche Werke* VI, §§302~317, pp. 538~570; Schlegel, *Vorlesungen über Transzendentalphilosophie*, *KA* XII, pp. 50, 52, 57, 72, 74, 86; Novalis, *Die Lehrling zu Sais*, *HKA* I, p. 77과 *Fichte-Studien*, *HKA* II, pp. 154, 202, 270 그리고 *Das allgemeine Brouillon* nos. 172, 633~634, 713, *HKA* III, pp. 271, 382~384, 404를 보라.

낭만주의자들은 반이원론에 충실하게 자아를 자연 안에 위치시키고, 그것이 유일한 무한 실체의 한 양태, 보편적 유기체의 한 부분이라고 주장했다. 스피노자에 못지않게 그들은 자연주의적이었다. 그들 역시 모든 것이 자연 안에 있으며, 자연 안의 모든 것은 법칙에 부합한다는 것을 인정했다. 낭만주의에 대한 대중적인 이미지와 반대로 그들은 자연 안에 변덕, 자의성 혹은 우연을 허락하지 않았다. 오히려 그들은 자연 안에서 일어나는 모든 것은 필연적으로 일어나기 때문에 다르게 전개될 수 없었다고 주장했다. 또한 일어나는 모든 일은 기계론적 법칙에 따라서 일어나며, 그러므로 모든 사건에 대해 그것이 일어나도록 결정하는 어떤 선행 원인들이 있을 것임을 의심하지 않았다. 그들이 스피노자와 달랐던 점은 사건들을 기계론적 필연성에서 면제시키는 것이 아니라, 기계론적 필연성 자체를 보다 상위의 유기체적 법칙하에 두었다는 데에 있다. 어떤 식으로든 기계론의 지배를 벗어나 있는 특별한 유기체적 법칙들이 있다는 것이 아니라, 오히려 기계론이 유기체론에 종속된다는 것이다. 기계론적인 것은 단지 목적론적인 것의 한 제한된 경우이다. 그것은 부분들을 전체와의 관계가 아니라 부분들 서로 간의 직접적 관계에서만 고려하는 부분적인 관점에서 도출된다. 기계론은 어떤 최초의 조건하에서 특정 사건들에 일어나는 경우들을 고려한다. 그러나 먼저 이 최초의 조건이 왜 그리고 어떻게 발생했는지에 대해서는 묻지 않고, 대신 인과의 연쇄가 무한히 소급되도록 허락한다.

낭만주의자들은 일원론과 자연주의에 대한 확신 때문에 칸트와 피히테가 의도했던 급진적인 의미의 자유를 허락할 수 없었다. 그들은 칸트와 피히테가 옹호했던 두 가지 의미에서의 자유가 가능한 것인지를 의심했다. 첫번째는 칸트의 자발성spontaneity으로서의 자유 개념이다. 이에 따르면 주체는 어떤 선행하는 원인에 의해서 결정되지 않고 인과의 연쇄를 시작한다. 두번째는 피히테의 자기-정립self-positing 개념이다. 이에 따르면 자아는 자기를 자신으로 만들며, 자연에 의해서 주어지는 본질을 갖지 않는다. 이 두 가지 개념 모두 자연적 원인에 의한 결정을 배제하기 때문에 본체계-현상계의 이원론을 전제로 한다. 낭만주의자들은 이러한 이원론을 거부한다.

낭만주의자들이 지녔던 자연주의와 일원론 그리고 그들이 초월적 자유를 거부한 것을 고려하면, 그들에게는 자유를 위한 장소가 없는 것처럼 보일 것이다. 그들은 도대체 어떤 의미에서 자유를 인정할 준비가 되어 있었는가? 그들의 의제는 자유와 필연성을 화해시키는 것, 참된 자유와 필연성이 대립하지 않으며 궁극적으로 하나임을 보여 주는 것이었다. 그들은 가장 먼저 신적 자연 자체에서 이 통일성을 보았다. 자연은 스피노자적인 의미에서 자유롭다. 그것은 오지 자신의 본성의 필연성으로부터 행동한다. 눈에 띄는 사실은 프리드리히 슐레겔과 셸링이 자연의 어떤 부분에 대해서도 자유를 인정하지 않았지만 자연 전체, 무한한 신적 실체 자체에 대해서는 기꺼이 그렇게 했다는 것이다.[22] 이 실체는 자기-인과적이고self-causing 자기-형성적인self-making 자기원인causa sui이라는 의미에서 자유롭다. 그것은 모든 것을 포함하기 때문에 그것의 바깥에는 아무것도 없다. 따라서 그것을 행동으로 강제할 외적 원인은 존재하지 않는다. 그러나 전체에 모자라는 것에 대해서는 언제나 필연성의 법칙에 따라 그것을 행동하도록 결정할 외부의 다른 부분들이 존재할 것이다. 하지만 스피노자의 무한 실체조차도 칸트의 자발성이나 피히테의 자기-정립의 의미에서 자유로운 것은 아니라는 사실에 주목해야 한다. 이 두 가지 개

22) Schlegel, *Vorlesungen über Transzendentalphilosophie*, *KA* XII, pp. 57, 72, 74; Schelling, *System der gesamten Philosophie*, *Sämtliche Werke* VI, §305, pp. 541~548.

념은 주체가 달리 행동할 수 있다는 것을, 다른 연쇄나 원인들을 선택하거나 혹은 다른 본성을 가질 수 있다는 것을 가정한다. 그러나 스피노자에게서 신적 자연은 자신을 모순에 빠뜨리지 않고서는 달리 존재할 수도 없고 행동할 수도 없다.

슐레겔과 셸링은 자연 전체에만 절대적 자유를 인정하면서도 숙명론의 함축을 피하기 위해서 여전히 노력한다. 그들은 자연의 일부로서 자아가 자유롭다는 것을 부정하지만, 자아가 자연 전체와의 통일성 안에서는 자유롭다고 인정한다. 그들은 두 가지 관점 혹은 입장을 구별한다. 먼저 다른 것들과의 관계 속에서 고려된 자아는 개인individual으로서의 자아, 타자에 대립되는 하나의 유한자로서의 자아이다. 그리고 이 관계들과 별도로, 그 자체로 고려된 자아는 보편적universal 자아, 다른 모든 것과 일체가 된identical 자아이다. 개인적 자아가 필연성의 지배를 받는다면, 보편적 자아는 신적 자유를 공유한다. 그것의 정체성identity은 전체의 한 부분—여기서는 모든 것이 외적 원인들에 의해 결정된다—으로 제한되지 않고 모든 사물들 전체로 확장되며, 이 전체는 자유롭게 자신의 본성의 필연성에 따라서만 작용한다. 따라서 참된 자유는 나의 모든 행동에서 신적인 것이 나를 통해 작용하고 있다는 것을 이해함으로써 신적 필연성을 공유하거나 그것에 참여하는 데에서 나온다. 이것이 스피노자의 신에 대한 지적 사랑의 자유, 자아가 전체 우주와의 동일성을 인식했을 때 자아를 필연성과 화해시킨 자유였다.

낭만주의자들의 자유와 필연성의 화해에는 항상 이러한 스피노자적인 차원이 존재했지만, 그것을 이 차원에만 한정하는 것은 잘못이다. 그것에 독특하고 고유한 요소는 유기체적 자연 개념에서 나왔다. 무엇보다도 이 개념은 인간을 자연 자체의 목적telos으로 만듦으로써, 스피노자의 체계에 비해 훨씬 더 큰 자유의 공간을 마련해 주었다. 프리드리히 슐레겔은 "인간은 자유롭다. 왜냐하면 그는 자연의 최고의 표현이기 때문이다"라고 썼다.[23] 만약 자아가 자연의 모든 힘들의 최고의 조직화이자 발전이라면, 자연은 더 이상 주체 바깥에 존재하는 외적인 힘, 그것이 행동하도록 강제하는 외적인 원인이 아니다. 오히려 자연의 고유한 목적이 자아를 통해서만 성취되기 때문에 자연은 자아의 일부가 된다. 만약 자아가 자연의 최고의 표현이라면, 자아가 자연 전체로 확장되면서 자연은 자아의 경계로 축소된다. 수단과 목적의 호혜성reciprocity은 자아가 단지 자연의 목적을 위한 수단일 뿐이라는 것만을 의미하는 것이 아니다. 그것은 또한 자연이 단지 자아를 위한 수단일 뿐이라는 것도 의미한다. 그렇다면 자연의 모든 것은 자아의 유기체적 몸이 된다. 결국 자아가 자연과의 동일성을 파악하기만 하면, 그것은 이제 자연에 의한 결정을 자기-결정self-determination의 다른 형태로 간주한다.

낭만주의자들이 그들의 유기체적 세계에서 어떤 의미의 자유를 구하는 데에 성공했다고 하더라도, 그것은 더 이상 많은 이들이 가지고 시작했던 급진적 자유가 아니었다고 말해야만 한다. 그들은 자발성과 자기-정립으로서의 자유를 포기해야 했다. 피히테는 비판과 독단주의 사이에서 극적인 선택을 강요했고, 낭만주의자들은 보편적 필연성을 인정하면서 독단주의의 품으로 뛰어들었다. 혁명의 열기가 사그라지기 시작하면서 낭만주의의 에토스ethos에는 진정으로 놀라운 변화가 있었다. 구호는 더 이상 이성의 요구에 따라 세계를 변화시키자는 것이 아니었다. 대신 자연과 사회 안에 이미 존재하고 있는 이성을 지각하고, 그것의 필연성과 자신을 화해시키자는 것이었다.[24] 도덕적·정치적 측면에서 피히테

---

23) Schlegel, *Vorlesungen über Transzendentalphilosophie*, *KA* XII, p. 72.

24) Schleiermacher, *Über die Religion: Reden an die Gebildeten unter ihren Verächtern*, *KGA* II/1, p. 232를 보라.

와 스피노자, 관념론과 실재론의 낭만주의적 결혼은 피히테의 영웅적 노력에는 불리하게 그리고 스피노자의 지복의 스토아주의에는 유리하게 기울었다. 양립 불가능한 파트너들 사이의 결혼이 그러하듯이, 누군가는 무언가를 잃어야 했다. 이것이 그렇지 않았더라면 매우 놀라웠을 연맹을 위해 치러야 했던 대가였다.

9장_칸트와 자연철학자들

1. 독단주의로의 회귀?

낭만주의 자연철학의 여러 측면들 가운데 아마도 유기체적 자연 개념만큼 신칸트주의적 비판자들의 분노를 일으킨 것은 없을 것이다. 그들은 이 개념이 최악의 독단적 형이상학으로의 회귀라고 일축했다. 그들은 칸트가 매우 현명하게 목적론에 규제적 제한을 두었음에도 불구하고, 유기체적 자연 개념이 그것을 위반한다고 비판한다. 낭만주의 자연철학자들—셸링, 헤겔, 프리드리히 슐레겔과 노발리스 같은 사상가들—은 순진하면서도 독단적으로 유기체 관념에 구성적 지위를 부여한 것으로 여겨졌다. 낭만주의자들은 거대한 사변과 선험적 추론을 좋아하는 성향에 따라 무모하게도 자연이 실제로 유기체라고 가정했고, 그래서 자연을 단지 하나의 유기체인 것처럼 탐구해야 한다는 칸트의 비판적 가르침을 따르지 못했다.

낭만주의자들은 정말로 그렇게 순진하고 부주의했을까? 아니면 그들은 칸트가 부과한 제한을 넘어설 어떤 근거를 갖고 있었는가? 만약 그랬다면 그것은 얼마나 설득력이 있는가? 이것이 내가 여기에서 다루고자 하는 주요 질문들이다. 이 장의 일부, 즉 목적론의 구성적 지위에 반대하는 칸트의 논변과 그것에 대한 낭만주의의 답변을 재구성하는 것은 단순히 주석적이고 역사적이다. 이를 통해 나는 낭만주의자들이 그들의 새로운 형이상학을 정당화해야 할 필요성을 인식하고 있었을 뿐만 아니라, 그것을 옹호하는 다소 복잡한 논변을 개발했다는 사실을 보여 주고 싶다.[1] 이 장의 다른 부분은 낭만주의의 주장을 평가하는 것, 그들이 칸트에게 적절하게 답변했는지 여부를 결정하는 것으로서 보다 철학적이다. 나는 그들이 신칸트주의적 비판자들이 생각하는 것보다 설득력 있는 주장을 했다고 말하겠지만, 궁극적으로는 칸트에 대한 낭만주의 자연철학자들의 답변이 부적절하며, 칸트의 규제적 독트린의 근저에 있는 깊은 회의주의에 대응하지 못했다는 사실도 보여 주고 싶다. 그러나 이는 신칸트주의자들이 자족하며 "내가 이미 그렇게 말했잖아"라고 말할 근거를 제공하지는 않는다. 문제는 자연철학이 칸트 체계의 깊은 아포리아, 즉 그것이 지적인 것과 감성적인 것, 본체적인 것과 현상적인 것의 상호작용을 설명하지 못한 데서 나왔다는 사실이다. 사실 유기체적 자연 개념을 옹호하는 낭만주의자들의 가장 흥미롭고 설득력 있는 논변은 매우 흔한 칸트적 전략을 사용하여 유기체 관념의 초월적 연역 같은 것을 제공하려 한다. 다른 말로 하자면 유기체 관념의 구성적 지위가 경험의 가능성의 필수 조건임을 보여 주려 한다. 이처럼 대담하고 어려운 논변이 갖는 궁극적인 장점

1) 유기체적 자연 견해에 대한 낭만주의적 옹호의 결정적인 텍스트는 셸링의 *Ideen zu einer Philosophie der Natur*, *Sämtliche Werke* II, pp. 10~73의 「서론」과 *Von der Weltseele*, 같은 책, pp. 347~351의 「서문」; 슐레겔의 *Vorlesungen über Transzendentalphilosophie*, *KA* XII, pp. 3~43, 91~105; 노발리스의 *Das allgemeine Brouillon* nos. 69, 338, 820, 460, 477, 820과 *Vorarbeiten zu verschiedenen Fragmentsammlungen* nos. 118, 125; 헤겔의 *Differenz des Fichteschen und Schellingschen Systems der Philosophie*에서 피히테와 셸링의 체계에 대한 절들, 그리고 헤겔의 *Glauben und Wissen*, *Werke* II, ed. Eva Moldenhauer, Frankfurt: Suhrkamp, 1971, pp. 301~333에서 칸트 철학에 대한 절이다. 비록 헤겔 자신은 나중에 낭만주의자들과 단절하지만, 1804년 이전 예나 시절의 저작은 낭만주의적 입장에 대한 가장 중요한 변호들에 속한다.

이 무엇이든, 자연철학을 비난하는 신칸트주의자들은 그것을 평가하기는커녕 인지조차 하지 못했다.

이 오랜 논쟁의 재검토가 어떤 일반적인 도덕을 포함하고 있다면, 그것은 바로 우리가 칸트 이후의 관념론과 낭만주의라는 두 가지 지배적 모델 — 이 운동들은 칸트로부터의 진보 혹은 후퇴를 나타낸다 — 과 단절해야 한다는 것이다. 자연철학을 형이상학적 독단론으로의 무책임한 회귀로 보는 신칸트주의적인 모델과 그것을 절대지로의 불가피한 행군으로 보는 신헤겔주의적 모델은 모두 이 논쟁의 철학적인 복잡함을 평가하는 데에서는 무가치하다. 결국 철학적 확신은 삶의 어떤 결정만큼이나 어렵다. 우리는 비교 불가능한 것을 비교해야 하고, 하나의 아포리아를 다른 것과 견주어야 하며, 그러고는 도약해야 한다. 칸트 대 자연철학자들의 경우에는 칸트적 이원론의 난점들을 낭만주의적 사변의 위험성과 비교해 보아야 한다. 어느 것이 낫고 어느 것이 못한가? 나 자신은 분명한 답을 발견할 수가 없다.

2. 신칸트주의적 고정관념

목적론에 반대하는 칸트의 논변과 그것에 대한 낭만주의자들의 응답을 고려하기에 앞서 먼저 한 가지 기본적인 쟁점, 즉 칸트와 자연철학의 관계에 대한 기록을 바로잡기로 하자. 오늘날까지도 여전히 칸트의 이름은 자연철학의 망령을 내쫓는 부적으로 떠올려지고 있다. 일부 저명한 과학사가들 사이에서 칸트는 여전히 자연과학의 친구로 그리고 형이상학적인 사변의 적으로 여겨진다. 그의 규제적 독트린은 바로 과학적 적절성의 시금석으로 제시된다.[2] 분명히 칸트를 실증주의적으로 읽는 데에는 근거가 있다. 칸트는 생기론적 유물론의 형이상학 — 대다수의 자연철학자들에게 핵심적이었던 독트린—을 비난했고, 철학은 가능한 한 경험의 범위 안에 머물러 있어야 한다고 강조했다. 칸트의 이러한 원조 실증주의적인 측면은 헤르더의 『인류의 역사철학에 대한 이념』*Ideen zur eine Philosophie der Geschichte der Menschheit*에 대한 그의 신랄한 서평에서 가장 분명하게 나타난다.[3]

하지만 이 해석은 지나치게 단순한 고정관념이다. 이것은 훨씬 더 복잡한 그림의 한 측면을 강조하고 있는데, 이 그림의 다른 측면들은 칸트를 자연철학자들에게 훨씬 더 근접시킨다. 신칸트주의적 해석에는 적어도 세 가지의 문제점이 있다.

첫째, 근본적인 측면에서 칸트는 자연철학의 아버지였다. 『자연과학의 형이상학적 원리』*Metaphysische Anfängsgründe der Naturwissenschaft*에서 그의 역동적 물질 이론은 1세대 자연철학자들—특히 셸링, 에셴마이어, 요한 하인리히 프리드리히 링크Johann Heinrich Friedrich Link와 아우구스트 니콜라우스 셰러Alexander Nicolaus Scherer—에게 형성적 영향을 미쳤다. 이 사상가들은 칸트의 역동적 이론을 한 걸음 더 발전시켜서 새로운 화학

---

2) 예를 들어 이러한 가정은 티모시 르누아르(Timothy Lenoir)의 저작에서 작동하고 있다. 그의 "Kant, Blumenbach, and Vital Materialism in German Biology", *Isis* 71, 1980, pp. 77~108; "The Göttingen School and the Development of Transcendental Naturphilosophie in the Romantic Era", *Studies in the History of Biology* 5, 1981, pp. 111~125; *The Strategy of Life: Teleology and Mechanics in Nineteenth Century German Biology*, Chicago: University of Chicago Press, 1989를 보라. 르누아르의 전략은 칸트가 블루멘바흐, 키엘마이어, 트레비라누스와 훔볼트 같은 생리학자들에게 미친 영향을 보여 줌으로써 18세기 후반과 19세기 초반 독일의 생리학을 자연철학과의 연계에서 자유롭게 하는 것이다. 그는 저 생리학자들이 칸트의 목적론과 생기론 비판에 공명했다고 생각한다. 르누아르의 견해에 대한 평가로는 Kenneth L. Caneva, "Teleology without Regrets", *Annals of Science* 47, 1990, pp. 291~300과 Robert Richards, *The Romantic Conception of Life: Science and Philosophy in the Age of Goethe*, Chicago: University of Chicago Press, 2002, pp. 210, 227~228, 235를 보라.

3) Kant, *AA* VIII, pp. 45~60을 보라.

그리고 전기·자기에서의 최신 발견들에 적용했다.[4] 더 나아가 칸트의 방법론적 견해들—특히 체계적 통일성에 대한 요구와 종합적·선험적 원리들에 대한 주장—역시 일부 자연철학자들에게 매우 중요했다. 신칸트주의자들이 자연철학자들의 선험적 사변과 체계-구축을 비판하는 것은 정말로 다소 아이러니하다. 이러한 활동의 많은 영감이 바로 칸트에게서 나왔기 때문이다! 심지어 자연철학이 그로 인해 혹독한 비판을 받았던 유비의 방법조차 칸트에게 뿌리를 두고 있다. 먼저 이 방법의 용례를 보여 준 이는 헤르더였다. 하지만 헤르더는 단순히 『보편적 자연사와 천체론』Allgemeine Naturgeschichte und Theorie des Himmels의 저자였던 그의 선생의 발자취를 따랐을 뿐이다.[5]

둘째, 칸트의 규제적 독트린은 때때로 주장되어 온 것처럼 18세기 후반과 19세기 초반 생리학과 생물학 연구의 토대가 아니었다.[6] 오히려 사실은 그 반대였다. 18세기 후반 독일의 거의 모든 저명한 생리학자들—알브레히트 폰 할러, 요한 프리드리히 블루멘바흐Johann Friedrich Blumenbach, 키엘마이어, 크리스티안 볼프, 훔볼트—은 생기적 힘vital powers을 규제적 원리라기보다 인과적 작인으로 생각했다.[7] 그들의 목적은 뉴턴이 비유기체적 세계에 했던 일, 즉 그것의 근본적인 운동법칙들을 규정하는 일을 유기체적 세계에 하는 것이었다. 뉴턴이 중력의 원인에 대해 사변하기를 거부했던 것처럼 그들도 이 법칙들의 원인에 대한 인식을

4) 이 저자들과 그들의 저서에 대해서는 Manfred Durner, "Theorien der Chemie", *Wissenschaftshistorischer Bericht zu Schellings naturphilosophischen Schriften 1797-1800*, Stuttgart: Frommann-Holzboog, 1994의 부록(pp. 44~56)을 보라.

5) 헤르더가 이 저서에 진 빚에 대해서는 Emil Adler, *Herder und die deutsche Aufklärung*, Wien: Europa, 1968, pp. 56~59를 보라.

6) Lenoir, *The strategy of Life*, p. 6을 보라.

7) James Larson, "Vital Forces: Regulative Principles of Constitutive Agents? A Strategy in German Physiology, 1786~1802", *Isis* 70, 1979, pp. 235~249를 보라.

부인했지만, 그럼에도 이 원인들을 유기체적 성장의 배후에 있는 생기적 작인들vital agents로 보았다.

셋째, 칸트 자신은 그의 규제적 독트린에 대해 매우 양면적이었다.[8] 그의 동요는 『제1비판』 「초월적 변증론」의 부록에서 가장 분명하게 나타난다. 여기서 칸트는 명시적으로 자연의 체계성 원리들이 단순히 가설적이고 시험적인 지위를 갖는 것이 아니라고 말한다. 그는 우리가 자연 안에 어떤 체계적 질서가 있다고 가정해야 하며, 따라서 자연의 통일성 개념이 "대상에 내재"한다고 분명하게 인정한다.[9] 칸트는 단순히 '마치 …… 인 것처럼'의 가정에 따라 나아가는 것은 탐구를 정당화하거나 추동하는 데 충분하지 않다고 주장한다.[10] 그리고 체계성을 가정하는 것이 범주들 그 자체의 적용을 위해 필수적이라고 제안함으로써 규제적인 것과 구성적 것 사이의 구분, 그리고 사실상 이성과 오성 사이의 구분을 흐릿하게 만든다. 그는 체계적 통일성의 관념 없이는 "오성의 일관된 사용"이 없으며, 심지어 "경험적 진리의 충분한 기준"조차 없을 것이라고 말한다.[11] 동일하게 애매한 태도가 어느 정도로는 『판단력비판』에까지 확장된다. 거기서 칸트는 때로 반성적 판단의 격률들을 적용하지 않으면 일관된 경험을 전혀 가질 수 없다고 말한다.[12]

---

8) 칸트의 몇 가지 애매한 점에 대해서는 Paul Guyer, "Reason and Reflective Judgment: Kant on the Significance of Systematicity", *Nous* 24, 1990, pp. 17~43과 "Kant's Conception of Empirical Law", *Proceedings of the Aristotelian Society* 64, 1990, Supplement Volume, pp. 221~242를 보라. 칸트와 헤겔 입장의 숨겨진 근접성에 대해서는 Burkhard Tuschling, "The System of Transcendental Idealism: Questions Raised and Left Open in the *Kritik der Urteilskraft*", *Southern Journal of Philosophy* 30, 1992, Supplement Volume, pp. 220~242을 보라.

9) Kant, *KrV* B, p. 678을 보라.

10) 같은 책, p. 679, 681~682, 685, 688.

11) 같은 책, p. 679.

12) *Kritik der Urteilskraft* §V, *AA* V, p. 185를 보라.

이 모든 이유들 때문에 나에게는 자연철학과 독일 생리학 및 생물학 전통 사이에 날카롭고 분명한 구분선을 긋는 것이 현명하지 않은 일로 보인다. 마치 자연철학이 칸트의 규제적 지침을 업신여기는 타락한 형이상학이고, 생리학과 생물학은 그것에 주의하는 엄격한 경험과학인 것처럼 말이다. 한편으로 셸링, 헤겔, 노발리스와 다른 한편으로 블루멘바흐, 키엘마이어, 훔볼트 사이에 궁극적으로는 종류가 아니라 정도의 차이만이 존재한다. 이들을 질적으로 구분하는 것은 칸트가 자연철학에 미친 심대한 영향뿐만 아니라, 칸트의 규제적 제한과 18세기 후반 생리학 사이의 깊은 긴장을 과소평가하는 것이다. 더 심각한 것은 관찰과 실험에 종사했던 이들의 형이상학적인 이해를 과소평가하면서, 마치 자연철학이 관찰과 실험에 아무런 관심을 갖지 않았다는 듯이 그것의 사변적이고 선험적인 차원을 과장하는 것이다.

신칸트주의적인 유산의 보다 유감스러운 측면 가운데 하나는 그것이 여러 세대에 걸쳐서 자연철학을 실험과 관찰의 길을 따르는 참된 과학으로부터의 일탈로 묘사하는 데 성공해 왔다는 것이다. 다행히도 최근 수십 년 사이에 이 그림이 매우 시대착오적이라는 것이 분명해졌다. 그것은 다음과 같은 매우 기본적인 몇 가지 사실들을 수용할 수 없다. 즉 이 시대에는 철학과 과학 사이에 명확한 구분이 존재하지 않았다는 것 그리고 관찰과 실험에만 한정된 순수 경험과학과 같은 것은 없었다는 것이 그러한 사실들이다. 18세기 후반과 19세기 초반에 자연철학은 '정상적인' 경험과학의 형이상학적 변종이나 일탈이 아니었다. 오히려 그것은 정상 과학normal science 그 자체였다. 우리의 현대적 관점에서는 시인이자 철학자인 과학자를 상상하기가 어렵다. 하지만 이것이 바로 자연철학에서 그토록 매혹적이고 도전적인 부분이며, 그것은 그 시대의 학문으로서 그 시대의 맥락에서 이해되어야 한다.

3. 규제적 제한을 위한 칸트의 논변

규제적 독트린에 대한 칸트의 회의와 주저가 무엇이었든, 그가 적어도 여러 차례 그것을 긍정했다는 사실을 의심할 수 없다. 칸트는 『제3비판』에서 자연의 목적성 관념이 단지 규제적 타당성만을 갖는다고 반복해서 주장한다. 물론 그가 자연철학자들과 충돌하게 되는 것은 바로 이 중요한 지점에서였다. 그들은 매우 유사한 자연의 목적성 개념을 공유했지만, 자연철학자들은 그것의 구성적 지위를 긍정한 반면 칸트는 그것을 부정했다. 그렇다면 질문이 떠오른다. 왜 낭만주의자들은 칸트의 인식 비판 앞에서 이런 가정을 했는가?

그들 주장의 타당성을 평가하기 위해서는 먼저 그들이 직면했던 도전, 즉 목적론의 규제적 지위에 대한 칸트의 강력한 논변들을 고려하는 것이 필요하다. 최소한 세 개의 논변이 존재하는데, 이것들은 어떤 측면에서 서로 긴밀히 연결된다. 지적해 둘 만한 사실은 그 중 두 개가 『판단력비판』이 아니라 잘 알려지지 않은 1780년대의 두 저작에서 가장 명시적인 형태로 나타난다는 것이다. 1786년의 『자연과학의 형이상학적 원리』와 1788년의 에세이 「철학에서 목적론적 원리의 사용에 대하여」가 그것이다.[13] 또한 이 논변들 가운데 일부는 낭만주의 세대에게 중요한 저작인 『인류의 역사철학에 대한 이념』에서 헤르더의 생기론적 유물론을 표적으로 하고 있으므로, 적어도 암묵적으로 자연철학을 겨냥했다는 데 주목하는 것도 흥미롭다.[14]

---

13) Kant, "Über den Gebrauch teleologischer Prinzipien in der Philosophie", *AA* VIII, pp. 181~182와 *Metaphysische Anfangsgründe der Naturwissenschaften*, *AA* IV, pp. 543~545를 보라. 앞의 텍스트의 논변은 『판단력비판』 §65(V, 375)에 다시 나오고, 뒤의 텍스트의 논변은 §65(V, 374~375)와 §73(V, 394~395)에서 다시 나타난다.

목적론에 반대하는 칸트의 논변이 매우 특수한 한 개념, 즉 그가 "자연목적"이라 부르는 것과 관련됨을 이해하는 것이 중요하다. 이 개념은 낭만주의자들의 목적론 개념에 중요한 텍스트인 『판단력비판』 65절에서 명시적으로 정의된다. 칸트는 어떤 것이 두 가지 본질적 조건을 충족할 때만 자연목적이라고 설명한다. 첫째, 그것은 유기체적 통일성을 가져야 한다. 거기서 각 부분은 전체와 분리 불가능하며, 바로 전체의 관념이 그 안에서 각 부분의 위치를 결정한다. 둘째, 그것은 자기-발생적self-generating이고 자기-조직적self-organizing이어야 한다. 따라서 모든 부분들은 상호적으로 서로의 원인과 결과이며, 외적 원인을 갖지 않는다. 칸트는 두번째 조건 역시 필수적이라고 주장한다. 기계도 그 조건을 만족시킬 수 있음을 고려할 때 첫번째 조건(유기체적 통일성)만으로는 어떤 것을 자연목적으로 간주하기에 충분하지 않기 때문이다. 오직 두번째 조건을 함께 충족하는 것들만이 자연목적들이다. 왜냐하면 그것들은 스스로를 산출하며 어떤 외적 원인이나 설계자를 갖지 않기 때문이다.

칸트의 자연목적 개념 분석은 낭만주의자들에게 결정적이었다. 그들은 두 가지 주요 사항을 모두 받아들였다. 그들의 유기체적 자연 개념은 칸트의 자연 개념에서 출발해 전체로서의 자연을 위해 그것을 일반화했다. 자연의 모든 것은 보다 작은 수많은 자연목적들로 이루어진 거대한 자연목적이다. 이 개념에 따르면 관념적인 것과 실재적인 것, 정신적인 것과 물리적인 것 사이에는 근본적인 종적 차이가 존재하지 않는다. 왜냐하면 그것들은 단지 생명력의 조직화와 발전의 다른 정도들이기 때문이다. 정신은 매우 조직되고 발전된 물질이며, 물질은 덜 조직되고 발전된

---

14) 이 저작들은 헤르더의 『인류의 역사철학에 대한 이념』에 대한 칸트의 서평(*AA* VIII, pp. 45~66) 이후에 쓰였다. 이 서평의 논쟁은 후일의 논변을 예기한다.

정신이다. 이런 유기체적 개념이 기계론적인 것을 폐기하지 않음을 이해하는 것이 중요하다. 기계론적 법칙들은 예전과 마찬가지로 유효하다. 하지만 그것은 기계론적인 것을 유기체적인 것의 제한적 경우로 본다. 유기체적인 것은 자연의 부분들을 전체와 관련해 설명하지만, 기계론적인 것은 마치 그것들이 어떻게든 자족적이라는 듯이 이 부분들을 단순히 서로와의 관계 속에서만 다룬다. 기계론적인 것은 주어진 사건을 그것에 작용하는 선행하는 사건들로 설명하며, 이를 무한히 계속한다. 유기체적인 것은 먼저 이 부분들이 왜 서로에게 작용하는지를 설명한다.

물론 칸트는 바로 이 사변적 공상의 날개를 자르려고 했다. 칸트와 자연철학자들 간의 충돌은 이보다 더 분명하고 정확할 수 없다. 칸트는 자연목적 개념의 구성적 타당성을 부정했고, 자연철학자들은 그것을 긍정했다. 칸트의 부정은 대우주적 규모 혹은 소우주적 규모 모두에 이 개념을 적용하는 데에 반대한다.

자연목적 관념에 구성적 지위를 부여하는 데 반대하는 칸트의 첫번째 논변은 본질적으로 회의적이다. 이는 에세이 「철학에서 목적론적 원리의 사용에 대하여」에서 가장 자세하게 나타난다. 그곳에서 칸트는 우리가 식물이나 동물 같은 자연 안의 대상들이 정말로 목적적인지 여부를 알 수단을 갖고 있지 않다고 말한다. 다른 말로 하자면 우리에게는 그런 대상들이 단지 매우 복잡한 기계가 아니라 정말로 유기체인지를 증명할 길이 없다. 칸트에 따르면 우리가 목적으로부터 행동하는 힘을 이해하는 것은 오직 우리의 인간적 경험을 통해서, 보다 정확하게는 우리의 의지에 따라 어떤 것을 창조할 때이다. 우리의 의지는 "관념에 따라 어떤 것을 생산하는 힘"에 있다(*AA*, VIII, 181). 그러므로 어떤 것이 관념에 따라 행동할 수 없다면, 우리는 그것이 목적을 위해 행동할 힘을 갖고 있다고 가정할 권리가 없다. 따라서 자연목적의 개념, 목적에 따라 행동하지만 의지를 갖지 않는 존재의 개념은 "완전히 허구적이고 공허하다"(VIII, 181).

이러한 결론을 도출함으로써 칸트는 그 개념이 완전히 무의미 — 그렇다면 그것은 규제적 지위조차 갖지 못할 것이다 — 하다는 것이 아니라 단지 지시체를 갖지 않는다고 말할 뿐이다. 그의 요점은 단순히 우리는 의지와 오성을 갖고 행동하는 존재들의 경우에만 목적성에 대해 알며, 그러므로 의지와 오성을 갖지 않는 존재들의 목적성에 대해서는 증명 가능한 주장을 할 수 없다는 것이다. 요약하면 칸트의 주장은 의식적인 목표 혹은 목적-지향적인 행동이라는 의미에서의 지향성intentionality이 목적성의 기준이며, 그러한 기준은 인간 인식의 고유한 한계 때문에 충족될 수 없다는 것이다.

『제3비판』의 68절에 나오는 칸트의 두번째 논변은 그의 반-프랑켄슈타인 전략이라 부를 수 있다. 이 논변은 비판철학의 핵심 원리, 혹은 그가 그것의 "새로운 사유 방법"의 배후 원리라고 부르는 것을 단순히 적용하는 데 있다.[15] 칸트가 68절에서 명시적으로 다시 밝히는 이 원리에 따르면 "우리는 스스로 우리 자신의 개념에 따라 만들 수 있는 것에 대해서만 완전한 통찰을 갖는다"(V, 384). 이 원리는 유기체가 우리에게 이해 불가능하다는 것을 의미한다고 칸트는 주장한다. 왜냐하면 우리는 그것을 창조하거나 생산할 수단을 갖고 있지 않기 때문이다. 사실 우리는 자연이 생산하는 것처럼 어떤 물질적인 것을 창조할 수 있다. 하지만 유기체의 무한히 복잡한 구조를 생산할 힘을 갖고 있지는 않다. 따라서 만약 우리가 생산할 수 있는 것만을 안다면, 그리고 우리가 유기체를 생산할 수 없다면, 우리는 유기체를 알 수 없다는 사실이 따라 나온다.

칸트의 세번째 논변은 물활론hylozoism 혹은 생기론적 유물론, 즉 물

15) *KrV* 2판 「서문」을 보라. *KrV* B, p. xviii. 또한 1판 「서문」도 보라. *KrV* A, p. xx.

질이 활력 혹은 생명력에 있다는 독트린을 겨냥한다. 생명체에 자연목적이 있다고 말하기 위해 물활론자가 될 필요는 없다. 그런 목적들이 살아 있는 혹은 유기체적 물질만의 특징이라고 주장할 수 있기 때문이다. 물활론은 생명력이 물질 자체에 본질적이라는, 보다 강한 테제이다. 따라서 그것은 유기체적인 것과 비유기체적인 것 사이에 차이가 없음을 의미한다. 그러나 사물들에 목적이 있음을 정당화하는 데에 물활론은 필수적이지는 않지만 충분하다. 그것은 생명력이 목적적이라고 주장하기 때문이다.

물활론에 반대하는 칸트의 논변은 『자연과학의 형이상학적 원리』에서 물질에 대한 분석으로부터 전개된다. 그의 두번째 역학법칙, 즉 관성의 법칙에 따르면 물질의 모든 변화는 외적 원인을 가져야 한다. 즉, 그것의 방향과 속도를 바꾸게 하는 어떤 외적 원인이 없으면 그것은 정지 상태를 지속하거나 동일한 방향과 동일한 속도로 운동 상태를 지속한다(IV, 543). 따라서 이 법칙은 물질의 변화가 내적일 수 없음을 혹은 물질이 고유한 결정의 근거를 갖고 있지 않음을 함축한다. 이는 칸트에게서 물질이 본질적으로 무생물적임을 의미한다. 그는 생명을 내적 원리에서 행동하는 실체의 능력, 스스로를 변화시키는 힘으로 정의하기 때문이다. 칸트는 자연과학의 가능성이 바로 관성의 법칙이 갖는 이 함축들을 완전히 인정하는 데에 있다고 강력하게 주장한다. 그의 견해에서 물활론은 기껏해야 사변적이고 최악으로는 신인동형론적이다. 그래서 그는 물활론을 "모든 자연철학의 죽음"이라고 비난한다.

물활론에 대한 칸트의 반박은 모호해 보인다. 그것은 다음과 같은 두 개의 매우 다른 주장 사이에서 불안정하게 동요한다. 첫째, 물체들에게 생명이 있다고 간주하는 것은 무의미하다. 그것은 물질의 관념 자체에 반대되기 때문이다. 그리고 둘째, 물체들에게 생명이 있다고 간주하는 것은 문제가 있다. 왜냐하면 우리는 그것들이 정말로 목적적인지 여부를 결코 알 수 없기 때문이다. 첫째 주장은 목적론이 허구임을 의미하지만, 둘째 주장은 그것에 가설적 지위를 부여한다. 칸트는 정말로 두 주장을 모두 전개하지만, 그것들은 물활론의 매우 다른 두 버전—칸트 자신이 구분하는—을 겨냥하고 있기 때문에 이것들 사이의 긴장은 단지 표면적일 뿐이다(65절, V, 374~375와 73절, V, 394~395). 첫째 주장은 물질이 그 자체로 혹은 본성상 살아 있다는 독트린에 반대한다. 칸트는 이 독트린이 물질의 본질—물질은 부동inertia이다—과 정반대라고 주장한다. 둘째 주장은 비록 물질 자체는 살아 있지 않지만, 그것의 내부에는 어떤 방식으로든 그것의 활동을 이끌고 조직하는 어떤 생명력 혹은 실체가 존재한다는 독트린을 겨냥한다. 이에 맞서 칸트는 두 가지를 지적한다. 첫째, 우리는 물질 안에 그런 원리가 있다는 경험적 증거를 갖고 있지 않다. 경험은 관성의 법칙만을 타당한 것으로 인정하기 때문이다. 그리고 둘째, 물질에 내재하는 생명력 개념은 본질적으로 순환적이다. 우리는 생명력에 호소하여 그것의 출현을 설명하고, 다시 그것의 출현을 가지고 생명력을 설명하기 때문이다.

칸트는 이러한 논변들에 근거하여 유기체 혹은 자연목적 개념은 단지 규제적 지위만을 갖는다고 결론 내린다. 몇 가지 흔한 오해를 피하기 위해 그러한 결론이 의미하는 바를 정확하게 이해하는 것이 중요하다. 생기론적 유물론의 가장 급진적인 버전을 제외한다면 칸트는 마치 자연 안에 유기체가 존재한다는 것이 거짓이라는 듯이, 이 개념이 단지 허구라고 말하지 않는다. 다만 그는 이 개념이 문제적 지위를 갖는다고 말한다. 다른 말로 하자면 우리는 자연목적이 존재한다는 것을 혹은 부재한다는 것을 가정할 어떤 증거나 이유도 갖고 있지 않다. 그런 목적들의 존재는 정말로 가능하지만, 그것들이 전혀 존재하지 않는 것 역시 가능하다. 우리가 아는 모든 것에도 불구하고 그것들이 정말 단지 매우 복잡한 기계일 수도 있기 때문이다. 우리의 인지 능력의 한계를 규정하는 것을 유일한 목적으로 하는 비판철학자로서의 소명에 맞게, 칸트는 유기체의 독자적 지위를 긍정하지도 부정하지도 않는다. 다른 한편으로 그는 기계론의 가능성을 긍정하지도 부정하지도 않는다. 그래서 『제3비판』의 71절에서 그는 명시적으로 "우리는 조직된 자연적 산물들이 자연의 기계론을 통해 산출될 수는 없는지 증명할 수 없다"고 말한다(V, 388). 유기체들에 대해 완전한 기계론적 설명의 가능성을 부정할 때, 잘 알려져 있듯이 결코 풀잎 한 장의 성장조차도 설명할 수 있는 뉴턴이 나올 수 없다고 부정할 때, 칸트가 그렇게 하는 것은 유기체가 기계론의 외부에 있다고 생각하기 때문이 아니다. 그것 역시 독단론적인 인식 주장이었을 것이기 때문이다. 그것은 다만 우리가 유기체를 기계론적으로 완전히 이해할 수 없으며, 그것을 우리에게 이해 가능한 것으로 만들기 위해서는 목적론에 의지해야 한다는 것이 인간 오성의 필연적 한계라고 생각하기 때문이다.

4. 첫째 변론

자연철학자들은 이 논변들에 맞서 어떻게 자신들을 방어했을까?[16] 그들의 첫째 전략은 자연목적 개념에서 전통적인 목적론과 연관된 것들을 모두 제거함으로써 표적의 크기를 줄이는 것이었다. 셸링과 헤겔, 프리드리히 슐레겔, 노발리스는 낡은 형이상학적 섭리 개념을 유지하거나 되살리려고 하지 않았다. 그것에 따르면 자연 안의 모든 것은 신의 계획을 따르는

16) 여기서 하나의 역사적 경고를 해두어야 한다. 낭만주의자들은 명시적·의식적·방법론적으로 칸트 논변의 매 사항에 대응하지는 않았다. 그러므로 역사가는 그들의 대응을 재구성해야 한다. 이것은 그들이 가진 일반적 입장의 몇 가지 함의들을 이끌어 내는 것을 의미한다. 이는 그들이 칸트에 대응하여 무엇을 말하려 했을지 혹은 말할 수 있었는지 고려할 것을 요구한다. 나의 재구성은 이 장의 주 1, 주 17, 주 19에 인용된 텍스트들에 근거한다.

다. 오히려 그들은 자신들의 목적론이 자연 자체의 목적들에 전적으로 고유하고, 그것들에 국한된다고 믿었다. 그들의 견해에 따르면 자연은 그 자체로 목적이며, 자연 전체의 목적은 그것 너머의 어떤 목적을 실현하는 것이 아니다.

이 전략이 중요한 포인트—목적론이 전통적인 자연-신학의 짐을 안고 갈 필요는 없다—를 기록하기는 하지만, 칸트의 주된 논변을 무디게 하지는 못한다. 칸트는 때로 자연의 객관적 목적성 개념이 불가피하게 자연-신학으로 이어진다고 썼지만(75절, V, 398~399), 그의 논변의 요지는 자연목적 개념, 그러므로 자연만이 자기-발생적이고 자기-조직적이라는 관념을 겨냥한다. 따라서 그의 표적은 사실상 자연철학의 핵심 독트린인 내재적 목적론이었다.

질문을 자연 자체의 영역으로 한정하더라도 자연철학은 여전히 칸트의 논변을 피할 수 있을 것 같다. 그들은 자연목적 개념이 칸트가 귀속시킨 불안한 가정들을 하나도 포함할 필요가 없다는 것을 지적하기만 하면 될 것이다. 보다 정확하게 말하면, 그들은 칸트에게 두 가지 답변을 할 수 있었다. 첫째, 그들은 자연목적 개념이 반드시 지향성을, 즉 생명체에게 의지를 부여하는 것을 함축하지는 않는다고 주장할 수 있었다. 하나의 대상이 자연목적이라고 말하는 것이 그것의 창조 배후에 어떤 의도가 있음을 가정하는 것은 아니며, 하물며 그 대상 자체 안에 일종의 의지가 있음을 가정하는 것은 더더욱 아니다. 오히려 그것은 그 대상이 유기체적 통일성임을 의미할 뿐이다. 유기체적 통일성에서는 전체의 관념이 부분들에 앞서고, 부분들은 상호적으로 작용하며, 서로의 원인과 결과이다. 이것들은 사실 칸트 자신의 설명에서 자연목적 개념이 갖는 필요충분한 특징들이다. 따라서 칸트 자신의 추론에 의하면 지향성의 존재를 증명할 필요가 없다.[17] 둘째, 자연철학자들은 또한 살아 있는 물질의 관념이 물질 자체 안에서 어떤 식으로든 그것의 성장을 이끌고 조직하는 일종의 영혼 혹은 정신의 존재를 수반한다는 주장을 반박할 수 있었다. 칸트처럼 자연철학자들 역시 유기체적 성장의 배후에 어떤 초자연적 힘이나 비물질적 실체를 상정하는 애니미즘animism이나 생기론의 어떤 형태에도 반대했다는 사실을 이해하는 것이 중요하다. 18세기 후반의 거의 모든 생리학자들처럼 그들 역시 유물론 대 생기론의 딜레마를 피하고 싶어 했다.[18] 그들은 유물론이 유기체의 독자적 구조를 설명할 수 없기 때문에 지나치게 환원주의적이라고 주장하는 한편, 생기론은 어떤 불가사의한 힘이나 초자연적 작용에 호소함으로써 지나치게 반계몽주의적이기 때문에 그것 역시 거부했다.[19]

자연철학자들의 목적론이 무엇보다도 전체론적 설명의 한 형식임을 이해하는 것이 중요하다. 그것은 기계론과는 매우 다른 설명의 패러다임 혹은 개념을 포함한다. 그것에 따르면 하나의 대상을 자연목적에 의해 설명하는 것은 그것을 전체론적으로 설명하는 것이다. 여기서 목적은 전체the whole의 관념이다. 이 전체는 부분들로 환원될 수 없는 유기체적 통일체이며, 각 부분은 전체 안에서 그것이 차지하는 위치로부터만 이해 가능

---

17) 이 점은 자연의 이성성이 자기-의식성만이 아니라 그것의 가지적 구조의 결과라는 셸링과 헤겔의 주장에 포함되어 있다. 이는 칸트와 피히테의 주관적 관념론에 대해 그들이 객관적 관념론을 옹호하는 데 핵심적이 되었다. 이 논변은 특히 헤겔의 *Die Differenz des Fichteschen und Schellingschen Systems der Philosophie*와 그들의 공동 논문 "Über den wahren Begriff der Naturphilosophie und die richtige Art, ihre Probleme aufzulösen", Schelling, *Sämtliche Werke*, pp. 81~103에서 명확하게 나타난다.

18) 여기서 나는 자연철학을 생기론의 일종으로 보는 표준적 상을 받아들이는 르누아르를 문제 삼고, 생기론적 유물론의 전통을 자연철학과 구별한다. 그의 "Kant, Blumenbach, and Vital Materialism in German Biology", p. 108을 보라.

19) 이 극단들 사이에서 중도를 개척하려는 셸링의 시도에 대해서는 그의 *Von der Weltseele*, *Sämtliche Werke* II, pp. 496~505와 *Erster Entwurf eines Systems der Naturphilosophie*, *Sämtliche Werke* III, pp. 74~78을 보라.

하다. 그러한 전체론적 설명은 기계론적 설명의 반대이다. 기계론적 설명은 전체에 대해 정반대의 개념을 갖는데, 이 개념에 따르면 전체는 부분들의 단순한 총합이며 각 부분은 전체와 별도로 자족적이다. 그렇다면 이 설명 형식들 사이의 차이는 전체-부분에 대한 두 가지 다른 개념화가 된다. 전체가 부분들에 앞서거나 혹은 부분들이 전체에 앞서거나 둘 중 하나이다. 이것은 칸트가 전체a totum 혹은 집합체compositum라고 부르는 것 사이의 차이[20] 혹은 『제3비판』의 언어로는 종합적 보편과 분석적 보편 사이의 차이이다.

이 모든 것은 결국 칸트와 자연철학자들 사이에 실제로는 분쟁이 존재하지 않았던 것처럼 보이게 한다. 칸트는 매우 강한 의미에서 자연 안의 대상들에 목적성을 부여하는 것만을, 즉 자연 안에 지향성의 존재나 정신적인 힘의 존재를 함축하는 것만을 부정한다. 반면 자연철학자들은 약한 의미에서의 그것을, 즉 그러한 함축을 갖지 않는 것을 긍정한다. 더 나아가 칸트는 자연철학자들과 함께 목적론적 설명이 기계론적 설명으로 환원될 수 없다는 데 동의한다.[21]

하지만 여기서 달콤한 조화의 외양은 매우 기만적이다. 칸트와 자연철학자들 사이에 아무런 차이도 없다고 결론 내리는 것은 너무 성급하다. 그것은 칸트 논변의 전체적 취지와 그와 자연철학자들 사이에 쟁점이 된 주요 지점을 제대로 파악하지 못하는 것이다. 왜 그런가를 이해하기 위해 논쟁의 상태를 좀더 자세히 살펴보기로 하자.

---

20) Kant, *KrV* A, p. 438과 Inaugual Dissertation §15, Corollarium(*AA* II, p. 405)을 보라. Reflexion 3789, *AA* XVII, p. 293에서 칸트는 그 구별을 분석적 전체(a totum analyticum)와 종합적 전체(a totum syntheticum)의 구별로 정식화한다. Reflexion 6178, *AA* XVIII, p. 481에서는 그것을 직관적 보편성과 서술적 보편성의 구별로 정식화한다. 또한 *Kritik der Urteilskraft*, §76을 보라. *AA* V, pp. 401~404도 보라.

21) Kant, *Kritik der Urteilskraft*, §§75, *AA* V, p. 398; §82, *AA* V, p. 429.

5. 경험의 한계

자연철학자들은 자연목적 개념이 일종의 불가사의한 실체나 초자연적 힘을 가리킨다는 것을 부정하면서도, 여전히 그것에 어떤 존재론적 지위나 객관적 지시체를 부여한다. 목적론은 그저 하나의 구별되는 설명 형식, 논리적으로 기계론으로 환원될 수 없는 설명 형식이 아니다. 반대로 목적론은 두 가지 근본적인 측면에서 구성적 지위와 객관적인 지시체를 갖는다. 첫째, 그것은 유기체적인 것에 특징적인 구조, 기능 혹은 형상을 가리킨다. 둘째, 그것은 이러한 구조, 기능, 혹은 형상의 이면에 하나의 힘이 있음을 의미한다. 분명 이 힘은 초자연적이지 않으며, 일종의 실체는 더더욱 아니다. 하지만 그것은 인과적 작용, 유기체적 구조, 기능 혹은 형상들로 현현하는 힘의 한 형식이다.

물론 칸트는 정확하게 이러한 존재론적 가정들을 문제 삼는다. 그는 유기체적 성장의 이면에 특정한 종류의 인과적 작용이 있다는 것뿐만이 아니라 유기체에 특징적인 구조, 형상 혹은 기능이 있다는 것도 의심한다. 규제적 독트린의 전체 요지는 정확하게 이 두 가정을 모두 괄호 안에 넣는 것이다. 따라서 우리가 생기론적 정신들과 초자연적 힘의 존재론을 버리더라도, 칸트는 여전히 자연철학자들과 대립한다.

보다 정확하게, 칸트는 자연목적 관념이 의도, 영혼 혹은 정신에 대한 어떤 가정도 포함하지 않는다고 인정할 수 있었다. 더 나아가 정말로 그가 주장하듯이 자연목적에서 전체의 관념이 부분들로 환원될 수 없음을 인정할 수 있었다. 하지만 이런 양보를 하더라도, 칸트는 여전히 자연목적 개념이 객관적 타당성을 갖는다는 데에 반대한다. 왜냐하면 목적론적 설명이 논리적으로 기계론적 설명으로 환원될 수 없다 하더라도, 우리는 여전히 다음과 같이 질문해야 하기 때문이다. "우리는 어떤 권리를 가지고 이 설명들이 자연적 세계 안의 어떤 고유한 형식의 구조 혹은 인과성을 가리킨다고 가정하는가?" 결국 칸트는 인간 오성의 한계라는 조건 하에서 목적론은 우리에게 자연을 설명하는 필수적 방법이라고 주장한다. 다른 말로 하자면 우리는 자연 안에 정말로 기계론적 원인들로 환원될 수 없는 고유한 구조, 기능 혹은 형상들이 존재하는지 알 수 없다. 우리가 아는 모든 것에도 불구하고 유기체들이 단순히 매우 복잡한 메커니즘들일 수도 있다. 다시 말하지만 칸트는 이 점에 대해 매우 명시적이고 단호하다. "우리는 유기체적인 자연적 산물들이 자연의 기계론을 통해 산출될 수는 없는지 증명할 수 없다"(71절, V, 388).[22]

칸트의 도전에 대한 최초의 순진하고 자연스러운 반응은 관찰과 실험이 고유하게 살아 있는 구조 혹은 형상의 존재를 확인해 준다고 주장하는 것이다. 18세기 말 자연철학의 발전에 심대한 영향을 미친 독일의 일부 주도적 생리학자들——블루멘바흐와 볼프, 키엘마이어 같은 사상가들——사이에서는 정말로 이러한 노선에 따른 추리가 널리 퍼져 있었다.[23] 블루멘바흐와 볼프, 키엘마이어는 어떤 생명체들은 실제로 스스로를 발생시키고 조직한다는 것을 보여 주는 설득력 있는 경험적 증거를 제공할 수 있다고 주장했다. 그들의 확신은 역사적 맥락 안에서 쉽게 이해된다. 18세기 전반에 생명의 기원과 발전에 대한 두 개의 근본적 이론으로 선형성설과 후생성설이 있었다.[24] 선형성설에 따르면 유기체들은 배아에서 이미 선형성되며, 그것들의 발전은 크기의 증가일 뿐이다. 그러

22) Kant, *Kritik der Urteilskraft*, §71, *AA* V, pp. 388~389; §75, *AA* V, p. 400을 보라.

23) 블루멘바흐의 영향에 대해서는 Lenoir, "The Göttingen School and the Development of Transcendental Naturphilosophie in the Romantic Era", pp. 128~154; 키엘마이어의 영향에 대해서는 Manfred Durner, "Die Naturphilosophie im 18. Jahrhundert und der naturwissenschafliche Unterricht in Tübingen", *Archiv für Geschichte der Philosophie* 73, 1991, pp. 95~99를 보라.

나 후생성설에 따르면 유기체들은 처음에 맹아적인 '싹' 혹은 '씨앗'으로만 존재하며, 그것들의 발전은 유기체의 특징적 구조와 조직이 실제적으로 발생하는 데 있다. 18세기 말경 선형성 이론은 심각하게 불신받았는데, 그 주된 이유는 그것과 반대되는 수많은 경험적 사실들—예를 들어 가장 극적인 경우를 들자면, 민물 폴립polyp의 재생—을 설명할 수 없었다는 것이다. 그래서 영향력 있었던 논문 「형성충동에 대하여」Über den Bildungstrieb에서 블루멘바흐는 그것에 반대되는 실험적 증거들의 부담 때문에 예전에 신봉하던 선형성설을 포기해야 했다고 고백한다. 그리고 매우 자세하게 그 증거들을 기술한다.[25] 그리고 볼프는 알브레히트 할러와의 유명한 논쟁에서 자신의 후생성설이, 할러가 생각하는 것처럼 관찰될 수 없는 것—선형성된 배아—은 존재하지 않는다는 그릇된 추론이 아니라 단순히 존재하는 것의 관찰에 근거한다고 주장했다. 몇 개월간의 수고로운 관찰 끝에 볼프는 자신이 현미경 아래에서 본 것이 바로 병아리의 배아에서 장 조직이 생성되는 것이었다고 결론 내렸다. 어디에도 관찰 가능한 선형성된 구조는 없었다. 볼 수 있는 것이라고는 맹아적 덩어리가 분화된 구조로 형성되는 과정뿐이었다. 따라서 볼프의 견해로는 후생성설을 부정한 이들은 갈릴레오를 비판했던 이들과 동일하게 난처한 궁지에 몰려 있었다. 그들은 그저 현미경을 통해 보기를 거부했다.[26]

---

24) 간단하고 유용한 개관을 위해서는 Shirley A. Roe, *Matter, Life and Generation: 18th-Century Embryology and the Haller-Wolff Debate*, Cambridge: Cambridge University Press, 1981, pp. 1~20; Thomas L. Hankins, *Science and the Enlightenment*, Cambridge: Cambridge University Press, 1985, pp. 113~157; Robert Richards, *The Meaning of Evolution: The Morphological Construction and Ideological Reconstruction of Darwin's Theory*, Chicago: University of Chicago Press, 1992, pp. 5~16을 보라.

25) Johann F. Blumenbach, *Über den Bildungstrieb*, 2nd ed., Göttingen: Dietrich, 1791, pp. 44~77을 보라.

26) Roe, *Matter, Life and Generation*, pp. 80~83, 86을 보라.

이러한 발전들은 놀랍고 극적이며, 자연철학자들 사이에서 유기체적 자연 개념의 부상을 설명하는 데 있어 결정적이다. 하지만 그것들이 칸트주의자에게 반드시 위협이 되는 것은 아니다. 칸트주의자는 동요하지 않고 이렇게 주장할 것이다. 어떤 것이 선형성된 구조 없이 자기-조직하고 있음을 관찰과 실험이 보여 준다고 하더라도, 아직 그것이 자연목적임이 증명된 것은 아니다. 문제는 우리가 아는 모든 것에도 불구하고, 여전히 그것이 전적으로 기계론적인 원인 때문에 움직이고 있을지도 모른다는 것이다. 자연에 목적을 귀속시키는 것은 엄격하게 기계론으로 환원되지 않는, 다른 형식의 인과성이 있음을 암시한다. 하지만 아무리 많은 경험도 숨은 기계론적 원인의 작용을 완전히 배제할 만큼 충분하지는 않다. 물론 생리학자들과 자연철학자들이 그들의 관찰에서 자연목적성의 존재를 추론한 이유 가운데 하나는 그들이 이미 기계론을 반박했다고 믿었다는 것이다. 그들은 기계론에 반대하는 독립적인 논변을 가지고 있었다. 그래서 숨은 기계론적 원인으로부터 자기-발생과 자기-조직화가 일어날 가능성을 안전하게 배제할 수 있다고 믿었다. 대개 그들은 기계론에 반대하는 두 종류의 논변을 펼쳤다. 첫째, 그들은 유기체의 구조가 기계론적 원인에서만 나오기에는 너무 복잡하다고 주장했다. 둘째, 자연목적은 어떤 대상이 그 자체의 원인임을 암시하는 반면 기계론은 모든 원인들이 사물에 외적임을 암시하기 때문에, 자연목적은 기계론과 매우 다르다고 그들은 주장했다.

하지만 이 논변들 가운데 어느 것도 결정적이지 않다. 두 논변 모두 타당하지 않은 추론을, 그것도 칸트가 『제3비판』에서 폭로하는 바로 그러한 종류의 독단론적 추론을 하고 있다. 첫째 논변은 우리가 기계론적 원인에서 나오는 구조를 생각할 수 없기 때문에 그럴 리가 없다고 가정한다. 이는 우리의 인지 능력의 한계로부터 존재해야 하는 것으로 독단론적 추론을 하는 것이다. 둘째 논변은 목적 개념이 기계론과 다른 설명 형식을 포함하기 때문에, 그것은 특별한 종류의 구조 혹은 원인을 가리키기도 해야 한다고 가정한다. 그러나 이것이 바로 칸트가 목적 개념이 엄격하게 문제적 지위를 갖는다고 주장할 때 의심하는 점이다. 비록 칸트도 유기체를 설명하는 데 기계론을 이용할 수 없다고 주장하지만 그는 자연철학자와 매우 다른 이유 때문에, 유기체의 객관적 성격에 대한 어떤 통찰을 가정해서가 아니라 우리의 인식 능력의 한계 때문에 그렇게 한다. 그러나 자연철학자들은 기계론을 비판할 때 독단론적이다. 그들은 기계론적 원인에 따라 유기체를 설명할 수 없는 이유가 유기체의 객관적 본성 자체로부터 나온다고 가정했기 때문이다. 그리하여 그들은 칸트가 열어 두기를 원했던 바로 그 가능성, 우리가 아는 모든 것에도 불구하고 유기체들이 기계론에 의해 산출될 가능성을 배제했다.

6. 유기체적인 것의 초월적 연역

지금까지 논쟁을 설명해 왔듯이, 칸트가 자연철학자들에 대해 승리한 것처럼 보인다. 그들은 결국 독단론의 잘못을 저질렀다. 아마도 그들이 신칸트주의자들이 묘사하는 것처럼 그렇게 순진하지는 않을지라도, 그들의 자연철학 변호는 아직 유기체 관념에 구성적 지위를 부여하는 것을 정당화하지 못한다. 칸트주의자들은 그저 가발을 쓰고, 파우더를 뿌리고, 부드러운 손길로 컬을 만드는 일을 계속해도 될 것 같다.

하지만 이것이 이야기의 끝이 아니다. 가장 재미있고 중요한 장章이 아직 남아 있다. 이제 낭만주의자들이 자연철학을 정당화하는 근본적인 논거, 자연에 대한 그들의 모든 저작에 함축되어 있고 만약 우리가 물어볼 수만 있다면 그들 모두가 명시적으로 제공했을 논변을 고려해야 한다.

이를 이해하기 위해서는 역사를 거슬러 올라가 1790년대 말 유기체적 자연 견해가 발전된 맥락을 재구성하는 것이 필요하다. 그 맥락의 많은 부분은 칸트의 철학에 대한 초기 비판과 특히 그의 이원론에 대한 반작용에 의해 만들어졌다.

칸트의 많은 초기 비판자들은 그의 이원론—이것의 최초 논거가 무엇이었든—이 칸트가 자신의 문제들을 해결할 수 없게 만들었다고 비판했다.[27] 살로몬 마이몬의 반응은 전형적이었고 영향력을 가졌다. 그에 따르면[28] 칸트의 이원론은 너무 엄격해서 초월철학의 핵심 질문인 "어떻게 종합적이면서 선험적인 인식이 가능한가?"에 답하려는 어떠한 시도도 무력하게 했다. 만약 오성과 감성이 그토록 이질적인 능력이라면—만약 오성이 능동적이고 순수하게 지적인 능력이며 시간과 공간을 넘어서 있다면, 그리고 감성이 수동적이고 순수하게 경험적인 능력이며 시간과 공간 안에 있다면—어떻게 그것들은 상호작용하여 지식을 생산하는가? 칸트는 지식이 가능하려면 이 능력들 사이에 매우 밀접한 상호교환이 있어야 한다고 강조했다. 그가 유명한 슬로건에서 말하듯이 "직관 없는 개념은 공허하고, 개념 없는 직관은 맹목이다". 하지만 그는 이 능력들을 너무 철저하게 분리했기 때문에 그것들 사이의 어떠한 상

27) 나는 칸트의 옹호자들이 이 점을 과소평가해 왔다고 생각한다. 칸트 이후 철학의 일원론적 열망은 어떤 선행하는 형이상학적 신념이 아니라 칸트에 대한 내적 비판으로부터 나왔다. 예를 들어 Karl Ameriks, "The Practical Foundation of Philosophy in Kant, Fichte and After", *The Reception of Kant's Critical Philosophy: Fichte, Schelling, and Hegel*, ed. Sally Sedgwick, Cambridge: Cambridge University Press, 2000, pp. 109~129, 특히 118~119; Paul Guyer, "Absolute Idealism and the Rejection of Kantian Dualism", *The Cambridge Companion to German Idealism*, ed. Karl Ameriks, Cambridge: Cambridge University Press, 2000, pp. 37~56을 보라.

28) Salomon Maimon, *Versuch über die Transzendentalphilosophie: mit einem Anhang über die symbolische Erkenntniß und Anmerkungen, Gesammelte Werke* II, ed. Valerio Verra, Hildesheim: Olms, 1965, pp. 62~65, 182~183, 362~364를 보라.

호교환도 불가능해 보였다. 마이몬은 여기서 문제는 정신-육체의 이원론에 관한 데카르트의 고전적 어려움과 유사하며, 실제로 그것만큼 심각하다고 주장했다.

이런 맥락 안에서 자연철학자들은 그들의 유기체적 자연 개념을 처음으로 발전시켰다. 이 개념을 가져온 주된 동기들 중 하나는 칸트의 문제적인 이원론을 극복하고, 그리하여 초월철학의 미제未濟를 해결하는 것이었다. 초기낭만주의자들은 유기체 개념에 구성적 지위를 부여함으로써만 이 이원론에 다리를 놓는 것이 가능하다고 주장했다. 물론 칸트 자신이 이미 『제3비판』에서 유기체 개념이 본체적인 것과 현상적인 것을 매개한다고 제안함으로써 그런 주장을 위한 무대를 마련해 주었다. 따라서 그와 자연철학자들 사이의 유일한 접점은 이 개념의 규제적 대 구성적 지위와 관련되었다. 여기서 자연철학자들은 초월철학 자체가 이 개념에 구성적 지위를 부여할 것을 요구한다고 주장할 것이다. 왜냐하면 오직 유기체가 존재한다는 가정하에서만 주관적인 것과 객관적인 것, 이상적인 것과 실재적인 것, 본체적인 것과 현상적인 것 사이의 실제적 상호작용을 설명할 수 있기 때문이다. 그 개념을 순수하게 규제적 지위로 남겨 놓는 것은 그것들의 실제적 상호작용을 미스터리로 남겨 놓는 것이었다. 이런 이유들에서 자연철학자들은 유기체 개념이 초월적으로 연역되었다고 믿었다. 즉 그것은 가능한 경험의 필수 조건이었다. 여기서 우리는 다시 한번 칸트 이후 사유의 역사에서 종종 관찰되는 현상을 목격한다. 칸트의 문제를 해결하기 위해서는 칸트의 한계를 넘어서는 것이 필요했다.[29]

유기체를 옹호하는 이 초월적 주장이 단순히 가능한 전략이 아니었음을 덧붙이는 것이 중요하다. 그것은 단지 암묵적인 추론을 역사적으로 재구성한 것이 아니다. 그것은 셸링과 헤겔의 초기 저작에서 다소 명시적으로 발견된다. 셸링이 1797년 『자연철학의 이념』의 「서론」에서 이 주장을 처음 제안했고, 그 뒤 헤겔이 『피히테와 셸링 철학체계의 차이』*Differenz des Fichteschen und Schellingschen Systems der Philosophie*에서 그를 특징짓는 밀도 높고 모호한 산문으로 그것을 발전시켰다. 셸링의 주장이 헤겔의 것보다 더 분명하고 원형이기 때문에, 여기서는 그것에 초점을 맞추겠다.

『자연철학의 이념』의 「서론」에서 셸링이 "자연철학은 어떤 문제들을 해결해야 하는가?"라는 질문을 제기하고, 초월철학의 기본 문제를 언급함으로써 그에 대답하는 것이 눈에 띈다. 그 문제는 "어떻게 우리 바깥의 세계가, 자연이, 그리고 그것과 함께 경험이 가능한가?"이다.[30] 그러므로 셸링은 자연철학이 초월적 임무를 갖는다는 사실을 완전히 명시화한 것이다. 자연철학의 기본적인 목적은 인식의 문제를 해결하는 것이다. 이 문제를 해결하는 것이 특히 어려운 이유는 모든 인식이 주관적인 것과 객관적인 것, 관념적인 것과 실재적인 것, 혹은 초월적인 것과 경험적인 것 사이에 상응 혹은 연결의 어떤 형식을 요구하기 때문이라고 셸링은 설명한다. 그러나 이 영역들이 서로에게 완전히 이질적인 것처럼 보이기 때문에 그러한 연결 혹은 상응은 불가능해 보인다. 따라서 인식의 가능성을 설명하기 위해서는 이 영역들을 통일하는 것, 그것들 사이에 다리를 만드는 것이 필수적이다.

그리고 셸링은 이 문제가 관례적인 칸트적 전제들로부터는 해결될 수 없다고 자세하게 주장한다.[31] 정통 칸트주의가 경험의 형식과 질료를

---

29) 위에 언급된 것들과 더불어 이러한 이유에서 르누아르의 초월적 자연철학과 형이상학적 자연철학의 구분은 매우 불안해진다. 그의 "The Göttingen School and the Development of Transcendental Naturphilosophie in the Romantic Era", pp. 146, 149를 보라. 그런 구분은 유기체의 구성적 지위를 강조한 이들이 그것을 정당화하기 위해 얼마나 많이 초월적 방법을 사용했는지를 무시한다.

30) Schelling, *Sämtliche Werke* II, p. 15.

31) 같은 책, pp. 16, 25~26.

구분한 것은 처음에 인식의 문제를 발생시켰던 이원론을 단순히 복귀시킨다. 칸트주의자들은 이 영역들의 간극을 이을 수 없다고 셸링은 설명한다. 왜냐하면 그들은 경험의 형식과 질료를 너무 날카롭게 구분하기 때문에 어떻게 지적·관념적·주관적 형식들이 경험적·실재적·객관적 질료와 상호작용하는지를 설명할 수 없게 되었기 때문이다. 그들은 어떻게 그것이 가능한지에 대한 설명을 제공하지 않으면서, 단순히 형식이 이 질료에 부과된다고만 말한다.

『자연철학의 이념』에서 셸링은 어떻게 칸트의 이원론이 극복될 수 있는지에 대해서 몇 가지 제안을 할 뿐이다. 그리고 칸트의 규제적 제한에 대해서 비판적이지만 감히 그것들을 제거하려고 하지는 않는다.[32] 하지만 후기의 몇몇 저작들, 특히 1797년의 『자연철학 체계의 기획』과 1800년의 『초월적 관념론 체계』에서는 칸트의 이원론이 갖는 문제에 대해서 그의 규제적 제한을 분명히 넘어서는 해결책을 제시한다. 셸링의 해결책은 그의 유기체적 자연 개념이다. 만약 자연이 유기체라면 정신적인 것과 물리적인 것, 주관적인 것과 객관적인 것, 관념적인 것과 실재적인 것 사이에는 종류의 구별이 아니라 정도의 구별만이 있게 된다. 그것들은 단순히 자연 안의 모든 곳에서 발견되는 단일한 생명력의 조직화와 발전의 다른 정도들이다. 그렇다면 이 명백한 대립항들을 상호의존적인 것으로 볼 수 있게 된다. 정신적인 것은 단순히 육체의 생명력의 조직화와 발전의 최고 수준이며, 육체는 단순히 정신의 생명력의 조직화와 발전의 가장 낮은 수준일 뿐이다.

셸링의 유기체적 개념의 공과公課가 무엇이든, 그것을 초험적 형이상학으로 일축하는 것은 단순히 그를 반대하려 하는 것임이 분명해졌다. 신

---

32) Schelling, *Sämtliche Werke*, II, p. 54에서 이 쟁점에 대한 셸링의 동요를 보라.

칸트주의자들의 이 유명한 불평은 자연철학의 초월적 전략을 무시한다. 더 심각하게 그것은 칸트의 이원론이 제기한 문제들을 어떻게 해결할 것인가에 관한 중요한 질문들을 회피한다. 안타깝게도 칸트로 돌아가야 한다고 요구하는 이들은 종종 왜 철학자들이 먼저 그를 넘어서야만 했는지를 망각하는 듯하다.

7. 최종 결산

지금까지 칸트와 자연철학자들 사이의 변증법적 투쟁을 살펴보았다. 우리는 그 결과를 어떻게 평가해야 할까? 무엇이 문제였는가?

칸트의 이원론이 갖는 모든 난점에도 불구하고, 그의 낭만주의적 계승자들이 그를 대체했다고 생각하는 것은 잘못이다. 셸링과 헤겔이 주장하는 것처럼 아마도 유기체적인 것의 구성적 지위가 칸트의 이원론이 갖는 난점들을 극복하는 유일한 길일 것이다. 하지만 칸트 자신도 이 난점들에 대해 매우 잘 알고 있었다. 그럼에도 불구하고 그는 그것들과 더불어 살아야 한다고 믿었다. 낭만주의자들과 달리 그는 오성과 감성, 지적인 것과 경험적인 것의 연결을 미스터리로 남겨 두는 데 만족했다.[33] 분명 그는 이 능력들의 단일한 원천에 대해 쓰기도 했지만 이 원천에 대한 어떤 이론도 매우 사변적이라 여겼고, 어떤 경우에도 경험적 지식의 가능성을 설명하는 데 반드시 필요하다고 생각하지 않았다. 초월적 연역이 이 이질적인 능력들의 상호작용이라는 사실을 전제한다 하더라도, 그 사실을 반드시 설명해야 하는 것은 아니다. 어쨌든 회의주의자가 상호연결의

33) 이 쟁점에 대한 보다 자세한 설명은 Dieter Henrich, "On the Unity of Subjectivity", *The Unity of Reason: Essay on Kant's Philosophy*, ed. Richard Velkley, trans. Louis Hunt et al., Cambridge, Mass.: Harvard University Press, 1994, pp. 17~54를 보라.

사실을 논박할 수 있을 것 같지는 않다. 그는 이것에 대한 거창한 이론들을 논박할 때에만 발 디딜 곳을 얻는다.

정확하게 여기에서 우리는 마지막 교차로, 궁극적으로 길이 갈라지는 지점에 이르는 것 같다. 갈라지는 길들은 칸트의 겸손함 대 칸트 이후의 호기심, 칸트의 회의주의 대 칸트 이후의 사변이다. 하지만 다시 한 번 이는 너무 단순하다는 것이 판명난다. 왜냐하면 셸링의 유기체적 개념이 한 측면에서 칸트를 넘어서고 그의 규제적 제한 앞에서 비상해 버린다면, 다른 측면에서 칸트에 의해 전적으로 보증되고 그의 문자와는 아니지만 그의 정신과는 완전히 일치하기 때문이다. 이 개념은 매우 칸트적인 사유의 노선 두 가지를 결합한 필연적 결과였다. 첫째는 역동적 물질 이론이다. 이것은 물질이 부동의 연장이 아니라 능동적 힘이라고 주장한다. 이 이론의 근본 전제는 기계론이 물질을 설명하는 데 충분하지 않다는 것이다. 물질은 인력과 척력으로 존재한다. 둘째는 자연이 통일체, 체계적 전체라는 관념이다. 여기서는 전체의 관념이 모든 부분들에 앞선다. 이 칸트적인 주제들의 기반 위에서 셸링은 이미 유기체적 자연 관념을 위한 충분한 근거를 갖고 있었다. 왜냐하면 만약 기계론이 생명과 정신은 고사하고 물질 자체도 설명할 수 없다면, 그것은 자연의 모든 것을 설명하는 패러다임으로서 실패하기 때문이다. 설득력 있는 유일한 다른 후보는 유기체주의이다. 유기체주의의 매우 큰 장점은 자연의 통일성과 체계성을 고려한다는 것이다. 그것은 물질과 정신을 단일한 원리에 따라 설명하고, 양자를 생명력의 조직화와 발전의 다른 정도들로 본다. 기계론적인 것은 단지 유기체적인 것의 제한적 경우이기 때문에, 기계론적-물질적 영역과 유기체적-비물질적 영역을 구분할 필요가 없다. 우리는 이제 왜 셸링이 역동적일 뿐만 아니라 생기론적인 물질의 개념화를 요구함으로써 칸트를 넘어서서 한 걸음을 더 내디디려 했는지 분명하게 이해할 수 있다. 만약 우리가 자연의 통일성 원리를 주장하면, 오직 생기론적 개념만이 유기체적인 것과 비유기체적인 것, 정신적인 것과 물리적인 것을 하나의 자연세계로 통일시키기 때문이다.

물론 칸트 자신은 결코 이런 행보를 취하지 않을 것이다. 사실 그는 동원할 수 있는 모든 열정과 에너지를 가지고 그것에 맞서 싸웠다. 그 이유를 가늠하기는 어렵지 않다. 그가 보기에 유기체주의는 도덕적 자유의 상실이라는 거대한 대가를 치러야만 가능했다. 유기체주의를 받아들이면 우리는 칸트가 도덕적 행동과 책임의 전제조건으로 간주했던 본체적인 것과 현상적인 것의 이원론을 버려야 한다. 사실 유기체적 개념은 자연적 설명의 영역을 생명과 정신의 영역뿐만 아니라 본체적인 혹은 이성적인 것의 영역까지 확장하는 것을 의미한다. 반이원론적 관점에서는 이성과 정신적인 것, 본체적인 것과 살아 있는 것 사이에 인위적이고 자의적인 경계선만 있을 수 있다. 가장 원시적인 물질에서부터 가장 미묘하고 복잡한 의식의 형태들에까지 이르는 모든 자연에 걸쳐 하나의 연속성이 존재한다. 모든 형태의 이성적인 것은 모든 자연에 내재하는 생명력의 최고의 조직화와 발전이다. 비록 자연의 위계에서 명예의 자리를 인간의 이성성에 내어 주기는 하지만, 유기체적 개념은 이성성을 자연 안의 힘들의 한 현현으로 볼 뿐이다. 따라서 불가피하게 자연적 필연성의 지배가 도덕의 영역을 침범하게 된다.

물론 셸링과 낭만주의자들은 이 문제 전체에 대해 다른 평가를 내렸다. 그들에게 이원론은 해결책이 아니라 문제였으며, 이원론이야말로 매우 큰 대가를 치르고서야 가능했다. 이원론은 자연의 통일성, 신성한 연속의 법칙의 종말을 의미했고 도덕적 결정과 행동을 미스터리로 만들었다. 그리고 모든 인식에 포함된 지적인 것과 감각적인 것의 상호작용을 이해할 수 없는 것으로 남겨 두었다. 하지만 이원론을 버림으로써 낭만주의자들은 바로 그것 때문에 칸트가 먼저 이원론을 옹호했던 그 쟁점, 즉 자유 그 자체의 가능성을 설명해야만 했다.

자유에 대해 낭만주의자들이 무엇을 말하는가는 또 다른 쟁점이며, 그것을 연구하는 것은 이 장의 범위를 훨씬 넘어선다. 지금은 그들의 유기체적 자연 개념을 정당화하는 데 관련된 쟁점들이 처음 보기보다 훨씬 복잡하다고 말해 두는 것으로 충분하다. 그것은 인식의 한계, 유기체적인 것의 의미, 정신적인 것과 물리적인 것의 관계, 그리고 심지어 자유의 가능성에 대한 모든 종류의 질문을 제기한다. 만약 내가 유기체적 개념이 순진한 사변 이상임을, 그리고 칸트의 비판이 실증주의적 독단론 이상임을 보여 주었다면, 여기에서 나의 목적을 이룬 셈이다.

10장_초기낭만주의의 종교와 정치

1. 몇 가지 곤란한 고정관념들

하인리히 하이네는 1835년에 그의 명저 『낭만파』*Die romantische Schule*에서 아우구스트 빌헬름 슐레겔과의 만남에 대해 몇 가지 재미있는 이야기를 들려 주었다. 당시 아우구스트 슐레겔은 독일에서 낭만파를 이끄는 대변자로 최고의 명성을 누리고 있었다.[1)] 하이네는 1819년 본 대학에서 슐레겔의 강의에 처음 참석했을 때 깊은 인상을 받았다고 말한다. 슐레겔은 진한 향수 냄새를 풍겼고 파리의 최신 유행에 맞추어 옷을 입고 있었다. "그는 우아함과 예의 그 자체였으며, 영국 수상에 대해 말할 때마다 항상 '나의 친구'를 덧붙이곤 했다." 슐레겔은 깡마르고 쇠약했지만 매우 영민하여 순수한 정신처럼 보였다. 그러나 약 10년 후 하이네가 파리의 거리에서 슐레겔을 다시 만났을 때 그의 인상은 매우 달라져 있었다. 순수 정신은 죽었고 육체만이 살아남았다. 슐레겔은 더 이상 영민한 문학사가가 아니었으며 늙고 뚱뚱해졌다. 그는 자신에게 쏟아지는 찬사들에 만족했

---

1) Heinrich Heine, *Sämtliche Schriften* V, ed. Klaus Briegleb, Frankfurt: Ullstein, 1981, pp.418~421.

고 목 주변에는 훈장과 메달들을 달고 다녔다. 하이네는 그가 웃을 때마다 "막 각설탕을 입에 넣은 늙은 부인"과 같았다고 쓴다.

물론 하이네는 의도적으로 편파적인 초상을 그렸다. 그는 자신이 결코 동의할 수 없는 정치적 견해를 가진 인물을 조롱하기 위해 그 초상을 디자인했다. 『낭만파』에서 그의 경멸의 이유는 분명하다. 여기서 하이네는 독일낭만주의를 중세의 종교와 예술의 부활을 주된 목적으로 하는 본질적으로 반동적인 운동으로 해석했다.[2] 그는 일부 낭만주의자들이 가톨릭으로 개종하고 메테르니히Klemens von Metternich를 위해 일했다는 사실을 결코 용서하거나 잊을 수 없었다. 하이네의 견해에 따르면 낭만주의자들의 문학적 노력은 그들의 반동적인 정치적 가치들에 영감을 받았다. 하이네는 슈타인Stein 장관이 나폴레옹에 맞선 것과 똑같은 열정으로 슐레겔 형제가 라신에 대한 반대 모의를 했다고 썼다.[3] 그리고 고전주의와 낭만주의 사이에 단순하지만 선명하고 그럴듯한 대조를 만들어 냈다.[4] 고전주의자는 인류의 목적이 이곳 지상에서 실현된다고 생각하는 휴머니스트이지만, 낭만주의자는 최고선이 천국에서만 실현된다고 믿는 기독교인이다. 휴머니스트의 정치적 이상은 자유와 평등이지만, 낭만주의자의 이상은 교회와 국가에 대한 믿음이다. 따라서 하이네에게 낭만주의는 왕정복고의 문학적 형식일 뿐이었고, 그 영감의 궁극적 원천은 바로 기독교에서 왔다.

하이네가 그린 낭만주의의 초상은 커다란 영향력을 가져왔고, 지금도 여전히 그러하다. 칼 맑스, 아르놀트 루게 같은 1840년대의 다른 독일

---

2) Heine, *Sämtliche Schriften* V, pp. 361~363.

3) 같은 책, pp. 380~381.

4) 이러한 대조는 Arnold Ruge, *Geschichte der neuesten Poesie und Philosophie seit Lessing: Oder unsre Klassiker und Romantiker*, *Sämtliche Werke* I, Manheim: Grohe, 1848, pp. 7~11, 248~249에서 가장 분명하고 정교하게 나타난다.

급진주의자들도 이 견해를 옹호했다. 그들은 낭만주의를 이데올로기적인 적 혹은 소위 "기독교적-독일적 왕정복고 원리"로 간주했다.[5] 아주 근래에 이르기까지 이는 낭만주의에 대한 맑스주의의 공식적인 견해였다.[6] 그러나 이미 당대에도 하이네의 초상을 비판한 이들이 없지는 않았다. 1850년에 19세기의 가장 뛰어난 문학사가 가운데 하나인 헤르만 헤트너가 그것의 주된 난점을 지적했다. 즉, 하이네의 낭만주의 해석은 시대착오적이며, 전체 낭만주의 운동을 몇몇 후기 대표자들의 관점에서 평가한다.[7] 물론 몇몇 낭만주의자들 — 프리드리히 슐레겔, 아담 뮐러, 아킴 폰 아르님Archim von Arnim — 은 말년에 메테르니히와 로마 가톨릭 교회를 지지한 반동주의자들이었다. 하지만 그들은 초년인 1790년대에는 프랑스 혁명의 지지자들이었다.

헤드너에게 낭만주의의 문제는 그것의 반동성이 아니라 비정치성이었다.[8] 낭만주의는 근본적으로 미학적 운동이었으며, 그것은 예술을 사회정치적 현실에 의해 결코 타협될 수 없는 목적 그 자체로 만들었다. 정치 세계에서의 무력함 때문에 낭만주의자는 문학적 상상의 세계, 그가 완전한 자유를 향유할 수 있는 유일한 장소로 후퇴한다. 헤트너의 견해 역

---

5) Arnold Ruge, "Plan der Deutsch-Französischen Jahrbücher", *Sämtliche Werke* IX, pp. 145~160을 보라.

6) 이를테면 Georg Lukács, "Die Romantik als Wendung in der deutschen Literatur", *Fortschritt und Reacktion in der deutschen Literatur*, Berlin: Aufbau, 1947, pp. 51~73을 보라. 루카치의 견해가 공식적인 것이었음은 크게 의심할 수 없다. 1962년 라이프치히의 컨퍼런스에서 한스 마이어(Hans Mayer)와 베르너 크라우스(Werner Krauss)가 루카치 해석의 여러 측면을 비판했을 때 그들의 논문은 당에 충성스러운 이들에 의해 비난받았다. 클라우스 함머(Klaus Hammer), 헨리 포슈만(Henri Poschmann)과 한스-울리히 슈니첼(Hans-Ulrich Schnuchel)의 보고서를 보라. "Fragen der Romantikforschung", *Weimarer Beiträge* 9, 1963, pp. 173~182.

7) Hermann Hettner, *Die romantische Schule in ihrem inneren Zusammenhange mit Göthe und Schiller*, Braunschweig: Vieweg, 1850, pp. 2~3.

8) 같은 책, pp. 26~29, 42, 48~49, 53~55.

시 매우 큰 영향력을 가졌다. 칼 슈미트의 저작에서 그것의 주요한 근대적 옹호를 발견할 수 있는데, 그의 악명 높은 『정치적 낭만주의』는 헤트너의 테제를 단순히 부활시킨 것이다.[9)]

우리는 뒤늦게 많은 것을 알게 되었고, 그래서 하이네와 헤트너 모두 틀렸다고 최종적으로 말할 수 있을 것 같다. 사실 헤트너의 하이네 비판은 많은 것을 말해 준다. 하이네의 초상은 후기낭만주의[Spätromantik]의 몇몇 인물들에 대해서는 유효하지만, 정치적으로 매우 자유주의적이고 진보적이었던 초기낭만주의[Frühromantik]의 거의 모든 주도적 사상가들에 대해서는 완전히 틀렸다. 하지만 헤트너의 해석, 따라서 슈미트의 해석 역시 결함을 갖고 있다. 초기낭만주의자들에게 정치가 마치 그들의 문학적 상상력을 위한 수단이나 계기에 불과한 듯 본질적이 아니라는 주장은 완전히 잘못되었다. 낭만주의자들의 초기 철학적 단편들 대부분은 1960년대 이후에야 출판되었고, 그래서 헤트너와 슈미트는 그것을 이용할 수 없었다. 그런데 이 단편들을 살펴보면 정치가 낭만주의 철학의 긴밀한 요소였음이 압도적으로 분명해진다. 비정치적 해석의 큰 문제는 자신들의 근본적인 믿음에 대한 일부 낭만주의자들의 명시적이고 단호한 진술들을 정당하게 다룰 수 없다는 것이다.

어떤 이의 근본적인 가치를 알고 싶다면 고전적인 질문 한 가지, 즉 아리스토텔레스가 『니코마코스 윤리학』 1권에서 제기한 "무엇이 최고선인가?"라는 질문에 대한 답을 아는 것이 필수적이다.[10)] 이 질문은 18세기 후반 독일에서 여전히 살아 있는 문제였고, 낭만주의자들은 이에 대해 분명한 답을 가지고 있었다. 그들은 최고선이 문화[Bildung], 인간의 탁월성 혹

---

9) Carl Schmitt, *Politische Romantik*, 2nd ed., München: Duncker & Humblot, 1925를 보라. 슈미트는 헤트너의 선례를 인정하지 않았다.

10) Aristotle, *Nichomachean Ethics* I, chap. 7, 1097a~1097b를 보라.

은 완전성, 모든 인간적 능력 전체의 자기-실현과 개발이라고 확고하게 그리고 열정적으로 주장했다.[11] 아리스토텔레스처럼 그들은 또한 그러한 탁월성 혹은 완전성이 공동체나 국가에서만 실현될 수 있다고 주장했다. 그들은 고전적 아리스토텔레스주의의 독트린을 재확인했는데, 그것에 따르면 국가는 개인에 선행하고, 인간은 정치적 동물이며 폴리스를 떠나서는 야수에 불과하거나 신이 될 뿐이다. 그래서 아리스토텔레스처럼 낭만주의자들에게도 정치는 제일의 예술 혹은 학문이 되었다. 초기의 『그리스 시 연구에 대하여』에서 프리드리히 슐레겔은 아리스토텔레스를 따라 "정치적 판단은 모든 관점들 가운데 최고이다"라고 말한다.[12]

따라서 초기낭만주의를 이해하려면 우리는 헤트너와 슈미트를 뒤집어야 한다. 초기낭만주의자들에게서는 정치가 예술에 종속되는 것이 아니라 예술이 정치에 종속된다. 낭만주의자들은 예술을 목적 그 자체로 만들기는커녕, 그것을 윤리적·정치적인 것에 종속시켰다. 그들은 예술의 목적이 문화, 인류의 교육이라고 주장했으며, 그것은 국가 안에서만 실현되기 때문이다. 그래서 청년 프리드리히 슐레겔은 형에게 "내 독트린의 핵심은 인류가 최고의 목적이며 예술은 그것을 위해서만 존재한다는 거야"라고 말했다.[13]

유사한 이유로 우리는 하이네 역시 거꾸로 세워야 할 것 같다. 낭만주의자들은 우리에게 최고선은 문화, 인간의 탁월성과 완전성이라고 말

---

11) 이를테면 Schlegel, *Ideen* nos. 37, 62, *KA* II, pp. 259, 262; Novalis, *Blütenstaub* no. 32, *HKA* II, p. 427; 횔덜린이 동생에게 보낸 1793년 9월의 편지를 보라(*GSA*, VI, p. 92). 또한 *Athenäum* III, Berlin: Frölich, 1800, p. 236과 "Vorerinnerung", *Athenäum* I, Braunschweig: Vieweg, 1798, pp. iii~iv도 보라.

12) Schlegel, *KA* I, pp. 324~325.

13) 프리드리히 슐레겔이 형인 아우구스트 슐레겔에게 보낸 1793년 10월 16일자 편지를 보라. *KA* XXIII, p. 143.

한다. 그런데 이것은 휴머니즘, 바로 하이네가 낭만주의의 안티테제로 보았던 독트린의 신조credo이다. 그러나 바로 여기서 사태가 복잡해지기 시작한다. 초기낭만주의자들이 로마 가톨릭의 독단을 옹호한 반동주의자가 아니었다면, 그들은 무신론적 휴머니즘을 표방한 급진주의자도 아니었다. 오히려 그들은 자신들의 휴머니즘과 종교 사이에서 매우 밀접한 연관성을 보았다. 그들은 최고선이 문화라고 주장했지만, 또한 종교 없이 이를 획득할 수 없다고 주장했다. 종교는 문화의 수단일 뿐 아니라 그것의 본질적인 부분이었고, 사실은 그것을 배후에서 이끄는 힘이었다.[14)]

따라서 낭만주의자들은 휴머니즘적 종교 혹은 종교적 휴머니즘을 원했다. 그러나 하이네와 루게, 맑스가 보기에 이것은 불가능, 자가당착, 형용모순이었다. 그들의 견해에서 휴머니즘은 무신론적·진보적·자유주의적이며, 종교는 반동적이고 구체제 국가의 주축이라는 사실을 상기하라. 이는 다음과 같은 매우 어려운 질문을 제기한다. 어떻게 그들은 휴머니즘과 종교를 종합할 수 있다고 생각했을까? 하이네와 루게, 맑스와 달리 그들은 왜 이것들을 결합하는 데서 어떤 모순도 보지 못했을까?

2. 1790년대의 급진주의자

언뜻 보기에 여기에는 그렇게 많은 문제가 있는 것 같지 않다. 하이네와 루게, 맑스는 매우 제한된 종교 개념, 종교를 기독교 전통의 유신론에 한정하는 개념을 갖고 있는 것 같다. 분명 이것을 종교 일반에 대한 우리의 이해로 여겨서는 안 된다고 말할 수 있다. 많은 다른 형태의 기독교가 있

---

14) 예를 들어 Schlegel, *Ideen* nos. 7, 14, *KA* II, p. 257; Novalis, "Christenheit oder Europa", *HKA* III, pp. 509, 523~524; Schleiermacher, *Über die Religion: Reden an die Gebildeten unter ihren Verächtern*, *KGA* II/1, pp. 229, 238을 보라.

었으며, 그 가운데 어떤 것은 매우 진보적인 사회적 이상들과 결합했다. 수많은 근대 자유주의적 가치들의 원천이었던 종교개혁 시절의 급진적 정신주의 분파들을 생각해 보기만 하면 된다.

우리는 곧 낭만주의의 종교가 진정으로 매우 진보적이고 자유주의적이었으며, 하이네가 그것에 귀속시킨 전통적 유신론과는 거의 관계가 없었음을 보게 될 것이다. 그러나 지금은 일관성의 문제가 이보다 훨씬 더 깊은 곳에 존재하고 있음을 이해하는 것이 중요하다. 단순히 낭만주의자들이 옹호했던 더 자유주의적이고 진보적인 형태의 다른 종교를 지적하는 것으로 문제가 끝나지 않는다.

문제의 뿌리는 낭만주의의 휴머니즘과 종교의 원천들을 검토할수록, 점점 더 그것들이 서로 완전히 상충하는 두 철학자에게서 연원함을 발견하게 된다는 것이다. 낭만주의의 휴머니즘은 피히테에서 원천을 가지며, 낭만주의의 종교는 스피노자에서 기원을 갖는다. 그러나 이 둘보다 더 대조적이며 모든 근본적 쟁점들에서 상충하는 철학자들은 거의 없다.

여기서 문제가 되는 것을 더 잘 이해할 수 있도록 낭만주의자들이 먼저 피히테와 스피노자에게 이끌렸던 이유를 좀더 자세히 설명하겠다. 그들이 피히테와 스피노자의 서로 상충하는 측면들에 이끌렸음을 이해하게 되면, 그들이 해소해야 했던 긴장에 대해 훨씬 나은 감정을 갖게 될 것이다. 이 긴장은 종교와 정치에 대한 완전히 대조되는 두 견해에서 나온다. 정확하게는 어떻게 피히테적 휴머니즘을 스피노자적 종교와 화해시킬 것인가가 문제이다.

의심할 바 없이 피히테와 스피노자는 초기낭만주의자들에게 가장 영향력 있는 철학자들이었다. 횔덜린과 프리드리히 슐레겔, 노발리스는 예나에서 피히테의 초기 강의들에 참석했고, 이것은 그들에게 지울 수 없는 인상을 남겼다. 그리고 셸링은 1798년까지 사실상 피히테의 제자였다.

피히테가 이 젊은 정신들에게 행사한 영향력이 매우 컸기 때문에, 그들은 피히테에게서 독립하기 위해 매우 힘겨운 노력을 해야만 했다. 그런데 아이러니하게도 독일에서 피히테의 영향력이 가장 컸던 시기—대략 1794년부터 1799년까지—는 또한 스피노자가 부활한 시기이기도 했다. 스피노자의 부활은 1786년 야코비의 『모제스 멘델스존 씨에게 보낸 편지에서 스피노자의 가르침에 대하여』*Über die Lehre des Spinoza in Briefen an den Herrn Moses Mendelssohn*의 출판과 함께 시작되었다. 이 주목할 만한 책에서 야코비는 세인들을 놀라게 한 폭로를 했는데, 그것은 바로 1780년 여름 레싱이 그에게 자신이 스피노자주의자임을 고백했다는 것이었다. 야코비가 레싱의 고백을 폭로한 것은 대중에게 스피노자주의의 위험성을 경고하기 위해서였다. 그가 보기에 스피노자주의는 무신론, 숙명론과 마찬가지였다. 그러나 야코비의 경고는 역풍을 가져와 오히려 스피노자주의의 공개적인 선언이 잇따르게 했다. 많은 이들은 레싱이 그의 스피노자주의를 고백할 수 있었다면 자신도 그렇게 할 수 있다고 추론했다. 스피노자주의를 고백했던 저명인사들 중에는 괴테와 헤르더도 있었다.

1790년대에 성장한 초기낭만주의자들은 불가피하게 범신론 논쟁의 소용돌이에 휘말렸다. 그들의 노트는 그들이 스피노자주의를 연구하고 그것에 공감했다는 충분한 증거를 제공한다. 그들에게 스피노자는 "신에 취한 인간"이었다.[15] 방명록에 Hen kai pan—"일자이자 전체"Eins und Alles—이라고 쓰는 건 일종의 유행이 되었다. 『종교론: 종교를 멸시하는 교양인을 위한 강연』에서 슐라이어마허가 "추방당한 신성한 스피노자"에게 제물을 바치라고 요청한 것은 유명하다.[16] 하지만 그가 이 요구를 할 즈음 제물은 이미 높게 쌓여 있었다.

---

15) 이 유명한 경구는 Novalis, *Fragmente und Studien* no. 562, *HKA* III, p. 651에 나온다.

1790년대에 성장한 이들이 피히테와 스피노자에게 어떻게 유혹되었을지 이해하는 것은 어렵지 않다. 완전히 상반된 관점에서 이들은 1790년대의 가장 급진적이고 진보적인 철학자들이었다. 전위가 되는 것, 시대정신의 최전선에 서는 것은 이들의 발자취를 따르는 것을 의미했다.

낭만주의자들이 스피노자에게서 발견한 것은 무엇보다도 종교를 합리화하는 시도였다. 스피노자의 유명한 선언 "신 즉 자연", 다시 말해 신과 자연의 무한성의 동일시는 이성과 신앙의 갈등을 해소하는 듯했다. 계몽시대 내내 철학자들과 신학자들은 이 문제에 매달렸다. 스피노자의 선언은 신적인 것을 자연화하는 만큼 자연을 신성화했으며, 그래서 과학을 종교로, 종교를 과학으로 만드는 것처럼 보였다. 만약 신이 "일자이자 전체"와 동일하다면, 만약 신적인 것이 자연의 통일성, 모든 자연법칙들의 체계적 통일성일 뿐이라면 이성과 신앙을 대립시킬 이유가 없었다. 대신 종교와 과학의 대상은 같은 것이다. 이성과 신앙의 갈등은 단지 신적인 것이 초자연적인 어떤 것으로 생각되었기 때문에 일어났다. 만약 신이 자연 세계 너머의 존재자라면, 우리는 (유신론의 경우) 『성서』나 (이신론의 경우) 이성적 추론을 통해서만 신의 존재를 증명할 수 있다. 하지만 18세기 말경 유신론과 이신론은 둘 다 사멸해 가고 있었다. 유신론은 과학과 양립하기 힘든 기적에 의존했을 뿐만 아니라, 새로운 『성서』 비판에 의해서도 크게 타격을 입었다. 이신론은 회의주의적 논변의 끈질긴 공격하에 무너졌다. 오직 스피노자의 범신론만이 이런 쇠퇴의 위험에 처하지 않은 듯했다. 스피노자의 신이 갖는 실재성은 자연의 그것만큼이나 손에 잡히는 것이었다. 전통적 유신론의 신처럼 신비로운 정신이거나 이신론의 신

16) Schleiermacher, *Über die Religion: Reden an die Gebildeten unter ihren Verächtern*, *KGA* II/1, p. 213.

처럼 무관한 추상이 아니라, 스피노자의 신은 모두 안에 평등하게 존재했다. 우리는 모두 유일한 무한 실체의 양태들이기 때문에, 우리 안에서 신적인 것을 찾기 위해서는 자신을 반성하기만 하면 되었다.

낭만주의자들이 스피노자에 이끌린 이유가 단지 인식론적인 것이 아니었음을 이해하는 것이 중요하다. 여기서 다시 정치적 요소들이 결정적 역할을 했기 때문이다. 이 요소들을 이해하기 위해서는 하이네의 또 다른 언급, 즉 범신론이 언제나 독일의 비밀 종교, 독일의 문화적 저변의 믿음이었다는 언급을 기억해 두는 것이 가치 있다.[17] 그는 자신이 말하고 있는 것에 대해 잘 알고 있었다. 17세기 말 이후 독일에서 스피노자는 급진적 프로테스탄트, 모든 불만스런 개혁가들의 수호성인이 되었다. 이들은 루터가 군주들에게 매수되어 종교적 자유와 만인사제설[18]이라는 자신의 두 거대한 이상을 배반했다고 비난했다. 이 급진주의자들은 다양한 이유에서 스피노자를 수용했는데, 그 이유들은 모두 전적으로 프로테스탄트적이었다. 그들은 스피노자의 교회와 국가의 분리가 종교의 자유를 보증한다고 보았고, 스피노자의 『성서』 비판이 루터주의를 성서주의, 즉 문자를 신앙의 규약으로 지나치게 강조하는 데서 해방시켰기 때문에 그것을 수용했다. 그리고 그들은 스피노자의 범신론을 사랑했다. 그것은 모든 신자의 평등과 만인사제설을 정당화하는 듯했기 때문이다. 결국 신이 모두의 안에 똑같이 무한하게 존재한다면 우리는 모두 평등하며, 그렇다면 우리와 신의 관계를 매개할 사제나 정신적 권위는 필요 없다. 물론 스피노자

---

17) Heine, *Zur Geschichte der Religion und Philosophie in Deutschland, Sämtliche Schriften* III, p. 571.

18) 종교개혁기에 루터가 가톨릭 교회를 비판하면서 '만인사제설'(Priesthood of all believers)을 내세웠다. 이는 능동적으로는 성직자와 속인의 구분 없이 기독교인이라면 누구나 예수 그리스도를 중재자로 하여 하느님께 직접 기도할 수 있음을 의미하며, 소극적으로는 사제의 특별한 지위와 능력, 그리고 도덕성의 부정을 의미한다. — 옮긴이

는 적어도 그의 배경에 의하면 유대인이었다. 하지만 골수까지 세계교회주의자였던 급진적 프로테스탄트들에게 이는 스피노자를 끌어안아야 할 또 하나의 이유였다. 보편주의자로서 그들의 자격을 더 잘 보여 주는 것이 무엇이겠는가? 그리고 어쨌든 스피노자는 라인스뷔르흐에서 형제들과 함께 살지 않았는가? 독트린의 유사함이 그렇게 우연적이었을까?

끊임없는 박해에도 불구하고 독일에서 종교적 급진주의의 불꽃은 결코 꺼지지 않았고 스피노자의 『윤리학』*Ethica*과 『신학정치론』*Tractatus Theologico-Politicus*은 끊임없이 비밀리에 유통되었다. 급진적 이상들이 살아남아 18세기로 전해졌고, 고트프리트 아르놀트Gottfried Arnold, 콘라트 디펠Conrad Dippel, 요한 에델만Johann Edelmann, 그리고 마지막으로 레싱과 헤르더 같은 작가들에게서 훌륭하게 대변되었다. 낭만주의자들이 1790년대 말 스피노자주의를 수용했을 때, 그들은—얼마간은 자신도 모르게—급진적 개혁가들의 전통을 이어 가고 있었다. 1790년대의 스피노자 부활은 급진적 개혁주의의 마지막 위대한 현현이었다. 그것의 가장 뛰어난 문학적 · 철학적 표현은 슐라이어마허의 『종교론: 종교를 멸시하는 교양인을 위한 강연』이었다.

낭만주의자들이 피히테에게 이끌렸던 주된 이유는 그의 급진적 자유 개념, 특히 자아는 단지 그가 스스로 정립한 것이라는 주장이었다. 이 개념은 두 측면에서 급진적이었다. 첫째, 그것은 자아가 어떻게든 반드시 실현하거나 발전시켜야 할 영원한 본질을 갖지 않는다는 것을 의미했다. 오히려 자아의 본질은 자기에 의해 창조된다. 피히테에게 자아는 자기가 스스로 만드는 것일 뿐이며 그의 입장은 사르트르를 예기한다.[19] 둘째, 자

19) 이러한 매우 근대적인 사르트르적 정식화는 피히테 자신에게서 완벽하게 명시적으로 나타난다. 그의 *Das System der Sittenlehre nach den Principien der Wissenschaftslehre*, *Sämtliche Werke* IV, ed. I. H. Fichte, Berlin: Veit, 1845~1846, pp. 36, 50, 222를 보라.

아는 자신뿐 아니라 자신의 세계를 창조할 수 있다. 이 세계 역시 그의 이성의 산물이어야 한다. 이 두번째 주장으로 피히테가 의미한 것은, 마치 자아가 신적이라는 듯이 자아가 자신의 세계를 창조했다는 것이 아니라, 단지 자아가 그렇게 할 힘power을 가지고 있다는 것이다. 그것은 무한한 노력을 통해 완전히 이성적인 세계라는 이상에 접근할 수 있다.[20]

1790년대의 맥락에서 읽으면 피히테의 급진적 개념은 분명한 정치적 메시지, 그의 젊은 청자들이 한순간도 놓치지 않았을 메시지를 담고 있다. 피히테는 사회정치적 세계가 우리가 복종해야 할 영원한 질서가 아니라고 말하고 있다. 오히려 그것 역시 우리 이성의 요구에 따라 우리가 창조할 수 있는 어떤 것이다. 피히테는 체념이 아니라 행동을 설교하고 있었다. 사실 그는 우리가 이성에 따라 사회정치적 세계를 바꾸어야 할 권리뿐만 아니라 의무를 갖는다고 주장하고 있었다. 그래서 유명한 1794년 『학자의 사명에 관한 강의들』는 선동적 어조로 끝을 맺는다. "행동하라! 행동하라! 그것이 바로 우리가 존재하는 목적이다."[21]

3. 피히테 대 스피노자

이제 낭만주의자들이 피히테와 스피노자에게 그토록 이끌렸던 이유를 알게 되었으므로 그들이 왜 두 철학자를 단일한 체계로 결합하고 싶어 했는지 쉽게 이해할 수 있다. 그러한 종합을 위한 낭만주의의 기획은 초기

---

20) 피히테가 단지 이상을 기술하고 있었다는 사실은 그의 *Einige Vorlesungen über die Bestimmung des Gelehrten*, *Sämtliche Werke* VI, pp. 296~301에서 명백하게 드러난다. 이러한 이유만으로 그가 절대적 자아의 존재를 믿었다고 생각하는 것은 옳지 않다. 오히려 절대적 자아는 무한한 노력의 이상, 만약 우리가 순수하게 이성적이고 전체 세계를 창조할 수 있었다면 그렇게 되었을 모습이다.

21) 같은 책, p. 345.

노트와 단편들에 다소 명시적으로 표현되어 있다.[22] 나는 이 기획이 초기 독일낭만주의를 이해하는 데 결정적이라고 믿는다. 매우 종종 낭만주의적 세계관은 피히테 『전체 학문론의 기초』나 스피노자 『윤리학』의 시적 버전으로 해석된다. 그것은 이것 혹은 저것일 뿐, 결코 양자 모두는 아닌 것으로 여겨진다. 하지만 이 해석들은 초기낭만주의 철학의 가장 핵심적이고 고유한 것, 즉 피히테와 스피노자를 결혼시키려는 시도를 놓친다.

하지만 물론 이 기획은 위대한 역설이다. 피히테와 스피노자 사이의 깊은 갈등을 생각하면 곧 그들의 종합이라는 관념 자체가 완전히 부조리해 보인다. 이들의 갈등은 피히테와 스피노자가 낭만주의자들을 가장 매료시켰던 측면들인 피히테의 정치적 급진주의와 스피노자의 범신론적 종교에서 특히 두드러진다.

언뜻 보기에 그렇게 많은 갈등이 있어 보이지 않는다. 스피노자의 범신론 역시 진보적이고 급진적이지 않았던가? 그는 피히테와 똑같은 정치적 가치들을 옹호하지 않았던가? 사실 피히테는 스피노자의 공화주의와 평등주의, 관용의 옹호에 대해 다투지는 않았다. 그렇다면 그는 스피노자를 동료 급진주의자로, 심지어 동일한 정치적 이상을 위한 전투의 순교자로 포용해야 할 것 같다. 하지만 그렇게 하기보다 피히테는 스피노자를 물리치고 자신의 주적으로 선언했다. 피히테가 오직 두 개의 철학, 즉 자신의 철학과 그의 주적 스피노자의 철학만이 가능하다고 선언한 것은 유

---

22) Novalis, *Das allgemeine Brouillon* nos. 75, 634, 820, *HKA* III, pp. 252, 382, 429와 *Fragmente und Studien* no. 611, 같은 책, p. 671을 보라. 또한 Schlegel, *Philosophische Lehrjahre*, *KA* XVIII, pp. 31, 38, 43, 80을 보라. 횔덜린에 대해서는 주 30에 인용된 자료들을 보라. 셸링에 대해서는 그의 *Philosophische Briefe über Dogmatismus und Kritizismus*, *Sämtliche Werke* I, ed. K. F. A. Schelling, Stuttgart: Cotta, 1856~1861, pp. 326~335를 보라. 『초월적 관념론 체계』와 『나의 철학체계에 대한 기술』에 표현된 셸링의 나중의 절대적 관념론은 피히테의 관념론과 스피노자의 실재론을 종합하려는 시도로 간주될 수 있다.

명하다.[23] 그의 철학과 스피노자의 철학 사이의 선택은 그에게 바로 철학적 충성과 신념의 결정적인 시험대였다.

피히테는 왜 자신과 스피노자 사이에서 그러한 갈등을 보았는가? 『학문론의 첫번째 입문』*Erste Einleitung in die Wissenschaftslehre*에서 피히테 자신이 그들을 가르는 주요 쟁점에 대해 생생하고 단순한 설명을 제공한다.[24] 가능한 두 개의 철학은 그의 관념론이나 스피노자의 실재론 혹은 그가 때때로 칸트의 용어로 말하듯, "비판"이나 "독단론"이다. 만약 관념론자라면 우리는 자아self를 절대적으로 만들고 자연을 그것의 산물로 설명한다. 만약 실재론자라면 우리는 자연을 절대자로 만들고 자아를 그것의 산물로 설명한다. 다른 말로 하자면 우리가 비판과 함께 절대자를 우리 안에 둠으로써 절대자가 경험에 내재적이 되거나, 혹은 우리가 독단론과 함께 절대자를 우리 바깥에 둠으로써 절대자가 경험을 초월하게 된다. 피히테는 관념론과 실재론을 화해시킬 길은 없다고 주장했다. 왜냐하면 그것들은 절대자, 즉 유일한 무한 실재에 대한 양립 불가능한 개념들이기 때문이다. 만약 둘 다 참이라면 우리는 무한자를 나누어야 할 것이다. 하지만 분명히 오직 하나의 무한 실재, 무한자의 정의에 부합하는 오직 하나, 즉 그것보다 더 큰 어떤 것도 생각될 수 없는 것만이 있을 수 있다.

피히테는 종종 그의 철학과 스피노자의 철학 사이의 선택이 본질적으로 사적인 것, 개인적 선택의 문제인 듯이 말한다. 어떤 유명한 구절에서[25] 그는 한 사람이 선택하는 철학은 그가 어떤 종류의 사람인가에 달려 있다고 선언했다. 하지만 그는 그 반대를 말하는 편이 나았을 것이다. 즉 어떤 철학을 선택하는가가 그가 어떤 종류의 사람인지를, 그리고 사실상

23) Fichte, *Grundlage der gesamten Wissenschaftslehre*, *Sämtliche Werke* I, p. 101.
24) Fichte, *Erste Einleitung in die Wissenschaftslehre*, 같은 책, pp. 425~430.
25) 같은 책, p. 434.

세계에 대한 그의 기본적인 태도를 결정한다고 말이다. 피히테는 관념론자였기 때문에 행동주의자activist였고, 세계를 더 나은 곳으로 만들기 위한 무한한 노력, 끊임없는 분투에 헌신했다. 스피노자는 실재론자였기 때문에 정적주의자quietist였고, 그를 통해 움직이는 신적 힘에 따랐다. 신적 힘은 자신의 본성의 필연성으로부터만 행동한다.

피히테는 때로 자신의 철학과 스피노자의 철학 사이의 선택이 본질적으로 사적이라고 말하면서도, 또한 스피노자가 기본적인 논리적 오류를 범하고 있다고 비판했다.[26] 그 오류는 칸트가 "순수이성의 오류"라고 부른 것,[27] 즉 실체화hypostasis, 물화reification, 이성의 관념들이 사실은 우리 자신의 행위의 산물일 뿐인데도 마치 그것들이 우리가 복종해야 하는 낯선 힘인 것처럼 그것들을 우리의 바깥으로 투사하는 것이다. 이 오류가 모든 형이상학적 독단론의 원죄이며, 그것을 제거하는 것은 이성의 비판을 요구한다고 칸트는 가르쳤다. 비판은 이 질병에 대한 효과적인 치료제를 제공했다. 그것은 존재하는 어떤 것을 기술하는 척하는 구성적 원리를 우리 이성의 임무를 규정하는 규제적 원리로 재정식화하는 것이다. 다른 말로 하자면, 믿음의 대상처럼 보였던 것이 이제 행위의 목적이 되어야 했다. 사실 무한자는 우리 안의 어떤 것, 즉 이성에 따라 세계를 변화시키는 우리의 무한한 힘일 뿐이다. 그런데 스피노자가 무한자를 우리 바깥에 있는 어떤 것 — 유일한 무한 실체 — 으로 만들었을 때, 그는 바로 이 오류를 저질렀다고 피히테는 주장했다. 바로 이러한 이유 때문에 피히테는 스피노자를 "독단론자"라고 불렀다. 실체화는 독단론을 특징짓는 오류이기 때문이다.

---

26) Fichte, *Grundlage der gesamten Wissenschaftslehre*, 같은 책, pp. 100~101을 보라.
27) Kant, *KrV* B, pp. 349~366.

피히테의 스피노자 비판은 실제로 그의 휴머니즘의 기반이다. 그의 비판의 직접적 결과는 무한자 관념이 믿음의 대상이 아니라 실제로는 행위의 목표일 뿐이라는 것이다. 다른 말로 하자면 우리는 신의 왕국이 천국에 있다고 믿기보다, 그것을 지상의 실재로 만들기 위해 노력해야 한다. 칸트처럼 피히테는 전통적인 신의 왕국 관념을 윤리적으로 이해했다. 이 왕국은 최고선이라는 도덕적 이상, 즉 덕과 행복의 완전한 상응, 의무와 보상의 총체적 조화를 상징했다. 하지만 그는 이 전통적 이상을 정치적 의미로도 해석함으로써 칸트보다 한 걸음 더 나아갔다. 최고선은 사후의 어떤 초자연적 영역에 존재하지 않았다. 오히려 그것은 우리가 이 삶에서 획득해야 할 목적, 완전한 정의가 존재하고 노동하는 이들이 그들의 노력에 비례하여 보상을 받는 완전한 공화정이었다. 따라서 피히테의 휴머니즘은 궁극적으로 무신론적이었다.[28] 신과 최고선의 존재를 믿는 것은 이성의 이상들을 실체화하는 것이었다.

이제 우리는 피히테의 급진주의와 스피노자의 범신론 사이에 왜 그러한 갈등이 있었는지 이해할 수 있다. 매우 단순하게 말하자면 피히테의 급진주의는 무신론적 휴머니즘의 한 형태이다. 그것은 스피노자가 유일

---

28) 이것은 논쟁적인 해석이다. 1799년 무신론의 혐의를 받았을 때 피히테는 분개하여 그 비난을 반박했다. 그의 *Appellation an das Publikum gegen die Anklage des Atheismus*, *Sämtliche Werke* V, pp. 193~238과 *Gerichtliche Verantwortung gegen die Anklage des Atheismus*, 같은 책, pp. 241~333을 보라. 하지만 내가 보기에 그 비난은 주장될 만했다. 그 비난을 유발했던 "Über den Grund unseres Glaubens an eine göttliche Weltregierung", 같은 책, p. 185에서 피히테는 신성한 것(the divine)을 우리가 도덕적 행동을 통해 형성하는—그는 명시적으로 말한다—도덕적 세계 질서와 동일시한다. 하지만 전체적인 쟁점은 이보다 훨씬 더 복잡하다. 피히테는 무신론 논쟁이 있을 즈음에 자신의 견해를 바꾸는 과정에 있었는데, 보다 형이상학적인 방향으로 바꾸고 있었기 때문이다. 어쨌든 여기에서 결정적인 문제는 피히테가 명시적으로 말한 것이라기보다 그의 일반적 원리의 함의들이다. 피히테의 스피노자 비판은 그가 무한자의 관념에 구성적 지위를 줄 수 없음을 분명히 한다. 그렇게 하는 것은 실체화의 오류를 범하는 것을 의미할 것이다.

한 실재로 간주하는 신의 존재를 부정한다. 보다 칸트적인 용어로는 이렇게 말할 수 있다. 스피노자는 무한자의 구성적 지위를 주장하는 반면 피히테는 그것의 규제적 지위를 주장한다.

이 차이를 인정하면서도 여전히 다음과 같이 질문할 수 있다. 왜 우리는 신의 존재를 긍정하면서 동시에 피히테의 급진적 이상에 헌신할 수 없는가? 왜 우리는 피히테적인 행동주의자이면서 동시에 스피노자적인 범신론자일 수 없는가? 여기서 다시 피히테는 어떠한 융합의 시도도 거부할 것이다. 거기에는 충분한 이유가 있다. 스피노자의 범신론은 근본적인 두 가지 방식으로 피히테의 행동주의를 약화시킨다. 첫째, 그것은 급진적 자유를 제거해 버린다. 만약 신이 자신의 본성의 필연성으로부터만 행동한다면 그리고 모든 인간의 행동이 신적 자연의 양태라면, 그것들 역시 필연적일 것이다. 내가 생각하거나 행하는 것은 단순히 신이 나를 통해 생각하거나 행하는 것이 될 것이다. 영원한 신적 본성이 변할 수 없는 것처럼 누군가가 달리 행동할 수도 없다. 둘째, 스피노자는 세계를 변화시킬 어떤 동기도 약화시키는 것 같다. 그에게서 신의 본질은 이성적이다. 그리고 모든 것은 신의 본질을 표현하거나 드러내기 때문에, 완전히 그리고 완벽하게 이성적이다. 따라서 만약 모든 것이 이미 신적 이성의 구현이라면 왜 굳이 세계를 변화시키려 하는가?

피히테에게는 그의 무신론과 자유에 대한 믿음 사이에 언제나 밀접한 연관이 있었음을 이해하는 것이 중요하다. 만약 무한자가 이미 존재한다고 믿는다면, 그것을 하나의 믿음의 대상으로 만들어 버린다면, 우리는 우리의 자유를 소외시키게 된다. 우리의 바깥에 우리가 따라야 하는 어떤 낯선 존재의 영역을 투사하기 때문에, 우리는 자율성, 우리의 이성에 따라서 세계를 변화시킬 힘을 내어 주게 된다. 실제 세계가 우리의 요구에 부합하도록 만들기보다 우리 자신이 어떤 상상 세계의 요구에 부합하도록 만든다. 나는 특히 스피노자주의의 이면에 있는 이 소외와 체념의 요소가 그에 대한 피히테의 극심한 적대를 추동했다고 믿고 있다. 모든 진보적인 요소들에도 불구하고, 스피노자의 범신론은 궁극적으로 사회정치적 변화의 동기를 약화시켰다. 사실 스피노자의 종교가 매우 진보적으로 보였기 때문에, 그것은 전통적인 유신론보다도 더 위험했다. 그래서 역설적으로 피히테는 가장 보수적인 유신론자보다도 스피노자를 더 신랄하게 비판하곤 했다.

피히테와 스피노자의 갈등의 원천이 무엇이든 간에 그리고 궁극적으로 얼마나 화해 가능하든 간에, 그 긴장들이 단지 암시적인 것만이 아니었음을 이해하는 것이 중요하다. 그것은 철학사가가 만들어 낸 인위적 재구성물이 아니라 오히려 낭만주의자의 직접적인 체험이었다. 그 긴장은 완전히 명시적이었고, 낭만적 영혼은 그 갈등 앞에서 수많은 잠 못 이루는 밤들을 보냈다. 누차 우리는 낭만주의자들이 피히테의 급진주의와 스피노자의 범신론 사이에서 분열되는 것을 발견한다. 그들이 피히테와 함께 우리는 우리 자신이 창조한 세계에 살고 있고, 우리 자신의 노력을 통해 지상에 신의 왕국을 창조할 힘을 가지고 있다고 말하는 것 같은 순간들이 있다. 프리드리히 슐레겔이 언젠가 썼듯이 "근대 문화의 출발점은 지상에서 신의 왕국을 실현하려는 혁명적 소망이다."[29] 하지만 그들이 스피노자의 유일한 무한 실체를 수용하고, 일자이자 전체의 팔에 자신들을 내맡기는 것처럼 보이는 순간들도 있다. 이 긴장은 횔덜린의 『히페리온』에서 가장 분명하게 나타난다. 소설의 주인공인 히페리온은 세계

---

29) Schlegel, *Athenäumsfragment* no. 222, *KA* II, p. 201. 또한 Novalis, *Das allgemeine Brouillon* no. 320, *HKA* III, p. 297도 보라. "신에 대해 서술되는 모든 것은 인간의 미래에 대한 독트린을 포함한다. …… 지금 신으로부터 신을 통해 살고 있는 모든 사람은 스스로 신이 되어야 한다."

에 대한 이 두 가지 태도, 즉 모든 것을 변화시키려 하는 정치적 행동주의와 무한자에게 자신을 내맡기려 하는 종교적 정적주의 사이에서 끊임없이 동요한다. 분명 횔덜린은 피히테와 스피노자의 갈등을 암시하면서, 때로 우리는 우리가 모든 것이고 세계는 무無인 것처럼 느끼며, 때로 세계가 모든 것이고 우리는 무인 것처럼 느낀다고 썼다.[30] 『히페리온』은 세계에 대한 이 두 가지 태도를 화해시키려는 횔덜린의 시도이다. 동일한 긴장이 초기낭만주의의 다른 중요한 텍스트, 셸링의 『독단주의와 비판주의에 대한 철학적 편지들』에서도 나타난다. 아마도 이 작품은 피히테와 스피노자의 갈등에 관한 셸링과 횔덜린의 대화의 산물인 듯하다. 처음의 편지들은 우리에게 세계에 대한 두 개의 다른 비전, 즉 세계를 변화시키는 영웅적 노력을 칭송하는 자유의 철학과 우리의 허영심을 경고하면서 무한자의 팔에 우리를 내맡기도록 충고하는 필연성의 철학 사이에서 엄격한 선택을 하게 한다.[31]

피히테와 스피노자의 갈등이 이토록 넓고 깊은데, 낭만주의자들은 어떻게 그들을 화해시킬 시도를 했는가? 청년 횔덜린과 셸링은 때로 해결책을 찾지 못한 채 절망했다. 바로 이들이 처음으로 피히테와 스피노자 사이의 선택이 궁극적으로 사적인 결정의 문제라고 주장했었고, 피히테의 유명한 구절은 단지 이들을 따른 것일 뿐이다. 하지만 저 잠 못 이룬 밤들에서 그 이상의 어떤 것이 나왔다. 1790년대 말 초기낭만주의자들은 더 깊은 철학적 해결책을 찾기 위해 노력하고 있었다. 이제 그것이 어떤 형태를 갖추었는지 보아야 할 시간이다.

---

30) 특히 *Hyperion*의 최종 직전 버전의 「서문」을 보라. *GSA* III, p. 236. 또한 *Fragment von Hyperion*의 「서문」도 보라(같은 책, p. 163). 마지막으로 최종 버전의 「서문」도 보라(같은 책, p. 38).

31) Schelling, *Sämtliche Werke* I, pp. 284~290을 보라.

4. 스피노자를 부활시키기

낭만주의적 종합의 핵심은 스피노자의 재해석에 있었다. 1790년대 스피노자주의의 부활에 대해 말하는 것은 어느 정도 오해의 소지가 있다. 엄격하게 말해서 독일낭만주의자들은 스피노자주의자가 아니었기 때문이다. 그들은 스피노자의 몇몇 근본적인 독트린에 완전히 상충하는 방식으로 그를 재해석했다. 만약 바뤼흐가 그것을 알았더라면 배신이라고 외쳤을 것이다. 하지만 정확하게 이런 재해석을 통해 낭만주의자들은 스피노자를 피히테의 관념론에 어울리게 만들었다.

스피노자에 대한 낭만주의적 재해석의 중요한 선례는 헤르더의 1787년 소책자 『신, 몇몇 대화』*Gott, Einige Gespräche*였다. 직접적 영향이 있었든 아니든, 헤르더의 스피노자 재해석의 몇 가지 근본 조항들이 셸링과 횔덜린, 노발리스, 프리드리히 슐레겔, 청년 헤겔에게서 다시 나타난다. 내가 보기에는 근래 스피노자에 대한 낭만주의적 이해의 원천으로 많은 관심을 받아 온 야코비의 『모제스 멘델스존 씨에게 보낸 편지에서 스피노자의 가르침에 대하여』보다 헤르더의 텍스트가 훨씬 더 중요하다.[32)]

1787년 소책자에서 헤르더는 스피노자의 철학을 생기론적 범신론 혹은 범신론적 생기론으로 재해석한다. 그는 스피노자를 유기체적 세계관의 옹호자로 만든다. 이것에 따르면 자연 전체는 하나의 거대한 살아있는 유기체를 형성한다. 헤르더는 이러한 관점에서 스피노자를 재주조하면서, 스피노자와 그의 위대한 형이상학적 동시대인인 라이프니츠를 자기-의식적으로 융합시킨다.[33)] 바로 라이프니츠가 실체의 본질을 생명

---

32) Dieter Henrich, *Der Grund im Bewußtsein*, Stuttgart: Klett-Cotta, 1992, pp. 48~92, 146~185를 보라.

력, 활력으로 만들었기 때문이다. 헤르더는 우리가 해야 할 일이 스피노자의 일원론과 자연주의를 라이프니츠의 생기론과 결합시키는 것이라고 믿는다. 아이러니하게도 칸트가 『순수이성비판』에서 이들을 필사적으로 매장하려 했던 바로 그때, 헤르더는 두 위대한 독단론적 형이상학자들을 부활시키고 있었던 것이다.

원조 형이상학자들에 대한 공감에도 불구하고, 헤르더는 스피노자의 독단론적 방법, 공리와 정의에서 시작해 엄격한 연역을 통해 정리를 도출하는 기하학적 방식more geometrico의 절차에는 거의 공감하지 않았다. 1760년대 칸트의 학생으로서 그는 그런 방법을 거의 믿지 않았고, 단지 낡은 스콜라주의의 유산으로 간주했다. 그는 형이상학의 적절한 절차는 칸트가 그의 수상 논문[34]에서 제시한 것이라 주장했다. 즉 형이상학은 경험과학의 결과를 일반화해야 한다. 하지만 정확하게 이 측면에서 스피노자의 철학은 매우 구시대적임이 입증된다. 왜냐하면 그는 데카르트적 물리학의 기계론적 설명 패러다임에 자신의 철학의 근거를 두고 있기 때문이다. 데카르트처럼 스피노자는 물질이 부동의 연장이며, 하나의 물체는 다른 물체가 충격을 통해 그것에 직접적으로 작용할 때만 운동한다고 가정했다. 그러나 헤르더는 바로 이 패러다임이 근대 물리학에 더 이상 적합하지 않게 되었다고 주장했다. 화학과 전기, 자기의 실험에서 나온 모든 새로운 정보들은 물질이 부동의 연장이 아니라 능동적 힘active force으로 존재한다는 것을 보여 주었다. 연구 결과들은 물질이 아마 인력과

---

33) Herder, *Sämtliche Werke* XVI, ed. Bernard Suphan, Berlin: Weidmann, 1881~1913, pp. 450, 458.

34) 칸트의 1764년 「자연신학 및 도덕의 근본법칙들의 판명함에 대한 고찰」(Untersuchungen über die Deutlichkeit der Grundsätze der natürlichen Theologie und der Moral)을 말한다. 이 글은 베를린 학술원의 현상 논문으로 제출되어 2위에 입상했다. 당시 1위는 모제스 멘델스존의 논문이 차지했다. —옮긴이

척력으로 존재할 것이라고 알려 주었다. 만약 그렇다면 기계론은 매우 심각한 곤경에 처하게 된다. 기계론의 고전적 문제 중 하나는 명백하게 그것이 인력을 설명하지 못한다는 것이었기 때문이다. 이 결과들은 원거리 작용을 암시하는 듯한데, 이를 충격에 근거해 설명할 수는 없었다.

헤르더는 단 한순간도 스피노자의 자연주의, 즉 자연이 무한하며 자연 안에 있는 모든 것은 필연적인 법칙에 따라 일어난다는 관념을 의심하지 않았다. 스피노자처럼 헤르더도 자연의 통일성을 주장하고 싶어 했고, 그 역시 모든 형태의 이원론에 확고하게 반대했다. 하지만 기계론이 명백하게 무너진 지금, 스피노자의 일원론과 자연주의를 유지하는 것이 가능할까? 분명 이 독트린들은 과학의 최신 결과에 따라 재해석되어야 할 것이다. 헤르더에게 이것은 가장 먼저 스피노자의 유일한 무한 실체를 생명력, 모든 힘들 중의 힘, "모든 힘들의 원천적 힘"으로 재해석하는 것을 의미했다.[35] 그러한 움직임은 자연의 통일성과 연속성을 보증했다. 왜냐하면 더 이상 정신적인 것과 물리적인 것, 유기체적인 것과 비유기체적인 것 사이의 어떠한 이원론도 존재하지 않게 되었기 때문이다. 만약 물질이 생명력이라고 가정하면, 우리는 더 이상 이원론 대 유물론의 고전적 딜레마에 사로잡히지 않게 된다. 왜냐하면 이제 정신과 물질을 생명력의 조직화와 발전의 다른 정도들로 설명할 수 있기 때문이다. 물질은 생명력의 조직화와 발전의 낮은 정도인 반면, 정신은 그것의 가장 높은 정도이다. 이것은 환원주의의 한 형태가 아니다. 정신적인 것과 물리적인 것 사이에 여전히 차이가 있기 때문이다. 하지만 그 차이는 종류의 차이가 아니라 정도의 차이이다.

스피노자에 대한 헤르더의 유기체적 재해석이 결코 바뤼흐를 즐겁

35) Herder, *Sämtliche Werke* XVI, p. 453.

게 하지 않으리라는 것은 분명하다. 그것은 최소한 두 개의 낯선 요소를 스피노자의 체계에 도입한다. 첫째는 목적론의 요소이다. 만약 실체가 생명력이라면, 그것은 더 이상 스피노자가 생각했던 것처럼 부동적이고 영원하지 않다. 오히려 그것은 이제 변화와 발전을 겪고, 맹아적·미규정적·잠재적인 것에서 조직되고 규정적이며 실제적인 것으로 진화한다. 이 발전은 실체의 본질 혹은 본성을 실현하기 때문에 목적적인 것으로 이해되어야 하는데, 이는 목적론에 대한 스피노자의 비난과는 완전히 반대된다. 그러나 헤르더는 스피노자의 목적론 금지가 인간을 위해 신이 자연에 목적을 부과한다고 보는 구식의 외적 목적론에만 해당한다고 믿었다. 하지만 스피노자는 사물들 자체의 본질 혹은 고유한 본성을 목적으로 간주하는 내적 목적론에 대해서는 거의 반대할 것이 없었다. 둘째, 헤르더는 스피노자주의에 자연의 위계 관념, "존재의 거대한 연쇄" 관념을 가져온다. 자연이 유기체적 전체인 한 그것은 피라미드의 구조를 가지며 조직화와 발전의 단계들 혹은 수준들을 보여 준다. 이 위계에 따르면 자연의 정점, 생명력의 조직화와 발전의 최고 정도는 인간 자신이다. 따라서 인간은 스피노자의 체계에서 잃어버렸던 자연의 질서에서의 특권적 지위를 되찾는다. 스피노자는 인간을 다른 것들과 마찬가지로 단순히 자연의 한 유한 양태로 파악했었다. 인간에게 보다 높은 지위를 주는 것은 단순히 조악한 인간중심주의와 신인동형론일 뿐이었다.

피히테의 관념론과 스피노자의 자연주의를 종합하려는 낭만주의자들의 시도는 본질적으로 스피노자에 대한 재해석에 근거를 두었다. 이제 인간의 자기-의식이 자연의 목적이자 정점으로 회복되었으므로, 피히테는 결국 자아가 철학의 제일 원리가 되어야 한다고 말할 수 있었다. 피히테는 자기-의식을 모든 사물의 중심에, 모든 자연을 설명하는 기반으로 둔 점에서 진정으로 옳았다. 왜냐하면 자기-의식은 자연의 목적으로서,

모든 생명력들의 조직화와 발전의 최고 정도이기 때문이다. 하지만 피히테는 목적인the final cause을 제일 원인a first cause으로 해석함으로써 길을 잃었다. 그는 자아가 자연의 제일 원인이라고 그릇되게 가정했는데, 자아는 실제로는 목적인, 그것을 위해 사물들이 존재하는 궁극적 목적일 뿐이다. 피히테는 유기체적인 세계 해석에서 매우 결정적인 근본적 구분, 즉 존재의 질서에서 최초에 오는 것과 설명의 질서에서 최초에 오는 것의 구분을 하지 못했다.

낭만주의자들의 생기론은 또한 우주에서 인간 주체에게 스피노자가 상상했던 어떤 것보다도 더 큰 역할을 부여할 수 있게 했다. 스피노자의 시각에서 볼 때 인간 주체와 인식은 궁극적으로 신적인 것에 거의 아무런 차이도 가져오지 않는다. 신은 완결적이고 완전하고 자족적인 본성을 갖고 있으며, 그것은 우리 인간들이 존재하든 존재하지 않든 동일하게 남아 있다. 우리는 신에게 의존하지만, 신은 우리에게 의존하지 않는다. 그러나 낭만주의자들에게서는 인간들이 신에 의존하는 만큼 신도 인간들에게 의존한다. 오직 인간의 자기-의식과 활동을 통해서만 신적 자연은 결국 자기를 실현하기 때문이다. 인간의 자기-의식이나 인간 주체가 없더라도 분명 신적 자연은 여전히 존재할 것이다. 하지만 그것은 불완전하고, 잠재적·맹아적·미규정적일 것이다. 따라서 오직 우리의 활동을 통해서만 우리는 신적인 것을 완성하고 완결되게 하고 실현한다. 따라서 인간의 활동은 곧 신적 활동이다.

인간 주체에게 그토록 큰 역할을 부여함으로써 낭만주의자들은 피히테의 행동주의를 정당하게 다루었다고 주장할 수 있었다. 피히테가 신적인 것을 인간 활동의 목적 혹은 이상으로 만들었을 때, 그는 결국 그렇게 틀리지 않았다. 오직 우리의 활동을 통해서만 신적인 것이 자기를 실현하기 때문에, 우리는 그것을 우리 활동의 목적으로 만들 충분한 이유를 갖는다. 사실 그 어느 때보다도 지금 우리는 행동주의자가 될 더 많은 이유를 갖게 된 듯하다. 우리의 행동은 이제 신적 인가를 받았기 때문이다. 우리는 단지 우리 자신을 위해서가 아니라 신을 위해서 세계를 더 나은 장소로 만든다.

5. 최종 평가

이것이 피히테와 스피노자의, 관념론과 실재론의 낭만주의적 종합에 대한 매우 거친 개요이다. 이것을 어떻게 해야 할까? 그것이 궁극적으로 참이든 거짓이든, 그것을 위해 말해 둘 것이 있다. 생기론적 범신론은 놀라운 상상력의 결과이고, 완전하게 일관된 세계관이다. 그것은 놀라운 방식으로 당대의 경합하는 많은 관념들의 일부를 종합했다. 그것이 일반적인 스피노자적 자연주의 안에 피히테의 관념론을 얼마나 많이 수용하고 있는가를 보면 참으로 놀랍다.

하지만 최소한 피히테와 스피노자의 종합으로서 그것이 완전히 성공적이었다고 말할 수는 없다. 먼 배경에서 피히테가 항의하며 울부짖는 소리를, 그를 그토록 골칫거리 인간으로 만들었던 비분강개한 고함소리를 들을 수 있다. 그의 불만의 원천을 상상하는 것은 어렵지 않다. 왜냐하면 피히테가 스피노자주의에 격렬하게 반대했던 이유들이 아직 그대로 남아 있기 때문이다.

첫째 문제는 생기론적 범신론이 여전히 그의 급진적 자유 개념을 위한 공간을 갖지 않는다는 것이다. 낭만주의자들은 무한자의 관념에 구성적 지위를 부여했고, 무한자는 자연에 걸쳐 필연적으로 자기를 실현하기 때문에 급진적 자유를 위한 자리는 없다. 급진적 자유는 우리가 자기를 창조할 힘을 가질 뿐만 아니라, 달리 행동할 힘을 갖는다고 주장한다. 낭만주의자들의 자연주의는 이 두 가정을 모두 위태롭게 한다. 그것에 따르면 신은 그의 본성의 필연성으로부터 행동하며, 모든 것은 단순히 신의 한 양태이다. 따라서 행동하는 것은 우리가 아니라 우리를 통해 행동하는 신이다. 스피노자의 세계에서 허용되는 자유의 유일한 의미는 『윤리학』 정의 7의 것이다. 그것은 자기원인으로서, 자신의 본성의 필연성으로부터만 행동하는 것이다. 악명 높게도 그 정의는 신에게만 적용된다.

물론 우리가 급진적 자유를 포기하면, 피히테의 행동주의도 곧 그것과 함께 간다. 만약 자연 못지않게 역사가 신적 이성의 현현이라면, 우리의 이성에 따라 사회와 국가를 변화시키는 것이 무슨 소용이 있는가? 우리가 무엇을 하든 그것은 신적 이성을 실현할 것이고, 달리 될 수가 없다. 신적 이성이 우리를 통해 행동하기를 기다리는 것 이외에, 우리에게는 다른 선택이 없는 듯하다. 다른 말로 하자면 피히테가 경고한 것처럼 우리는 자율성을 박탈당하는 것으로 끝난다. 분명 낭만주의적 종합은 여전히 신을 역사의 목적으로 보았다. 하지만 문제는 신이 역사의 원인이기도 하다는 것이고, 따라서 모든 역사가 신의 자기실현의 한 활동에 불과해 보였다. 그러나 이를 인정하는 것은 새로이 율법폐기론antinomianism[36]과 숙명론의 위험을 제기한다.

낭만주의자 자신들이 어떻게 이 결과들의 일부를 이끌어 내기 시작했는지는 참으로 놀랍다. 『종교론: 종교를 멸시하는 교양인을 위한 강연』에서 슐라이어마허는 종교가 인류의 진보를 촉진하려고 해서는 안 된다

---

36) '율법폐기론'은 루터가 그 입장에 반대하면서 만들어 낸 용어로서 '법에 반대한다'는 의미를 갖고 있다. 기독교인들이 구원에 이르는 데에는 믿음 자체만으로 충분하다고 주장하며 율법을 부차적인 것으로 치부하거나 혹은 폐기한다. 이러한 입장은 대개 윤리적 삶을 이끄는 일차적 원천을 성령의 내적 작용에서 찾는다. 종교개혁기 루터파 내부에서 논쟁이 있었으며, 이후 칼뱅주의자들과 퀘이커교도들도 율법폐기론의 혐의를 받고 비판을 받았다. —옮긴이

고 설교했다. 오히려 종교의 유일한 임무는 신적인 것이 역사를 통해서 자신의 길을 열어 가는 것을 관조하는 것이다.[37] 우리는 현재의 사회에 불만을 가져서는 안 된다고 슐라이어마허는 썼다. 왜냐하면 사회적 노동 분업 안에서의 모든 위치들은 신적 필연성의 산물이기 때문이다.[38] 『초월철학에 대한 강의』에서 프리드리히 슐레겔은 주저하지 않고 유기체적 자연 관념으로부터 결정론적 귀결들을 이끌어 냈다. 그는 자연과 역사로부터의 그릇된 추상이라는 이유에서 칸트-피히테적인 자유 개념을 완전히 추방했다.[39] 마지막으로 셸링은 『전체 철학의 체계』*System der gesamten Philosophie*에서 책임의 관념을 사실상 내던졌다. 내가 무엇을 하든 그것은 신적인 것이 나를 통해 행동하는 것이기 때문이다.[40]

따라서 진보적 가치들과의 연맹에도 불구하고 낭만주의적 범신론은 여전히 곤란한 정적주의적 결과들을 갖는다. 나는 이 정적주의에서 낭만주의자들의 훗날 보수주의의 한 원천을 발견할 수 있다고 제안한다. 낭만주의자들이 모든 곳에서, 심지어 현재의 사회정치적 제도들에서 신적인 질서를 발견할수록 그리고 질서를 필연성의 산물로 간주할수록, 그들은 사태를 변화시킬 동기를 갖지 못하고 점차 체념적이 되어 갔다. 슐라이어마허가 행동에서 관조로 옮아 간 것은 초기낭만주의의 초기 진보적 시기가 종말을 고하기 시작했음을 알려 준다.

그렇다면 우리는 결국 한 바퀴를 돌았고, 어쨌든 하이네가 옳았음이 입증되는 듯하다. 낭만주의자들의 종교가 그들의 보수주의의 한 원천이었던 것 같기 때문이다. 비록 그들의 종교가 유신론의 보수적 형태는 아

37) Schleiermacher, *KGA* II/1, p. 232.

38) 같은 책, p. 229. 슐라이어마허는 우리가 현재의 사회적 질서에서 신적인 것을 보아야 한다고 주장한다. "너희들 각자는 현재의 위치에서 기뻐하라."

39) Schlegel, *KA* XII, pp. 50, 52, 57, 72, 74, 86.

40) Schelling, *Sämtliche Werke* VI, §§305~311, pp. 471~491.

니었지만, 그리고 심지어 범신론의 자유주의적이고 진보적인 형태였지만, 그것은 여전히 정적주의의 위험을 제기했다. 하지만 아이러니는 이것보다 훨씬 더 풍부하다. 누구보다도 하이네 자신이 범신론의 긍정적인 정치적 결과를 가장 철저하게 믿었으며, 숙명론과 정적주의라는 비난에 맞서 그것을 열렬히 옹호했다.[41] 이는 하인리히 하이네 자신이 최고의 낭만주의자였음을 말해 준다.

따라서 궁극적으로 피히테와 스피노자의, 휴머니즘과 종교의 낭만주의적 종합은 문제적이다. 그처럼 대립적인 철학자들의 종합에서는 어떤 것이 포기되어야만 했다. 그러니까 피히테 철학의 급진주의와 행동주의, 한때 낭만주의자들을 그토록 매료시켰던 바로 그 특징들 말이다. 하지만 종합의 실패에도 불구하고 낭만주의자들의 생기론적 범신론은 (마지막 절에 기술된 모든 이유들 때문에) 나에게는 철학사에서 휴머니즘과 종교의 고전적 딜레마를 넘어서려는 가장 창조적이고 흥미로운 시도들 중 하나로 보인다. 낭만주의자들을 그토록 괴롭혔던 문제들—그들의 잠 못 이루는 밤을 가져온 고뇌의 원천—은 아직도 우리와 함께 있다.

---

41) *Zur Geschichte der Philosophie und Religion in Deutschland*, *Sämtliche Schriften* V, 570을 보라.

참고문헌

1차문헌

Aristotle, *The Complete Works of Aristotle: The Revised Oxford Translation*, ed. Jonathan Barnes, Princeton: Princeton University Press, 1984.

Baader, Franz von., *Sämtliche Werke*, eds. Franz Hoffmann et al., Leibzig: Bethmann, 1851~1855.

Baumgarten, Alexander G., *Texte zur Grundlegung der Ästhetik*, ed. Hans R. Schweizer, Hamburg: Meiner, 1983.

_________, *Theoretische Ästhetik: Die grundlegenden Abschnitte aus der "Aesthetica"(1750/58)*, ed. Hans R. Schweizer, Hamburg: Meiner, 1983.

Blumenbach, Johann F., *Über den Bildungstrieb*, 2nd ed., Göttingen: Dietrich, 1791.

Cudworth, Ralph, *A Treatise Concerning Eternal and Immutable Morality: With A Treatise of Freewill* IV, ed. Edward Chandler, London: Knapton, 1731.

Eberhard, Johann A., *Über Staatverfassungen und ihre Verbesserungen*, Berlin: Voß, 1792~1793.

Fichte, Johann G., *Sämtliche Werke*, ed. I. H. Fichte, Berlin: Veit, 1845~1846.

Goethe, Johann W., *Werke, Hamburger Ausgabe*, eds. Dorothea Khun and Rike Wankmüller, 14 vols., Hamburg: Wegner, 1950~1960.

Hamann, Johann G., *Sämtliche Werke, Historisch-Kritische Ausgabe*, ed. Josef Nadler, Wein: Herder, 1949~1957.

Hegel, G. W. F., *Werke in zwanzig Bänden*, eds. Eva Moldenhauer and Karl M. Michel, Frankfurt: Suhrkamp, 1971.

Heine, Heinrich, *Sämtliche Schriften*, eds. Klaus Briegleb et al., 12 vol., Frankfurt: Ullstein, 1981.

Hemsterhuis, Franz, *Philosophische Schriften*, ed. Julius Hilß, 4 vol., Karlsruhe:

Dreililien, 1912.

Herder, Johann G., *Sämtliche Werke*, ed. Bernard Suphan, 33 vol., Berlin: Weidmann, 1881~1913.

Herz, Henriette, *Berliner Salon: Erinnerungen und Portraits*, ed. Ulrich Janetzki, Frankfurt: Ullstein, 1984.

Hölderlin, Friedrich, *Sämtliche Werke, Große Stuttgarter Ausgabe*, ed. Friedrich Beißner, Stuttgart: Kohlhammer, 1946~1962.

________, *Friedrich Hölderlin: Essays and Letters on Theory*, ed. and trans. Thomas Pfau, New York, Albany: SUNY Press, 1988.

Kant, Immanuel, *Gesammelte Schriften, Akademie Ausgabe*, eds. Königlich Preussische Akademie der Wissenschaften zu Berlin et al., Berlin: de Gruyter, 1902~.

Maimon, Salomon, *Gesammelte Werke*, ed. Valerio Verra, Hildesheim: Olms, 1965.

Mendelssohn, Moses, "Über die Frage: was heißt aufklären?", *Berlinische Monatsschrift* 4, 1784, pp. 193~200.

More, Henry, *A Collection of Several Philosophical Writings*, 2 vols., London: Morden, 1662.

Müller, Adam H., *Die Elemente der Staatskunst*, Berlin: Sander, 1809.

Plato, *The Collected Dialogues of Plato*, eds. Edith Hamilton and Huntington Cairns, trans. Lane Cooper et al., Princeton: Princeton University Press, 1961.

Schelling, F. W. J., *Sämtliche Werke*, ed. K. F. A. Schelling, 14 vols., Stuttgart: Cotta, 1856~1861.

________, *Briefe und Dokumente*, ed. Horst Fuhrmanns, 2 vols., Bonn: Bouvier, 1962~1975.

________, *Schelling Historisch-Kritische Ausgabe*, eds. Hans M. Baumgartner et al., Stuttgart: Frommann-Holzboog, 1976~.

________, *The Unconditional in Human Knowledge: Four Early Essays (1794~1796)*, ed. and trans. Fritz Marti, Lewisburg: Bucknell University Press, 1980.

________, *Ideen zu einer Philosophie der Natur*, trans. Errol E. Harris and Peter Heath, *Ideas for a Philosophy of Nature*, Cambridge: Cambridge University Press, 1988.

________, *System des transzendentalen Idealismus*, trans. Peter Heath, *System of Transcendental Idealism*, Charlottesville: University of Virginia Press, 1978.

________, *Timaeus(1794)*, ed. Hartmut Buchner, Stuttgart: Frommann-Holzboog, 1994.

Schiller, J. C. F., *Werke, Nationalausgabe*, eds. Lieselotte Blumenthal et al., Weimar: Nachfolger, 1943~1967.

Schlegel, August W., *Sämtliche Werke*, ed. Eduard Böcking, Leipzig: Weidmann, 1846~1847.

________, *Vorlesungen über Ästhetik*, eds. Ernst Behler et al., Paderborn: Schöningh, 1989.

Schlegel, Friedrich. *Kritische Friedrich Schlegel Ausgabe*, eds. Ernst Behler et al., München: Schöningh, 1958~2006.

________, *Friedrich Schlegel: Dialogue on Poetry and Literary Aphorisms*, eds. Ernst Behler and Roman Struc, University Park: Pennsylvania State University Press, 1968.

________, *Friedrich Schlegel's Lucinde and the Fragments*, ed. and trans. Peter Firchow, Minneapolis: University of Minnesota Press, 1971.

________, *Athenäum: Eine Zeitschrift*. 3 vols., Berlin: Vieweg, 1798~1800(Reprint: Darmstadt: Wissenschaftliche Buchgesellschaft, 1992).

Schleiermacher, Friedrich D., *Soliloquies*, trans. Horace L. Friess, Chicago: The Open Court Publishing Company, 1926.

________, *Schleiermachers Werke: Auswahl in vier Bänden*, eds. Otto Braun and Johannes Bauer, Leipzig: Meiner, 1928(Reprinted in Aalen: Scientia, 1981).

________, *Brouillon zur Ethik(1805~1806)*, ed. Hans J. Birkner, Hamburg: Meiner, 1981.

________, *Ethik(1812~1813)*, eds. Otto Braun and Hans J. Birkner, Hamburg: Meiner, 1981.

________, *Kritische Gesamtausgabe*, eds. Günter Meckenstock et al., Berlin: de Gruyter, 1984~2006.

________, *Dialektik(1811)*, ed. Andreas Arndt, Hamburg: Meiner, 1986.

________, *Über die Religion*, trans. Richard Crouter, *On Religion: Speeches to Its Cultured Despisers*, Cambridge: Cambridge University Press, 1988.

________, *Hermeneutics and Criticism: And Other Writings*, ed. and trans. Andrew Bowie, Cambridge: Cambridge University Press, 1998.

Smith, John, *Select Discourses*, London: Morden, 1660.

Spinoza, Baruch de., *Opera*, ed. Carl Gebhardt, 5 vols., Heidelberg: Winter, 1924.

Steffens, Henrik, *Was ich erlebte*, 10 vols., Breslau: Max, 1840~1844.

Tieck, Ludwig, *Werke in vier Bänden*, ed. Marianne Thalmann, München: Winkler, 1963~1966.

Wackenroder, Wilhelm, *Werke und Briefe*, ed. Friedrich von der Leyen, Jena: Diederichs, 1910.

________, *Sämtliche Werke und Briefe: Historisch-Kritische Ausgabe*, ed. Silvio Viotta and Richard Littlejohns, Heidelberg: Winter, 1991.

2차문헌

Abercrombie, Lascelles, *Romanticism*, London: Secker & Warbarg, 1926.

Abrams, Meyer H., *The Mirror and the Lamp: Romantic Theory and the Critical Tradition*, New York: Oxford University Press, 1953.

________, *Natural Supernaturalism: Tradition and Revolution in Romantic Literature*, New York: Norton, 1971.

Adler, Emil, *Herder und die deutsche Aufklärung*, Wein: Europa, 1968.

Ameriks, Karl, ed., *The Cambridge Companion to German Idealism*, Cambridge: Cambridge University Press, 2000.

________, "The Practical Foundation of Philosophy in Kant, Fichte and After", *The Reception of Kant's Critical Philosophy: Fichte, Schelling, and Hegel*, ed. Sally Sedgwick, Cambridge: Cambridge University Press, 2000, pp. 109~129.

Ayrault, Roger, *La Genèse du romantisme allemand*, 4 vols., Paris: Aubier, 1961~1976.

Batscha, Zwi, *"Despotismus von jeder Art reizt zur Widersetzlichkeit": Die Französische Revolution in der deutschen Popularphilosophie*, Frankfurt: Suhrkamp, 1989.

Baum, Manfred, "The Beginnings of Schelling's Philosophy of Nature", *The Reception of Kant's Critical Philosophy*, ed. Sally Sedgwick, Cambridge: Cambridge University Press, 2000, pp. 199~215.

Baumgardt, David, "Spinoza und der deutsche Spinozismus", *Kant-Studien* 32, 1927, pp. 182~192.

Baxa, Jakob, *Einführung in die romantische Staatswissenschaft*, Jena: Fischer, 1923.

Beck, Lewis W., *Early German philosophy: Kant and His Predecessors*, Cambridge, Mass.: Harvard University Press, 1969.

Behler, Ernst, "Friedrich Schlegels Theorie der Universalpoesie", *Jahrbuch der deutschen Schillergesellschaft* 1, 1957, pp. 211~252.

________, "Die Kulturphilosophie Friedrich Schlegels", *Zeitschrift für philosophische Forschung* 14, 1960, pp. 68~85.

________, "Friedrich Schlegel und Hegel", *Hegel-Studien* 2, 1963, pp. 203~250.

________, *Friedrich Schlegel in Selbstzeugnissen und Bilddokumenten*, Hamburg: Rowohlt, 1966.

________, "The Origins of the Romantic Literary Theory", *Colloquia Germanica* 2, 1968, pp. 109~126.

________, "Kritische Gedanken zum Begriff der europäischen Romantik", *Die europäischen Romantik*, eds. Ernst Behler et al., Frankfurt: Athenäum, 1972, pp. 7~43.

________, "Nietzsche und die frühromantische Schule", *Nietzsche-Studien* 7, 1978, pp. 59~96.
________, *Die Zeitschriften der Brüder Schlegel: Ein beitrag zur Geschichte der Deutschen Romantik*, Darmstadt: Wissenschaftliche Buchgesellschaft, 1983.
________ ed., *Die Aktualität der Frühromantik*, Paderborn: Schöningh, 1987.
________, "Friedrich Schlegels Theorie des Verstehens: Hermenutik oder Dekonstruktion?", *Die Aktualität der Frühromantik*, eds. Ernst Behler et al., Paderborn: Schöningh, 1987, pp. 141~160.
________, *Studien zur Romantik und zur idealistischen Philosophie*, Paderborn: Schöningh, 1988.
________, "Die Wirkung Goethes und Schillers auf die Brüder Schlegel", *Studien zur Romantik und zur idealistischen Philosophie*, Paderborn: Schöningh, 1988, pp. 264~283.
________, *Irony and the Discourse of Modernity*, Seattle: University of Washington Press, 1990.
________, *Confrontations: Derrida, Heidegger, Nietzsche*, Stanford: Stanford University Press, 1991.
________, "Manfred Frank: Einführung in die frühromantische Ästhetik", *Athenäum 1: Jahrbuch für Romantik*, 1991, pp. 243~253.
________, *Frühromantik*, Berlin: de Gruyter, 1992.
________, "Friedrich Schlegels Vorlesungen über Transzendentalphilosophie Jena 1800~1801", *Transzendentalphilosophie und Spekulation: Der Streit um die Gestalt einer Ersten Philosophie(1799~1807)*, ed. Walter Jaeschke, Hamburg: Meiner, 1993.
________, *German Romantic Literary Theory*, eds. Hugh B. Nisbet and Martin Swales, Cambridge: Cambridge University Press, 1993.
________, "Friedrich Schlegel's Theory of an Alternating Principle Prior to his Arrival in Jena(6 August 1796)", *Revue Internationale de philosophie* 197, 1996, pp. 383~402.
________, "Schlegels Frühe Position in der Ausbildung der idealistischen Philosophie", in "Einleitung", *Kritische Friedrich Schlegel Ausgabe* 8, München: Schöningh, 1958~2006, pp. xxi~lxxxvii.
________, "Einleitung", *Philosophische Lehrjahre, Kritische Friedrich Schlegel Ausgabe* 18, München: Schöningh, 1958~2006.
Beiser, Frederick C., *The Fate of Reason: German Philosophy from Kant to Fichte*, Cambridge, Mass.: Harvard University Press, 1987.
________, *Enlightenment, Revolution, and Romanticism: The Genesis of Modern German Political thought, 1790~1800*, Cambridge, Mass.: Harvard

University Press, 1992.

_________, *The Sovereignty of Reason: The Defense of Rationality in the Early English Enlightenment*, Princeton: Princeton University Press, 1996.

_________, *German Idealism: The Struggle against Subjectivism 1781~1801*, Cambridge, Mass.: Harvard University Press, 2002.

_________ ed., *The Early Political Writings of the German Romantics*, Cambridge: Cambridge University Press, 1996.

Belgardt, Raimund, "'Romantische Poesie' in Friedrich Schlegel's Aufsatz *Über das Studium der griechischen Poesie*", *German Quarterly* 40, 1967, pp. 165~185.

Bell, David, *Spinoza in Germany from 1670 to the Age of Goethe*, London: Institute of Germanic Studies, University of London, 1984.

Benjamin, Walter, *Der Begriff der Kunstkritik in der deutschen Romantik*, *Gesammelte Schriften* 1, eds. Rolf Tiedemann et al., Frankfurt: Suhrkamp, 1973, pp. 7~122.

Berlin Isaiah. "The Romantic Revolution: A Crisis in the History of Modern Thought", *The Sense of Reality: Studies in Ideas and Their History*, ed. Henry Hardy, New York: Farrar, Straus & Giroux, 1997, pp. 168~193.

_________, *The Roots of Romanticism*, ed. Henry Hardy, Princeton: Princeton University Press, 1999.

Bertaux, Pierre, *Hölderlin und die französische Revolution*, Frankfurt: Suhrkamp, 1969.

Blackall, Eric, *The Novels of the German Romantics*, Ithaca: Cornell University Press, 1983.

Blackwell, Albert, *Schleiermacher's Early Philosophy of Life: Determinism, Freedom, and Phantasy*, Chico, Calif.: Scholars Press, 1982(Harvard Theological Studies, No. 93).

Blankenagel, John, "The Dominant Characteristics of German Romanticism", *Publications of the Modern Language Association of America* 55, 1940, pp. 1~10.

Böhm, Wilhelm, *Hölderlin*, 2 vols. Halle: Niemeyer, 1928.

Bowie, Andrew, *Schelling and Modern European Philosophy: An Introduction*, London: Routledge, 1993.

Brandes, Georg, *Die Literatur des neunzehnten Jahrhunderts in ihren Hauptströmungen: Die romantische Schule in Deutschland*, Leipzig: Veit & co., 1898.

Brecht, Martin, "Hölderlin und das Tübinger Stift 1788~1793", *Hölderlin Jahrbuch* 18, 1973, pp. 26~48.

Briefs, Goetz A., "The Economic Philosophy of Romanticism", *Journal of the History of Ideas* 2, 1941, pp. 279~300.

Brinkmann, Richard, "Romantische Dichtungstheorie in Friedrich Schlegels Frühschriften und Schillers Begriffe des Naiven und Sentimentalischen: Vorzeichen einer Emanzipation des Historischen", *Deutsche Vierteljahrsschrift für Literarturwissenschaft und Geistesgeschichte* 32, 1958, pp. 344~371.

________, "Deutsche Frühromantik und Französische Revolution", *Deutsche Literatur und Französische Revolution*, Göttingen: Vandenhoeck & Ruprecht, 1974, pp. 172~191.

Brunschwig, Henri, *La crise de l'état prussien à la fin du VIII siècle et la genèse de la mentalité romantique*, trans. Frank Jellinek, *Enlightenment and Romanticism in Eighteenth Century Prussia*, Chicago: University of Chicago Press, 1974.

Caneva, Kenneth L., "Teleology without Regrets", *Annals of Science* 47, 1990, pp. 291~300.

Cassirer, Ernst, "Hölderlin und der deutsche Idealismus", *Idee und Gestalt. Goethe Schiller, Hölderlin, Kleist*, Berlin: Cassirer, 1921, pp. 113~155.

Cramer, Konrad et al. eds., *Spinozas Ethik und ihre frühe Wirkung,* Wolfenbüttel: Herzog August Bibliothek, 1981 (Wolfenbütteler Forschungen 16).

Cranston, Maurice, *The Romantic Movement*, Oxford: Blackwell, 1994.

Cunningham, Andrew, and Nicholas Jardine eds., *Romanticism and the Sciences*, Cambridge: Cambridge University Press, 1990.

Delf, Hanna et al., *Spinoza in der europäischen Geistesgeschichte*, Berlin: Hentrich, 1994 (Studien zur Gestesgeschichte, Bd. 16).

De Man, Paul, *Blindness and insight: Essays in the Rhetoric of Contemporary Criticism*, 2nd ed., Minneapolis: University of Minnesota Press, 1983.

________, *The Rhetoric of Romanticism*, New York: Columbia University Press, 1984.

Dick, Manfred, *Die Entwicklung des Gedankens der Poesie in den Fragmenten des Novalis*, Bonn: Bouvier, 1967 (Mainzer Philosophische Forschungen, No. 7).

Dilthey, Wilhelm, *Das Erlebnis und die Dichtung: Lessing, Goethe, Novalis, Hölderlin: vier Aufsätze*, Leipzig: Tuebner, 1907.

________ and Martin Redeker eds., *Leben Schleiermachers*, 3 vols. Göttingen: Vandenhoeck & Ruprecht, 1970.

Droz, Jacques, *L'Allemagne et la Révolution Française*, Paris: Presses Universitaires de France, 1949.

________, *Le Romantisme Allemand et L'Etat: résistance et collaboration dans l'Allemagne napoléoniénne,* Paris: Payot, 1966.

Durner, Manfred, "Schellings Begenung mit den Naturwissenschaften in Leibzig",

Archive für Geschichte der Philosophie 72, 1990, pp. 220~236.

________, "Die Naturphilosophie im 18. Jahrhundert und der naturwissenschaftliche Unterricht in Tübingen: Zu den Quellen von Schellings Naturphilosophie", *Archive für Geschichte der Philosophie* 73, 1991, pp. 71~103.

________, "Theorien der Chemie", *Wissenschaftshistorischer Bericht zu Schellings naturphilosophischen Schriften 1797~1800*, Stuttgart: Frommann-Holzboog, 1994, pp. 44~56.

Düsing, Klaus, "Spekulation und Reflexion: Zur Zusammenarbeit Schellings und Hegels in Jena", *Hegel-Studien* 5, 1969, pp. 95~128.

________, "Die Entstehung des spekulativen Idealismus: Schellings und Hegels Wandlungen zwischen 1800 und 1801", *Transzendentalphilosophie und Spekulation: Der Streit um die Gestalt einer ersten Philosophie(1799~1807)*, ed. Walter Jaeschke, Hamburg: Meiner, 1993.

Eichner, Hans, "The Supposed Influence of Schiller's *Über naive und sentimentalische Dichtung* on F. Schlegel's *Über das Studium der griechischen Poesie*", *Germanic Review* 30, 1955, pp. 260~264.

________, "Friedrich Schlegel's Theory of Romantic Poetry", *Publications of the Modern Language Association of America* 71, 1956, pp. 1018~1041.

________, "Contexts and Connotations of the Word 'Romantic' at the Dawn of the Romantic Movement", *Actes du VIIIe Congrès de la Fédération Internationale des Langues et Littératures Modernes*, Liège, 1962.

________, *Friedrich Schlegel*, New York: Twayne, 1970.

________, "Romanticism", *The Challenge of German Literature*, eds. Horst Daemmrich and Diether Haenicke, Detroit: Wayne State University Press, 1971, pp. 183~231.

________, "German/Romantisch-Romantik-Romantiker", *"Romantic" and Its Cognates: The European History of a Word*, ed. Hans Eichner, Toronto: University of Toronto Press, 1972, pp. 98~156.

________, "Romantic and its Cognates in England, Germany, and France before 1790", *"Romantic" and Its Cognates: The European History of a Word*, ed. Hans Eichner, Toronto: University of Toronto Press, 1972, pp. 17~97

________ ed., *"Romantic" and Its Cognates: The European History of a Word*, Toronto: University of Toronto Press, 1972.

Eldridge, Richard, *The Persistence of Romanticism: Essays in Philosophy and Literature*, Cambridge: Cambridge University Press, 2001.

Enders, Carl, *Friedrich Schlegel: Die Quellen seines Wesens und Werdens*, Leipzig: Haessel, 1913.

Esposito, Joseph L., *Schelling's Idealism and Philosophy of Nature*, Lewisburg: Bucknell, 1977.

Faber, Richard, *Novalis: Die Phantasie an die Macht*, Stuttgart: Metzler, 1970(Texte Metzler 12).

Fischer, Ernst, *Ursprung und Wesen der Romantik: Aus dem Nachlass*, ed. Karl-Markus Gauß, Frankfurt: Sendler, 1986.

Fischer, Kuno ed., *Geschichte der neuern Philosophie: Schellings Leben, Werke und Lehre*, Heidelberg: Winter, 1872.

Frank, Manfred, "Die Philosophie des sogenannten 'magischen Idealismus'", *Euphorion* 63, 1969, pp. 88~116.

________ and Gerhard Kurz eds., *Materialien zu Schellings philosophischen Anfängen*, Frankfurt: Suhrkamp, 1975.

________, "Ordo inversus: Zu einer Reflexionsfigur bei Novalis, Hölderlin, Kleist und Kafka", *Geist und Zeichen: Festschrift für Arthur Henkel zu seinem sechzigsten Geburtstag*, eds. Herbert Anton et al., Heidelberg: Winter, 1977.

________, *Der kommende Gott*, Frankfurt: Suhrkamp, 1982.

________, *Eine Einführung in Schellings Philosophie*, Frankfurt: Suhrkamp, 1985.

________, *Die Unhintergehbarkeit von Individualität: Reflexion über Subjekt, Person und Individuum aus Anlaß ihrer "postmodernen" Toterklärung*, Frankfurt: Suhrkamp, 1986.

________, "Intellektuale Anschauung", *Die Aktualität der Frühromantik*, eds., Ernst Behler and Jochen Hörisch, Paderborn: Schöningh, 1987, pp. 96~126.

________, "Zwei jahrhunderte Rationalitätskritik und ihre postmoderne Überbietung", *Die unvollendete Vernunft*, eds. Dietmar Kamper and Willem van Reijen, Frankfurt: Suhrkamp, 1987, pp. 99~121.

________, "Aufklarung als analytische und synthetische Vernunft: Vom französischen Materialismus über Kant zur Frühromantik", *Aufklärung und Gegenaufklärung in der europäischen Literatur, Philosophie und Politik von der Antike bis zur Gegenwart*, ed. Jochen Schmidt, Darmstadt: Wissenschafterliche Buchgesellschaft, 1989.

________, *Einführung in die frühromantische Ästhetik: Vorlesungen*, Frankfurt: Suhrkamp, 1989.

________, *Das Problem "Zeit" in der deutschen Romantik: Zeitbewusstsein und Bewusstsein von Zeitlichkeit in der frühromantischen Philosophie und in Tiecks Dichtung*, Paderborn: Schöningh, 1990.

________, "Philosophical Foundations of Early Romanticism", *The Modern Subject: Conceptions of the Self in Classical German Philosophy*, eds. Karl

Ameriks and Dieter Sturma, Albany: SUNY Press, 1995.

_________, "Alle Wahrheit ist relativ, alles Wissen symbolische", *Revue Internationale de Philosophie* 50, 1996, pp. 403~436.

_________, *Unendliche Annäherung: Die Anfänge der philosophischen Frühromantik*, Frankfurt: Suhrkamp, 1997.

_________, "Wie Reaktionär war eigentlich die Frühromantik", *Athenaüm: Jahrbuch für Romantik* 7, 1997, pp. 141~166.

Franz, Michael, "'Platons frommer Garten', Hölderlins Platonlektüre von Tübingen bis Jena", *Hölderlin Jahrbuch* 28, 1992~1993, pp. 111~127.

_________, *Schellings Tübinger Platon-Studien*, Göttingen: Vandenhoeck & Ruprecht, 1996.

Furst, Lilian, *The Contours of European Romanticism*, Lincoln: University of Nebraska Press, 1979.

Gervinus, Georg G., *Geschichte der poetischen Nationalliteratur der Deutschen*, 3rd ed., Leipzig: Engelmann, 1844.

_________, *Schriften zur Literatur*, ed. Gotthard Erler, Berlin: Aufbau, 1962.

Gleckner, Robert and Gerald Enscoe eds., *Romanticism: Points of View*, Engelwood Cliffs: Prentice-Hall, 1962.

Gloy, Karen and Paul Burger eds., *Die Naturphilosophie im deutschen Idealismus*, Stuttgart: Frommann-Holzboog, 1993.

Grimme, Adolf, *Vom Wesen der Romantik*, Braunschweig: Westermann, 1947.

Guyer, Paul and Ralph Walker, "Kant's Conception of Empirical Law", *Proceedings of the Aristotelian Society* 64(suppl.), 1990, pp. 221~258.

_________, "Reason and Reflective Judgment: Kant on the Significance of Systematicity", *Nous* 24, 1990, pp. 17~43.

_________, *Kant and the eEperience of Freedom: Essays on Aesthetics and Morality*, Cambridge: Cambridge University Press, 1996.

_________, "Absolute Idealism and the Rejection of Kantian Dualism", *The Cambridge Companion to German Idealism*, ed. Karl Ameriks, Cambridge: Cambridge University Press, 2000, pp. 37~56.

Habermas, Jürgen, *Der philosophische Diskurs der Moderne*, Frankfurt: Suhrkamp, 1985.

Haering, Theodor, *Novalis als Philosoph*, Stuttgart: Kohlhammer, 1954.

Hamacher, Werner, *Entferntes Verstehen: Studien zu Philosophie und Literatur von Kant bis Celan*, Frankfurt: Suhrkamp, 1998.

Hammer, Klaus and Henri Poschmann, "Fragen der Romantikforschung", *Weimarer Beiträge* 9, 1963, pp. 173~182.

Hankins, Thomas, *Science and the Enlightenment*, Cambridge: Cambridge

University Press, 1985.

Hartmann, Nicolai, *Die Philosophie des deutschen Idealismus*, Berlin: de Gruyter, 1923.

Hasler, Ludwig, *Schelling, seine Bedeutung für eine Philosophie der Natur und der Geschichte: Referate und Kolloquien der internationalen Schelling-Tagung Zürich 1979*, Stuttgart: Frommann-Holzboog, 1981.

Haym, Rudolf, *Die romantische Schule*, Berlin: Gaertner, 1870(Reprinted Berlin: Olms, 1977).

Heckmann, Reinhard et al. eds., *Natur und Subjektivität: Zur Auseinandersetzung mit der Naturphilosophie des jungen Schelling*, Stuttgart: Fromann, 1985.

Hendrix, Gerd, *Das politische Weltbild Friedrich Schlegel*, Bonn: Bouvier, 1962(Schriften zur Rechtslehre und Politik, Band 36).

Henrich, Dieter, *Hegel im Kontext*, Frankfurt: Suhrkamp, 1971.

________, *Konstellationen: Probleme und Debatten am Ursprung der idealistischen Philosophie(1789~1795)*, Stuttgart: Klett-Cotta, 1991.

________, *Der Grund im Bewußtsein: Untersuchungen zu Hölderlins Denken(1794~1795)*, Stuttgart: Klett-Cotta, 1992.

________, *The Unity of Reason: Essays on Kant's Philosophy*, eds. Richard Velkley et al., trans. Jeffrey Edwards, Cambridge, Mass.: Harvard University Press, 1994.

Hettner, Hermann, *Die romantische Schule in ihrem inneren Zusammenhange mit Göthe und Schiller*, Braunschweig: Vieweg & Sohn, 1850.

________, *Geschichte der deutschen Literatur im achtzehnten Jahrhundert*, 8th ed., ed. Georg Witkowski, Berlin: Aufbau, 1979(First published Braunschweig: Vieweg, 1862~1870).

Hiebel, Friedrich, *Novalis: Deutscher Dichter, europäischer Denker, christlicher Seher*, Bern: Francke, 1972.

Hoffmeister, Gerhart, "Forschungsgeschichte", *Romantik-Handbuch*, ed. Helmut Schanze, Stuttgart: Kroner, 1994, pp. 177~206.

Hoffmeister, Johannes, *Hölderlin und die Philosophie*, Leipzig: Meiner, 1942.

________, *Wörterbuch der philosophischen Begriffe*, eds. Rudolf Eisler et al., Hamburg: Meiner, 1955(Die philosophische Bibliothek, 225).

Huch, Ricarda O., *Blüthezeit der Romantik*, Leipzig: Haessel, 1899.

________, *Ausbreitung und Verfall der Romantik*, Leipzig: Haessel, 1902.

________, *Die Romantik*, Leipzig: Haessel, 1924.

Hughes, Glyn T., *Romantic German Literature*, London: Edward Arnold, 1979.

Immerwahr, Raymond, "The First Romantic Aesthetics", *Modern Language Quarterly* 21, 1960, pp. 3~26.

________, *Romantisch: Genese und Tradition einer Denkform*, Frankfurt: Athenäum, 1972.

Izenberg, Gerald, *Impossible Individuality: Romanticism, Revolution and the Origins of Modern Selfhood, 1787~1802*, Princeton: Princeton University Press, 1992.

Jacob, Margaret, *The Radical Enlightenment: Pantheists, Freemasons and Republicans*, London: George, Allen & Unwin, 1981.

Jacobs, Wilhelm, *Zwischen Revolution und Orthodoxie?: Schelling und seine Freunde im Stift und an der Universität Tübingen. Texte und Untersuchungen*, Stuttgart: Fromman-Holzboog, 1989(Spekulation & Erfahrung: Abt. 2, Untersuchungen, Band 12).

Jamme, Christoph, *"Ein Ungelehrtes Buch": Die philosophische Gemeinschaft zwischen Hölderlin und Hegel in Frankfurt 1797*, Bonn: Bouvier, 1983.

Janz, Rolf-Peter, *Autonomie und soziale Funktion der Kunst: Studien zur Ästhetik von Schiller und Novalis*, Stuttgart: Metzler, 1973.

Kircher, Erwin, *Philosophie der Romantik*, Jena: Diederichs, 1906.

Kluckhohn, Paul, *Die deutsche Romantik*, Bielefeld: Velhagen & Klasing, 1924.

________, *Personlichkeit und Gemeinschaft: Studien zur Staatsauffassung der deutschen Romantik*, Halle: Niemeyer, 1925.

________, *Das Ideengut der deutschen Romantik*, 3rd ed., Tübingen: Niemeyer, 1953.

________, *Die Auffassung der Liebe in der Literatur des 18. Jahrhunderts und in der deutschen Romantik*, 3rd ed., Tübingen: Niemeyer, 1966.

Knight, David M., "The Physical Sciences and the Romantic Movement", *History of Science* 9, 1970, pp. 54~75.

Knittermeyer, Heinrich, *Schelling und die romantische Schule*, München: Reinhardt, 1929.

Korff, Hermann A. "Das Wesen der Romantik", *Zeitschrift für Deutschkunde* 43, 1923~1957, pp. 545~561.

________, *Geist der Goethezeit*, 4 vols., Leipzig: Koehler & Amelang, 1966.

Körner, Josef, *Romantiker und Klassiker: Die Brüder Schlegel in ihren Beziehungen zu Schiller und Goethe*, Berlin: Askanischer, 1924(Reprinted Darmstadt: Wissenschaftliche Buchgesellschaft, 1971).

Krauss, Werner, "Französische Aufklärung und deutsche Romantik", *Perspektiven und Probleme: Zur französische und deutschen Aufklarung und andere Aufsätze*, Neuwied: Luchterhand, 1965. pp. 266~284(Reprinted in Peter, *Romantischforschung seit 1945*, pp. 168~179).

Krüger, Johanna, *Friedrich Schlegels Bekehrung zu Lessing*, Weimar: Duncker, 1913.

Kuhlmann, Hartmut, *Schellings früher Idealismus*, Stuttgart: Metzler, 1993.
Kurzke, Hermann, *Romantik und Konservatismus*, München: Fink, 1983.
_________, *Novalis*, München: Beck, 1987.
Kuzniar, Alice, *Delayed Endings: Nonclosure in Novalis and Hölderlin*, Athens: University of Georgia Press, 1987.
Lacoue-Labarthe, Phillipe and Jean-Luc Nancy, *The Literary Absolute*, trans. Phillip Barnard and Cheryl Lester, Albany: SUNY Press, 1988.
Lamm, Julia A., *The Living God: Schleiermacher's Theological Appropriation of Spinoza*, University Park: Pennsylvania State University Press, 1996.
_________, "Schleiermacher as Plato Scholar", *Journal of Religion* 80, 2000, pp. 206~239.
Lange, Erhard and Georg Biedermann eds., *Die Philosophie des jungen Schelling*, Weimar: Böhlaus Nachfolger, 1977.
Larmore, Charles, *The Romantic Legacy*, New York: Columbia University Press, 1996.
Larson, James L., "Vital Forces: Regulative Principles of Constitutive Agents? A Strategy in German Physiology, 1786~1802", *International Review Devoted to the History of Science and Its Cultural Influences* 70, 1979, pp. 235~249.
_________, *Interpreting Nature: The Science of Living Form from Linnaeus to Kant*, Baltimore: Johns Hopkins University Press, 1994.
Lauth, Reinhard, *Die Entstehung von Schellings Identitätsphilosophie in der Auseinandersetzung mit Fichtes Wissenschaftslehre: 1795~1801*, Freiburg: Alber, 1975.
Lenoir, Timothy, "Generational Factors in the Origin of 'Romantische Naturphilosophie'", *Journal of the History of Biology* 11, 1978, pp. 57~100.
_________, "Kant, Blumenbach, and Vital Materialism in German Biology", *International Review Devoted to the History of Science and Its Cultural Influences* 71, 1980, pp. 77~108.
_________, "The Göttingen School and the Development of Transcendental Naturphilosophie in the Romantic Era", *Studies in the History of Biology* 5, 1981, pp. 111~205.
_________, *The Strategy of Life: Teleology and Mechanics in Nineteenth Century Biology*, Chicago: University of Chicago Press, 1989.
Linden, Walter, "Umwertung der deutschen Romantik", *Zeitschrift für Deutschkunde* 47, 1933, pp. 65~91.
Lion, Ferdinand, *Romantik als deutsches Schicksal*, Stuttgart: Rowohlt, 1947.
Lovejoy, Arthur, "On The Meaning of 'Romantic' in Early German Romanticism", *Modern Language Notes* 31, 1916(Reprinted in *Essays in the History of Ideas*,

New York: Capricorn, 1960. pp. 183~206).

________, "Schiller and the Genesis of German Romanticism", *Modern Language Notes* 35, 1920 (Reprinted in *Essays in the History of Ideas*, pp. 207~227).

________, "On the Discrimination of Romanticisms", *Publications of the Modern Language Association of America* 39, 1924, pp. 229~253 (Reprinted in *Essays in the History of Ideas*, pp. 228~253).

________, "The Meaning of Romanticism for the Historian of Ideas", *Journal of the History of Ideas* 2, 1941, pp. 257~278.

Lukács, Georg, "Die Romantik als Wendung in der deutschen Literatur", *Fortschritt und Reacktion in der deutschen Literatur*, Berlin: Aufbau, 1947, pp. 51~73.

________, *Die Zerstörung der Vernunft*, Berlin: Aufbau, 1955.

Mähl, Hans-Joachim, "Novalis und Plotin", *Jahrbuch des freien deutschen Hochstifts*, 1963, pp. 139~250.

________, *Die Idee des goldenen Zeitalters im Werk des Novalis: Studien zur Wesensbestimmung der frühromantischen Utopie und zu ihren ideengeschichtlichen Voraussentzungen*, Heidelberg: Winter, 1965.

Marcuse, Ludwig, "Reaktionäre und progressive Romantik", *Monatshefte* 44, 1952, pp. 195~201.

Mayer, Hans, "Fragen der Romantikforschung", *Zur deutschen Klassik und Romantik*, Pfüllingen: Neske, 1963, pp. 263~305.

Mayer, Hans, *Zur deutschen Klassik und Romantik*, Pfüllingen: Günter Neske, 1963.

Mederer, Wolfgang, *Romantik als Aufklärung der Aufklärung?: Ein Beitrag zur Rekonstruktion politischer Theorie in der deutschen Romantik*, Frankfurt: Lang, 1987 (*Salzburger Schriften zur Rechts-, Staats- und Sozialphilosophie* vol. 4).

Mehlis, Georg, *Die deutsche Romantik*, München: Rösl & Cie, 1922.

Meineke, Friedrich, *Weltbürgertum und Nationalstaat: Studien zur Genesis der deutschen Nationalstaates*, München: Oldenbourg, 1908.

Mennemeier, Franz N., *Friedrich Schlegels Poesiebegriff dargestellt anhand der literaturkritischen Schriften*, München: Fink, 1971.

Menninghaus, Winfried, *Unendliche Verdopplung: Die frühromantische Grundlegung der Kunsttheorie im Begriff absoluter Selbstreflexion*, Frankfurt: Suhrkamp, 1987.

Metzger, Wilhelm, *Gesellschaft, Recht, und Staat in der Ethik des deutschen Idealismus*, ed. Ernst Bergmann, Heidelberg: Winter, 1917.

Michel, Willy, *Ästhetische Hermeneutik und frühromantische Kritik: Friedrich Schlegels fragmentarische Entwürfe, Rezensionen, Charakteristiken und*

Kritiken(1795~1801), Göttingen: Vandenhoeck & Ruprecht, 1982.

Molnár, Géza von, *Novalis "Fichte studies": The Foundations of His Aesthetics*, Hague: Mouton, 1970.

Müller, Andreas, *Die Auseinandersetzung der Romantik mit den Ideen der Revolution*, Halle: Niemeyer, 1929(Deutsche Vierteljahrsschrift für Literaturwissenschaft und Geistesgeschichte, Buchreihe, Bd. 16).

Nauen, Franz, *Revolution, Idealism and Human Freedom: Schelling, Hölderlin, and Hegel, and the Crisis of Early German Idealism*, Hague: Nijhoff, 1971.

Neubauer, John, *Bifocal Vision: Novalis Philosophy of Nature and Disease*, Chapel Hill: University of North Carolina Press, 1971(Studies in Germanic Languages and Literature, No. 68).

________, *Novalis*, Boston: Twayne, 1980.

Neumann, Gerhard, *Ideenparadiese: Untersuchungen zur Aphoristik von Lichtenberg, Novalis, Friedrich Schlegel und Goethe*, München: Fink, 1976.

Nivelle, Armand, *Frühromantische Dichtungstheorie*, Berlin: de Gruyter, 1970.

Norton, Robert, *The Beautiful Soul: Aesthetic Morality in the Eighteenth Century*, Ithaca: Cornell University Press, 1995.

Nowak, Kurt, *Schleiermacher und die Frühromantik: Eine literaturgeschichtliche Studie zum romantischen Religionsverständnis und Menschenbild am Ende des 18. Jahrhunderts in Deutschland*, Göttingen: Vandenhoeck and Ruprecht, 1986.

________, *Schleiermacher: Leben, Werk, und Wirkung*, Göttingen: Vandenhoeck & Ruprecht, 2001.

O'Brian, Willam, *Novalis*, Durham: Duke University Press, 1995.

Peckham, Morse, "Toward a Theory of Romanticism", *Publications of the Modern Language Association of America* 66, 1951, pp. 5~23.

Peter, Klaus, *Idealismus als Kritik: Friedrich Schlegels Philosophie der unvollendeten Welt*, Stuttgart: Kohlhammer, 1973.

________, *Friedrich Schlegel*, Stuttgart: Metzler, 1978.

________, "Friedrich Schlegels Lessing: Zur Wirkungsgeschichte der Aufklärung", *Humanität und Dialog: Lessing und Menselssohn in neuer Sicht*, eds. Ehrhard Bahr et al., Detroit: Wayne State University Press, 1979.

Peter, Klaus ed., *Romantikforschung seit 1945*, Königstein: Athenäum, 1980(Neue wissenschaftliche Bibliotek, 93).

Petersen, Julius, *Die Wesenbestimmung der deutschen Romantik*, Leipzig: Quelle & Meyer, 1926.

Pikulik, Lothar, *Frühromantik: Epoche, Werke, Wirkung*, München: Beck, 1992.

Poetzsche, Albert, *Studien zur frühromantischen Politik und Geschichts-*

auffassung, Leipzig: Voigtländer, 1907(Beiträge zur Kultur und Universalgeschichte, Heft 3).

Poggi, Stefano and Maurizio Bossi eds., *Romanticism in Science: Science in Europe, 1790~1840*, Boston: Kluwer Academic Pubisher, 1994.

Porter, Roy and Mukuláš Teich eds., *Romanticism in National Context*, Cambridge: Cambridge University Press, 1988.

Porterfield, Allen W., *An Outline of German Romanticism, 1766~1866*, Boston: Ginnn & Co., 1914.

________, "Some Popular Misconceptions Concerning German Romanticism", *Journal of English and Germanic Philology* 15, 1916, pp. 471~511.

Prang, Helmut ed., *Begriffsbestimmung der Romantik*, Darmstadt: Wissenschaftliche Buchgesellschaft, 1968.

________, *Die romantische Ironie*, Darmstadt: Wissenschaftliche Buchgesellschaft, 1972.

Prawer, Siegbert ed., *The Romantic Period in Germany: Essays by Members of the London University Institite of Germanic Studies*, New York: Schocken, 1970.

Rasch, Wolfdietrich, "Zum Verhältnis der Romantik zur Aufklärung", *Romantik: Ein literaturwissenschaftliches Studienbuch*, Königstein: Athenäum, 1979, pp. 7~21.

Rawls, John, "Kantian Constructivism in Moral Theory", *Journal of Philosophy* 77, 1980, pp. 515~572.

Reiss, Hans S., "Introduction", *The Political Thought of the German Romantics 1793~1815*, Oxford: Blackwell, 1955, pp. 1~43.

Richards, Robert, *The Romantic Conception of Life: Science and Philosophy in the Age of Goethe*, Chicago: University of Chicago Press, 2002.

Riley, Patrick, *Kant's Political Philosophy*, Totowa: Rowman & Allanheld, 1983.

Roe, Shirley A., *Matter, Life and Generation: 18th-Century Embryology and the Haller-Wolff Debate*, Cambridge: Cambridge University Press, 1981.

Roger, Jacques, *Les sciences de la vie dans la pensée française du XVIIIe siécle*, ed. Keith R. Benson, trans. Robert Ellrich, *The Life Sciences in Eighteenth-Century French Thought*, Stanford: Stanford University Press, 1997(First published Paris: Armand Colin, 1963).

Roisch, Ursula, "Analyse einiger Tendenzen der westdeutschen bürgerlichen Romantikforschung seit 1945", *Weimarer Beiträge* 16, 1970, pp. 53~81.

Ruge, Arnold, *Geschichte der neuesten Poesie und Philosophie: Unsere Klassiker und Romantiker seit Lessing*, *Sämtliche Werke* 1, Mannheim: Grohe, 1846.

Ryan, Lawrence, "Romanticism", *Periods in German Literature*, ed. James M. Ritchie, London: Wolff, 1966.

Samuel, Richard, *Die poetische Staats- und Geschichtsauffassung von Friedrich von Hardenberg*, Hildesheim: Gerstenber, 1925(Deutsche Forschungen, Band 12).

________, "Zur Geschichte des Nachlasses Friedrich von Hardennergs(Novalis)", *Jahrbuch der deutchen Schillergessellscahft* 2, 1958, pp. 301~347.

Sandkühler, Hans J., *Friedrich Wilhelm Joseph Schelling*, Stuttgart: Metzler, 1970.

________ ed., *Natur und geschichtlicher Prozeß: Studien zur Naturphilosophie F. W. J. Schellings*, Frankfurt: Suhrkamp, 1984.

Schanze, Helmut, *Romantik und Aufklarung: Untersuchungen zu Friedrich Schlegel und Novalis*, 2nd ed., Nürenberg: Hans Carl, 1976(Erlanger Beiträge zur Sprach- und Kunst Wissenschaft, Band 27).

________ ed., *Romantik-Handbuch*, Tübingen: Kröner, 1994.

Sheehan, James, *German History: 1770~1866*, Oxford: Oxford University Press, 1989.

Scherer, Wilhelm, *Vorträge und Aufsätze zur Geschichte des geistigen Lebens in Deutschland und Österreich*, Berlin: Weidmann, 1874.

________, *Geschichte der deutschen Literatur*, 7th ed., Berlin: Weidmann, 1894.

Schlagdenhauffen, Alfred, *Friedrich Schlegel et son groupe: La doctrine de l'Athenäum*, Paris: Les Belles Lettres, 1934(Publications de la Faculté des Lettres de l'Université de Strasbourg, No. 64).

________, "Die Grundzüge des Athenäum", *Zeitschrift für deutsche Philologie* 88, 1969, pp. 19~41.

Schmidt-Biggemann, W. and Karlfried Gründer eds., *Spinoza in der Frühzeit seiner religiösen Wirkung*, Heidelberg: Winter, 1984(Wolfenbütteler Studien zur Aufklärung 12).

Schmitt, Carl, "Politische Theorie und Romantik", *Historische Zeitschrift* 123, 1921, pp. 377~397.

________, *Politische Romantik*, 2nd ed., München: Duncker & Humblot, 1925.

Scholz, Gunter, *Die Philosophie Schleiermachers*, Darmstadt: Wissenschaftliche Buchgesellschaft, 1984(Erträge der Forschung, Band 217).

Schröder, Winfried, *Spinoza in der deutschen Frühaufklärung*, Würzburg: Königshausen & Neumann, 1987.

Seyhan, Azade, *Representation and Its Discontents: The Critical Legacy of German Romanticism*, Berkeley: University of California Press, 1992.

Silz, Walter, *Early German Romanticism: Its Founders and Heinrich von Kleist*, Cambridge, Mass.: Harvard University Press, 1929.

Simon, Heinrich, *Der magische Idealismus: Studien zur Philosophie des Novalis*, Heidelberg: Winter, 1906.

Snelders, H. A. M., "Romanticism and Naturphilosophie and the Inorganic Natural Sciences 1797~1840: An Introductory Survey", *Studies in Romanticism* 9, 1970, pp. 193~215.

Snow, Dale, *Schelling and the End of Idealism*, Albany: SUNY Press, 1996.

Stefansky, Georg, *Das Wesen der deutschen Romantik*, Stuttgart: Metzler, 1923.

Steffens, Heinrich, *Was Ich erlebte*, 10 vols., Breslau: Max, 1841.

Stockinger, Ludwig, "Das Auseinandersetzung der Romantiker mit der Aufklärung", *Romantik-Handbuch*, ed. Helmut Schanze, Tübingen: Kröner, 1994, pp. 79~105.

Stockmann, Alois, *Die deutsche Romantik: Ihre Wesenzüge und ihre ersten Vertreter*, Freiburg: Herder & Co., 1921.

Strich, Fritz, *Deutsche Klassik und Romantik, oder Vollendung und Unendlichkeit*, 4th ed., Bern: Francke, 1949.

Tekiner, Deniz, *Modern Art and the Romantic Vision*, Lanham: University Press of America, 2000.

Träger, Claus, "Novalis und die ideologische Restauration: Über den romantischen Ursprung einer methodischen Apologetik", *Sinn und Form* 13, 1961, pp. 618~660.

________, "Ideen der franzöischen Aufklärung in der deutschen Aufklärung", *Weimarer Beiträge* 14, 1968, pp. 175~186.

________, "Ursprünge und Stellung der Romantik", *Weimarer Beiträge* 21, 1975, pp. 206~234.

Tilliette, Xavier, *Schelling: Une philosophie en devenir*, 2 vols., Paris: Vrin, 1970.

Tymms, Ralph, *German Romantic Literature*, London: Metheun, 1955.

Ueding, Gert, *Klassik und Romantik: Deutsche Literatur im Zeitalter der französischen Revolution 1789~1815*, 2 vols., München: Hanser, 1987.

Uerling, Herbert, *Friedrich von Hardenberg: Werk und Forschung*, Stuttgart: Metzler, 1991.

Vierhaus, Rudolf, *Deutschland im 18. Jahrhundert: Polit. Verfassung, soziales Gefüge, geistige Bewegungen; ausgew. Aufsätze*, Göttingen: Vandenhoeck & Ruprecht, 1988.

Verschoor, Andries. D., *Die ältere deutsche Romantik und die Nationalidee*, Amsterdam: H.J. Paris, 1928.

Walzel, Oskar, *Deutsche Romantik: Eine Skizze*, trans. Alma E. Lussky, *German Romanticism*, New York: Putnam, 1932.

________, "Wesensfragen deutscher Romantik", *Jahrbuch des Freien Deutschen Hochstifts* 29, 1929, pp. 253~376.

Wegenast, Margarethe, *Hölderlins Spinoza Rezeption*, Tübingen: Niemeyer, 1990.

Wiese, Benno von., "Zur Wesenbestimmung der frühromantischen Situation", *Zeitschrift für Deutschkunde* 42, 1928, pp. 722~729.

Willoughby, Leonard A., *The Romantic Movement in Germany*, New York: Russell & Russell, 1966.

Weiland, Werner, *Der junge Friedrich Schlegel oder die Revolution in der Frühromantik*, Stuttgart: Kohlhammer, 1968.

Wellek, René, "The Concept of Romanticism", *Concepts of Criticism*, ed. Stephen G. Nichols, New Haven: Yale University Press, 1963, pp. 128~198.

________, "Romanticism Reexamined," *Concepts of Criticism*, ed. Stephen G. Nichols, New Haven: Yale University Press, 1963, pp. 199~221.

Wetzels, Walter, "Aspects of Natural Science in German Romanticism", *Studies in Romanticism* 10, 1971, pp. 44~59.

Wieland, Wolfgang, "Die Anfange der Philosophie Schellings und die Frage nach der Natur", *Natur und Geschichte: Karl Löwith zum 70 Geburstag*, eds. Hermann Braun and Manfred Riedel, Stuttgart: Kohlhammer, 1967, pp. 71~90.

Wild, Reiner, "Freidenker in Deutschland", *Zeitschrift für historische Forschung* 6, 1979, pp. 253~285.

Wirz, Ludwig, *Friedrich Schlegels philosophische Entwicklung*, Bonn: Hanstein, 1939.

Wundt, Max, "Die Wiederentdeckung Platons im 18. Jahrhundert", *Blätter für deutsche Philosophie* 15, 1941, pp. 149~158.

Ziolkowski, Theodore, *German Romanticism and Its Institutions*, Princeton: Princeton University Press, 1990.

________, *Das Wunderjahr in Jena: Geist und Gesellschaft 1794~1795*, Stuttgart: Klett-Cotta, 1998.

옮긴이 후기

내가 프레더릭 바이저의 『낭만주의의 명령, 세계를 낭만화하라: 초기 독일낭만주의 연구』*The Romantic Imperative: The Concept of Early German Romanticism*를 처음 접한 것은 영국에서 니체에 대한 박사논문을 준비하던 때였다. 논문을 쓰기 위해 본격적으로 공부를 하면서 나는 니체가 독일 사유 전통에 생각보다 크나큰 빚을 지고 있음을 깨달았고, 그렇게 해서 다시 니체 이전의 독일 사유 전통으로 눈을 돌렸다. 그러한 배경하에 바이저가 실러를 철학자로서 재조명한 책과 함께 『낭만주의의 명령, 세계를 낭만화하라』를 접하게 되었는데, 이 책에서 그가 제시한 초기낭만주의 해석은 특히나 반갑게 다가왔다. 왜냐하면 바이저가 초기낭만주의에 대해 했던 작업이 당시 내가 박사논문에서 니체에 대해 하려던 것과 매우 유사해 보였기 때문이다. 어떻게 보면 초기 독일낭만주의와 니체는 매우 유사한 운명에 처해 있는 듯했다. 양자 모두 한편으로는 (그것들의 전체적 성격이 고찰되기보다는) 근래에 포스트모더니즘과의 연관성으로 인하여 다른 측면에 비해 그것과 관련된 측면만이 크게 부각되었고, 다른 한편으로는 포스트모더니즘과의 연관성으로 인하여 그 긍정적 측면이 인정되기 이전에는 사상적 가치를 거의 인정받지 못하고 정치적으로 매우 위험하거나 무용한 것으로 치부되었기 때문이다. 바이저는 초기낭만주의에 대한 바로 이런 사태를 교정하려 했다. 즉 그는 이 책에서 한편으로는 초기낭만주의의 전체적 모습을 그것의 특수한 역사적 맥락 안에서 고찰함으로써 그 자체로 이해하고, 다른 한편으로는 초기낭만주의에 대한 다양한 오해들을 바로잡고 그것이 충분히 독자적 연구의 대상이 될 가치가 있음을 보여 주었다.

독자들은 이 책을 통해 흔히 낭만주의에 대해 갖고 있는 상투적인 상들—이를테면 몽가적이고 감정적·비이성적이며 정치적으로 보수적이라는—을 상당 부분 수정하게 될 것이다. 그것들은 대부분 낭만주의가 후기에 이르면서 띠게 된 성격들을 부당하게 그 전체로 일반화한 것이다. 바이저는 낭만주의가 단순히 계몽에 대한 반발로 일어났다는, 그래서 낭만주의가 반계몽적이라는 오랜 편견을 깨뜨리고 낭만주의와 계몽의 연속성과 비연속성의 복잡한 관계들을 조명한다. 또한 그는 낭만주의를 단지 하나의 문학사조로 간주하는 것이 그것을 부당하고 편협하게 이해하는 것임을 보여 준다. 바이저는 독일낭만주의가 태동하던 시기로 돌아가 그것을 처음 주창했던 이들이 가졌던 철학, 낭만주의 탄생의 배경이 되었던 인식론과 형이상학, 그리고 윤리학과 정치학을 전체적으로 고찰한다. 이를 통해 비로소 초기낭만주의자들이 품었던 꿈과 이상의 크기와 깊이가 온전하게 드러난다. 바이저에 따르면 초기낭만주의자들에 대한 이해에서 핵심은 그들이 품었던 윤리적·정치적 이상을 이해하는 것이다. 그리고 저 윤리적 이상이란 다름 아니라 독일어로 Bildung이라 말하는 것(한국어로는 '교육', '교양' 혹은 '문화'로 번역된다), 자아실현 혹은 인간의 전체적 발달이었다. 초기낭만주의자들은 한편으로는 프랑스 혁명의 이념을 옹호하면서, 다른 한편으로는 근대적 분열상들에 대응하여 인간의 본성과 세계 전체를 근본적으로 변화시킬 꿈을 꾸었다. 그들의 급진적 기획의 야심은 세계 자체를 낭만화하라는 요구, 자연과 예술과 학문의 통일성을 요구하는 낭만주의의 명령에서 잘 드러난다. 바이저가 우리에게 보여 주는 전체적 그림에 따르면 초기낭만주의의 짧은 몇 년간은 여러 긴장들 속에서 새로운 세계 창조의 기획이 꿈틀대던 시기였다.

하지만 또한 바이저는 초기낭만주의자들의 시도가 단지 치기 어린 젊은이들의 이상주의적 꿈이 아니라, 근대적 삶의 다양한 영역에서 노정된 근본적 딜레마들을 해결하고자 한 진지한 시도들이었음을 보여 준다. 만약 그들이 맞섰던 문제들이 여전히 우리의 것으로 남아 있다면, 그리고 그 문제들 앞에서 다시금 새로운 꿈을 꾸려는 이들이 있다면 그들은 먼저 앞서 꿈꾼 이들의 발자취를 알아야 할 것이다. 그런 의미에서 지금 초기낭만주의에 대한 바이저의 저작을 소개하는 의의가 있을지도 모르겠다.

이 번역서를 완성하는 데에는 많은 이들의 도움이 있었다. 먼저 더운 여름날 오랜 공백 후에 만난 후배를 출판사로 안내해 준 진태원 교수, 흔쾌히 출판에 동의해 주신 그린비 사장님과 편집주간님, 그리고 독문학 전공자가 아닌 옮긴이를 위해 적절한 번역어를 비롯해 여러 가지 조언을 아끼지 않으신 김윤상 박사, 그리고 치밀한 교정작업을 통해 많은 오역의 위험을 피하게 해준 그린비출판사의 김재훈 씨에게 깊은 감사를 드린다. 김윤상 박사와 김재훈 씨의 도움이 없었다면 번역이 이와 같은 완성도를 가질 수 없었을 것이다. 두 분께 다시 한 번 깊은 감사의 말씀을 드린다. 마지막으로 두 번의 방학을 번역작업에 바치는 동안 인내해 준 나의 딸 서연과 남편 병석에게도 고마움과 사랑을 전한다. 초기낭만주의와의 만남이 독자들의 내부에서 불러일으킬 반향을 고대하며.

한국교원대의 연구실에서
秀蓮

찾아보기

| ㄷ, ㄹ, ㅁ |

| ㅂ, ㅅ |

| ㅇ, ㅈ |

| ㅊ, ㅋ |

| ㅌ, ㅍ |

| ㅎ |